【許我忘年為氣類，風義生平師友間】

清末民初、東西交流、思想衝突、文人境遇
在動盪不安的年代寄情懷於文字，在新舊更迭中的矛盾哀戚

目錄

題敘

我的研究王國維與陳寅恪，始於一九八〇年代。當時想把錢鍾書和王國維、陳寅恪放在一起，探討一下現代學術這三大家的學術思想和彼此的異同。方法很原始，就是按部就班地讀他們的著作。最先讀的是錢鍾書，讀了一遍又一遍，筆記也積下好幾冊。然後讀陳寅恪。沒想到進入陳寅恪的文本世界，竟流連忘返，抽身不能。結果對三個人的研究變成了對陳寅恪一個人的研究。

研陳前後持續二十年，寫了三本書，一是《陳寶箴和湖南新政》，二是《陳寅恪的學說》，三是《陳寅恪論稿》。但陳和王的學術連帶實在太緊密，研陳的過程中無法不涉及王的思想和著作。涉及哪一個問題或哪一方面的著作，就找來閱讀，不單純為取資，而是讀就讀竟全篇或全書。1983 年出版的《王國維遺書》，成了我的案頭必備。此書共十六冊，多年翻檢，不斷圈劃夾條，如今已膨脹得面目全非。還有《觀堂集林》四冊，雖然《王國維遺書》已收錄，為查找方便，仍備於手邊。包括各出版社印行的各種王著的單行本，以及文集、選集之類，也都是出來就買。港臺關於王的著作和資料，也盡量蒐集到手。1984 年出版的《王國維全集》的書信部分，讓我大感驚喜，可惜從此再無下文，不免為之悵然有憾。

就是說，在相當一段時間，我的研陳變成了王陳同時閱讀、同時研究，寫陳的過程，也寫了多篇關於王國維的文章。老輩學者有稱本人為「王陳並治」者，蓋源於此也。錢鍾書的著作也多有涉王的話題，說明當初試圖將三人相提並論，不是沒有緣由。他們都是頂尖的學術天才，共同特點為一個「通」字，即他們都是通儒。分而論之，王是文史兼通，陳是文史會通，錢是文史打通。研治範圍和研究題域，則各有擅場。王方面廣，開闢多，每治一學，都有發明。早期介紹和研究康德（Immanuel Kant）、叔本華（Arthur Schopenhauer），隨即有一系列哲學、美學、文學的成果問世。繼而治詩學，則撰有至今洛陽紙貴的《人間詞話》。轉而治戲曲，又有後人無法繞行的《宋元戲曲史》。王的詩學、戲曲兩書堪稱不世出的經典。後治古史，著作之多，令人讚嘆。就中西學問而言，王、陳、錢都是中西兼通，而且認為「學」無須分中西，尤不宜自劃畛域。

他們都是學者兼詩人。要問誰的詩寫得最好，我未免囁嚅不敢言。詞當然靜安第一，因為陳、錢都不填詞，故沒有二三。詩就不好說了。王詩成就之高，陳、錢自不會否認，但若以一二三排序，他們不一定認可。據友人汪榮祖《槐聚心史》透露，錢對陳寅恪詩頗為讚許[1]，倒是前此不曾想到。讚許歸讚許，不等於承認己詩在被讚許者之下。此無他，蓋王、陳、錢都是自視極高之人。陳的《王觀堂先生輓詞》，是為靜安立傳，猶稱尚無任何著作的自己「敢與時賢較重輕」。王自撰的《人間詞》甲乙稿序，更稱即使宋代的大詞家亦少有能與之比肩者。錢的高才絕世，更應該是「名下士無天下士」了。當然在詳實的證據面前，在真才實學面前，他們又都很謙遜。稱美和薦撥後進，不遺餘力不足以形容。他們追求的是真理，探討的是歷史的本真，但開風氣不為師。學術觀點容或不同，但絕無絲毫的門戶之見。他們都對劉歆在《讓太常博士書》中指斥的「黨同異，妒道真」的風氣深惡痛絕。而涉及道究天人、通古察今的洞徹高識，義寧之學又遠遠地站在了靜安之學和槐聚之學的前面。

王陳錢的話題，永遠也說不完。今次特從以往研陳和研王的文字中輯出十篇，都為一編，即以《王國維與陳寅恪》為書名出版。書稿早已於

2019 年 8 月排出清樣，封面也完成設計。我因特殊緣故，未能及時校核覆命。殆至庚子歲，又值大疫發生，越發延宕下來。而此時，迄今搜輯最齊全的《王國維全集》業已出版，《王乃譽日記》也影印刊行。購置後即情不自禁地翻檢瀏覽起來，不意有不少新收穫，足以補本書第二部分《王國維思想學行傳論》之所不足。此次等於將此章重寫了一遍，增加了很多新論述，特別對王國維之死的問題做了更為系統的梳理和考證，得出更加合理的死因詮解。此第二部分原稿只一萬八千字，現經過修訂和增補，已達五萬言之多，幾乎可以獨行單出。作為本書的作者，心情以此安適了許多。

敬請關心二十世紀現代學術的讀者，暨治王、陳之學的同道不吝指正。

2020 年歲在庚子四月初七於京城之東塾

本章注腳

[1] 汪榮祖：《槐聚心史》，臺灣大學出版中心 2016 年版，第 7 頁。

第一章

王國維與陳寅恪和吳宓

一　王國維與陳寅恪

1. 陳寅恪《王觀堂先生輓詞》和王國維《頤和園詞》

清華國學研究院的四大導師，王國維、梁啟超、陳寅恪、趙元任，王陳關係最近，蓋因氣類相投也。陳寅恪《王觀堂先生輓詞》「許我忘年為氣類，北海今知有劉備」句，即實寫此意。而《輓詞》中「風義生平師友間」，則是兩人關係的理則概括。四大導師的年齡，梁啟超生於 1873 年，王國維生於 1877，陳寅恪生於 1890 年，趙元任生於 1892 年。梁最長，比王大四歲，比陳大十七歲。王比陳大十三歲。1925 年清華國學院成立時，梁五十二歲，王四十八歲，陳三十五歲，趙三十三歲。吳宓生於 1894 年，當時是三十一歲，任國學院主任。吳對王讚佩禮敬而疏於交誼，對陳則視同手足，情牽夢縈，終生為友。

王國維 1927 年 6 月 2 日昆明湖自沉，陳寅恪寫有輓聯、輓詩和輓詞。輓聯為：「十七年家國久魂銷，猶餘剩水殘山，留與累臣供一死；五千卷牙籤新手觸，待檢玄文奇字，謬承遺命倍傷神。」[1] 上聯寫王國維 1911 年辛亥革命以來的己身處境，故最後之終局殊可理解，「累臣」顯系將王國維比屈原了。下聯是王先生遺囑「書籍可托陳、吳二先生處理」的本事，茲可見寅恪先生對王之所托的看重。「謬承遺命倍傷神」一句，義理、情理、心理盡在其中矣。輓詩以《挽王靜安先生》為題，全詩作：「敢將私誼哭斯人，文化神州喪一身。越甲未應公獨恥，湘累寧與俗同塵。吾儕所學關天意，並世相知妒道真。贏得大清乾淨水，年年嗚咽說靈均。」

[2] 第三句下有注：「甲子歲，馮兵逼宮，柯、羅、王約同死而不果。戊辰，馮部將韓復榘兵至燕郊，故先生遺書謂『義無再辱』，意即指此。遂踐舊約，自沉於昆明湖，而柯、羅則未死。余詩『越甲未應公獨恥』者，蓋指此言。王維《老將行》『恥令越甲鳴吾群』，此句所本。事見劉向《說苑》。」《輓詩》可以和輓聯互相印證，「湘累」、「靈均」云云，完全是以王國維的自沉和屈子的投汨羅相提並論。

而首句「敢將私誼哭斯人」，證實兩人的交誼非比尋常，「文化神州喪一身」則指茲事件於文化中國之影響和損失之大。五、六句「吾儕所學關天意，並世相知妒道真」，則慨嘆學者的因緣際會與當時後世的知與不知耳。昔王國維撰寫《沈乙庵先生七十壽序》嘗說：「國家與學術為存亡，天而未厭中國也，必不亡其學術。天不欲亡中國之學術，則於學術所寄之人，必因而篤之。世變愈亟，則所以篤之者愈至。使伏生、浮邱伯輩，天不畀以期頤之壽，則詩書絕於秦火矣。」[3] 似可移來詮解「吾儕所學關天意，並世相知妒道真」句，蓋王、陳均為吾國的「學術所寄之人」。

《王觀堂先生輓詞並序》稱得上陳寅恪韻體文字的大著述，寫法上很像王國維的《頤和園詞》。王詞長一百六十二句，作於 1912 年，隨羅振玉客居日本京都時期，並經羅氏手寫石印。王先生亦甚看重己作，認為「雖不敢上希白傅，庶幾追步梅村」[4]。王詞所寫為清室的「末路之事」[5]，陳之《輓詞》長一百一十二句，實系觀堂其人學問與政治命運的哀歌。《輓詞》第五、六句「曾賦連昌舊苑詩，興亡哀感動人思」，即指王國維寫作《頤和園詞》一事。孰料把頤和園的滄桑寫得如此哀感動人者，竟於二十五年之後，自沉於此園，終與自己推許的「昆明萬壽佳山水」為伴，可謂詩可成讖矣。故寅老《輓詞》以「豈知長慶才人語，競作靈均息壤詞」句及之。不過《輓詞》之主旨在於抒寫王國維的學問歷程和高才隆遇，包括張之洞入閣主持學部，經羅振玉舉薦充任學部圖書館編輯，此時之王國維專意蒐羅研究宋元戲曲；清帝退位後隨羅振玉東遊扶桑，日夜披覽羅氏「大雲書庫」之收藏，轉而研究金石古文和殷商古史，五年之期，學問為之大變；回國後之數年時間，學問果實江湧河瀉，而東西漢學巨擘繆荃孫、沈曾植、伯希和（Paul Pelliot）、沙畹（Edouard Chavannes）、藤田豐八（Fujita Toyohachi）、狩野直喜（Kano Naoki）、內藤虎次郎（Naito Torajiro）等，因傾慕相惜而相與切磋酬唱；1923 年升允薦為遜帝溥儀的南書房行走；1925 年胡適之薦為清華國學院之導師。此一系列人生變遷和事業隆替，並連同遷移變換之家國政治變局之背景，《輓詞》俱以清詞麗句編織結構而成絕唱。[6]

《輓詞》中的名句多如過江之鯽，譬如「當日英賢誰北，南皮太保方迂叟」、「總持學部攬名流，樸學高文一例收」，是為寫張之洞，這和乃父陳三立對張的評價完全相同。「大雲書庫富收藏，古器奇文日品量」，則摹寫旅居日本的學術收穫。「當世通人數舊遊，外窮瀛渤內神州。伯沙博士同揚搉，海日尚書互倡酬」，寫東西大儒與之交往，寥寥數語，便躍然紙上。「南齋侍從欲自沉，北門學士邀同死」，寫馮玉祥逼宮時，王與羅振玉、柯劭忞的「同死」之約。「魯連黃鷂績溪胡，獨為神州惜大儒」，寫王國維的應徵清華，系胡適所薦。其實王開始並未依允此議，胡適託人說動遜帝，經溥儀下了一道「詔書」，王才前往就聘。「清華學院多英傑」，更是百年來不磨的名句了。特別是在寫到己身與王國維的關係時，寅恪先生寫下如下詩句:「鯫生瓠落百無成，敢並時賢較重輕。元祐黨家慚陸子，西京群盜愴王生。許我忘年為氣類，北海今知有劉備。曾訪梅真拜地仙，更期韓偓符天意。回思寒夜話明昌，相對南冠泣數行。猶有宣南溫夢寐，不堪灞上共興亡。」陳寅恪當時和梁、王相較，自是後進「小生」，故以

「鯫生」自比，可謂合乎法度；但其積學之厚，亦足可與梁、王等「時賢」較量，也是寅恪先生自己未惶稍讓的。「元祐黨家」和「西京群盜」兩句，為自道家學來歷。清華國學院同為導師之前，王、陳並不相識，寅恪當然知道觀堂的大名，然觀堂卻不知世間有此一陳。所以《輓詞》以「北海今知有劉備」的「古典」來比擬王陳初交相識的「今典」。而一經相遇，無論在陳在王，都不禁有氣類相投之感。故「許我忘年為氣類」一句，可以說寫盡了王陳關係的深涵。有意思的是，王之《頤和園詞》以「漢家七葉鐘陽九」為起句[7]，陳之《輓詞》則以「漢家之厄今十世」為起句，全詩結句，王為「卻憶年年寒食節，朱侯親上十三陵」，陳是「他年清史求忠跡，一吊前朝萬壽山」，繚繞之餘味亦復相同。

2. 陳寅恪《輓詞》「序」的文化義涵

陳寅恪所撰之挽王國維詞的題目，為《王觀堂先生輓詞並序》，蓋在輓詞的前面有一長序，闡述作者的文化觀點暨王之死因。鑑於此序的重要，下面全文俱引在此：

或問觀堂先生所以死之故。應之曰：近人有東西文化之說，其區域分劃之當否，固不必論，即所謂異同優劣，亦姑不具言；然而可得一假定之義焉。其義曰：凡一種文化值衰落之時，為此文化所化之人，必感苦痛，其表現此文化之程量愈宏，則其所受之苦痛亦愈甚；迨既達極深之度，殆非出於自殺無以求一己之心安而義盡也。

又說：

吾中國文化之定義，具於白虎通三綱六紀之說，其意義為抽象理想最高之境，猶希臘柏拉圖（Plato）所謂 Idea 者。若以君臣之綱言之，君為李煜亦期之以劉秀；以朋友之紀言之，友為酈寄亦待之以鮑叔。其所殉之道，與所成之仁，均為抽象理想之通性，而非具體之一人一事。

夫綱紀本理想抽象之物，然不能不有所依託，以為具體表現之用；其所依託以表現者，實為有形之社會制度，而經濟制度尤其最要者。故所依託者不變易，則依託者亦得因以保存。吾國古來亦嘗有悖三綱違六紀無父無君之說，如釋迦牟尼外來之教者矣，然佛教流傳播衍盛昌於中土，而中土歷世遺留綱紀之說，曾不因之以動搖者，其說所依託之社會經濟制度未嘗根本變遷，故猶能借之以為寄命之地也。

近數十年來，自道光之季，迄乎今日，社會經濟之制度，以外族之侵迫，致劇疾之變遷；綱紀之說，無所憑依，不待外來學說之掊擊，而已銷沉淪喪於不知覺之間；雖有人焉，強聒而力持，亦終歸於不可救療之局。蓋今日之赤縣神州值數千年未有之鉅劫奇變；劫盡變窮，則此文化精神所凝聚之人，安得不與之共命而同盡，此觀堂先生所以不得不死，遂為天下後世所極哀而深惜者也。至於流俗恩怨榮辱委瑣齷齪之說，皆不足置辨，故亦不之及云。[8]

陳寅恪先生此篇序言，不僅對王國維的死因給以正解，同時也是解開二十世紀中國文化與社會變遷謎團的一把鑰匙。「中國文化」這個概念，實際上是晚清和近代知識分子自我反省檢討傳統的用語，對中國文化本身而言，是「他」者的概括。所以上一個百年，這個概念雖被旋轉不停地給以討論給以解說，而終無結果。以至於晚年的錢鍾書先生，與來訪的學人開玩笑，說誰再講東西方文化，我「槍斃」他（說的時候他拿起一支筆）。這和陳寅恪《輓詞序》開頭所說「近人有東西文化之說，其區域分劃之當否，固不必論，即所謂異同優劣，亦姑不具言」，屬同一義諦。

所以然者，是因為通常所講的文化系泛指。陳寅恪不同，他揭示的是與一定社會結構相連接的基本文化價值，或曰主流文化的核心價值，不是泛指一切文化現象。我國傳統社會家國一體，社會的運轉，以家庭為中心，以家為本位，反映家國倫常秩序的「三綱六紀」，是傳統社會的核心文化價值。《輓詞序》所說「吾中國文化之定義，具於白虎通三綱六紀之說」，即指此一層意涵而言。《白虎通》也稱《白虎通義》，東漢班固根據章皇帝招聚官員和儒生在白虎觀對《五經》所作講論輯撰而成。卷八論「三綱六紀」，「三綱」指君臣、父子、夫婦，自不待言；「六紀」包括諸父、兄弟、族人、諸舅、師長、朋友[9]，與後來的「五倫」互有異同。傳統士人所謂「明大義」，就是指知曉這些綱紀倫理而行為上又無所違迕。西方歷史上當然也有君主和臣工，也有家庭和家族，但並沒有這種以普遍性形式出現的專門規範君臣家庭各種角色關係的系統道德律令。綱紀之說純屬中國的文化秩序（的確應該叫文化秩序），而且也是社會秩序。因為它是籠罩全社會的一面大網（家庭是中國傳統社會的基本單位）。職是之故，當社會的經濟結構變遷之後，以有形的社會制度，特別是社會的經濟制度為依託物的文化秩序，必然隨之發生變化。二十世紀的中國，就處於這種文化與社會的劇烈播遷與變化之中。現代學人所熱衷的文化上的新舊之爭、東西之論、古今之辨，皆源於此一變化過程。

陳寅恪《輓詞序》的過人之處，是指出以綱紀之說為表徵的中國主流文化的意義，具有「抽象理想之通性」，也就是柏拉圖的所謂理念（Idea）。實際生活中是否能夠完全做到是另一回事，但它是傳統士人倫理上的人生規範。翻覽史冊，君不君、臣不臣、父不父、子不子的亂況，觸目皆是。魏晉時期、宋元市井、明清之際，亦不乏反對綱紀之說的束縛、主張以情抗禮的思想家和藝術家。但整體上，迄於晚清「三綱六紀」的基本文化價值和文化秩序一直得以維持。即使是持無父無君之論的佛教傳入中土，也沒有動搖這一秩序。原因是「借之以為寄命」的社會經濟制度未變。晚清以降的劇烈變動（陳寅老稱「鉅劫奇變」），既是社會結構的變遷，又是文化思想的變遷。簡言之傳統文化的核心價值從此崩塌了。因此為傳統文化所化之人的失落與痛苦，可想而知。王國維就是這樣的人。但失落與痛苦，可以有不同的走向。由痛苦而新生，為更多的知識人士所選擇。即使未趨步入於新潮，也不必即死。《輓詞》「海日尚書互倡酬」的「海日尚書」，即沈曾植 —— 王國維最服膺的清末大儒，曾出任宣統復辟時學部大臣，對共和共產自不認同，但晚年逍遙海上，平安而終。同為溥儀老師的羅振玉、柯劭忞雖有殉主之約（《輓詞》「南齋侍從欲自沉，北門學士邀同死」），但並未踐履，沒有因 1924 年皇帝被趕出宮而自裁。

然則王國維究竟緣何而死？《輓詞序》在強調綱紀之說的意義「為抽象理想最高之境」時，舉出兩個例證：「若以君臣之綱言之，君為李煜亦期之以劉秀；以朋友之紀言之，友為酈寄亦待之以鮑叔。」讀者很容易認為不過是尋常舉證，意在說明綱紀的理想遠高於現實而已。其實獨創闡釋前人著述須「古典」、「今典」並重的寅恪先生，論靜安之死這樣的大題目，豈有虛設例證之理。李煜自是古典，但今典指誰？我以為指溥儀。剛愎無能的溥儀正好與孱弱得「以淚洗面」的李煜為比。然而按綱紀之說，即使是溥儀、李煜這樣不中用的「君」，也希望他們能夠成為使漢室得到「中興」的光武帝劉秀。很不幸，靜安先生對他的「學生」宣統皇帝，就抱有這樣的幻想。《輓詞》敘述王國維入值南齋，像其海寧同鄉、康熙朝掌尚書房的查初白一樣勤勉敬謹（《輓詞》「文學承恩值近樞，鄉賢敬業事同符」）；而《輓詞》「君期雲漢中興主，臣本煙波一釣徒」，白紙黑字，明明白白——不是講王國維希望溥儀成為「中興主」而何？因此「君為李煜」的「君」，必指溥儀無疑。

那麼「友為酈寄」的「友」又系何指？不是別人，而是羅振玉。羅、王之為友，自無疑問。而王自沉之前，兩人交惡，也是不爭之事實。歷史上管鮑之交的美談和酈寄賣交的不德，是朋友相交的兩個極端的例子。但按傳統的綱紀之說，即使友是酈寄這樣的不友之人，仍然應待之以鮑叔。王國維就是這樣對待羅振玉的。羅王是兒女親家，晚年交惡，也是因兒女之事所引發。1926 年 9 月 26 日，王之長子、羅的女婿王潛明病逝於上海。靜安先生將潛明所遺之二千四百二十三元洋銀寄給住在天津的羅女，羅振玉以女兒拒收為由欲退回，引起靜安不滿，信中致有「蔑視他人人格，於自己人格亦復有損」[10] 的極強烈的措辭。實際兩人的矛盾，由來已久。王國維大半生的學術活動，多得到羅振玉的經濟資助，因此一涉及經濟問題，王特別敏感。《白虎通》釋朋友之紀有言：「貨則通而不計。」[11] 依王的文化理想，他會感到羅之所為不合於綱紀之說。當然王羅交惡，還有政治觀點不合的方面。1925 年 8 月羅六十大壽，王祝壽詩有句：「百年知遇君無負，慚愧同為侍從臣。」[12] 問題就發生在同為溥儀老師，而對溥儀離宮後的出路，卻有不同的預設。這個問題複雜，容筆者另文論述，此不多贅。

總之，晚年的王國維越來越意識到，先是遜位爾後又被趕出宮的宣統皇帝溥儀，畢竟不是劉秀，幾十年與之相交的羅振玉也不是鮑叔。他失望了，痛苦了。不是一般的失望，而是極端失望；不是尋常的苦痛，而是苦痛得「達極深之度」。寅恪先生說：「迨既達極深之度，殆非出於自殺無以求一己之心安而義盡也。」而所以死之故，也不是由於「具體之一人一事」，而是此人此事所代表的「君臣之綱」和「朋友之紀」，即具體之人事反映的文化精神和文化理想，已徹底破滅，身為「此文化精神所凝聚之人，安得不與之共命而同盡」。因此王國維之死，不是殉清，而是殉為其所化的那種文化、那種文化理想、那種文化精神。

論者或認為，儘管王國維是為傳統文化所化的大文化人、大學者，而晚清以還的文化與社會，確是傳統價值崩塌的時期，但完全可以在保存自身生命的情況下，使個人（不是社會）的文化精神得以保持，何必一定自陷絕境？陳寅恪先生昔年撰寫《元白詩箋證稿》一書時，曾寫下如下一段關涉社會與文化變遷底裡的警世駭俗之語：

> 縱覽史乘，凡士大夫階級之轉移升降，往往與道德標準及社會風習之變遷有關。當其新舊蛻嬗之間際，常呈一紛紜綜錯之情態，即新道德標準與舊道德標準，新社會風習與舊社會風習並存雜用。各是其是，而互非其非也。斯誠亦事實之無可如何者。雖然，值此道德標準社會風習紛亂變易之時，此轉移升降之士大夫階級之人，有賢不肖拙巧之分別，而其賢者拙者，常感受苦痛，終於消滅而後已。其不肖者巧者，則多享受歡樂，往往富貴榮顯，身泰名遂。其故何也？由於善利用或不善利用此兩種以上不同之標準及習俗，以應付此環境而已。[13]

這段話陳寅恪直接針對的是中晚唐的社會風習和道德標準的變遷，但其普遍意義適用於任何新舊更替、社會與文化變遷的時代。尤其對知識階級的「賢不肖拙巧之分別」，其今典之意涵，可延長至今天。而「賢者拙者，常感受苦痛，終於消滅而後已」，不是明顯指王國維嗎？王之所以死之故，不僅因為晚清以來的社會與文化變遷，毀滅了他的文化理想，也因為求諸個人品質他不是巧於用世的「巧者」，而是「賢者拙者」。

3. 陳寅恪的王國維《紀念碑銘》和《遺書序》

王國維自沉後的第二年，即 1929 年，清華國學研究院之師生議決為王先生建立紀念碑事，碑文請陳寅恪先生撰寫。陳先生畢生秉持的「獨立之精神，自由之思想」，就是此碑文中首次提出的。其中寫道：「士之讀書治學，蓋將以脫心志於俗諦之桎梏，真理因得以發揚。思想而不自由，毋寧死耳。斯古今仁聖所同殉之精義，夫豈庸鄙之敢望。先生以一死見其獨立自由之意志，非所論於一人之恩怨，一姓之興亡。嗚呼！樹茲石於講舍，系哀思而不忘。表哲人之奇節，訴真宰之茫茫。來世不可知者也。先生之著述，或有時而不章。先生之學說，或有時而可商。唯此獨立之精神，自由之思想，歷千萬祀，與天壤而同久，共三光而永光。」[14] 對王之死，再次重申《輓詞序》的觀點，即不是「殉清」，而是殉自己的文化理想。此處尤點明，既與羅振玉的「一人之恩怨」無關，也與愛新覺羅氏「一姓之興亡」無關，而是要擺脫「俗諦之桎梏」，追求「獨立自由之意志」。陳之《碑銘》是寫王，也是寫他自己，寅恪先生學術思想的力度和學術精神的理性光輝在此《碑銘》中得以集中展現。

王國維逝世的當年，羅振玉編輯的《海寧王忠慤公遺書》即石印出版，但所收王氏著作多有遺漏，體例未稱完備，故羅編之《遺書》流傳不廣。越五年，王之弟子趙萬里重新編校董理王的著作，以《王國維遺書》名之，分十六冊由商務印書館出版。王弟哲安當時請序於陳寅恪先生，慨然允之。此序是陳先生繼《輓詞》、《輓詞序》、《紀念碑銘》之後關於王國維的又一篇大著述，寫於 1934 年農曆六月初三。此序的貢獻，主要在於對王國維平生學術的為學範圍和治學方法作了精闢的概括。

陳寅恪先生說：「自昔大師巨子，其關係於民族盛衰學術興廢者，不僅在能承續先哲將墜之業，為其託命之人，而尤在能開拓學術之區宇，補前修所未逮。故其著作可以轉移一時之風氣，而示來者以軌則也。」[15]這等於給人們常說的人文學術的「大師」，下了一個定義，即必須是能夠「為往聖繼絕學」，成為文化托命之人，同時有超越前賢的新的開拓，其學術成果能夠自開風氣並建立足可啟導未來的新典範。具備這些要件，才能榮獲名副其實的大師的稱號。而具備這些要件的大師，必然與民族的盛衰和學術的興廢有一種關聯。此義實即觀堂《沈乙庵先生七十壽序》所說的「天不欲亡中國之學術，則於學術所寄之人，必因而篤之」，亦即寅老《挽王靜安先生》詩所謂「吾輩所學關天意」。王國維在中國現代學術史上最堪此義，陳寅恪亦最堪此義。

陳寅恪《遺書序》對王之為學內容和治學方法所作之概括如下：

先生之學博矣，精矣，幾若無涯岸之可望，轍跡之可尋。然詳繹遺書，其學術內容及治學方法，殆可舉三目以概括之者。一曰取地下之實物與紙上之遺文互相釋證。凡屬於考古學及上古史之作，如《殷卜辭中所見先公先王考》及《鬼方昆夷玁狁考》等是也。二曰取異族之故書與吾國之舊籍互相補正。凡屬於遼金元史事及邊疆地理之作，如《蒙古考》及《元朝祕史之主因亦兒堅考》等是也。三曰取外來之觀念，與固有之材料互相參證。凡屬於文藝批評及小說戲曲之作，如《紅樓夢評論》及《宋元戲曲考》、《唐宋大曲考》等是也。此三類之著作，其學術性質固有異同，所用方法亦不盡符會，要皆足以轉移一時之風氣，而示來者以軌則。吾國他日文史考據之學，範圍縱廣，途徑縱多，恐亦無以遠出三類之外。此先生之書所以為吾國近代學術界最重要之產物也。[16]

這裡，陳寅恪先生把王國維的學術方法概括為三目，即一是取地下之實物與紙上之遺文互相釋證，二是取異族之故書與吾國之舊籍互相補正，三是取外來之觀念與固有之材料互相參證，而且各舉代表著作以為證明。中國現代學術的一大特徵就是重視科學的研究方法，這方面王、陳均為典範性的代表。而陳的方法與王完全一致，兩人之「氣類相同」即使見諸學術觀念和學術方法亦復如是。所以可以說陳是最了解王的學術之人。

王國維逝後，陳寅恪先生接連發表的關於王的三大著論，《輓詞序》、《紀念碑銘》、《遺書序》，可謂給靜安先生的學術與人格蓋棺論定之著。倘加分別，則《輓詞序》寫的是文化理想，《紀念碑銘》寫的是學術精神，《遺書序》寫的是學術方法。有此三著論，靜安先生可以瞑目矣。因此王國維的學術知音，我敢說也許不是羅振玉，而應將陳寅恪先生排在最前面。

二　王國維、陳寅恪與吳宓

1. 吳宓和《雨僧日記》

當我們講王國維、陳寅恪的時候，不能不講到吳宓。吳宓的學術成就自然不能與王陳相比，但亦自有精彩處，如果不是因為吳宓，我們對王陳的人格與學術的細節，不會了解的那般清晰。1935 年上海良友圖書公司出版的《二十今人志》給吳宓畫的一幅肖像，是這樣的：「世上只有一個吳雨生，叫你一見不能忘，常有人得介紹一百次，而在第一百次，你還得介紹才認識。這種人面貌太平凡了，沒有怪樣沒有個性，就是平平無奇一個面龐。但是雨生的臉倒是一種天生稟賦，恢奇的像一副諷刺畫。腦袋形似一顆炸彈，而一樣的有爆發性，面是瘦黃，鬍鬚幾有隨時蔓延全局之勢，但是每晨刮得整整齊齊。面容險峻，顴骨高起，兩頰瘦削，一對眼睛亮晶晶的像兩粒炙光的煤炭 —— 這些都裝在一個太長的脖子上及一副像枝銅棍那樣結實的身材上。」[17]《二十今人志》傳寫的二十個人當中，有嚴復、林紓、王國維、章太炎、梁漱溟、胡適、周作人、徐志摩、齊白石等，很多都是「五四」前後學苑藝壇的勝流，而吳宓被列在第一名。作者是溫源寧，發表的當初，曾有人誤會為錢鍾書先生所寫，錢先生嘗作詩解嘲：「褚先生莫誤司遷，大作家原在那邊；文苑儒林公分有，淋漓難得筆如椽。」此事成為二十年代文壇的一段佳話。

吳宓字雨僧，又作雨生，1894 年生於陝西涇陽，早年留學美國，師從新人文主義大師白璧德（Irving Babbitt），與陳寅恪、梅光迪、湯用彤等哈佛同窗相友善。歸國後歷任東南大學、東北大學、清華大學、西南聯大、武漢大學等校教授，主講西洋文學，闡發中國文化。1949 年以後，隅居四川重慶，執教西南師範學院，但 1965 年開始已不再任課，史無前例時期肉體精神倍受摧殘，1978 年在涇陽老家逝世，終年八十四歲。《二十今人志》「志」的是任清華大學外文系教授的吳宓，那是他相對較為平穩少波折的時期。除此之外，世道人心便與他捉迷藏、鬧彆扭、造誤會，一生矛盾痛苦，終於齎志以歿。中國現代文化人的遭遇不幸，吳宓是最突出的一個。

他的不得志，不是生不逢時，而是不肯趨時。白話時興的時候，他提倡文言；新詩走俏，他作舊詩。「五四」新文化運動把傳統打得七零八落，他與梅光迪、柳詒徵、胡先驌等創辦《學衡》，主張「昌明國粹，融化新知」，竭力回狂瀾於既倒。他的不趨時，一方面基於新人文主義的文化信仰，反映出個人文化思想的恆定性；另一方面由於具有嚴正認真的個性，為人坦蕩無偽，對事真誠不欺。至於 1929 年與原配陳心一女士離異，曾釀起軒然大波，師友同事悉皆反對，認為言行相失，不足取信。唯陳寅恪不以為異，說在美初識吳宓，就知其「本性浪漫，唯為舊禮教、舊道德之學說所拘縶，感情不得發舒，積久而瀕於破裂，猶壺水受熱而沸騰，揭蓋以汽，比之任壺炸裂，殊為勝過」[18]，並認為其他種種說法都是不了解吳宓。《二十今人志》的作者用「慷慨豁達，樂為善事」、「孤芳自賞，不屈不移」概括吳宓，是說對了的。而前引肖像描寫中傳出的奇蛻不馴的神氣，也確為雨僧先生所獨具。

吳宓的躁動不安的心靈可以感到安慰的是，中國現代思想文化史上許多第一流的人物，都與他結有深厚的友誼，不僅同道合志，而且情意相通。1922 年至 1924 年他主持編纂《學衡》雜誌時期，往還與共者有梅光迪、柳詒徵、湯用彤等。他一生與陳寅恪的友愛尤為深摯。早年留學哈佛，兩個人就一見如故，吳宓寫信給國內友人，說「合中西新舊各種學問而統論之，吾必以寅恪為全中國最博學之人」[19]。而對比自己小十六歲的錢鍾書，他同樣推崇備至，曾說「當今文史方面的傑出人才，在老一輩中要推陳寅恪先生，在年輕一輩中要推錢鍾書，他們都是人中之龍，其餘如你我，不過爾爾」[20]。由此可見他的慧眼與卓識。蕭公權 1918 年考入清華，當時吳宓已在美一年多，等到他赴美留學，吳宓已經回國。直至 1934 年，彼此才有所交往，這使得愛才若渴的吳宓深感遺憾，所以《空軒詩話》第四十五則在全錄蕭作《彩雲新曲》後，特補筆寫道：「予交公權最晚，近一年中，始偶相過從，然論學論道論文論事，皆極深契合。」[21] 只要有可能，他從不放過與同時代任何一個第一流學者雅相愛接的機會。

我們今天不能忘懷於吳雨僧的，最主要是他生平中的三件大事：一為創辦《學衡》；二為籌建並實際主持清華國學研究院的工作；三是慧眼識陳、錢以及與陳寅恪建立的終生不渝的誠摯友情。這三件事，都是為中國學術和中國文化傳薪續命的偉績，時間過得愈久愈顯出它們的價值。至於講《紅樓夢》，授西洋文學，撰寫《空軒詩話》，出版《吳宓詩集》，比之這三件事，還是小焉哉。當然吳宓生平中還有一件事也足以嘉惠士林，傳之久遠，就是他幾十年如一日，不間斷地記日記，中國現代思想和學術的許多人與事、問題與主義、軼事與趣聞，以及他個人的心路歷程，困擾與矛盾，特定歷史時期的文化與文化人的命運，日記中都有忠實的具體而微的記錄。吳宓自己稱他寫日記的特點：「體例一取簡賅，以期能不中斷，如電鈴之扣碼、書庫之目錄。凡藏諸腦海者，他日就此記之關鍵，一按即得。故唯示綱目，而不細敘，借免費時而旋中輟云。」[22]《雨僧日記》實際上是一部內容豐富的日記體中國現代學術史敘錄，也是一部現代學人的文化痛史，其史料價值和學術價值，均不可低估。[23]

2. 王國維、陳寅恪、吳宓在清華研究院的交誼

清華國學研究院成立於 1925 年，是為大學畢業和又有學問根底者的進修之地，因此是一高深的學術機構，目的是培養國學門的通才碩學。認真說來，當時清華大學的正式名稱叫清華學校，還沒有定名為清華大學，直到 1928 年，才定名為國立清華大學。而國學研究院的正式名稱，也應該叫清華學校研究院。那麼何以又稱國學研究院？因為清華研究院之設，略同於北大設研究所國學門，本來想涵蓋自然科學、社會科學等各個學科，由於經費的限制，也有學科的成熟程度的問題，最先辦起來的只有國

學一科。所以就把清華學校研究院，簡稱而偏好地叫做清華學校國學研究院了。吳宓幾次提議正式定名為國學研究院，都未能獲準。可是約定俗成的力量是不可抗拒的，雖未獲準，人們還是那樣叫，而且叫開了，到後來大家以為當時成立的就是清華大學國學研究院。吳宓當時擔任清華研究院國學部主任（月薪三百元），四大導師的到職，都經他親自禮聘。《吳宓自編年譜》在 1925 年 2 月 13 日條下，記載有禮聘王國維的情形：「宓持清華曹雲祥校長聘書，恭謁王國維靜安先生，在廳堂向上行三鞠躬禮。王先生事後語人，彼以為來者必系西服革履，握手對坐之少年，至是乃知不同，乃決就聘。」[24] 從而可知吳宓對王國維懷有特殊的禮敬。

陳寅恪的就聘清華國學院導師，更是吳宓一手所操辦。當時陳正在德國柏林大學研究梵文、巴利文、藏文等古文字，對應徵頗感遲疑。1925 年 4 月 27 日《雨僧日記》載：「陳寅恪覆信來。以（一）須多購書；（二）家務，不即就聘。」[25] 致使吳宓大為失望，在日記中寫道：「介紹陳來，費盡氣力，而猶遲疑，難哉。」[26] 陳寅恪所說的「多購書」，是指創辦國學研究院須多購置書籍，這是他的一貫主張，因此雖沒有立即就聘，對研究院的發展建設已有所建言。他自己 1923 年在《與妹書》中，曾因籌措購書款無著而焦灼不安，說「甚欲籌得一宗巨款購書，購就即歸國。此款此時何能得，只可空想，豈不可憐。」[27] 所以如此急迫，蓋由於他需要的藏文《大藏經》和日本印行的中文《大正藏》，還有字典及西洋類書百種，如不能購得，「一歸中國，非但不能再研究，並將初著手之學亦棄之矣」[28]。是否就聘，何時回國，對陳寅恪來說，書籍是個先決條件。

1925 年 6 月 25 日《雨僧日記》記載：「晨接陳寅恪函，就本校之聘，但明春到校。」[29]8 月 14 日《雨僧日記》又載：「陳寅恪有函來，購書殊多且難。」[30] 為了解決書款問題，吳宓向當時的清華校長曹雲祥提出申請，特批四千元，其中二千元作為陳寅恪的預支薪水，另二千元為研究院購書。但會計處只准予支出一千元的薪水。1925 年 9 月 3 日《雨僧日記》：「陳寅恪預支薪千元，按 1.76，合美金五六八元一角八分。花旗銀行支票一紙，由會計處取來，寄柏林，寅恪收。」[31]9 月 18 日又載：「陳寅恪購書及預支薪水，續匯三千元（連前共四千元）支票二紙。」[32] 研究院的購書款，《雨僧日記》10 月 8 日條記載甚詳：「下午，領到會計處交來匯陳寅恪購書款二千元。按 1.78，合得美金一千一百二十三元五角九分，花旗銀行支票一紙，No.25/7790，由本處附函中掛號寄去。」[33] 陳寅恪之就聘清華國學研究院，確讓吳宓耗費了許多心力，至有「難哉」之嘆，應屬可以理解。

就陳寅恪一方面而言，他的應徵與否完全出自學術的考慮，因而派生出一個購書的問題。至於 1925 年 4 月 27 日《雨僧日記》所載的「家務」一項，係指寅恪先生的母親俞淑人和長兄陳師曾先後於前一年逝世，1925 年 8 月在杭州安葬事。陳寅恪離德回國的實際日期為 1925 年 12 月 18 日，《雨僧日記》有明確記載。而到清華報到是 1926 年 7 月 7 日，此時的吳宓已辭去國學研究院主任的職務，改任外文系教授，但迎接陳寅恪到校一應事務，如安排住處，遊觀研究院環境，看趙元任，訪王國維，都由吳宓陪同。7 月中旬，陳寅恪身體不適，又回南方養病，至 8 月 25 日國學研究院開學前夕返回北京，始正式任教於清華。

1926 年 9 月新學年開始的清華園，迎來了前所未有的學術收穫季節。國學研究院的「四大導師」王、梁、陳、趙全部到齊，還有專任講師考古學家李濟，工作人員包括學富才雋的浦江清，真可以說是皆一時之選，風景極一時之盛。陳寅恪的應徵過程雖然曲曲折折，一旦到校，倍增生氣。事過四十五年以後，藍孟博回憶起當時的盛況，寫道：「自十五年秋，陳寅恪先生到院，導師已增至四位，秋季開學，新同學及留院繼續研究的同學，共有五十餘人，院中充滿了蓬勃氣象。」又說：「研究院的特點，是治學與做人並重。各位先生傳業態度的莊嚴懇摯，諸同學問道心志的誠敬殷切，穆然有鵝湖、鹿洞遺風。每當春秋佳日，隨侍諸師，徜徉湖山，俯仰吟嘯，無限春風舞雩之樂。」[34] 國學研究院的同學，說來著實幸運，不知不覺中便成了「南海聖人再傳弟子，大清皇帝同學少年」[35]，而且有緣享用有「字字精金美玉」之譽的陳寅恪的講課。

據《清華週刊》披露的材料，當時陳寅恪講授與指導的學科範圍包括《年曆學》、《古代碑誌與外族有關係者之研究》、《摩尼教經典與回紇譯文之研究》、《佛教經典各種文字譯本之比較研究》等，以精通多種語言文字之長，使傳統國學平添許多現代氣息。吳宓經常前去聽課。此時之吳宓已開始代理外文系主任的職務，行政事務纏繞著他，但涉及與陳寅恪有關的物事，他總是挺身而出。浦江清是他在東南大學教過的學生，到國學研究院工作也是他所介紹，本欲調外文系當他的助手，因陳寅恪也需要，他就作罷。1926 年 9 月 9 日《雨僧日記》記載此事：「寅恪不願失去浦君，乃止。」[36]

可惜清華國學研究院好景不長，1927 年春節過後，隨著國民革命軍北伐的步伐加快，研究院師生已無法安心向學。1927 年 4 月 3 日《雨僧日記》：「近頃人心頗惶惶，宓決擬於政局改變，黨軍得京師，清華解散之後，宓不再為教員，亦不從事他業。」[37]4 月 6 日上午則已協助陳寅恪往城裡轉移暫時不用的西文書籍，「恐清華為黨人解散之時，匆促忙亂，檢取不及。」[38]6 月 2 日，王國維在頤和園魚藻軒自沉。6 月 7 日，梁啟超因腎病復發，同時也由於王死之劇烈刺激，離開北京到天津調養身體，期間兩次住進協和醫院，國學研究院事，實際上已無法董理。而趙元任，

1927 年 10 月以後，主要精力都放在了方言調查方面。「四大導師」只剩寅恪先生一人勉力維持，中間曾有增聘章太炎、羅振玉、陳援庵三位為導師之議，但章、羅均遜謝不就，陳更以「不足繼梁、王二先生之後」為詞不肯應徵。1928 年 6 月北伐軍攻入北京，清華由外交部改隸教育部。不久，直接隸屬於國民政府的中央研究院在南京成立，蔡元培出任院長。吳宓所擔心的「解散」雖未發生，但到 1929 年 1 月 19 日梁啟超又病逝，國學研究院繼續辦下去已無可能。

就這樣，在二十世紀二十年代盛極一時的以造就通才碩學為目標的清華國學研究院，僅延續了四個春秋，終於在「四大導師」凋零其半而「長安弈棋」變幻莫測的氛圍中，於 1929 年正式停辦。陳寅恪所作《王觀堂先生輓詞》有句云：「但就賢愚判死生，未應修短論優劣。」這指的是人，對物事和舉措恐怕也應作如是觀。清華國學研究院的命運反映了中國現代學術和現代文化的命運，她留給後來者的遺產既包含有光榮和驕傲，也含孕著悲哀與辛酸。

3. 王國維自沉前後的王、陳與吳宓

王國維自沉昆明湖後的第四天，即 1927 年 6 月 6 日，北京《順天時報》刊出一篇題為《王國維在頤和園投河自盡之詳情》的文章，對 6 月 2 日至 6 月 3 日王國維自沉前後一應情形敘列甚詳，足可為不知底裡而又想探知究竟的好奇的公眾解開疑竇。文章的作者沒有具真實姓名，只在文末署「清華學校一分子、愛敬王先生之一人啟」，因而《順天時報》發表時，也只是標明：「茲接清華學校某君來函，敘其經過尤詳。」文章實為宓所寫，1927 年 6 月 5 日《雨僧日記》載：「上午，作函致《順天時報》

總編輯，詳述王先生死節情形。意在改正其新聞之錯誤，並附錄王先生遺囑原文。」[39]

吳宓與王、陳在此前後一段時間往來頻密。1926 年 3 月，吳宓辭去國學研究院主任職而專任外文系教授以後，他與王、陳仍保持密切的接觸。1926年9月15日《雨僧日記》:「夕，王靜安先生來，久坐」;11月3日:「王靜安與陳寅恪來此小坐」；11 月 11 日：「下午，王靜安、陳寅恪、劉崇鋐等，悉來此晤柳公（指柳翼謀 —— 引者注）。」12 月 3 日：「晨 8 ～ 9 偕寅恪赴西院祝王國維先生五十壽。」特別是 1927 年 3 月分以後接觸更為頻繁。3 月 13 日：「午，陳寅恪來談」；3 月 28 日：「晚，王靜安先生招宴於其宅」；4 月 8 日：「晚，陳寅恪來」；4 月 18 日：「夕，約陳寅恪、樓光來、Winter 來宓室中賞花，並用酒膳」;4 月 30 日:「陳寅恪與晚間來訪，談中國人之殘酷，感於李大釗等之絞死也」；5 月 2 日：「夕，王靜安先生來談」；5 月 12 日：「晚，寢後復起，王靜安先生偕陳寅恪來」；5 月 19 日：「陳寅恪日夕常來談」;5 月 24 日:「夕，與陳寅恪、趙萬里、周光午散步，並至寅恪家中坐談」；5 月 26 日：「上午訪寅恪晤王靜安先生」。[40] 這最後一次晤談，距 6 月 2 日慘劇的發生只有六天時間，對王國維自沉前的心境和情緒，了解得最透澈的第一個是陳寅恪，第二個就是吳宓。所以王國維的遺囑特別提出：「書籍可托陳、吳二先生處理。」這無異於文化托命，反映出三個人之間交誼之深。

但吳宓與陳寅恪對王國維死因的理解，彼此並不一致；1927 年 6 月 2 日王國維自沉當天《雨僧日記》寫道：「王先生此次捨身，其為殉清室無疑。大節孤忠，與梁公巨川同一旨趣。」[41] 梁巨川是梁漱溟的父尊，名梁濟，當 1918 年 11 月 10 日六十歲生日時，投北京淨業湖即積水潭自殺身亡，遺書中稱是為了「殉清朝而死」，在知識界引起一場討論，陳獨秀、陶孟和、徐志摩等都寫了文章，梁漱溟也寫信給《新青年》傾述己見。但梁濟之死更多的是道德的自我完成，不必像王國維那樣具有自覺的文化意義。吳宓把兩者等同並列，是對王之死尚缺乏深層了解。

讀者也有的認為王是怕北伐軍攻入北京遭遇不幸，所以選擇了自殺。對此吳宓在同一篇日記中據理據實給予了反駁，他說:「若謂慮一身安危，懼為黨軍或學生所辱，猶為未能知王先生者。蓋旬日前，王先生曾與寅恪在宓室中商避難事，宓勸其暑假中獨遊日本，寅恪勸其移家入京居住，己身亦不必出京。王先生言『我不能走』。」[42] 吳宓分析說：「一身旅資，才數百元，區區之數，友朋與學校，均可湊集。其云『我不能走』者，必非緣於經費無著可知也。今王先生既盡節矣，悠悠之口，譏詆責難，或妄相推測，亦只可任之而已。」[43] 作為王國維的同事和同道，吳宓始終站在替王辯誣的立場。只是他接受了王之死是為了「殉清室」的看法，使得他的辯護帶有一定局限。

陳寅恪的看法則傾向於王之死主要是文化哀痛所致，與其說殉清室，不如說是殉中國幾千年來的固有文化，《王觀堂先生輓詞》的序言於此點有極細密的申論。《輓詞》作於 1927 年 10 月，在痛定之後，但陳氏的上述看法，6 月 14 日的《雨僧日記》已有所透露，其中寫道：「寅恪謂凡一國文化衰亡之時，高明之士，自視為此文化之所寄託者，輒痛苦非常，每先以此身殉文化，如王靜安先生，是其顯著之例。」[44] 吳宓在認知上雖未能達到此一高度，但聽了陳寅恪的論議，他也表示認同。因為自哈佛訂交以來，無論為人為學論詩論事，他都佩服陳寅恪的高見卓識。因此《空軒詩話》對陳之輓詞給予極高評價，認為在哀挽王國維之死的諸多作品中可「為第一」，並稱讚其序言「陳義甚精」。因此當他為《輓詞》「一死從容殉大倫」句作解釋時，對自己持之「無疑」的「殉清室」說，作了事實上的修正，而向陳寅恪的殉文化說靠攏。這條疏解是這樣寫的：

> 五倫，第一是君臣，以下父子、兄弟、夫婦、朋友，故曰大倫。宣統尚未死，王先生所殉者，君臣（王先生自己對清朝）之關係耳。[45]

「宣統尚未死」，因而「殉清室」的說法無所著落，吳宓意識到了這一點，於是強調所殉者為王國維對清朝的君臣之關係，也就是作為抽象理想的綱常倫理，這和陳寅恪在《輓詞序》中所闡述的思想就一致起來了。他在 1927 年 6 月 14 日的《日記》裡引述了上面的思想之後，還進一步發揮說：「宓則謂寅恪與宓皆不能逃此範圍，唯有大小輕重之別耳。」[46] 這正是吳宓的可愛處，他與友朋相交，總是自低位置，涉及文化苦痛問題，也認為王國維的文化程量固然比自己宏闊，陳寅恪所受苦痛的深度也大於自己。雖不無自謙之意，按之後來人生遭際崛崎演變的事實，又可見出吳宓不乏智識者的自知之明和先見之明。

王國維自沉之後，包括陳寅恪在內許多人都有詩作面世，以誌哀悼，唯獨最愛寫詩也長於寫詩的吳宓，卻沒有寫，這是什麼緣故？吳宓自己也感到是個問題，所以在《空軒詩話》第十一則裡特地加以說明：「王靜安先生（諱國維，浙江海寧人）於丁卯（民國十六年）五月初三日（陰曆此日，即陽曆六月二日）自沉於頤和園之魚藻軒，一時哀挽者極多（黃晦聞師、張孟劬先生、陳寅恪君等，均有詩。載《學衡》六十期），宓僅成短聯。嘗欲仿杜甫《八哀》詩，為詩述諸師友之學行志誼，久而未成。所列八賢，已先後作古人矣。」[47] 但何以只有短聯，而沒有詩作，就中原由，還是沒有說出。現在細詳吳宓日記的有關記載，似可稍加猜測。第一，王國維之死，對吳宓的精神震動是太大了，6 月 3 日《雨僧日記》所記載的悽慘情景：「王先生遺體臥磚地上，覆以破汙之蘆席，揭席瞻視，衣裳面色如生，至為悽慘。」[48] 這一幕印在他的心頭腦際，不是短時間可以抹去的，勢必阻滯詩思。第二，對王國維之死持「殉清室」說，不利於把自己的詩情昇華到澄明幽眇的境界，所以他的輓聯：「離宮猶是前朝，主辱臣憂，汨羅異代沉屈子；浩劫正逢此日，人亡國瘁，海宇同聲哭鄭君。」[49] 措意也只是平平。第三，陳寅恪既有輓詩又有輓詞，而且詩詞均臻妙境，在這種情況下，作為平日互相唱和的詩友，是可以無作。當然這只是我的猜測，不敢說此中已無進一步待發之覆。

1928 年 6 月 1 日和 2 日，值王國維逝世一週年之際，吳宓連作《落花詩》八首，起因是王國維逝世前為國學研究院同學謝國楨錄韓偓和陳寶琛的詩各二首，書於扇面之上，陳之詩即為《前落花詩》，一時以為王此舉是以落花明殉身之志（《空軒詩話》十三）。吳宓的《落花詩》，其中五首作於 6 月 1 日，另外三首是 6 月 2 日伏枕而作，然後又成一首五律：

心事落花寄，誰能識此情。
非關思綺靡，終是意淒清。
嘆鳳嗟尼父，投湘吊屈平。
滔滔流世運，淒斷杜鵑聲。[50]

《雨僧日記》對詩成經過有所解釋，見於 1928 年 6 月 2 日條：「是日為王靜安先生逝世週年之期，宓又作五律一首吊之。」[51] 後收入《吳宓詩集》，題目作《六月二日作落花詩成，復賦此律，時為王靜安先生投身昆明湖一週年之期也》。不妨把這首五律和八首《落花詩》看作是吳宓挽王國維之死的補作，但題旨已不是一年前特定心境的反映，如同《落花詩》序語所標示的，乃是借春殘花落，對「所懷抱之理想，愛好之事物，以時衰俗變，悉為潮流捲蕩以去，不復可睹」，「致其依戀之情」[52]。傷悼的對象由王國維的自沉一變而為自我「感傷身世」，雖可以視為後補的輓詩，意義卻因時過而境遷了。

吳宓沒有留下輓詩，卻有一篇誓詞留了下來。1927 年 6 月 3 日，吳宓與清華國學研究院師生一起送殯，最後將王國維的遺體停放在清華園附近的剛果寺，前後經過使吳宓蒙受巨大刺激，在當天的日記中寫道：「王先生忠事清室，宓之身世境遇不同。然宓固願以維持中國文化道德禮教之精神為己任者。今敢誓於王先生之靈，他年苟不能實行所志，而澳涊以沒，或為中國文化道德禮教之敵所逼迫，義無苟全者，則必當效王先生之行事，從容就死，唯王先生實冥鑑之。」[53] 吳宓的以自覺維繫中國固有文化為己任，終其一生是一以貫之的，所以他才辦《學衡》，不憚於和當時的新派人物唱對臺戲。但他的文化信仰雖堅摯，內心卻充滿矛盾，不僅是文化理想不能實現的矛盾，也有寄情文章學術與謀求事功的矛盾，他自己比喻為二馬並馳，足踏兩背，倘若握韁不緊，兩馬分途，「將受車裂之刑」，適成自己的「生之悲劇」。[54]

不幸的是，這種悲劇一直延續到他生命的晚期。只不過晚年的吳宓，在精神苦痛之外，又增加了肉體的苦痛。十年浩劫期間，左腿被迫害扭折，右目全盲，每月領 38.5 元生活費，約有兩年時間，早、晚餐各食一隻饅頭，不吃菜，午餐有食堂菜一份，米飯三兩，住室則為無頂席牆的工棚，雨天上漏不止。吳宓身材魁偉，素不耐饑，當年在頤和園為王國維送殯，等到晚八時靈柩始運到，「饑不能忍」，還曾「與戴元齡等四人，在青龍橋鎮中，一小店內進麵食糕餅等」[55]，可知晚年的雨僧先生怎樣為飢餓所折磨。

陳寅恪以學術作為文化托命的根基，一心向學，從不旁騖，因此沒有二馬分途所帶來的矛盾，但在蒙受精神與肉體雙重苦痛這點上，與吳宓又是一致的，借用吳宓的話說，「唯有大小輕重之別耳」。1950 年 9 月 18

日，陳寅恪在致吳宓的信中寫道：「吾輩之困苦，精神、肉體兩方面有加無已，自不待言矣。」[56]1944 年底寅恪先生雙目失明，1962 年跌斷右腿，還不要說多年來頻發頻遇的病魔與流離。就王、陳、吳的一生遭際而言，陳比吳平穩而少曲折，王比陳、吳更超脫省淨。「世移勢變，是非經久而論定，意氣閱世而平心，事過境遷，痛定思痛」（錢基博語），安知王國維 1927 年 6 月 2 日之逝不是正確的選擇？至少，他為中國文化精神所凝聚之人樹立一種風範。當年梁濟自殺，陳獨秀還曾熱情肯定其「真誠純潔的精神」，說這樣做「比那把道德禮教綱紀倫常掛在嘴上的舊官僚，比那把共和民權自治護法寫在臉上的新官僚，到底真偽不同」（《獨秀文存》卷一）。王國維為文為學為人真實不欺，更是有目共睹。吳宓的誓詞就是在王的文化精神的感召下悄悄寫在日記中的。

也許有人會提出疑問，問吳宓晚年經受那許多精神和肉體的折磨，何以不踐履自己的誓詞。這個問題說來複雜，亦甚難言者也。茲有一點可以論定，即便吳宓選擇了王國維的結局，由於「世移勢變」，也不可能產生震動社會的文化效應。清華國學研究院英傑才雋之中，不乏大義凜然的氣節之士，當年看到陳寅恪向王國維遺體行跪拜大禮，而放聲痛哭的劉盼遂先生，即死於浩劫開始之年，然而有如黃英墮溷，無任何聲息，人們彷彿忘卻了這樁悲劇。因為當時的時代情勢，是「鐵騎橫馳園作徑，饑黎轉死桂為薪」（吳宓《落花詩》之三）。「殉道」已不知「道」在何處，「成仁」亦不知「成」誰家之「仁」。作為文化所托命之人，反不如以己身之經歷為中國的反文化傳統留一實證。

連陳寅恪在飽觀世運之後也有新的反省，作於 1957 年的《題王觀堂「人間詞」及「人間詞話」新刊本》寫道：「世運如潮又一時，文章得失更能知。沈湘哀郢都陳跡，剩話人間絕妙詞。」[57] 但陳、吳和王一樣，文化信仰和文化精神始終如一，未嘗稍有變異。1964 年夏天，陳寅恪在《贈蔣秉南序》中，特標舉歐陽修撰《新五代史》「貶斥勢利，尊崇氣節」之義，並以「默念平生固未嘗侮食自矜，曲學阿世」[58] 告慰友朋，即為明證。1974 年，吳宓在自身莫保的境況下起而譴責批孔伐儒的謬舉，致使遭遇更大的不幸，被遣送回陝西涇陽老家，終於齎志以歿。王國維遺囑云：「五十之年，只欠一死。」陳寅恪在詩中一再重複詠嘆：「大患分明有此身。」陳、吳的結局，從文化精神的指歸來說，與王並無不同。1935 年出版的《吳宓詩集》，關於《王觀堂先生輓詞》的詩話，只錄詩而未錄序，晚年吳宓重訂《詩集》，詩序並錄，且寫下按語：「此序陳義甚高，而至精切。寅恪在 1927 年，已看明 1949 年後之變。」[59]

吳宓一生受王、陳文化精神的影響至深至鉅，直到晚年獨臥病榻，仍不忘從王、陳身上汲取支撐的力量。1971 年 1 月 29 日《雨僧日記》載：「陰，晦。上午，身體覺不適。心臟痛，疑病。乃服狐裘臥床，朗誦（1）王國維先生《頤和園詞》；（2）陳寅恪君《王觀堂先生輓詞》等，涕淚橫流，久之乃舒。」[60]1973 年 6 月 3 日，又夢陳寅恪誦釋新作的詩句「隆春乍見三隻雁」[61]。哪「三隻雁」？是王國維、陳寅恪、吳雨僧麼？不過應改「隆春」為「隆冬」才是呵。

三　晚年的陳寅恪與吳宓

陳寅恪在《王觀堂先生輓詞》的序言裡，為說明王國維 1927 年 6 月 2 日自沉昆明湖不是為了「殉清室」，而是殉延續幾千年的中國固有文化，提出中國文化的最高境界具有「抽象理想之通性」，比如「以朋友之紀言之，友為酈寄亦待之以鮑叔」。酈寄是西漢時期有名的出賣朋友的小人，史家稱為「賣交」，為後世所不恥。而鮑叔則以能知人著稱於世，少年時發現管仲有出息，就始終不變，不論管仲有什麼小的缺點，處境如何，都「善遇之」，直到推薦給齊桓公，使居於自己之上，感動得管仲不知如何是好，說「生我者父母，知我者鮑子也」。

管鮑故事是中國人友朋相交的最高境界，向為人們所稱道，但復按歷史，真正達到這一境界的例證並不很多。不過我在這裡要說，我國現代學術文化史上的兩位巨子——陳寅恪與吳宓，他們之間的友誼，是可以比之管鮑而不愧疚的。兩個人自 1919 年在哈佛訂交，以後在半個多世紀的時間裡，不論順利也好，挫折也好，他們總是真誠不欺，相濡以沫。共事於清華國學研究院時期兩個人的深厚情誼已如上述。感人的是 1944 年 10 月底，吳宓從昆明西南聯大去成都看望在燕京大學任教的陳寅恪。當時寅恪先生右眼已失明，左眼因勞累過度也於 12 月 12 日不能辨視物象，兩天以後住進醫院治療。

我們打開 1944 年 12 月 14 日至 1945 年 1 月 24 日的《雨僧日記》，幾乎是天天、有時一天兩次，吳宓都去醫院看視、陪同寅恪先生。例如《雨僧日記》1944 年 12 月 14 日：「寅恪以目疾，住陝西街存仁醫院三樓 73 室，宓 1－2 往探視，久陪坐談。」12 月 15 日：「10-11 存仁醫院探寅恪病……4：00 再探寅恪病，以萬元付寅恪作家用。」12 月 16 日：「在燕京大禮堂講《紅樓夢》評論」，「探寅恪病。」12 月 17 日：「下午 1：30 始得至存仁探寅恪病。」12 月 18 日：「12-1 探寅恪病。今日下午，左目將行割治。」12 月 19 日：「往存仁視寅恪，僅得見夫人篔，言開刀後，痛呻久之。」12 月 21 日：「探寅恪病，甚有起色。」12 月 23 日：「夕，探寅恪病，僅見篔夫人，言寅恪不如前。」12 月 24 日：「上午探寅恪病，轉佳。」12 月 25 日：「探寅恪病。逢陳醫檢查其病目。」12 月 26 日：「探寅恪病，醫方檢視，宓急退出。」12 月 28 日：「夕，探寅恪病，方眠。」12 月 30 日：「探寅恪病，方食，後筫夫人送出，密告：醫云割治無益，左目網膜，脫處增廣，未能黏合，且網膜另有小洞穿。」12 月 31 日：「探寅恪病，方眠。」1945 年元旦：「9：30 探寅恪病。」「下午，陰，2-3 以借得之張恨水小說《天河配》送與寅恪。」1 月 3 日：「夕，5-8 探寅恪病，陪坐。」1 月 5 日：「探寅恪病，方眠。」[62] 吳宓幾乎是天天去醫院「陪坐」、「久坐」、「陪談」。這一時期的《雨僧日記》，如同寅恪先生眼病的病歷卡一樣，纖毫不漏，很少見到朋友之間有如此至愛親情的。陳寅恪的特點是深摯，吳宓的特點是投入。1961 年吳宓赴廣州最後一次看望老友，陳寅恪贈詩有句說：「幸有人間佳親在」，這「佳親」二字，不妨看作也包括兩個老友的關係在內。

吳宓和陳寅恪在 1949 年以前，儘管有戰亂和流離，總有機會傾心談敘，互相切磋；1949 年以後，本來是寰宇已定的和平環境，反而天各一方、相見時難了。因此 1961 年已是六十七歲的吳宓親赴廣州看望七十有一的陳寅恪，可不是一件小事。吳宓於 8 月 23 日乘船到武漢，會見老友劉永濟先生，然後於 8 月 30 日抵廣州，到中山大學已是夜裡 12 時，寅恪先生仍在東南區一號樓上相見。這一天的《雨僧日記》寫道：「寅恪兄雙目全不能見物，在室內摸索，以杖緩步。出外由小彭攙扶而行。面容如昔，發白甚少，唯前頂禿，眉目成八字形。目盲，故目細而更覺兩端向外下垂（八）。然寅恪兄精神極好，撮要談述十二年來近況。」[63] 讀這篇《日記》，令人感到淒然。吳宓 9 月 4 日離開廣州，與寅恪先生有四個整天在一起敘往談心，學術、政治、人事，無所不及，又交流詩作，勸吳宓與陳心一女士復合。陳寅恪《贈吳雨僧》詩第一首：「問疾寧辭蜀道難，相逢握手淚汍瀾。暮年一晤非容易，應作生離死別看。」[64] 不料想這首紀實的詩，後來竟成為讖語，果然是「生離死別」，從此這兩位結管鮑之誼的老人再沒有見過面。

1964 年暑期吳宓本來還計劃有廣州之行，因政治風雲忽變而未果。陳寅恪 1962 年跌斷右腿，盲目臏足，在十年內亂期間倍受摧殘。吳宓處境更為不利。1969 年挨批鬥，被猛向前推跌倒，左腿扭折，至 1971 年 6 月又盲了右目。扣發工資，每月只給三十七八元生活費。但此情此景，他擔心、眷念的是寅恪先生，竟於 1971 年 9 月 8 日寫信給「中山大學革命委員會」，問詢老友的消息。他在信中說：「在國內及國際久負盛名之學者陳寅恪教授，年壽已高」，「且身體素弱，多病，雙目已久盲。不知現今是否仍康健生存，抑已身故（逝世）？其夫人唐稚瑩（唐篔）女士，現居住何處？此間宓及陳寅恪先生之朋友、學生多人，對陳先生十分關懷、繫念，極欲知其確實消息，並欲與其夫人唐稚瑩女士通信，詳詢一切。故特上此函，敬求貴校（一）覆函，示知陳寅恪教授之現況、實情。（二）將此函交付陳夫人唐稚瑩女士手收。請其覆函與宓，不勝盼感。」[65] 其實寅恪夫婦早在 1969 年 10 月和 11 月去世，吳宓的信晚了差不多兩年。不過即使兩年前寫此信，他大約也得不到回覆吧。

使我們感到特別欽敬的是吳宓的勇氣，身處自身莫保的險境，他居然勇於寫這樣一封充滿對老友繫念、禮敬的信，這只有吳宓才做得出。而且十分細心，開頭即說明陳寅恪是「國內及國際久負盛名之學者」，在當時恐怕也包含有對迫害知識菁英的抗議吧。「身故」一詞後面加一括號，註明是「逝世」的意思，想得也極周到，因為當時以戕賊文化為使命的文化環境，可能讀不懂雨僧先生的至誠無華的信，連吳宓的「宓」是否識得都在未知之數。當時吳宓下放在四川梁平縣，不久又由於為孔子和儒學辯護，所受迫害更變本加厲，以至於不得不回到陝西涇陽老家，終於孤獨地死去，比陳寅恪更加不幸。

而當晚年的吳宓獨臥病榻時，他還在不停地思念老友。一生以維繫中國固有文化為己任而又具有詩人浪漫情懷的吳宓，到生命的晚期，把他與寅恪先生的友誼昇華到醇美的詩的境界，管鮑地下有知，也要為後世有如此氣類知音之士而額手至再罷。

1992 年 7 月 19 日初稿 2013 年 8 月 17 日改定

本章注腳

[1] 陳寅恪：《詩集》，三聯書店 2001 年版，第 180 頁。

[2] 陳寅恪：《詩集》，三聯書店 2001 年版，第 11-12 頁。

[3] 王國維：《沈乙庵先生七十壽序》，《王國維文集》第一卷，中國文史出版社 1997 年版，第 98 頁。

[4] 王國維：《致鈴木虎雄》（1912 年 5 月 31 日），《王國維全集·書信》（吳澤主編），中華書局 1984 年版，第 26 頁。

[5] 王國維：《致鈴木虎雄》（1912 年 6 月 23 日），《王國維全集·書信》（吳澤主編），中華書局 1984 年版，第 27 頁。

[6] 陳寅恪：《王觀堂先生輓詞並序》，陳寅恪《詩集》，三聯書店 2001 年版，第 12-17 頁。

[7] 王國維：《頤和園詞》，《王國維文集》第一卷，中國文史出版社 1997 年版，第 260-263 頁。

[8] 陳寅恪：《王觀堂先生輓詞並序》，《詩集》，三聯書店 2001 年版，第 12 頁。

[9] 《白虎通疏證》（陳立撰）上，中華書局 1994 年版，第 373 頁。

[10] 王國維:《致羅振玉》(1926年10月31日),《王國維全集·書信》(吳澤主編),中華書局1984年版,第445頁。《白虎通疏證》(陳立撰)上,中華書局1994年版,第373頁。

[11] 《白虎通疏證》(陳立撰)上,中華書局1994年版,第377頁。

[12] 王國維:《羅雪堂参事六十壽詩》,《王國維文集》第一卷,中國文史出版社1997年版,第289頁。

[13] 陳寅恪:《元白詩箋證稿》,三聯書店2001年版,第85頁。

[14] 陳寅恪:《清華大學王觀堂先生紀念碑銘》,《金明館叢稿二編》,三聯書店2001年版,第246頁。

[15] 陳寅恪:《王靜安先生遺書序》,《金明館叢稿二編》,三聯書店2001年版,第247頁。

[16] 陳寅恪:《王靜安先生遺書序》,三聯書店2001年版,第247-248頁。

[17] 《二十今人志》,上海良友圖書公司1935年版,第1-2頁。

[18] 《吳宓日記》第五冊,1930年4月22日,三聯書店1998年版,第60頁。

[19] 吳宓:《空軒詩話》第十二,《吳宓詩話》(吳學昭整理),商務印書館2005年版,第196頁。

[20] 鄭朝宗:《但開風氣不為師》,《海夫文存》,廈門大學出版社1994年版,第1頁。

[21] 吳宓:《空軒詩話》第四十五,《吳宓詩話》(吳學昭整理),商務印書館2005年版,第249頁。

[22] 《吳宓日記》第二冊(1917-1924)卷首文字,三聯書店1998年版,第19頁。

[23] 《吳宓日記》正續編,正編十冊,1910-1948,續編十冊,1949-

1974。前後計五十四年，二十巨冊，起自 1910 年十月初一日，訖於 1973 年十二月三十一日（1974 年日記失去），已由三聯書店於 1998 年和 2006 年先後出版。

[24] 吳宓自編年譜。

[25]《吳宓日記》第三冊（1925-1927），三聯書店 1998 年版，第 19 頁。

[26]《吳宓日記》第三冊（1925-1927），三聯書店 1998 年版，第 19 頁。

[27] 陳寅恪：《與妹書》，《書信集》，三聯書店 2001 年版，第 1 頁。

[28] 陳寅恪：《與妹書》，《書信集》，三聯書店 2001 年版，第 1 頁。

[29]《吳宓日記》第三冊（1925-1927），三聯書店 1998 年版，第 37 頁。

[30]《吳宓日記》第三冊（1925-1927），三聯書店 1998 年版，第 56 頁。

[31]《吳宓日記》第三冊（1925-1927），三聯書店 1998 年版，第 65 頁。

[32]《吳宓日記》第三冊（1925-1927），三聯書店 1998 年版，第 73 頁。

[33]《吳宓日記》第三冊（1925-1927），三聯書店 1998 年版，第 78-79 頁。

[34] 藍文徵：《清華大學國學研究院始末》，《談陳寅恪》，臺北傳記文學出版社 1979 年版。

[35] 陳寅恪：《贈清華國學研究院學生》，《詩集》，三聯書店 2001 年版，第 179 頁。

[36]《吳宓日記》第三冊（1925-1927），三聯書店 1998 年版，第 219 頁。

[37]《吳宓日記》第三冊（1925-1927），三聯書店 1998 年版，第 327 頁。

[38]《吳宓日記》第三冊（1925-1927），三聯書店 1998 年版。

[39]《吳宓日記》第三冊（1925-1927），三聯書店 1998 年版，第 347-348 頁。

[40] 所引 1926 年 9 月 15 日至 1927 年 5 月 26 日吳宓日記諸條，見《雨僧日記》第三冊（1925-1927），三聯書店 1998 年版，第 222-342 頁。

[41]《吳宓日記》第三冊（1925-1927），三聯書店 1998 年版，第 345 頁。

[42] 《吳宓日記》第三冊（1925-1927），三聯書店 1998 年版，第 345 頁。

[43] 《吳宓日記》第三冊（1925-1927），三聯書店 1998 年版，第 345 頁。

[44] 《吳宓日記》第三冊（1925-1927），三聯書店 1998 年版，第 355 頁。

[45] 吳學昭著《吳宓與陳寅恪》所引，清華大學出版社 1992 年版，第 59 頁。

[46] 《吳宓日記》第三冊（1925-1927），三聯書店 1998 年版，第 355 頁。

[47] 吳宓：《空軒詩話》第十一「王國維詠史詩」，《吳宓詩話》（吳學昭整理），商務印書館 2005 年版，第 192 頁。

[48] 《吳宓日記》第三冊（1925-1927），三聯書店 1998 年版，第 345 頁。

[49] 《吳宓日記》第三冊（1925-1927），三聯書店 1998 年版，第 347 頁。

[50] 《吳宓詩集》，商務印書館 2004 年版，第 174 頁。

[51] 《吳宓日記》第四冊（1928-1929），三聯書店 1998 年版，第 69 頁。

[52] 《吳宓詩集》，商務印書館 2004 年版，第 173 頁。

[53] 《吳宓日記》第三冊（1925-1927），三聯書店 1998 年版，第 346 頁。

[54] 《吳宓日記》第三冊（1925-1927），三聯書店 1998 年版，第 355 頁。

[55] 《吳宓日記》第三冊（1925-1927），三聯書店 1998 年版，第 346 頁。

[56] 陳寅恪：《致吳宓》，《書信集》，三聯書店 2001 年版，第 268 頁。

[57] 陳寅恪：《詩集》，三聯書店 2001 年版，第 129 頁。

[58] 陳寅恪：《贈蔣秉南序》，《寒柳堂集》，三聯書店 2001 年版，第 182 頁。

[59] 吳宓：《空軒詩話》第十二整理者所加之腳注，《吳宓詩話》（吳學昭整理），商務印書館 2005 年版，第 193 頁。

[60] 《吳宓日記續編》第九冊（1969-1971），三聯書店 2006 年版，第 178 頁。

[61] 《吳宓日記續編》第十冊（1972-1974），三聯書店 2006 年版，第 401 頁。

[62] 《吳宓日記》第九冊（1943-1945），三聯書店1999年版，第376-403頁。

[63] 《吳宓日記續編》第五冊（1961-1962），三聯書店2006年版，第159頁。

[64] 陳寅恪：《贈吳雨僧》，《詩集》，三聯書店2001年版，第138頁。

[65] 《吳宓書信集》（吳學昭整理、注釋、翻譯），三聯書店2011年版，第434頁。

第二章
王國維思想學行傳論

一

王國維，字靜安，又字伯隅，號觀堂，浙江海寧人。1877年農曆十月二十九（公曆12月3日）出生於海寧州城之雙仁巷自宅。先生先世籍河南開封，遠祖王光祖《宋史》有傳，因征御北方邊族有功，被封為涇原河東定州路副總管。光祖子王稟，忠義勇武，戰功卓著。《三朝北盟會編》記載：「王稟性質沈雄，智謀深靜，便弓劍之習，負勁氣於山西，貫韜鈐之奇，走雄名於塞北，久率戎伍，夙著戰功。」而靖康元年九月初三日，已被金兵圍困二百多天的太原眼看就要陷落之時，王稟率部巷戰，身被數十創，還到城裡廟中背負太宗的塑像，與其子之全家跳汾河自盡。後高宗南渡，追封稟為安化郡王，賜謚「忠壯」[1]。這是王氏家族史上最輝煌的一幕。

明代中期以後，王氏家族開始中落。而此前在元代，已經成為「世為農商」的家庭。王稟之後凡三十四傳，至先生父王乃譽。乃譽出生於道光二十七年（1847），以商賈為事，而喜書畫篆刻，書學米芾，畫學董其昌，書畫自成格調，為識者所重；乃譽淡名利，富收藏，以種竹養魚為常課。先此，曾一度充任江蘇溧陽縣（今溧陽市）的幕僚，但四十歲以後便家居不再復出。[2] 嘗作《遊目錄》十卷，詩集二卷，藏未行世。靜安出生時，恰值其父的而立之年，自身之興趣愛好深受其父影響，如同異母弟王國華所說：「先兄一生淡名利，寡言笑，篤志墳典，一本天性，而弱冠內外，其有承於先君子者尤眾。」[3] 先生母凌氏，當其四歲尚不能完整記憶時亡故，後由祖姑母和叔祖母撫養；越五年，王乃譽續娶，則與繼母生活在一起。先生對繼母葉氏甚敬畏，即使與少年友人冶遊聚會，也總是守時歸家，不敢延宕致使繼母失歡。先生之寡言憂鬱之性格，實童年生活境遇所使然。

先生七歲入私塾就讀，頗習詩文時藝。王乃譽家居後，以「課子自娛」，要求尤其嚴格，幾易塾師，猶不愜意。但先生雅好詩詞，十五歲已代父作輓詩。[4] 十六歲參加歲試，以第二十一名入州學。購「前四史」在是年，稱為「平生讀書之始」[5]。翌年，赴杭州應鄉試，不終場而歸。[6]1894 年中日甲午戰爭爆發，清軍慘敗，北洋艦隊全軍覆沒，朝野震驚，先生亦深為所動，遂開始嚮往新學。但由於家境貧寒，沒有條件出國留學。其自述有云：「甲午之役，始知世尚有所謂新學者。家貧不能以資供遊學，居恆怏怏。」[7]1896 年夏天，先生開始擔任城內一沈姓家之塾師。同年，與同邑出身商人家庭的莫氏女結婚。次年，再赴杭州應鄉試，又不中。從此棄絕舉業，絕意仕途。

當是時，汪康年等在上海創辦《時務報》，汪康年為總理，梁啟超任主筆，大力鼓吹變法，是為維新派的重要輿論園地，也成為靜安先生當時最喜愛的讀物。他也曾將借得的刊有梁任公宏文的第四十五、四十六冊《時務報》，呈獻給父尊王乃譽觀覽，乃譽亦為之震撼。只要檢閱一下 1896 年歲尾和 1897 年的《王乃譽日記》，就會發現這位一心望子成就的乃譽先生發生了何等變化。1896 年歲杪的除夕過後，他在日記中全文抄錄了《時務報》刊登的盛宣懷《自強大計舉要臚陳摺》，共九個半頁的篇幅，五千餘言；以及梁任公的《論學校》（所抄之部分為任公《學校總論》之《論幼學》），以大一些的漂亮俊逸的行書抄寫 [8]（乃譽先生的法書似非凡品），看後無法不令人動容。此時的王氏父子的思想應該已冥合在一處，則靜安先生對維新變革的態度可以想知。與同鄉張英甫等籌劃創辦海寧師範學堂之議也在是年，因款項無著未果，然先生之篤志於學及熱心教育之抱負於此可見一斑。

二

1898年這一年是先生人生的轉折點。新正伊始，就離別妻室，來到上海，到時務報館擔任書記及校對的職務。不過不是正式應徵，而是因供職於時務報館的同鄉舉人許默齋返鄉處理家中事務，暫作為代理，主要為校對、抄寫之類，實際地位相當之低，收入亦至為菲薄。恰值羅振玉創辦的日語專科學校東文學社於是年三月開學，王國維經報館同意，每天下午前往學習三個小時，因得以結識羅振玉。從此先生一生之命運便與羅氏緊緊地連繫在一起。

羅字叔蘊，號雪堂，浙江上虞人，1866年生，比王國維長十二歲。早年致力於歐西新學的介紹，並熱心教育，曾創辦《農學報》，組織農學會；與張之洞關係密切，擔任過湖北農務局總理兼學堂總督。精於小學、金石、甲骨之學，是現代學術史上有影響的古文字、古器物學者。大內檔案得以保存，羅氏與有功焉。[9] 羅氏由於後來參與策劃溥儀出京，任偽滿洲國的「參議」和所謂「滿日文化協會會長」，使得當時後世頗遭疵議，但對其治甲骨文字和古器物、研究敦煌遺書等所做出的成績，文史學界鮮有異詞。羅、王相知，起因是王國維在東文學社一個同學的扇面上題寫的一首《詠史》詩：

西域縱橫盡百城，張陳遠略遜甘英。
千秋壯觀君知否，黑海西頭望大秦。[10]

羅氏看到大為激賞，嘆為異才，於是著意扶植培養，雖考試成績欠佳，也寧願保留其學習機會，使之無後顧之憂。不久，《時務報》停辦，先生則因治療腿病返回海寧。

二

同年八月，戊戌政變發生，康有為、梁啟超逃亡國外，譚嗣同、劉光第等六君子罹難。先生於此氣憤之極，寫信給許默齋說：「今日出，聞吾邑士人論時事者，蔽罪亡人不遺餘力，實堪氣殺。危亡在旦夕，尚不知病，並仇視醫者，欲不死得乎？」[11] 本年底病癒後又來到上海，重新進入東文學社補習日文，同時奮力研習英文，間做庶務，直至 1900 年學社解散。學社教師有日人藤田豐八、田岡佐代治（Taoka Sayoji）二氏，對先生為學均有影響。這是先生打開視界、努力掌握治學工具時期，為日後的學業拓展鋪設了必要條件。

羅振玉 1900 年下半年應鄂都張之洞之邀總理湖北農務局，先生亦應邀於次年年初赴湖北則參與羅氏策劃的農書譯事。所譯之日人的《日本地理志》，當年由商務印書館出版。1902 年歲首，受羅之資助，先生東渡日本在東京物理學校學習數理。當時正值戊戌之後，維新黨人雲集東瀛，王國維以為並非吉兆。他在寫給羅振玉的信裡說：「諸生鶩於血氣，結黨奔走，如燎方物，不可遏止。料其將來，賢者以殞其身，不肖者以便其私。萬一果發難，國是不可問矣。」[12] 其擔心疑懼之情躍然紙上。後因腳氣病發作，同年夏天回國，滯留上海，住羅振玉家中，並協助羅編輯《教育世界》雜誌。從藤田豐八學習英文，應在此時。同年秋，應教育家張謇之聘任教於南通師範學校。這時羅振玉已開始注意甲骨文字的研究，劉鶚著錄的《鐵雲藏龜》就是羅氏協助校印的，並為之撰寫序言。王國維接觸甲骨文，也是在這個時候。但他此時的主要興趣在哲學、教育和詩詞創作。

日人狩野直喜知中國學人中有先生者，即在此時。狩野後來回憶當時的情形時寫道：「我初聞王君之名，時間甚早，大概是明治三十四年左右，我在中國上海留學的時候。當時我的友人之一藤田豐八博士，正在羅叔言君所主辦的東文學社教授日文，博士告訴我，他所教的學生某君頭腦極明晰，善讀日文，英文亦巧，且對西洋哲學研究深感興趣，其前途大可矚望。當時中國青年有志於新學的，大都對政治學經濟學有興趣，而想嘗試研究西洋哲學者卻極罕見。藤田博士極賞識該生，說了許多誇獎他的話，但是我始終沒有與之見面，此某君即後來鼎鼎大名的王靜安先生。」[13]1904年，羅振玉在蘇州創辦江蘇師範學校，也曾聘請先生任教職。

三

羅振玉於1901年在武昌創刊的《教育世界》，是專門譯介世界各國教育規章制度及學說的刊物，其中介紹日本教育規制的文章最為集中，印行在上海，開始為旬刊，後改為半月刊。王國維為實際主編，對原來的宗旨也有所更易，增加了本社自撰部分，包括論說、學制、訓練、傳記、小說、國內外學界動態等，都予以刊載。托爾斯泰（Leo Tolstoy）的小說《枕戈記》（*Rubka lesa*），即由王國維從日文移譯發表在《教育世界》上。[14]他的許多重要的哲學和美學文字，如《哲學辨惑》、《論教育之宗旨》、《論叔本華之哲學及其教育學說》、《論哲學家美術家之天職》、《國朝漢學派戴阮二家之哲學說》、《釋理》、《論性》、《周秦諸子之名學》、《紅樓夢評論》、《論近年之學術界》、《論新學語之輸入》等，都發表於此刊。這是王氏建構自己學術大廈的一塊重要園地。《靜安文集》也是由《教育世界》社刊行的。此一時期，先生一方面大面積地介紹西方的思想和著作，另一方面以西方哲學、美學思想來詮釋中國的古典，包括闡釋義理之學和解析古典文學名著，也做出了成功的實驗。所以，這是王國維生平學術活動的一個非常重要的時期，也就是醉心於哲學、美學等歐西新學的時期。

先生自己稱這一時期為「獨學時代」。他說：「體素羸弱，性復憂鬱，人生之問題，日往復於吾前。自是始決從事於哲學，而此時為余讀書之指導者，亦即藤田君也。次歲春，始讀翻爾彭（Arthur Fairbanks）之《社會學》（*Introduction to Sociology*），及文（William Jevons）之《名學》（*Primer of Logic*）、海甫定（Harald Hoffding）《心理學》（*Outlines of Psychology*）之半。而所購哲學之書亦至，於是暫輟心理學而讀巴爾善（Friedrich Paulsen）之《哲學概論》（*Introduction to Philosophy*），文特爾彭（Wilhelm Windelband）之《哲學史》（*A History of Philosophy*），當時之讀此等書，固與前日之讀英文讀本之道無異。幸而已得讀日文，則與日文之此類書參照而觀之，遂得通其大略。既卒《哲學概論》、《哲學史》，次年始讀汗德（Immanuel Kant）之《純理批評》（*Critique of Pure Reason*）。至《先天分析論》（*Transcendental Analytic*）幾全不可解，更輟不讀，而讀叔本華（Arthur Schopenhauer）之《作為意志及表象之世界》（*The World as Will and Representation*）一書。叔氏之書，思精而筆銳。是歲前後讀二過，次及於其《充足理由之原則論》（*On the Fourfold Root of the Principle of Sufficient Reason*）、《自然中之意志論》（*On the Will in Nature*），及其文集等。尤以其《作為意志及表象之世界》中〈汗德哲學之批評〉（*Criticism of the Kantian Philosophy*）一篇，為通汗德哲學關鍵。至二十九歲，更返而讀汗德之書，則非復前日之窒礙矣。嗣是於汗德之《純理批評》外，兼及其倫理學及美學。至今年從事第四次之研究，則窒礙更少，而覺其窒礙之處，大抵其說之不可持處而已。此則當日誌學之初所不及料，而在今日亦得以自慰藉者也。」[15] 這是寫於 1907 年的《靜安文集》自序中的話，向讀者交代他研究歐西學術思想的過程。

同時，他的學術性情的另一方面，即詩詞創作，也得到了盡情地發揮。1903 年至 1905 年三年間，所寫之詩作就有近四十首，詞作三十多闋。[16]1903 年寫的《書古書中故紙》:「昨夜書中得故紙，今朝隨意寫新詩。長縑篋底終無恙，比入懷中便足奇。黯淡誰能知汝恨，沾塗亦自笑余痴。書成付與爐中火，了卻人間是與非。」同年的《六月二十七日宿硤石》:「新秋一夜蚊如市，喚起勞人使自思。試問何鄉堪著我，欲求大道況多歧。人生過處唯存悔，知識增時只益疑。欲語此懷誰與共，鼾聲四起鬥離離。」都堪稱隨意揮灑，清新可誦而又意趣盎然之作。以及寫於次年的頗受錢鍾書先生稱賞的《曉步》:「興來隨意步南阡，夾道垂楊相帶妍。萬木沉酣新雨後，百昌甦醒曉風前。四時可愛唯春日，一事能狂便少年。我與野鷗申後約，不辭旦旦冒寒煙。」[17] 還有寄懷之作《欲覓》:「欲覓吾心已自難，更從何處把心安。詩緣病輟彌無賴，憂與生來詎有端。起看月中霜萬瓦，臥聞風裡竹千竿。滄浪亭北君遷樹，何限棲鴉噪暮寒。」充滿了哲理和憂思。至於此時所作之詞，更是達到一個峰巔期。僅 1905 年一年，就創作 22 闋各類詞作，而 1906 年一年之中，更有 30 闋之多。其中不乏「意境兩忘，物我一體，高蹈乎八荒之表，而抗心乎千秋之間」[18] 的絕妙好詞。如寫於 1905 年的《浣溪沙》:「山寺微茫背夕曛。鳥飛不到半山昏。上方孤磬定行雲。試上高峰窺皓月，偶開天眼覷紅塵。可憐身是眼中人。」明白如話而又格高意遠。尤其「偶開天眼覷紅塵，可憐身是眼中人」兩句，不失為古今詞人之獨出的秀句，既含意象多重，又有哲理存焉。王著《人間詞話》所稱道的「有性情，有境界」、「不失其赤子之心」之詞人標格，我們從靜安的詞作中不難品味出來。

王國維自己對此一時期的詞作也自視甚高。當一年後集所填詞成《人間詞甲稿》之時，託名樊志厚者為之序，稱「讀君自所為詞，則誠往復幽咽，動搖人心。快而沉，直而能曲。不屑屑於言詞之末，而名句間出，殆往往度越前人。至其言近而旨遠，意決而詞婉，自永叔以後殆未有工如君者也」[19]。翌年，成《人間詞乙稿》，也是託名樊志厚撰寫序言，認為靜安之詞做到了「意境兩忘，物我一體，高蹈乎八荒之表，而抗心乎千秋之間」。這些自評是否確當自可仁智互見，但如果是真正的詞的愛好者，能靜下心來，結合王的身世閱歷和他的美學思想，細讀慢斟，反覆味之，當不難體會王之自評雖不一定語語中的，然亦不遠矣。《乙稿》序並標出「意境」這個概念，提出：「文學之事，其內足以攄己，而外足以感人者，意與境二者而已。上焉者意與境渾，其次或以境勝，或以意勝，苟缺其一，不足以言文學。」[20]「境界說」是先生美學上的一大發明，嗣後所撰之《人間詞話》，對境界理論發揮更為詳盡。

但人生之困擾也隨之而生。王國維在《靜庵文集》的自序二中寫道：「余疲於哲學有日矣。哲學上之說，大都可愛者不可信，可信者不可愛。余知真理，而余又愛其謬誤。偉大之形而上學，高嚴之倫理學，與純粹之美學，此吾人所酷嗜也。然求其可信者，則寧在知識論上之實證論，倫理學上之快樂論，與美學上之經驗論。知其可信而不能愛，覺其可愛而不能信，此近二三年中最大之煩悶，而近日之嗜好所以漸由哲學而移於文學，而欲於其中求直接之慰藉者也。要之，余之性質，欲為哲學家則感情苦多，而知力苦寡；欲為詩人，則又苦感情寡而理性多。詩歌乎？哲學乎？他日以何者終吾身，所不敢知。抑在二者之間乎？」[21]深入地涉獵、介紹、研究西方哲學所達到的進境，詩詞創作所取得的意外成就，反而令他矛盾重重，增加精神苦痛。這在一般人是不可思的，然在先生卻是順理成章必然如此的精神歷程。蓋先生之學問，每一時期都是與自己的生命處境結合在一起的，與其說是學術思想的矛盾，不如說是生命存在形態的矛盾更為確當。作為詩人哲學家的個性特色，這一時期表現得異常突顯。

四

1905 年農曆八月，清廷認可袁世凱和趙爾巽聯銜奏請的廢止科舉議案，決定自第二年開始所有鄉試一律停止，各省歲科學考察試也一併停止。同年 12 月，決定設立學部，統籌全國的學堂教育。此義 1898 年康有為在《請開學校摺》中就提出來過，經過七年的曲折終於實現。廢科舉和設學部這兩大晚清文教變革的大舉措，都直接與王國維的人生際遇相關。

新設立的學部尚書為榮慶，其人與羅振玉有舊，很快就於 1906 年年初奏調羅入學部為參事，王國維與羅北上同行，並住在羅振玉家中。可是當年七月，先生父尊王乃譽病逝，於是又歸里料理父喪，並作《先太學君行狀》。丁憂守制期間，鄉先生嘗推舉先生為本鄉學務總董，謝不就，提出：「吾浙一省尚無完全之師範學校，其高等學堂附屬之師範簡易科卒業者，學術鹵莽，教授拙劣，斷不足以勝教員之任。」又說：「就地方教育情形，非學部統籌全局，立其根本，則雖聖賢豪傑亦無以善其後，況不才如某者乎。且某尚欲研究學問，又將有四方之役，未能以身委諸一邑之公益也。」[22] 此可見先生對晚清教育現狀的體認別具卓識。其中，刊載於 1906 年出版的《教育世界》第 13 期上的《去毒篇》一文，尤值得我們注意。當時社會有識之士對鴉片之為害無不深惡痛絕，但怎樣才能徹底根除？先生提出了自己的看法，寫道：

禁鴉片之根本之道，除修明政治，大興教育，以養成國民之知識及道德外，尤不可不於國民之感情加之意焉。其道安在？即宗教與美術二者是。前者適於下流社會，後者適於上流社會；前者所以鼓國民之希望，後者所以供國民之慰藉。茲二者，尤我國今日所最缺乏，亦其所最需要者也。[23]

他甚至還說「感情上之疾病，非以感情治之不可」，把情感教育作為國民教育的內容之一，這是王氏的特見，應看到這是切合我國國情的非常重要的教育思想。

第二年，經羅振玉引見，得識學部尚書兼軍機大臣榮慶，受到賞識，命在學部總務司行走，同時擔任學部圖書編譯局編譯之職。1907 年 9 月，清廷諭令已經入職軍機的張之洞管理學部。但南皮雅不情願任該職，多次辭卻，反覆諭詔，才不得已北上京師。然未及一載，1908 年 11 月 14 日、15 日，光緒和慈禧先後辭世，清朝的命運已接近終局。而第二年即 1909 年的 10 月，張之洞就溘然而逝了，終年七十三歲。王國維寫給張之洞的長信《奏定經學科大學文學科大學章程書後》，就在此前後。信中提出，經學科大學和文學科大學的課程設置有經學而沒有哲學，是根本性的錯誤。蓋先生在沉醉於歐西哲學、美學的同時，對東西教育思想也做了深入的研究，《教育世界》上曾發表多篇他探討教育問題的文章可作為證明。

他的指陳辜鴻銘翻譯錯誤的《書辜氏湯生英譯中庸後》，也是這一年所寫，發表在《教育世界》雜誌。值得注意的是二十年後《學衡》重刊此文，他所做的一番說明：「此文作於光緒丙午，曾登載於上海《教育世界》雜誌。此志當日不行於世，故鮮知之者。越二十年乙丑夏日，檢理舊篋始得之。《學衡》雜誌編者請轉載，因復覽一過。此文對辜君批評頗酷，少年習氣，殊堪自哂。案辜君雄文卓識，世間久有定論，此文所指摘者，不過其一二小疵，讀者若以此而抹殺辜君，則不獨非鄙人今日之意，亦非二十年前作此文之旨也。」[24] 從中可以看出先生學術思想的變遷，以及他的足以啟導後世的自省精神。

靜安先生任職學部的時間是在 1907 年春天。恰好同年 5 月法人伯希和氏運敦煌寫本經卷過京師，他有機緣和羅振玉一起前往觀看，並將其中一些作了過錄，因而結識了伯氏這位日後對他的學術甚有影響的著名漢學家。7月，原配莫氏病故；陰曆年底，繼母葉老太太亦辭世。先生兩返海寧，料理喪事。家庭屢遭不幸，對先生之精神打擊也大矣。1908年3月，續娶莫氏之表甥女潘氏為繼室。4月，攜眷北上，仍任職學部，寓宣武門內新簾子胡同。1909年，兼任學部名詞館協修，嚴復為總纂。

這一時期，先生之學已由哲學和美學轉向文學和戲曲研究。京師人文薈萃，圖書條件便利，詞曲等古籍善本年來先生多有所得，從而引發新的學術興趣。《曲錄》、《優語錄》、《錄曲餘談》、《曲調源流表》、《古劇腳色考》、《錄鬼簿校注》，以及《清真先生遺事》等詞曲著作，均成於此一時期。這一時期的另一大著述是《人間詞話》。在總結自己詩詞創作經驗基礎上，以新觀念接通古人，詮釋境界說的多重意涵，成獨家之詩學體系。「昨夜西風凋碧樹。獨上高樓，望盡天涯路。」、「衣帶漸寬終不悔，為伊消得人憔悴。」、「眾裡尋他千百度，回頭驀見，那人正在燈火闌珊處。」靜安先生說這是「古今成大事業者、大學問者，必經過三種之境界」[25]。則其論詩論詞，學問之門徑修養固未肯稍忘，實亦包含己身為學進路的深切體會。《人間詞話》最初連載於《國粹學報》，是為上卷；下卷系門人趙萬里整理，發表於十九卷三號之《小說月報》，已經是先生逝世之後了。

羅振玉1911年創辦《國學叢刊》，先生為之序，寫道：「學之義不明於天下久矣。今之言學者，有新舊之爭，有中西之爭，有有用之學與無用之學之爭。余正告天下曰：『學無新舊也，無中西也，無有用無用也。凡立此名者，均不學之徒，即學焉而未嘗知學者也。』」[26] 羅振玉為《國學叢刊》所作之序，也是出自先生之手，敘古往今來學術衍變，言簡意賅，獨具手眼。

五

1911 年辛亥革命發生之後，羅振玉避地東瀛，先生亦隨之前往，同寓於日本京都附近的吉田山下之田中村。羅振玉的豐富的收藏也運往日本，寄存在日本京都大學。先生則每天協助羅氏整理藏書、編寫書目，因而得以盡閱「大雲書庫」所藏之古籍、古彝彝器及各種古器物的拓本。

這時先生的學問興趣，開始仍在中國戲曲的研究與考證，具有劃時代意義的《宋元戲曲考》即撰成於此時。該書最後之完稿時間應在 1913 年的年初，其所撰自序寫道：「凡一代有一代之文學，楚之騷，漢之賦，六代之駢語，唐之詩，宋之詞，元之曲，皆所謂一代之文學，而後世莫能繼焉者也。獨元人之曲，為時既近，託體稍卑，故兩朝史志與四庫集部均不著於錄，後世儒碩，皆鄙棄不復道。而為此學者，大率不學之徒，即有一二學子以餘力及此，亦未有能觀其會通，窺其奧窔者，遂使一代文獻，鬱堙沈晦者且數百年，愚甚惑焉。往者讀元人雜劇而善之，以為能道人情，狀物態，詞采俊拔，而出乎自然，蓋古所未有，而後人所不能彷彿也。輒思究其淵源，明其變化之跡，以為非求諸唐宋遼金之文學弗能得也。乃成《曲錄》六卷、《戲曲考原》一卷、《宋大曲考》一卷、《優語錄》二卷、《古劇腳色考》一卷、《曲調源流表》一卷。從事既久，續有所得，頗覺昔人之說與自己之書罅漏日多，而手所疏記與心所領會者，亦日有增益。壬子歲暮，旅居多暇，乃以三月之力，寫為此書，凡諸材料，皆余所蒐集，其所說明，亦大抵余之所創獲也。世之為此學者自余始，其所貢於此學者，亦以此書為多，非吾輩才力過於古人，實以古人未嘗為此學故也。」[27] 此書學術上之開闢意義靜安先生本人闡述甚明。誠如梁啟超所說：「曲學將來能成為專門之學，則靜安當為不祧祖矣。」[28]

但到日本以後，沒有多久，由於受羅振玉氏的影響和啟發，先生之治學方向即轉向經、史、小學的考證與研究，而對自己以往的哲學和美學研究，則棄之如敝屣。即戲曲與文學的研究也基本停頓下來。據羅振玉回憶，他勸王專門研究國學，並從小學和訓詁方面培養根基，曾說過下面的話：「方今世論益歧，三千年之教澤不絕如線，非矯枉不能返經。士生今日，萬事無可為，欲拯此橫流，舍返經信古未由也。公年方壯，予亦未至衰暮，守先待後，期與子共勉之。公聞而悚然，自懟以前所學未醇，乃取行篋《靜安文集》百餘冊，悉摧燒之，欲北面稱弟子。予以東原（戴震）之於茂堂（段玉裁）者謝之。其遷善徙義之勇如此。」[29] 羅氏的話，有人以為不盡確實，認為王未必燒書。其實以王國維的性情論，盡棄前學，完全可能。

日人狩野直喜在回憶王在日本的印象時也說過：「從來京都時開始，王君在學問上的傾向，似有所改變。這是說，王君似乎想更新中國經學的研究，有志於創立新見解。例如在談話中，我提到西洋哲學，王君總是苦笑著說，他不懂西洋哲學。」[30] 透露出決心改變學術路向的訊息。而1913和1914這兩年，先生全身心致力於古文字和古史研究的沉迷狀況，我們從他寫給繆荃孫的信裡可以獲知大體輪廓。一則曰：「今年發溫經之興，將《三禮注疏》圈點一過。阮校尚稱詳密，而誤處尚屬不少，有顯然謬誤而不贊一辭者，有引極平常之書而不一參校者，臧、洪諸君非不通禮學，而疏漏如是。此系私家著述，猶不免是病，無怪官書之不能善也。」[31] 二則曰：「比年以來擬專治三代之學，因先治古文字，遂覽宋人及國朝諸家之說。此事自宋迄近數十年無甚進步，《積古》於此事有篳路藍縷之功，然甚疏陋，亦不能鑑別真偽。《筠清》出龔定庵手，尤為荒謬。許印林稱切實，亦無甚發明。最後得吳清卿乃為獨絕，惜為一官所累，未能竟其學。然此數十年來，學問家之聰明才氣未有大於彼者，不當以學之成否、著書之多寡論也。」[32]

這兩封信分別寫於1913年11月和1914年7月，從而可見其沉潛古學的精神和鑽研的深度。而其研治範則不止於古文字、古器物和古史研究，實已返歸六經，亦即羅振玉所建言的，如接續「三千年之教澤」、「舍返經信古未由」。可知此一時期靜安先生所致力的乃是大範圍的「三代之學」。其所著之《流沙墜簡》及其《考釋》（與羅氏合作）、《簡牘檢署考》、《明堂寢廟考》、《秦郡考》、《生霸死霸考》、《胡服考》、《宋代金文著錄表》、《國朝金文著錄表》等，是這一時期的代表作。此外還有《頤和園詞》也作於此時。總之寓居日本四年多時間，先生之學問大變，而收穫成果之豐碩則為已往未有。他自己後來也說，此一時期「成書之多，為一生冠」[33]。其《丙辰日記》（1916）亦云：「自辛亥十月寓居京都，至是已五度歲，實計在京都已四歲餘。此四年中生活，在一生中最為簡單，唯學問則變化滋甚。」[34]

1915年春天，先生曾歸國掃墓，因得以在上海與沈曾植相識。沈字子培，號乙庵，晚號寐叟，浙江嘉興人。光緒六年進士，欽用主事，觀政學部，遷員外郎，並任總理各國事務衙門俄國股章京。曾參與康有為公車上書和張勳復辟。精通遼金元史及西北輿地之學，世有大儒之目。王的思想和學術旨趣與沈甚契合。沈欣賞王為羅振玉作的《殷虛書契考釋後序》，以為可與言古音韻之學；並稱讚王善於命題，趣說：「君為學，乃善自命題，何不多命數題，為我輩遣日之資乎？」[35]1919年沈七十壽誕，王為之序，極稱乙庵之學的博大，寫道：

> 世之言學者，輒倀倀無所歸，顧莫不推嘉興沈先生，以為亭林、東原、竹汀者儔也。先生少年固已盡通國初及乾嘉諸家之說，中年治遼金元三史，治四裔地理，又為道、咸以降之學，然一秉先正成法，無或踰越。其於人心世道之汙隆，政事之利病，必窮其原委，似國初諸老。其視經史為獨立之學，而益探其奧窔，拓其區宇，不讓乾嘉諸先生。至於綜覽百家，旁及二氏，一以治經史之法治之，則又為自來學者所未及。若夫緬想在昔，達觀時變，有先知之哲，有不可解之情，知天而不任天，遺世而不忘世，如古聖哲之所感者，則僅以其一二見於歌詩。發為口說，言之不能以詳，世所得而窺見者，其為學之方法而已。

又說：

> 夫學問之品類不同，而其方法則一。國初諸老，用此以治經世之學，乾嘉諸老，用之以治經史之學，先生復廣之，以治一切諸學。趣博而旨約，識高而議平，其憂世之深，有過於龔、魏，而擇術之慎，不後於戴、錢。學者得其片言，具其一體，猶足以名一家，立一說。其所以繼承前哲者以此，其所以開創來學者亦以此。使後之學術變而不失其正鵠者，其必由先生之道矣。[36]

可以說給予了至高而不能再高的評價，我們由此可知靜安之學的格致與歸宿。而當 1922 年沈氏在上海辭世，靜安先生的輓聯寫的是：「是大詩人，是大學人，是更大哲人，四昭炯心光，豈謂微言絕今日；為家孝子，為國純臣，為世界先覺，一哀感知己，要為天下哭先生。」更可見兩人交誼之厚。

王國維回國掃墓停留上海期間，羅振玉也回國赴安陽考察，於是兩人又會合於滬上，時間在 1915 年 4 月。羅振玉經王國維介紹結識沈曾植即在此時。第一次相見，羅向沈請教了古音韻問題，相談甚得。加上對古籍圖書版本和書畫的共同愛好，他們應該有談不完的話題。就一代通儒的學術氣象而言，沈的標格，世罕其匹；就一個純粹學人的為學精神而言，王恐怕應站在沈的右邊。羅的所長在中西教育和甲骨金石器物，視野格局亦有可觀。沈的所長在邊疆史地和學養器識。而靜安之學識固然，金石器物的過眼或遜於羅，但書畫鑑賞的根底亦有可觀。因其多了一層家學熏習，其父王乃譽的書畫收藏及長期鑑賞經驗，必然如同種子一般植入靜安的文化血液之中。明了這一層，可以正解王、羅和王、沈之間的針芥之歧與針芥之合。

陳寅恪在《王靜安先生輓詞》中對先生此一時期的學術景觀有極為準確的評價：「大雲書庫富收藏，古器奇文日品量。考釋殷書開盛業，鉤探商史發幽光。當世通人數舊遊，外窮瀛渤內神州。伯沙博士同揚搉，海日尚書互倡酬。」[37]「伯沙博士」指的是法國的兩位漢學家伯希和暨沙畹博士；「海日尚書」則是指沈曾植，意謂靜安先生此時已成為與中外學界頂尖人物並駕齊驅的學者。

六

靜安先生是在 1915 年 4 月，與羅振玉一起自滬返回日本的。但僅在八個月之後，即 1916 年丙辰正月初七，他便最終結束了浮海東瀛的五載光陰，回到他熟悉的上海，開始人生的新的旅程 —— 當時恰值他的不惑之年。

他是經同鄉友人鄒安（字景叔）的推薦，應徵為上海哈同花園的主人主編一種學術刊物。丙辰年正月初三和長子潛明一起乘海船回國，攜帶行李計十二件，僅書箱就有十個，包括新購置的《太平御覽》、《章氏遺書》等，而詞曲一類書籍則留給了羅振玉。船行的三日夜，他的研治未遑稍停。《丙辰日記》寫道：「（初四日）閱段注《說文》二十頁。」「（初五日）作一書致韞公，論石鼓『欶』字，並為舉《說文》一字兩聲者，共得三字」、「前疑殷商卜文及小盂鼎之[illegible]字，從日、從立、從[illegible]，此疑『[illegible]』字。疑『立』、『[illegible]皆聲』，而苦無其例，今始得之，為之一快。」「初七日早，舟行至中國近海，風浪漸平。昨晚在臥床中思石鼓第二鼓之『[illegible]』字，當即《說文》火部之『臬』字。『辝』本臺聲，故『辝』聲、臺聲可通。用如『臬』字，小篆從木，臺聲；籀文作『[illegible]』，則從林，辝聲。以[illegible]字即臬字例之，可知『[illegible]』即『臬』字，其音亦當讀如臺，與下『時』字為韻，但不能知為何字之假借耳。」[38] 人在船上，風雨如晦的歸國途中，學問精神和學問狀態，固如磐石一般不傾不移。

靜安在京都期間，長時間住在羅振玉家裡，後羅氏雖為先生另租了房舍，但資用之大部分仍為羅氏接濟。這種經濟上長期依賴於他人的狀況，必給靜安帶來精神上的不安。《丙辰日記》元旦條寫道：「自去歲送家眷回國，即寓韞公家，至是已八越月。去冬十二月，同鄉鄒景叔大令移書謂，英人哈同（Sileh Hardoon）君之夫人羅氏擬創學問雜誌，屬余往任其事。」[39] 哈同和他的夫人突然在此時出現，對當時的靜安而言，無異於天時、地利、人和驟然湊泊一處，他的立即應允並馬上成行正不足怪也。

哈同是英籍猶太人，在上海做房地產生意，因而有機會踞有哈同花園。哈同夫人名羅詩，系混血，傳說出身娼寮。其所辦的「倉聖明智大學」，實相當於教人識字的小學或初中。哈同的主要管事者姬覺彌（號佛陀）也是頗遭疵議的人物，連沈曾植都說此人不足成事。但哈同主人和主事者對中國文化的興趣是真實的。王國維知其利弊，雖出席了正月二十二日的開學典禮，但未就「大學教務長」之聘，而以專一主持編撰《學術叢編》為職司。此一期間王羅有頻繁的書信往來，對應徵哈同的不盡如人意的情形，以及如不合意將辭卻他圖，也對羅有流露，因此羅振玉在正月十七日的信中，對相關事體詳加剖解，勗勉殷殷，寫道：

得十一日手書，知景叔尚未見面，觀此次大札語氣和平，不似前函之嚴重，當不至決裂，為之差慰。弟意公仍以守初志，專意辦報（學報內容仍願聞），能兼教科更佳。弟所以以此相勸者，辦學報與公平日學術有益無損，學堂則是長局。我不與人以可侮，外侮無由而至，此即善為戒備之良法，若別有防禦之策，即是過度，轉啟爭招侮矣。不知尊意如何？方今謀食雖至艱，然以常理觀之，斷不致餓死。必欲捨此他圖，以弟所知，若往昔楊子安之廣學會，月謝百番，抗父諸君在商務，月薪亦百餘番，然每日必犧牲六七點鐘，除去往復鐘點，人已疲極，不復能修他業，若歲歲如此，學業終身無增長，況尚須我求童蒙，且（以下原件破損，少約二十字）者，而可決也。抑弟尚有厚望於先生者，則在國朝三百年之學術不絕如線，環顧海內外，能繼往哲開來學者，舍公而誰？此不但弟以此望先生，亦先生所當以此自任者，若能如前此海外四年餘，則再十年後，公之成就必逾於亭林、戴、段，此固非弟之私言也。若以天挺之質，而以生活二字了之，豈不可惜！弟非無前人之資稟，而少攖患難，根柢未深，中年又奔走四方，遂毫無成就，今且老矣，欲以炳燭之明，補東隅之補，所補能幾何？顧影汲汲，綆短汲深，故期之先生者，不能不益殷。擇業與修學，相關至切，至於此次館事，再三相瀆，想不憎其（下缺十三四字）進退之小藝，亦須積二三十年之功力，乃可望成就，學術之難如此。[40]

羅的意思，辦學報於學術有益無害，只要能「守初志」，就不必有太多顧慮。信中說的「我不與人以可侮，外侮無由而至，此即善為戒備之良法，若別有防禦之策，即是過度，轉啟爭招侮矣」，不失為深識老到的經驗之談，此語不是誰都可以講出的。尤可難能者是對王國維學問的期許，認為如果能繼續保持京都時期那樣的學問狀態，期以十年，當會超過顧亭林、戴震、段玉裁等清代諸大儒的成就。「以天挺之質，而以生活二字了之，豈不可惜」一語，尤懇切感人，可知當時的羅王交誼，可謂正處於蜜月期，而絕非利交之可為比也。

當認定下來在哈同只負責編撰《學術叢編》，靜安先生就安心以赴了，在大通路吳興里租到了合適的房舍，書籍也上了架，到二月二十五日，不僅《學術叢編》的編輯條例、刊前序言，以及第一期的稿件，都一一準備就緒。《學術叢編》的宗旨是：「專在研究古代經籍奧義及禮制本末、文字源流，以期明上古之文化，解經典之奧義，發揚古學，沾溉藝林。」[41] 內容則包括經學、史學、文字學方面的新著，以及未刊或流行甚少的舊籍。經學注重三禮，旁及諸經。每月出版一編，每冊八十頁。與《學術叢編》同時刊行的還有《藝術叢編》，由鄒安主編。經王之手，《學術叢編》共出版 24 期，王的許多關於金石、考古、音韻、文字學方面的文章都刊載於此刊。羅振玉這一時間的文章也比較多，有的也在《學術叢編》刊登。他們有些文字也刊登在《藝術叢編》上。說來也是靜安先生為學的幸運，早年致力於西方哲學和美學的時候，有《教育世界》供他不斷發表新作，如今在三代經典和小學研究，以及古史、古器物研究階段，又有《學術叢編》和《藝術叢編》為他提供馳騁的園地。這一時期繁雜事務雖然多了一些，但精研學問無一日或停。我們不妨摘錄一些此一期間的《丙辰日記》，以見他為學的精勤和諸多學術新創獲。

《丙辰日記》正月初十，上午「雜閱抗公處書，王籙友（王筠）《說文釋例》中說一字兩聲者數字」。「午後書《通志考異》稿五頁」。正月十二日，「寫《考異》稿二頁」。「購慎修先生手稿《音學辨微》一冊，其跋文中有『韻書三種』云云，以是知之。」正月十三日：「擬將《說文》中籀文輯出為《史籀篇緝釋》，午前共抄得百餘字。」正月十六日，「早八時起，錄籀文三十餘字。」正月二十一日，「午後作《史籀篇序錄》，未成」。正月二十二日，「晚飯閒思《史篇》諸字，見字作，其所從之『左』字從二，因思殷虛卜辭之『又』字有作者，則『左』正宜作。悟得此字，至快也。又閱卜辭有字，此即抲字，從手，引它，它亦聲。」正月二十三日，「午後寫《史篇考釋》三頁」。正月二十四日，「寫《史篇考釋》五頁」。正月二十五日，「寫《史篇考釋》三頁」。正月二十六日，「寫《史篇考釋》四頁」，「夜擬作書《顧命》，即《位禮考》」。正月二十七日，「寫《考釋》二頁餘」。「午飯後出，歸複寫《考釋》三頁」。正月二十八日，「寫《史籀篇疏證》五頁」。「三時余歸，複寫《疏證》三頁，初稿已就」。正月二十九日，「作《顧命禮考》，得半」。正月三十日，「早起作《顧命禮考》」。二月初一，「早起寫《史篇敘錄》，得二頁」。「午後續作《敘錄》」。「夜作《敘錄》畢」。二月初二日，「午後寫《史篇敘錄》畢，共六頁。又寫《疏證》稿二頁。」二月初三日，「寫《疏證》，得六頁」。二月初四日，「寫《疏證》六頁」。二月初五日，「是日寫《疏證》五頁」。二月初六日，「早起寫《疏證》二頁半」，「歸寫《疏證》二頁」。二月初七日，「寫《史篇疏證》八頁半，已畢」。二月初八日，「校閱《疏證》一過」。二月十三日，「寫《周書顧命禮徵》，竟日不出」。二月十四日，

「寫《尚書顧命禮徵》畢，得七頁。接寫《流沙墜簡補正》，得五頁」。二月十五日，「寫《沙簡補正》，得五頁」。二月十六日，「歸寫《沙簡補正》畢，共得十三頁」。二月十七日，「早起閱《殷虛書契》一卷」。二月二十八日，「作《殷禮小記》，得六頁」。二月二十九日，「作《殷禮小記》，得二頁。」「是月寫定《殷禮徵文》一卷，《釋史》一篇，《樂詩考略》一篇，又作《毛公鼎釋文》，未寫出」。

須知，1916 年農曆一月和二月兩個月，是靜安先生剛從東瀛歸來，與哈同主人商酌承擔範圍及安家等諸事猥集一處之時，然而就是在此種交錯忙亂中，學術研治仍然少有停頓，並不斷結出新的果實。

至於 1916 年下半年到 1921 年的五年時間，更是他生平最集中的學術繁盛期。這一時期的主要論著包括《生霸死霸考》、《周書顧命考》、《周大武樂章考》、《兩周金石文韻讀》、《漢以後所傳周樂考》、《明堂廟寢通考》、《漢魏博士考》、《毛公鼎考釋》、《魏石經考》、《唐諸家切韻考》、《五聲說》、《鬼方昆夷玁狁考》、《西胡考》、《殷卜辭中所見先公先王考》、《殷卜辭中所見先公先王續考》、《殷周制度論》等，都是代表王氏畢生學術成就的重要著作。其中《先公先王考》和《續考》，開啟了甲骨研究的斷代之學。而《殷周制度論》之刊布，更是佳評如潮。趙萬里寫道：「此篇雖寥寥不過十數頁，實為近世經史二學第一篇大文字。」[42] 先生自己代羅振玉為此書所寫的序言，也稱：「《殷卜辭中所見先公先王考》及《殷周制度論》，義據精深，方法縝密，極考證家之能事，而於周代立制之源及成王周公所以治天下之意，言之尤為真切，自來說諸經大義，未有如此之貫串者。」又說自己之學「實由文字聲韻以考古代之制度文物，並其立制之所以然。其術皆由博以反約，由疑而得信，務在不悖不惑，當於理而止。其於古人之學說亦然。」又說：「今之學者於古人之制度文物學說無不疑，獨不肯自疑其立說之根據。」[43] 在寫給羅振玉的信裡他也說：「《殷周制度論》於今日寫定。其大意謂周改商制一出於尊尊之統者為嫡庶之制，其由是孳生有三:一、宗法;二、服術;三、為人後之制。與是相關者二:一、分封子弟之制；二、君天子臣諸侯之制。其出於親親之統者，日廟制。其出於尊賢之統者，日天子諸侯世，而天子諸侯之卿大夫皆不世之制（此殆與殷制同)。又同姓不通婚之制，自為一條，周世一切典禮皆由此制度出，而一切制度典禮皆所以納天子諸侯卿大夫庶人於道德，而合之以成一道德之團體。政治上之理想，殆未有尚於此者。文凡十九頁，此文於考據之中，寓經世之意，可幾亭林先生。唯文字未能修飾盡善耳。」[44] 可以看出先生對此篇著述何等重視。

我們不妨引錄《殷周制度論》中的一段要括的論述，以見其學理精醇：

> 殷周間之大變革，自其表言之，不過一姓一家之興亡與都邑之移轉；自其裡言之，則舊制度廢而新制度興，舊文化廢而新文化興。又自其表言之，則古聖人之所以取天下及所以守之者，若無以異於後世之帝王；而自其裡言之，則其制度文物與其立制之本意，乃出於萬事治安之大計，其心術與規摹，迥非後世帝王所能夢見也。[45]

如此清晰之理念、閃光之思想，很難想像是從靜安先生那樣羸弱的軀體中迸發出來的，而且是透過爬梳枯燥的甲骨文字得出來的不易之論。靜安先生是純粹的學者，固然；但他同時也是能夠掘發潛德幽光的思想翹楚。

先生後來於 1921 年手自編定的《觀堂集林》，集中彙輯了此一時期的研究成果。《集林》由烏程蔣氏出資以聚珍版印行，羅、蔣並有序言。

蔣氏名孟蘋，字汝藻，號樂庵居士，與先生同籍浙西，生年亦同。其「傳書堂」是江南名藏，被稱為海上三大藏書家之一。[46] 此前蔣氏嘗聘請吳縣（1995 年撤銷）曹元忠編寫藏書目錄，但歷時一年，未成一字。蔣早有聘王之意，因王與曹有舊，不忍遽奪；俟曹辭去，靜安先生方應徵，但接事之後工作態度極為認真，為做好先期準備，用很多時間遍校各書，一一寫出跋記，同時還為蔣氏撰寫了紹其祖德的《傳書堂記》。對王國維來說，這是繼在日本得以盡窺「大雲藏書」之後，再一次獲得了遍覽群籍的機會。先生為學的幾個階段，都有特藏之書供其飽覽。嘗說：「余畢生唯與書冊為伴，故最愛而最難捨去者，亦唯此耳。」[47] 而為學之精勤，又非常人所能及。對王先生生平志事頗為了解的趙萬里對此曾有過下述說明:「蓋先生之治一學，必先有一步預備工夫，如治甲骨文字，則先釋《鐵雲藏龜》及《書契前後編》文字。治音韻學，則遍校《切韻》、《廣韻》。撰蔣氏《藏書志》，則遍校《周禮》、《儀禮》、《禮記》等書不下數十種。其他遇一佳槧，必移錄其佳處或異同於先生自藏本上。間有心得，則必識於書之眉端。自宣統初元以迄於今，二十年間，無或間斷。求之三百年間，實於高郵二王為近，然方面之多，又非懷祖、伯申兩先生所可及也。」[48] 這一時期，先生還曾參與《浙江通志》的續修工作。沈曾植為總纂，先生與張爾田一起擔任寓賢、掌故、雜記、仙釋、封爵五門的撰述。值得注意的是，沈向王說明「通志」編寫體例的一封信寫得甚具大儒風采。信中稱王國維為「大哲學家」（王挽沈之聯語稱沈為「更大哲人」，不知是否從這裡獲得靈感），並提出了「顯學鉅儒，實有關於一代風氣者」的論斷。[49]

1918 年起，王國維擔任倉聖明智大學經學教授，於是他寫了《經學概論講義》一書，後由上海商務印書館刊行。《經學概論》共十一章：第一章，總論；第二章，周易；第三章，尚書；第四章，詩；第五章，禮；第六章，春秋；第七章，論語；第八章，孝經；第九章，爾雅；第十章，孟子；第十一章，歷代之經學。[50] 雖然是一簡要的綱要式讀本，因深研三代之學有年，此時之靜安已經有充分條件來涉足經學了。但此時他的重大收穫為小學，尤其清儒諸大家在文字、音韻、訓詁方面取得的成就，令他讚賞不已。他在《兩周金石文韻讀》自序中說：「自漢以後，學術之盛無過於近三百年。此三百年中，經學史學皆足以淩駕前代。然其尤卓絕者則曰小學。小學之中，如高郵王氏、棲霞郝氏之於訓詁，歙縣程氏之於名物，金壇段氏之於《說文》，皆足以上掩前哲。然其尤卓絕者，則為韻學。古韻之學，自崑山顧氏，而婺源江氏，而休寧戴氏，而金壇段氏，而曲阜孔氏，而高郵王氏，而歙縣江氏，作者不過七人，然古音二十二部之目，遂令後世無可增損。故訓詁、名物、文字之學，有待於後人者甚多；至古韻之學，則謂之前無古人、後無來者可也。原斯學所以能完密至此者，以其所治者不過《三百篇》及群經、諸子有韻之文；其治之法，不外因乎古人聲音之自然，其道之簡而其事有崖，故數傳而遂臻其極也。余比年讀《三百篇》，竊嘆言韻至王、江二氏殆毫髮無遺憾，唯音分陰陽二類，當從戴、孔，而陽類有平無上、去、入，當從戴氏。前哲所言，固已包舉靡遺，因不復有所論述，唯前哲音韻皆以詩三百五篇為主，余更搜周世韻語，見於金石文字者，得數十篇，中有杞、鄁、許、邾、徐、楚諸國之文，出商魯二《頌》及十五《國風》之外，其時亦上起宗周，下迄戰國，亙五六百年，然其用韻，與《三百篇》無乎不合。故即王、江二家部目，譜而讀之，雖金石文字用韻無多，不足以見古韻之全，然足證近世古韻學之精密，自其可征者言之，其符合固已如斯矣。」[51] 此可見觀堂於小學一門之所識、所得、所獲，並自己在上古韻語和《詩三百》之比勘方面所做出的建樹。

七

寫到這裡，不妨看看靜安先生安居上海期間，當時中國的時局、政治等背景方面有過一些什麼樣的突發事件、人物浮沉和文化變遷及其對靜安的影響。首先一個大事件，是 1915 年 12 月 12 日袁世凱稱帝，宣布自己是中華帝國大皇帝。結果招致全國性的討伐，致使許多省分宣布獨立。最後這位「大皇帝」也在千夫所指的困境之下，於 1916 年 6 月 6 日病故。

但一年之後，即 1917 年 7 月 1 日，矢志忠於清室的「辮帥」張勳將復辟的理想變成了復辟的行動，在康有為等的支持下，率所統轄之兵力進京，擁戴宣統皇帝溥儀恢復舊制，改甲辰年五月十三日為宣統九年五月十三日。同時加封了一批內閣閣丞和各部尚書，康有為被任命為弼德院院長。重要的是，一向被靜安先生尊為學術楷模的沈曾植也悄悄地北上任職，被補授為學部尚書。其離滬北上近乎祕密而行，與之交往頻密的王國維完全被蒙在鼓裡。待看到消息之後，羅、王二人的心理頗為複雜。設若此次復辟獲得成功，而羅、王（主要是羅振玉）被排出局外，不免感到遺憾。故羅在致王的信裡說：「弟初十致書乙老，言必趁正軌，斯言又幸中。唯此老持局外主義，弟始終不贊成。」[52]

隨後又在 7 月 4 日致王的信中寫道：

此次我邦成功，不借東力，彼邦人士凡所以詛咒謗詆，無所不至，然則借彼力而成功，為彼所至快，可知。易地以思，利害可想。乙老等以前執迷不悟，今柄政矣，恐方針益惑。弟初欲與面陳此利弊，又恐有獵官之嫌（在弟自問雖無嫌，此老終不知我，或以為藉此求出，亦未可知），又不忍不言。兹將報章攜滬，又信一封，請送渠宅，詢明渠在京住址，雙掛號寄去為要（寄學部恐遺失）。

又說：

乙老果長學部，不出預料。弟意中興諸臣，當以讓德先天下，乃竟不能。弟倖免為之佐，乃深得前日面爭之力，不然殆矣（若發表而不就，其怨弟尤甚矣。此老狹隘，終可虞，深為憂之。各部尚侍，頗多不妥，此老贊畫居多）。然弟獨不敢入都者，因彼必以大學總長、或國子監丞、圖書館長諸職相牢範，則去留都難。素公在政府，不過伴食，然此老虛心毅力，必不肯自認伴食，或就弟諮詢行政，若採擇二三，乙等必以弟為素黨，門戶水火，將於此始，黨禍必不免。弟即不往，亦必然。[53]

觀此函之措辭，似事前亦曾有約羅參與其中之微意，並可能於事成之後委以「大學總長、或國子監丞、圖書館長」等職，因前此羅恰在滬，與寐老相晤應非止一次，故當面婉拒云云必有來歷。可是又想對沈寐叟等「中興諸臣」有所建言，希望「諸臣」們能夠「以讓德先天下」。那麼請王代寄的致沈信件，應大體不出這些內容。但羅對沈的不滿溢於言表。至信的開頭「此次我邦成功，不借東力，彼邦人士凡所以詛咒謗詆，無所不至，然則借彼力而成功，為彼所至快可知」等語，則似暗藏玄機。蓋羅氏並非不贊成復辟，他沒有想到的是，沒有借助東瀛的力量卻獲得了「成功」。後來溥儀住進日本大使館，乃至最終淪為日人的傀儡「皇帝」等事件，羅氏的態度可透過此函關於東瀛一段語詞中窺知一些訊息。

張勳復辟如同袁世凱稱帝一樣，很快招致全國上下的反對，尤其當北面的有實力的段祺瑞和南方的馮國璋站出來發聲之後，局勢已經洞若觀火。故王在致羅的信中寫道：「今日情勢大變，北軍已多應段，戰事即將起於京津間，張軍中斷，結果恐不可言。北行諸老恐只有以一死謝國。」[54] 羅致王的信亦云：「乙老諸人，依賴已成性根。往者以弟為偏，乃以不狂為狂，弟逆料其必致今日之事也。天乎人乎！」[55] 似不無惋惜。羅在隨後的信中又說：「乙等不知如何作計，恐亦不能善終如始。海內讀書種子，寥寥僅此數人，若此次遽喪其平生，茫茫宇宙，誰與共處乎？」[56] 王 7 月 14 日致羅函與羅同此為憂：「此次負責及受職諸公，如再靦然南歸，真所謂不值一文錢矣。諸公中以橫渠為最可惜，素公、玉老當能不忘久要，寐叟於前日已有傳其南歸者，此恐不確也。」[57]

實際上，靜安先生素所尊敬的沈寐叟確實在事敗後不久即回到了上海，時間在 1917 年 9 月 8 日左右。嗣後直到沈病故，靜安與之來往更為頻密，幾乎是幾天就能一見。羅振玉致沈的信箋也經常請靜安面交。他們談學問、談圖籍版本和書畫的同時，也每每談及時局和政治。談得不洽的情況也發生過，如 1918 年 12 月 3 日，靜安致羅振玉的信中寫道：「昨往寐叟處，又以無意開罪。因渠前次將貴州漢刻交維，歸後讀之，乃全系贗刻，以示景叔，景叔即退回，不復付印。昨面交還，因言此刻人謂為贗，維以文章觀之，亦有未妥之處，不料大觸其怒。本知此語當忌，又思將來不印，又必不妥，故遂告之。當時雖無言，然談次及日本那珂、白鳥舊事，渠謂日本人尚知敬重老輩，今中國北京已非昔比，上海人則更驕，即如漢刻一事，彼等竟敢斷定為偽。余（叟自稱）固知上海評騭書畫皆由掮客把持，學問亦由一種人把持，凡學術上之物非由彼輩出者，皆斥為偽也云云。此語亦有因。因寐初問此刻曾著錄否，維歸檢《漢石存目》無之，次日因報以書。維不與辨，又敷衍少時而去。此後威海衛路雖不能不往，將視為畏途矣。」[58] 誠然，乙老生於道光三十年庚戌（西元 1850 年），比靜安長三十七歲，則靜安在沈的面前則為晚輩矣。但此次慍怒沒過多久也就緩過去了，可知情緒是一時之事，惺惺相惜的學誼才是恆久之事。

1917 年秋天國外發生的另一件大事，是俄國發生了「十月革命」，此事對中國的影響巨大，靜安的反應也很敏感，只不過他的態度是站在了置疑和反對的一面。此一期間，靜安與身處北京的元史專家柯劭忞聯繫也比較多。柯字鳳蓀，號蓼園，所著《新元史》，享譽士林。1917 年俄國「十月革命」爆發，王嘗致書鳳老，認為北方鄰國的這場革命之風會吹到中國來，並對時局做出預測：「觀中國近狀，恐以共和始而以共產終。」[59] 如果撇開政治是非判斷價值取向的一面，則靜安先生的預測早已被後來的事實所驗證。沈、柯兩老當時有「南沈北柯」之稱，政治上固是與時論不合的邊緣人物。由此可知靜安當時的心境和對時局所持之態度。先生給日人狩野直喜的信裡曾說：「世界新潮澒洞澎湃，恐遂至天傾地坼。然西方數百年功利之弊，非是不足一掃蕩，東方道德政治或將大行於天下，此不足為淺見者道也。」[60] 則先生關注時局，也包含有自身的文化理想能否得以實現的成分在內。

1919 年農曆四月，羅、王聯姻，王之長子潛明娶羅的三女孝純為妻[61]，成為兒女親家，兩人之關係又進了一層（兩人之失和亦由此埋下種子）。這一年，羅振玉也回到國內在天津賃房安居，本來準備住在上海，王國維已經在哈同花園附近看好了一處居所，後來羅氏選擇天津應與升允有關。羅回天津後，王亦曾赴天津羅宅小住養病，據記載是 1919 年農曆八月十八日赴天津，九月十一日左右返回到上海。

此時，先生嘗多次接到北京大學欲聘請為導師的邀請，均婉拒。1918 年 6 月 26 日，靜安先生在致羅振玉的信裡寫道：「京師大學昨有使者到此，仍申教授古物學及宋元以後文學之請。」又說：「聞尚有第二次人來，將來擬以哈園一信復之。」[62]1922 年 8 月，北京大學又有專人以馬衡的親筆信面交，並送二百元作為兩月之薪水，靜安作書婉謝並退還修金，但同意保留北大研究所國學門通訊導師的名義。他在同月 8 日致羅的信中寫道：「仍許留名去實，不與決絕，保持一線關係，或有益也。」[63] 其致馬衡的信裡寫道：「前者大學屢次相招，皆以事羈未能趨赴。今年又辱以研究科導師見委，自唯淺劣，本不敢應命。唯懼重拂諸公雅意，又私心以為此名譽職也，故敢函允。不謂大學雅意又予以束修。竊以導師本無常職，弟又在千里之外，絲毫不能有所貢獻，無事而食，深所不安。況大學又在仰屋之際，任事諸公尚不能無所空匱，弟以何勞敢貪此賜，故已將修金託交張君帶還，伏祈代繳，並請以鄙意達當事諸公，實為至幸。」[64] 後由於馬衡又懇切致函，至 8 月底才決定收下修金 [65]。但是年季秋，先生即致信給北大國學門主任沈兼士 [66]，擬出「研究發題」四項，作為北大國學門的參考選題。

靜安先生所開出的「研究發題」，包括（一）《詩》、《書》中成語之研究；（二）古字母之研究；（三）古文學中聯綿字之研究；（四）共和以前年代之研究。並對各題之研究價值暨已有之研究現狀逐一做了說明。

關於《詩》、《書》中成語之研究發題，靜安先生寫道：「古今言語文章，無不根據於前世之言語。今之言語中，有元明之成語；元明言語中有唐宋之成語；唐宋言語中，有漢魏六朝之言語；漢魏言語中，有三代之成語。凡此成語，率為復語，與當時分別之單語，意義頗異，必於較古之言語中求之。今之成語，我輩得求之於元明以上之言語中；漢魏六朝之成語，我輩得求之於三代言語中。若夫詩、書為三代言語，其中必有三代以上之成語，然今日所存言語，無更古於三代者，其源既不可求，其語亦遂不可解，然猶可參互求之。」[67] 並舉《詩·鄘風》「子之不淑，云如之何」為例，說明此「淑」字不應以「善」訓，而是與古「弔」字同。又「不淑」有「不幸」之意，是「古弔死唁生之通語」。又如另一古之成語「陟降」，可轉為

「陟各」，亦可轉為「登假」或「登遐」等，靜安因之得出了「古之成語不能以分別之單語解之」的結論[68]。靜安先生可謂循循善誘，在發之以題的同時，又以具體案例加以解說，對初學者的啟發可以想見。

其於古字母之研究，則寫道：「一字之音，有母有韻。古韻之學，創於宋人，至近世而極盛。古字母之學，創於嘉定錢氏，同時休寧戴氏亦作《轉語》二十章，而其書不傳，其流亦微。唯番禺陳氏作《切韻考》，始據《廣韻》中反切以求中古字母之系統，其所得與等韻家之三十六字母不同。至於古音中之字母，則尚未有論其全體者，此亦音韻學上一闕點也。此問題不待說明，所當說者，材料方法耳。今舉其委，約有五端：一、經傳異文。如《尚書》古今文、《春秋》三傳，實同名異，往往遇之。漢儒注中，某讀為某，亦其類也。二、漢人音讀。古注中某讀如某，某讀若某是也。三、音訓。如『仁』、『人』，『義』、『宜』之類。《釋名》一書，所用以相釋者，什八九皆同母字也。四、雙聲字。如『玄黃』、『觱發』、『栗烈』之類，皆同母字也。五、反切。孫炎以下，至於徐邈、李軌之音，見古書注及《經典釋文》者是也。苟以此數者參互相求，但順材以求合，而不為合以驗材，仿顧氏《唐韻正》之例，勒為一書，庶幾古字母部目或睹其全，不讓古韻之學專美歟！」[69]

其於古文學中聯綿字之研究，又寫道：「聯綿字，合二字而成一語，其實猶一字也。前人駢雅、別雅諸書，頗以義類部居聯綿字，然不以聲為之綱領，其書蓋去類書無幾耳。此等復語，其變化不可勝窮，然皆有其公共之源。如風曰『觱發』，泉曰『觱沸』，跋扈曰『畔援』，廣大曰『伴奐』，分散曰『判奐』。字雖不同，其聲與義各有其相通之處。又如雨之小者曰『霢霂』，草之小者曰『蘼蕪』、曰『緜馬』，木之柔者曰『木髦』，蟲之小者曰『蠛蠓』；狀草木之細密曰『覭髳』，狀鳥之小者曰『緜蠻』;殆皆與『微』字之音義相關。辭賦既興，造語尤夥，乃至重疊用之，如《離騷》『須臾』、『相羊』，見於一簡之中;《上林賦》『湢測』、『泌瀄』,『谽呀』、『豁閉』，疊於一句之內，其實為一語之變化也。若集此類之字，經之以聲，而緯之以義，以窮其變化而觀其會通，豈徒為文學之助，抑亦小學上未肋之事業歟。」[70]

關於共和以前年代之研究，也作了相應說明，寫道:「史記年表起於共和，歷王以前，年祀無考。《魯世家》別據魯歷，上訖考公;而伯禽一代未著年數，則未能上關周初也。其諸公（羊）{年}數,（亦）{與}劉歆《三統歷》所紀，互有異同。《汲冢紀年》雖有夏商年紀，此太史公所謂『不同（乘）{乖}異，不足取信者。今茲所傳，又非原本，自皇甫謐以下向壁虛造者，更無論已。然《周書》『武成』、『召誥』、『顧命』諸篇，頗具年月，如能以黃帝、顼顓、夏、殷、周、魯六歷，各上推四五百年，各著其分至，朔望之甲子，以與《尚書》及古器物之月日相參證，雖宗周諸王在位之年數無從臆說，然武王克殷之年、周公營洛之歲與成王在位年數，或可得定歟。」[71]

蓋先生一經答允導師之任，便冀圖有貢獻於諸生，而不願徒託空名。

八

1923 年王國維到北京入值南書房，開始了他生命的一個特殊段落，也是造成他最後歸宿的一次轉折。

辛亥革命的第二年，也就是在溥儀當了三年皇帝之後，下詔遜位，但仍住在紫禁城，一應禮儀體制，繼續保持皇家氣派，所以才有「遴選海內碩學入值南書房」的舉措。溥儀的諭旨是1923年農曆三月初一發出的，同時選中的還有楊鍾羲、景方昶、溫肅。楊、景、溫都是進士出身，只有王國維是舉人身分。此事的關鍵人物是升允。升允是蒙古鑲藍旗人，當過山西按察使、布政使、江西巡撫等。他反對清帝退位，是個強硬的復辟派。1913年走東瀛，曾參加「宗社黨」，謀求日人給予支持。1917年張勳復辟，他是積極參與者。羅振玉與升允交厚，升允從青島移居天津，是羅的主意，而羅回國選載天津而不是上海，也與升允有直接關係。因此推薦人雖是升允，牽線人必為羅振玉無異。入值南書房的消息，也是羅寫信到上海告訴王國維的。

王國維到北京的時間是1923年5月31日（四月十六），5月28日先到天津晤見羅振玉，6月1日覲見，算是報到。6月2日謝恩，溥儀告訴他：「每日進來入值。」只是隨口說的而已，由於趕上建福宮失火，入值辦法一直未能確定下來。直到7月14日（六月初一日）方發出「諭旨」：「加恩賞給五品銜，並賞食五品俸。」六月中旬決定每六日入內一次，對先生而言，是很閒暇的。他感受到了京城的寂寞。而筆墨應酬卻不少，雖不善書，扇面寫了二三十幅。接近年關的十二月初二（1924年1月7日）又奉「諭旨」：「著在紫禁城騎馬。」雖時候早已是民國，王國維仍視為「異遇」。為盡職分他做的很鄭重的一件事情是上了一道奏摺，這就是一向為研究者所注意的《論政學疏》。

今《王國維全集》第十四卷詩文編所收之《論政學疏》，題目作《論政學疏稿》。蓋此稿系王與羅振玉氏的討論稿，也許有羅的改筆摻雜期間，但此疏的真實性應無可疑。由於另一侍從陳寶琛認為作為帝師遇事當面陳，不合具摺上奏，所以實際上並沒有呈交給溥儀。不過疏稿的章法還是頗合於歷來具摺上奏的法式的，如開頭一段：「奏為敬陳管見恭摺仰祈聖鑑事。竊念臣以疏賤迂拙，蒙皇上知遇，置之侍從之列，糜太官之厚祿，荷前席之殊榮，中夜徬徨，罔知報稱。重以時事阽危，災異又告，正皇上焦思之日，亦臣子效力之時，敬將微臣管見所及有關宗廟大計及聖躬者，不敢緘默，敬為我皇上陳之。」[72] 由措辭可推見該疏的具草時間應該在 1924 年初，因「著在紫禁城騎馬」時在 1924 年 1 月 7 日，則此疏固應在獲此殊榮之後。

王國維在此疏中主要是提出了三條建議。第一條關乎中西政治與學術淵源的利弊得失，這應該是靜安先生最難以為說的部分。我們知道他一生為學，開始的涉獵、介紹、研究西學，占去他不短的時間，即便後來轉變為古文字、古器物、古史研究，其於中西學術亦從未持彼此對立之見。但此疏他就無法不屢陳中國固有政治與學術的好處，而指陳西政與西學的弊端。一則曰：「中國立說，首貴用中，孔子稱過猶不及，孟子惡舉一廢百。西說大率過而失其中，執一而忘其餘者也。」再則曰：「數年以來，歐洲諸大學議設東方學術講座者，以數十計，德人之奉孔子、老子說者，至各成一團體。蓋與民休息之術，莫尚於黃老，而久安之道，莫備於周孔，在我國為經驗之良方，在彼土尤為對症之新藥，是西人固已憬然於彼政學之流弊而思所變計矣。」三則曰：「西人以權力為天賦，以富強為國是，以競爭為當然，以進取為能事，是故挾其奇技淫巧以肆其豪強兼併，更無知止知足之心，浸成不奪不厭之勢，於是國與國相爭，上與下相爭，貧與富相爭，凡昔之所以致富強者，今適為其自斃之具。此皆由『貪』之一字誤之，此西說之害根於心術者一也。」四則曰：「臣觀西人處事，皆欲以科學之法馭之，夫科學之所能馭者，空間也，時間也，物質也，人類與動植物之軀體也，然其結構愈複雜，則科學之律令愈不確實。至於人心之靈及人類所構成之社會、國家，則有民族之特性，數千年之歷史與其周圍之一切境遇，萬不能以科學之法治之。而西人往往見其一而忘其他，故其道方而不能圓，往而不知反，此西說之弊根於方法者二也。」[73] 人權、競爭、科學、追求富強，一股腦都成了靜安先生的撻伐對象。但亦不是不留餘地，在批判西人之科學方法之前，特加上一句：「臣不敢謂西人之智大率類此。」[74]

當時正值第一次世界大戰之後，蘇俄革命成功，歐洲社會與政治本身暴露出來的問題引起了人們的關注，包括梁啟超在內的許多中國學者不約而同地產生了歐西衰落，而東方道德文化之復興恰逢歷史契機之嚮往。靜安《論證學疏稿》中所表達的亦是此一時代思潮的反映。如《疏》中所謂：「西洋近百年中，自然科學與歷史科學之進步，誠為深邃精密，然不過少數學問家用以研究物理、考證事實、思索心思，消遣歲月斯可也。而自然科學之應用又不勝其弊，西人兼併之烈與工資之爭，皆由科學為之羽翼。其無流弊如史地諸學者，亦猶富人之華服、大家之古玩，可以飾觀瞻而不足以養口體。是以歐戰以後，彼土有識之士，乃轉而崇拜東方之學術，非徒研究之，又信奉之。」以及「數年以來，歐洲諸大學議設東方學術講座者，以數十計，德人之奉孔子、老子說者，至各成一團體」等等，出自大學問家王國維之口，所敘說的也並非毫無依據。不過顯然混淆了思想潮流與學者為學的界限，蓋「歐洲諸大學議設東方學術講座」，以及成立關於孔子和老子的學術團體，所昭示的是歐洲東方學的興起，以此作為中國固有道德文化的復興，未免其牽強。當然這位南齋侍從撰寫此疏的目的原不在論學論政，他更為懸心的是另外兩件大事，即他的第二、第三條建議所申申言之者。

此疏的第二條建議，是希望溥儀當此閒暇無事之際，不妨效法康熙和乾隆二帝，「於文學藝術心之所好者，不妨泛覽，或有所專習」，亦即「游於藝」。王國維寫道：「願皇上春秋鼎盛，閒暇多方，欲勤政而無政之可施，雖憂民而無民之可理。焦勞則無益於事，而有損於聖躬；逸豫則不安於心，而亦虧於至德。皇上典學之餘，將何以遣此歲月乎？亦日遊藝而已。」[75] 說開來，就是希望溥儀在無所事事之際，多看點閒書，消磨歲月而已。所擔心者，是怕靜中生動，鬧出什麼意外的大事來。這段話最精彩的對句，是「欲勤政而無政之可施，雖憂民而無民之可理」，簡直妙絕，把困於紫禁城內，無所事事，閒得無聊的末代皇帝的窘境，概括得天衣無縫。

《論政學疏》的第三條建議，是無論如何不能讓溥儀出國。靜安先生寫道：「至報紙以出洋遊歷勸皇上者，亦殊類此。夫民國所以不敢侵入宮禁者，以皇上在內也。如皇上朝出國門，則宮禁旦夕不能保，皇上異日將安歸乎？且歐洲激黨，中國亂民，何地蔑有？而行幸所至，無周廬設卒之防，無出警入蹕之制，豈皇上不貲之躬所宜冒此？且遊歷之事，意在增益見聞，而動止不得自如，與今日處宮中何異？報紙之論，乃均未計及此。皇上受祖宗之付託，慮億兆之安危，有視民如傷之仁，有沉幾先物之智，豈不能洞茲利害、察彼是非？臣之韙韙，誠為過慮，然可使微臣多此一言，不可使聖慮千有一失。此臣所欲言者三也。」[76]

這是最緊要的一條。因為當時之報章多有以此為建言者。尤其擔任英文師父的莊士敦（Reginald Johnston），更是力主溥儀應出國遊歷，溥儀本人心有所動就不奇怪了。他在紫禁城裡早已坐不安席，開始騎腳踏車，後來還有了汽車。一次竟坐汽車去了陳寶琛師父家。還安上了電話，不僅打給了胡適，還約請胡博士到宮裡來了一次。那些「王公大臣」已經被溥儀的行為嚇壞了，更增加了限制他的「理由」。這時，外傅莊士敦從優待清室條文中，發現了可以常駐頤和園的依據[77]，很長時間頤和園就成為溥儀的悠遊之地。為給已被羅振玉買下的「內閣大庫檔案」找個存放之地，羅、王還曾經到頤和園找莊士敦尋求幫助。莊提出可考慮排雲殿西面的一所建築，羅、王大喜過望，暢談了未來的學術理想。儘管此計畫後來落空，莊士敦卻將此次的「一日勾留」，鄭重地寫入他的書中。[78] 溥儀周圍的勢力，既有留洋的主張，也有伺機復辟的勢力。而各派勢力的消長，又受制於民國和各路軍閥的縱橫捭闔之格局。宮禁內外各派勢力的利益集合點，是絕不能讓溥儀失去「遜帝」的有名無實的「尊號」。「遜位」的皇帝也是皇帝呵。試想，如果「皇帝」走了，變成「有宮無主」，空餘一座紫禁城，那還了得。這是包括靜安在內的眾侍從最感擔心的事情。

就是在這種紫禁城內外惶惶無定的情況下，馮玉祥決定將溥儀趕出宮的計畫已開始付諸行動。傳聞早就有了，生活的慣性使人們不願意相信。王國維在《論政學疏》中，還鐵定認為不會有此種情形發生。他說：「民國將帥，孰非大清之臣子？其士卒，孰非皇上之編民？臣愚以為，皇上端居禁中，則雖有亂人，絕無敢稱兵向闕者。何則？以下逼上，則為不順；以眾陵寡，則為不祥。列邦之耳目具在，萬姓之是非未昧，雖病狂失心，豈敢為此。」[79] 然而，靜安的話音未落，馮玉祥就來逼宮了。

將溥儀逐出紫禁城的決定，是 1924 年十一月四日深夜，由攝政內閣做出的。背景是當吳佩孚出關攻打張作霖之際，馮玉祥發動了一場輕鬆的政變，總統曹錕下臺，成立臨時的攝政內閣。十一月五日施行，執行人是警備司令鹿鐘麟、警察總監張璧。溥儀出宮的時間是當日下午三時，在什剎海的醇親王府暫住。[80] 法律依據是重新修正的《清室優待條件》，共五條。主要是第一條：「大清宣統帝即日起永遠廢除皇帝尊號，與中華民國國民在法律上享有同等一切之權利。」第三條：「清室應按照原優待條件第三款，即日移出宮禁，以後得自由選擇居住，但民國政府仍負保護責任。」一句話，將遜帝溥儀降為平民。溥儀見大事不好，只好接受。這就是載入史冊的所謂「甲子之變」。但末代皇帝的價值，想利用的人可不在少數。最看重此事的是日本人。幕前幕後的活動便戲劇性地展開了。為了安全，溥儀周圍的謀士認為得到外國使領館的保護是上策。莊士敦顯然是最便捷行事的角色，他立刻去見駐京公使團的領袖人物荷蘭公使歐登科（Willem Oudendijk）[81]，經與英、德公使會商，得到了允予保護的承諾。但羅振玉等人的想法不是如此，他們必然而且只能將溥儀送到日本人手中。所以出宮之後的溥儀，很快就由醇親王府遷到日本使館。翌年就被送往天津，住在張園。這一過程，羅振玉是主要角色，這是羅等和日人早就謀劃好的「路線圖」。

但我們的靜安先生，可以說完全被蒙在鼓裡。背後的那些謀劃他不僅沒有參與，而且也不知情。或者說，他也不屑於知道那些鬼鬼祟祟的事情。但溥儀於事變後躲進日本使館，靜安仍「時往覲見」，並且還上了一封《敬陳管見摺》。他至誠地寫道：

臣伏願皇上入境問俗，入國問禁，起居言笑慎之又慎。至駐蹕之期尚需時日，環堵之室頗苦迴旋。皇上每日須讀書一二時以頤養心神，運動三四刻以操練身體。又僕之數，唯在足供使令，引對之臣，亦須選擇賢否。凡諸舉措，皆系觀瞻，務令外人知帝王之自有真，天人之有攸屬，則天下幸甚！前日奉駕抵日館後，陳寶琛對臣誦《檀弓》之言曰：「亡國恆於斯，得國恆於斯。」味此十字，實為名言，願皇上一日三復之。又皇上出潛邸時，未及攜帶書籍，臣謹呈《後漢書》及唐陸贄《奏議》各一部，用備御覽。[82]

靜安此摺署年為「宣統十六年十一月初七日」，即 1924 年 12 月 3 日。溥儀住進日本使館的時間是 1924 年 11 月 29 日，靜安是在之後的第四天呈遞此摺的。摺中語氣措辭，在在是傾心的關切，句句溫馨之至。陳寶琛所誦《檀弓》，為《禮記》本文。本事是晉獻公之子重耳，為躲避晉國的宮廷殘殺，逃亡到翟國。後晉獻公去世，秦穆公派人到重耳那裡弔喪，而且說：「寡人聞之，亡國恆於斯，得國恆於斯，雖吾子儼然在憂服之中，喪亦不可久也，時亦不可失也。孺子其圖之。」意謂，雖在舉喪期間，也不應忘掉了重掌國柄之大計，而是不論「亡國」還是「得國」，自己的恆心都是一樣的。陳寶琛誦《禮記·檀弓》此句，可謂恰切之極。故靜安希望溥儀每天能誦讀三遍。

翌年，溥儀離京赴天津，靜安也在張園被「召對」過。

可是，1924 年的「翌年」，就是 1925 年。對中國現代學術史感興趣的讀者，我不說也會想到，剛成立的清華國學研究院，已經頻頻向靜安先生招手了。

九

王國維答允去清華國學研究院執教，是一個曲折的故事，容後再談。這裡先說他何以不去北大。別忘了，他本來已經同意擔任北大國學門的導師，還寫過堪稱典要的「研究發題」。最後決定去清華而不去北大，他內心一定有特殊的權衡。

可以想到的原因，一個是，以靜安一貫的思想，他可能不願接受北大的「新潮」。另一個是，他已經感覺到北大似乎存在派系問題。這後一方面，他 1924 年寫給蔣汝藻的信裡曾有所透露：「東人所辦文化事業，彼邦友人頗欲弟為之幫助，此間大學諸人，亦希其意，推薦弟為此間研究所主任（此說聞之日人）。但弟以絕無黨派之人，與此事則可不願有所濡染，故一切置諸不問。大學詢弟此事辦法意見，弟亦不復措一詞。觀北大與研究系均有包攬之意，亦互相惡，弟不欲與任何方面有所接近。」[83] 鑑於如是之看法，靜安先生與北大的關係實維持在「遠近之間」。

更重要的是，當年發生的另一件事情，促使他決意與北大脫卻關係。這就是北大考古學會發表《保存大宮山古蹟宣言》，指陳皇室「占據官產」，「亡清遺孽擅將歷代相傳之古器物據為己有」，等等。王國維看到後當即致函沈兼士和馬衡，一一為之辯陳，並將問題置諸社會法律的高度，措辭強硬地寫道：

諸君苟已取銷民國而別建一新國家則已，若猶是中華民國之國立大學也，則於民國所以成立之條件與其保護財產之法律，必有遵守之義務。況大學者全國最高之學府，諸君又以學術為己任，立言之頃不容鹵莽滅裂如是也。抑弟更有進者，學術固為人類最高事業之一，然非與道德法律互為維持則萬無獨存之理，而保持古物不過學術中之一條目，若為是故而侵犯道德法律所公認為社會國家根本之所有權，則社會國家行且解體，學術將何所附麗？諸君所欲保存之古物，欲求其不為劫灰豈可得乎？即不然，強而有力者將以學術為名，而行掠奪侵占之實，以自盈其囊橐，諸君所謂文獻將全為齏粉者將於是乎實現，不審於學術何所利焉？於諸君何所利焉？[84]

王國維在信函之末尾，特別註明，他是「以考古學者之資格」寫這封信的，為的是「敬告我同治此學之友」，而不是以「皇室侍從」的身分來講話。而信後面的「再啟者」，更其決絕不留餘地，提出取消他的北大研究所國學門導師名義，研究生前來諮詢事「飭知停止」，甚至已交給《國學季刊》的文章也要求「停止排印」[85]，等於完全斷絕了與北大的諸種學術連繫。

清華國學研究院禮聘王國維為導師，最早是胡適之的主意，嘗特地向曹雲祥校長推薦。但靜安只答應考慮，並沒有立即接受。後來胡適想到一個辦法，即由溥儀下一紙「詔書」，

王先生便不好不去了。所謂「詔書」，按已往的說法，實即其他師傅代寫的一張條子而已，忠於自己內心的靜安，卻應命「受詔」，而沒有「違詔」。所以陳寅恪《王觀堂先生輓詞》:「魯連黃鷂績溪胡，獨為神州惜大儒。學院遂聞傳絕業，園林差喜適幽居。」指的就是因胡適的推薦而應徵清華國學研究院一事。

然則胡適的提議是誰去施行的呢？得有人將此事告知溥儀啊。近讀外傳莊士敦的《紫禁城的黃昏》，終於找到了答案。莊士敦在是書裡是這樣寫的：

自從遜帝逃入日本公使館之後，王國維忠心耿耿，不願離開他的皇上。他本是個窮書生，自然要找生活。國立清華大學便請他擔任史學教授，這個職位對他是最適當不過的，他也很樂意接受，但他又不願在這個時期捨棄他那個在「蒙塵」中的皇上而去。清華的校長和我是相識的，他寫信給我，他說，只有一人可以使王國維前來就職，就是遜帝，請我對遜帝說一下，可否由遜帝叫他去教書，莘莘學子受惠不淺。我便把這個情形對遜帝說了，結果是遜帝一開口，王國維奉命唯謹。[86]

原來王國維就聘清華一事，提議人是胡適，穿線人是莊士敦。這就裡外皆無不合了。《紫禁城的黃昏》一書，依敘事而言，我參照各種相關資料復按，應可認定是詳實可信的。2019 年上海人民出版社出版的高伯雨譯注本，尤可信賴。譯注人是有名的熟悉晚清史事的專家，有不確的地方，他都一一予以注出。此處他還註明，王國維是去清華學堂研究院，因為清華大學是 1928 年成立的，可見其嚴謹。

那麼前往具帖拜請的是哪一位呢？是當時擔任國學研究院主任的吳宓。《吳宓自編年譜》1925 年條寫道：「宓持清華曹雲祥校長聘書，恭謁王國維靜安先生，在廳堂向上行三鞠躬禮。王先生事後語人，彼以為來者必系西服革履、握手對坐之少年，至是乃知不同，乃決就聘。」[87] 這樣，整個過程就嚴絲合縫地連起來了。靜安在 1925 年 3 月 21 日給羅振玉的信裡，也寫到了此事：「清華房屋頃得七間五間各一所，擬即與定約，下月中當移居也。」[88] 此信的開頭一句是：「昨別後，午刻抵京。」[89] 則寫信的前一天，王、羅還曾在天津晤面，應徵清華的過程，相信靜安必向羅細陳。

清華國學研究院成立於 1925 年，是一旨在研究高深學術，造就專門人才之機構。1925 年 4 月 17 日（農曆三月二十五），先生攜全家搬入清華園西院十八號居住，並提議「多購置書籍」[90]。所聘之導師除王先生外，還有梁啟超、陳寅恪、趙元任，學者稱「四大導師」。講師有考古學家李濟，研究院主任則是吳宓，都是當世大儒。在國學研究院開學之前，先生應清華學生會邀請，嘗以「最近二三十年中中國新發見之學問」為題做演講，後來改定稿刊載於《學衡》等刊物。研究院九月開學，先生作為經史、小學科的導師，每週講授《古史新證》兩小時、《尚書》兩小時、《說文》一小時。

他的著名的「二重證據法」，就是在《古史新證》中提出的。他說：

吾輩生於今日，幸於紙上之材料外，更得地下之新材料。由此種材料，我輩固得據以補證紙上之材料，亦得證明古書之某部分全為實錄，即百家不雅馴之言亦不無表示一面之事實。此二重證據法唯在今日始得為之。雖古書之未得證明者，不能加以否定，而已得證明者，不能不加以肯定，可斷言也。[91]

此論一出，對當時流行的疑古思潮，應不無震撼性的補偏救弊之作用。是非經久而論定，時至今日，我輩當益信靜安先生之論為顛撲不破之的論也。

聽過靜安先生課的國學研究院同學的印象是：「先生體質瘦弱，身著不合時宜之樸素衣服，面部蒼黃，鼻架玳瑁眼鏡，驟視之，幾若六七十許老人。態度冷靜，動作從容，一望而知為修養深厚之大師也」[92]，「他講學的時候，常說『這個地方我不懂』，但又宣稱『我研究的成果是無可爭議的』。他這樣講，只能使我尊敬他」[93]，「先生於當世人士，不加臧否。唯於學術有關者，即就其學術本身，略加評騭。」[94] 這大約就是置身學府的王國維的風格。至於為學之方法，先生給諸生以啟發者尤多。一次對國學研究院同學姚名達說：「治《史記》仍可用尋源工夫，或無目的的精讀，俟有心得，然後自擬題，亦一法也。大抵學問常不懸目的，而自生目的，有大志者，未必成功，而慢慢努力者，反有意外之創獲。」[95] 可見先生學問精神之純正。清華國學研究院四大導師中，陳寅恪與王的關係最密。梁啟超、趙元任也都極服膺先生之學，遇有疑難，梁總是說「可問王先生」[96]。

十

寫到這裡，我們不妨將靜安先生一生的學術活動，作一簡要的歸結。

要之，靜安之學似可分為六期：一、青少年時期（1877-1897）。主要在海寧家鄉，讀書、做塾師，可以稱作「前學時期」。二、掌握治學工具時期（1898-1900）。來到了省城杭州，一面供職於《時務報》館，一面在東文學社補習日文和英文，是為「學術準備時期」。三、醉心於歐西新學，包括哲學、美學、倫理、教育，翻譯介紹並研究創發，不遺餘力。同時致力於詩詞創作和詞學研究（1901-1905）。王自己稱為「獨學時代」，實際上是先生學問進境的「新學時期」。四、由詩詞創作和詩學研究，進而研究宋元戲曲，這是已往學人鮮有關注的學問領地（1905-1911）。也可以說，是先生之為學由「新」返「舊」之第一步。五、隨羅振玉東渡扶桑，住京都鄉下，閱讀大雲書庫的豐富藏書，從金石、小學入手，集中研究古文字聲韻、古器物和古史研究時期（1912-1922），這是靜安之學的「舊學時期」，也是他學術創獲的高峰期。六、最後五年（1923-1927），潛心研究元史和西北史地，在清華講授《古史新證》，其為學更見平穩安成。角色則是從帝師到國學研究院導師。我願意稱這一時期為「潛學時期」。

靜安之學治學態度和研究方法的特點，誠如近人王森然氏在《王國維先生評傳》中所說：「先生之研究方法，所以能上世界學術界之公路者，實具最偉大之魄力與天才也。其考究商代甲骨、周秦銅器、漢晉簡牘、唐人寫本、古代生活、種族歷史、社會制度，無一不以西洋最新研究史學之科學方法治之。」又說：「先生對學術界最大之功績，便在經書不當作經書看，而當作史料看；聖賢不當作聖賢看，而當作凡人看；龜甲鐘鼎經籍實物，打通一貫，拆穿古代史蹟之神祕。此又與羅氏專信古代聖道王功者，迥乎不同。故先生駁許慎、駁鄭康成，羅氏均不以為然，斥其過於大膽。此先生所以異於羅氏，而羅氏之所以不及先生者正在此。先生在古史學與崔東壁、康長素不同之點亦在此。崔、康僅能破壞偽古史，而先生乃能建設真古史。」[97] 信哉，斯評。

而先生代羅振玉起草的《觀堂集林》序中，也一再申明自己治學方法的特點：

余謂征君之學，於國朝二百年中最近歙縣程易疇先生及吳縣吳愙齋中丞。程君之書以精識勝，而以目驗輔之。其時古文字、古器物尚未大出，故扃塗雖啟，而運用未宏。吳君之書，全據近出文字器物以立言，其源出於程君，而精博則遜之。征君具程君之學識，步吳君之軌躅，又當古文字古器物大出之世，故其規模大於程君，而精博過於吳君。海內新舊學者咸推重君書無異辭。[98]

又說：

蓋君之學，實由文字聲韻以考古代之制度文物，並其立制之所以然。其術在由博以反約，由疑而得信，務在不悖不惑，當於理而止。其於古人之學說亦然。君嘗謂今之學者於古人之制度文物學說無不疑，獨不肯自疑其立說之根據。[99]

則先生之學實際上已融會了有清一代的學術精華，並與當時流行之疑古思潮很早就判然兩分了。而他在倉聖明智大學的一位同事費行簡先生，後來在回憶當時相聚論學的情形時也曾提到，靜安先生認為「近世學人之敝有三：損益前言以申己說，一也；字句偶符者引為確據，而不顧篇章，不計全書之通，二也；務矜創獲，堅持孤證，古訓晦滯，蔑能剖析，三也」[100]。此可以反證王學之平實純正，包括靜安先生對自己著作所作的評價，看起來可不算低，實則不失為公允客觀之論。

先生晚年執教於清華有兩年多的時間，為學環境是好的。除授課之外，已開始對西北地理和元代史事著手研究。《蒙古史料校注四種》[101]、《耶律文正公年譜》及有關遼金元史的一些論文，即寫於此一時期。

十一

然當時之社會正處於劇烈變動時期，民國失政，執權柄的軍閥互相攘奪，大的事變接連不斷，每與靜安的生命志向適相衝突，使他敏感的心靈始終陷於苦痛之中。1924 年的「甲子之變」不用說了，每言及此，他都會憤激泣下。他曾與羅振玉、柯劭忞有同殉之約，結果未能實現。陳寅恪《王觀堂先生輓詞》「北門學士約同死」句，即指此事而言。

另外，個人生活方面，也有幾件頗不順遂的事。一是好友烏程蔣氏經商破產，全部藏書抵押殆盡。自 1919 年秋天至 1923 年北上，先生為蔣氏編校藏書，前後四年時間，已完成經、史、子三部，集部則至明。沈曾植、朱古微、張孟劬等海上諸名公經常與先生雅集於蔣宅，彼此結下深厚情誼。蔣之破產，對王是一重大打擊。二是 1926 年 9 月 26 日，長子潛明在滬病故，遺孀羅曼華年僅 24 歲，系羅振玉的小女。當時王、羅都曾到上海料理喪事，但羅攜女先返，王、羅從此失和。表面原因是潛明有一筆遺款，合洋銀兩千四百二十三元，另羅女的款項有五百七十七元，總計三千元整。王請羅代收，羅拒絕。王因而致書羅氏：

亡兒遺款自當以令嬡之名存放，否則照舊時錢莊存款之例，用「王在記」亦無不可。此款在道理、法律，當然是令嬡之物，不容有他種議論。亡兒與令嬡結婚已逾八年，其間恩義未嘗不篤。即令不滿於舅姑，當無不滿於其所天之理，何以於其遺款如此之拒絕。若云退讓，則正讓所不當讓。以當受者而不受，又何以處不當受者？是蔑視他人人格也。蔑視他人人格，於自己人格亦復有損。總之，此事於情理皆說不去，求公再以大義諭之。[102]

此函之出語已失去冷靜。試想，「蔑視他人人格，於自己人格亦復有損」一語，是何等分量！此函寫於 1926 年 10 月 31 日，無論吳澤主編之《王國維全集·書信》，抑或後來之《全集》，都是王致羅的最後一封信，以此亦可以視為王羅的「絕交信」。然則王羅「絕交」，宜有更深層的原因。所謂冰凍三尺，非一日之寒。

也許，我們從王的祝賀羅振玉六十歲壽辰的詩裡[103]，可以窺到一些消息。

詩有兩首，作於 1925 年 8 月。其一：「卅載雲龍會合常，半年濡呴更難忘。昏燈履道坊中雨，羸馬慈恩院外霜。事去死生無上策，智窮江漢有迴腸。毗藍風裡山河碎，痛定為君舉一觴。」王羅 1898 年結識於上海東文學社，至 1925 年寫此詩之時，已過去二十有八年（「三十載」為舉成數），雖早期主要是羅關照王，後來王對羅亦多有照應，彼此相契，終於成就了各自的事業。此種情形頗似《易·乾·文言》所說的：「同聲相應，同氣相求。水流溼，火就燥，雲從龍，風從虎，聖人作而萬物睹。」則首句之古典，當出於此也。第二句：「半年濡呴更難忘。」「濡呴」顯系用《莊子·大宗師》「泉涸，魚相與處於陸，相呴以溼，相濡以沫」之成典。但「半年濡呴」，陳永正《王國維詩詞箋注》認為，是指1924年10月7日羅振玉到京，至「甲子之變」後的「半年」[104]，自可成為一說。然以筆者推斷，兩人的「濡呴」之情狀，似宜從1924年5月30日王至羅的信函，首次使用「永豐先生」的稱謂開始。「永豐鄉人」是雪堂之外，羅振玉的另一字號。王此前的信函，至少自入值南齋以來，經常的稱謂是「雪堂先生親家有道」，或「雪堂先生有道」。我以為這是一個標誌。因為此後的信函，大都是對小朝廷的「朝政」和人事，唸唸為心，不斷分析研議。緊接此函的6月2日函，就是探討《論政學疏》如何撰寫。[105]而「半年」之下限，應該是溥儀住進日本使館的1924年11月29日。從始稱「永豐先生有道」的1924年5月30日，到1924年11月29日，不多不少，整好半年時間。

半年的時限既明，則頸聯、頷聯、尾聯各句的句意，便不難解讀了。「昏燈履道坊中雨，羸馬慈恩院外霜」，係指「小朝廷」的內外處境和羅王二人的心理感受。「事去死生無上策，智窮江漢有迴腸」，指遭遇「甲子之變」的無可奈何。馮玉祥逼宮，溥儀被趕出紫禁城，「小朝廷」的大勢已去，無論生還是死，都不是最好的辦法。在「武夫」面前，是沒有道理可講的，只剩下愁腸百轉的傷痛罷了。此處是直接用《詩經·周頌·江漢》的古典。《江漢》有句：「江漢浮浮，武夫滔滔。」[106]借指逼宮的軍隊來勢凶猛。「毗藍風裡山河碎，痛定為君舉一觴。」國家的山河破碎如此，只能求毗藍菩薩來保佑了。

靜安的第二首祝壽詩為：「事到艱危誓致身，雲雷屯處見經綸。庭牆雀立難存楚，關塞雞鳴已脫秦。獨贊至尊成勇決，可知高廟有威神。百年知遇君無負，慚愧同為侍從臣。」首句是說，當事情到了危難之際，本來是可以獻身的，但考慮到長遠的目標，還須有更高明的策劃才是。第二句「雲雷屯處見經綸」，全部用的是《易經》「屯卦」的義涵。「屯卦」的卦辭是：「屯。元亨，利貞。」王弼注云：「剛柔始交，是以屯也。不交則否，故屯乃大亨也。大亨則無險，故利貞。」[107]「屯」有困難之意。孔穎達疏謂：「剛柔始交而難生。」[108] 是為得之。「屯卦」的《象辭》是：「雲雷屯，君子以經綸。」意謂當此困難之際，正是君子發揮大智慧，拿出經綸天下之大計之時。此卦之「雲雷」一語，恰可以照應第一首的「卅載雲龍會合常」句。

而初九的爻辭是：「磐桓，利居貞，利建侯。」王注云：「處屯之初，動則難生，不可以進，故『磐桓』也。處此時也，其利安在？不唯居貞、建侯乎？夫息亂以靜，守靜以侯，安民在正，弘正在謙。屯難之世，陰求於陽，弱求於強，民思其主之時也。初處其首，而又下焉。爻備斯義，宜其得民也。」[109] 王注簡直妙絕，幾乎完全是為溥儀的遭際和王羅的處境而預示出趨吉的途徑，也就是所需的經綸大計也。此卦提醒，不要忘了處身「屯難之世」，是「陰求於陽，弱求於強」的時候，己方是當此困難之時，寧可「磐桓」不前，也不要輕舉妄動，而是要「守靜以侯」。「利建侯」，孔疏的解釋，是「宜建立諸侯」，則又與王羅彼時的意趣相合。所以王注說，此時正是「民思其主之時」。好了，詩的首聯的義涵，已盡皆在斯了。頸聯的「庭牆雀立難存楚，關塞雞鳴已脫秦」，及頷聯的「獨贊至尊成勇決，可知高廟有威神」，陳永正先生的箋注都能清晰得義 [110]，讀者自可參閱，此不贅。

問題是，尾聯的「百年知遇君無負，慚愧同為侍從臣」，應如何釋證。陳永正《箋注》是這樣解釋的：「『百年』兩句：知道您沒有辜負皇帝對您一生的知遇之恩，我同為侍從之臣就更感到慚愧。」[111] 可以肯定地說，如此解釋，是完全地誤讀了。把「百年知遇」解釋為遜帝對羅振玉的「百年知遇」，無疑是弄錯了主賓對象，無論如何是說不通的。不妨先讓溥儀站出來說話。他在《我的前半生》中，有一段專門寫羅和王的文字，現抄錄如下：

> 羅振玉到宮裡來的時候，五十出頭不多，中高個兒，戴一副金絲近視鏡（當我面就摘下不戴），下巴上有一綹黃白山羊鬍子，腦後垂著一條白色的辮子。我在宮裡時，他是袍褂齊全，我出宮後，就總穿一件大襟式馬褂，短肥袖口露出一截窄袍袖。一口紹興官話，說話行路慢條斯理，節奏緩慢。他在清末做到學部參事，是原學部侍郎寶熙的舊部，一個三品官，本來是和我接近不上的，在我婚後，由於升允的推薦，也由於他的考古學的名氣，我接受了陳寶琛的建議，留做「南書房行走」，請他參加對宮中古彝器的鑑定。和他前後不多時間來的當時名學者，還有他的姻親王國維和以修元史聞名的柯劭忞。陳寶琛認為「南書房」有了這些人，是頗為清室增色的。當然，羅振玉在復辟活動方面的名氣比他在學術的名氣，更受到我的注意。[112]

這段文字是否包含有對羅的一定程度的輕蔑，暫且不論。明顯的事實是，在羅可以入宮之前，溥儀根本不認識羅振玉，亦即「本來是和我接近不上的」。後來由於升允的推薦和陳寶琛的建議，才留做「南書房行走」。此時，也只有此時，「皇帝」才認識了羅振玉其人。時間上，羅比王入值南齋要晚，王是 1923 年 6 月 1 日入值，羅入值的時間為 1924 年 9 月 2 日。陳永正先生認為羅入值為 1924 年 10 月 7 日，那就更晚。即使按王羅入值時間約略相同，則從 1923 年 6 月 1 日，到王國維寫祝壽詩的 1925 年 8 月，也僅為兩年又兩個月的時間。中間和溥儀見面的機會寥寥無幾，

十一

怎麼可以用「百年知遇」來狀寫呢？退一步說，即使「皇上」對羅振玉的印象好得不得了，也談不上「百年知遇」。「百年」是指人的一生的意思，典例俯拾皆是。陶淵明《感士不遇賦序》：「寓形百年，而瞬息已盡。」

韓愈《讀皇甫湜公安園池詩書其後》：「百年詎幾時，君子不可閒。」

王安石《韓子》：「紛紛易盡百年身，舉世何人識道真。」都是以「百年」為一生或終身。短短兩年的君臣關係，連通常的「知遇」都談不上，何來「百年知遇」之有。

況且，把「百年知遇君無負」的「君」，理解為遜帝溥儀，更為不切。試想，即使溥儀「有負」於羅振玉，靜安在詩裡也不敢講出來。而下一句「慚愧同為侍從臣」，永正先生解釋為：「我同為侍從之臣更感到慚愧。」如是解釋，等於說「皇上」只對羅有「知遇」，對自己沒有「知遇」，所以感到「慚愧」。這又未免把為人誠篤的靜安先生看小了。以永正先生釋證王詩的功力，我以為完全是一時走眼，無須苛責。只不過祝壽詩的這最後兩句，實為兩首詩的題眼，是點睛之筆，無比重要，甚至是解開王羅一生情誼和最後失和的鎖鑰，故不能不稍作辨析。

要之，此第二首祝壽詩的最後兩句，是寫王、羅的關係，具體說，是寫羅振玉對靜安的「知遇」之情和知遇之恩。這樣就和第一首起句的「卅載雲龍會合常」相呼應了。毫無疑問，羅對靜安的賞識、推重、資助、幫助，在兩人相處的三十年裡，鮮有變化，稱為「百年知遇」，再合適不過。這在現代學人中是很少見的。甚至一時想不出第二個例證。所以靜安使用了「君無負」三字。但是，在「同為侍從臣」的一小段時間，兩人的友誼出現了裂痕。這是靜安非常不願意看到的，不禁為之感到慚愧。此處的「慚愧」，語意與遺憾相當。

事實上，羅「入值南齋」之後，以及之前一段時間，羅生出的事情可是不少。只要翻檢一下 1924 年上半年的王羅通信，即能意識到王在宮中的重要言動，都有羅在後面運籌謀劃。王出於學者的書生本性，對宮中的諸種矛盾糾葛殊無意趣，但為了羅的需要，卻必須隨時把具體糾葛情況詳加報告，包括溥儀下令鋸掉了宮中的門檻，以及柯鳳蓀因身體過重，入宮時壓斷轎索等細碎之事，都一一具列在給羅的信中。羅幾次讓王國維轉呈他的「本章」，有的還是王代為繕寫，弄得靜安困擾不堪。如 1924 年 5 月 24 日致羅函：「昨改前文，至今日上午繕就。」[113] 所指當為勸阻溥儀欲出洋事。為羅的文稿，需要轉請好多人，常常為此而碰釘子。譬如找過金梁，拜見過溥儀的岳父榮源。當他將文稿呈給榮源時，榮源說「此時無用」，容易讓人懷疑有人指使，「反令後日不能進言」[114]。當然大都是羅認識的人，需要當面轉述羅的想法，尤增煩擾。王給羅的信，涉及相關人事，大都不直接以名或字出之，而是以代指為稱謂。如稱陳寶琛為「明道」，稱鄭孝胥為「高密」，稱朱益藩為「紫陽」，稱金梁為「日」，稱溫肅為「太真」等等。可知他們在做相關事情的時候，心裡沒底，不得不小心翼翼。

下面以 1924 年 6 月 2 日王給羅的信為例，以見當時的情狀。靜安在該信中寫道：

頃別後回家，細讀尊文，並思立言之法。因思前次尊文由維代繕，手續本不甚妥，而螺江自來敝處，又令楫先傳語，諄諄以不須再說相屬（且上已指出造謠之人，維不能以不知為解）。若此文再由維繕，則或以維借名相汙蔑亦不可料（此文亦因之失效）。故將尊文與維所擬一稿令馮友送呈，請與素師一酌，或用其一，或參合用之，即由叔炳兄一繕封固，交維代遞，似於手續較備。[115]

十一

信中所說的「尊文」應該即是《論政學疏》。「並思立言之法」是說到底如何撰寫更穩妥，說明對羅的原稿不是很滿意。因此靜安沒有再次為之繕寫，而是另起一稿，同時呈送。

再看 1924 年 6 月 6 日王致羅的信：

> 前日聆上公所言，蓋紹等疑公欲盡去新舊人，而擁素老出，即心中明知其不然，亦必以此相誣衊，此為彼等防禦之遠策。上公言語中露挑撥二字，即出於彼等之口者也。觀告上公，公本無所為，亦不畏其中傷。至第二層謂不欲使當上從此輕視老成之語，觀無以答之，只唯唯而已。前函所述皆上公語（即改為致紫陽函一節，亦上公所言）。唯欲使公知他人心理，若公之心事觀豈不知。又上公屢謂觀太真，由渠屢稱。其人故有新命，若以此籠致觀者，亦豈不可笑耶。觀之欲請假者，一則因前文未遞，愧對師友；二則因此惡濁界中機械太多，一切公心在彼視之盡變為私意，亦無從言報稱。譬如禁御設館一事近亦不能言，言之又變為公之設計矣。得請之後，擬仍居輦轂，閉門收徒以自給，亦不應學校之請，則心安理得矣。[116]

這封信，一方面見出由於羅不斷提出主張，已使得宮裡的複雜人事變得更為複雜，以致引起對羅的懷疑和不滿；另一方面可見靜安已被困擾得痛苦不堪，因此決定請假退避。甚至表示，寧願過一種「閉門授徒以自給」的生活，也會感到「心安理得」。則不僅是請假暫避，內心實已產生完全退出之意。

靜安的困擾，當然是由於羅振玉的多事所造成，但他又不想怪罪三十載雲龍會合的老友，只好以「慚愧同為侍從臣」的婉曲詩語表而出之。

這裡，不妨再看看「同為侍從臣」期間，他們的「皇上」是怎樣看待王羅的關係的。溥儀在《我的前半生》中寫道：「羅振玉並不經常到宮裡來，他的姻親王國維能替他『當值』，經常告訴他，當他不在的時候，宮裡發生的許多事情。王國維對他如此服服貼貼，最大的原因是這位老實人總覺得欠羅振玉的情，而羅振玉也自恃這一點，對王國維頗能指揮如意。」[117] 溥儀書中的記述，不排除有不準確、誤記、甚至顛倒錯亂的地方，但此段文字所記，參之以王羅的通信，可以確定為無誤。

十二

溥儀《我的前半生》中，由談羅王的關係，還提出了關於王國維死因的看法。他是這樣寫的：

> 王國維求學時代十分清苦，受過羅振玉的幫助，王國維後來在日本的幾年研究生活，是靠著羅振玉一起過的。王國維為了報答這份恩情，最初的幾部著作，就以羅振玉的名字付梓問世，羅振玉也居然受之無愧。羅振玉早年是有遠見的，放長債滾大利的辦法是生效了。羅、王兩家後來成了兒女親家，按說兩人又是老友又是近親，王國維的債務總可不提了，其實不然，羅振玉並不因此忘掉了他付出的代價，而且王國維處處還要聽他的吩咐。我到了天津，王國維就任清華大學國文教授之後，不知王國維在一個什麼事情上沒有滿足羅振玉的要求，羅振玉又向他追起債來，繼而又以要休退王的女兒（羅的兒媳婦）為要挾，逼得這位又窮又要面子的王國維走投無路，在一九二七年六月二日跳進了昆明湖裡自殺了。[118]

這就是關於王國維之死的「逼債說」。此段文字有一處顯誤，即把羅的女兒誤為王的女兒，而且沒有根據地衍生出「休退」誰的女兒的問題。

但王的死因的「逼債說」，不是溥儀的首創。郭沫若早在 1946 年寫的《魯迅與王國維》一文中，即持此說。茲將郭文的相關文字引錄如下：

王國維很不幸地早生了幾年，做了幾年清朝的官；到了 1923 年更不幸地受了廢帝溥儀的徵召，任清宮南書房行走，食五品俸。這樣的一個菲薄的蜘蛛網，卻把他緊緊套著了。在 1927 年的夏間，國民革命軍在河南打敗了張作霖，一部分人正在興高采烈的時候，而他卻在 6 月 2 日（農曆五月三日）跳進頤和園的湖水裡面淹死了。在表面上看來，他的一生好像很眷念著舊朝，入了民國之後雖然已經 16 年，而他始終不曾剪去髮辮，儼然以清室遺臣自居。這是和魯迅迥然不同的地方，而且也是一件很稀奇的事。他是很有科學頭腦的人，做學問是實事求是，絲毫不為成見所囿，並且異常膽大，能發前人所未能發，言腐儒所不敢言，而獨於在這生活實踐上卻呈出了極大的矛盾。清朝的遺老們在王國維死了之後，曾諡之為忠愨公，這諡號與其說在尊敬他，毋寧是在罵他。忠而愨，不是罵他是愚忠嗎？真正受了清朝的深恩厚澤的大遺老們，在清朝滅亡時不曾有人死節，就連身居太師太傅之職的徐世昌，後來不是都做過民國的總統嗎？而一個小小的亡國後的五品官，到了民國十六年卻還要「殉節」，不真是愚而不可救嗎？遺老們在下意識中實在流露了對於他的嘲惘。不過問題有點蹊蹺，知道底裡的人能夠為王國維辯白。

據說他並不是忠於前朝，而是別有死因的。他臨死前寫好了的遺書，重要的幾句是「五十之年，只欠一死，經此世變，義無再辱」。沒有一字一句提到了前朝或者遜帝來。這樣要說他是「殉節」，實在是有點說不過去。況且當時時局即使危迫，而遜帝溥儀還安然無恙。他假如真是一位愚忠，也應該等溥儀有了三長兩短之後，再來死難不遲。他為什麼要那樣著急？所以他的自殺，我倒也同意不能把它作為「殉節」看待。據說他的死，實際上是受了羅振玉的逼迫。詳細的情形雖然不十分知道，大體的經過是這樣的。羅在天津開書店，王氏之子參預其事，大折其本。羅竟大不滿於王，王之媳乃羅之女，竟因而大歸。這很傷了王國維的情誼，所以逼得他竟走上了自殺的路。前舉殷南先生的文字裡面也有這樣的話：「偏偏去年秋天，既有長子之喪，又遭摯友之絕，憤世嫉俗，而有今日之自殺。」所謂「摯友之絕」，所指的應該就是這件事。偽君子羅振玉，後來出仕偽滿，可以說已經淪為了真小人，我們今天絲毫也沒有替他隱的必要了。我很希望深知王國維的身世的人，把這一段隱事更詳細地表露出來，替王國維洗冤，並彰明羅振玉的罪惡。[119]

郭對王的學術成就評價甚高，認為「他是很有科學頭腦的人，做學問是實事求是，絲毫不為成見所囿，並且異常膽大，能發前人所未能發，言腐儒所不敢言」，其判斷至為準確。文中辯駁王之死非由於「殉節」，也不是沒有一定道理。他相信是因為羅振玉「逼債」而產生的悲劇。但舉證時用了「據說」二字，減輕了立說的分量。溥儀《我的前半生》開始寫於1957年，最後定稿於1964年，包括郭沫若在內的好幾位史學家參加了定稿討論[120]，以此溥儀的「逼債說」也許受了郭的影響。

但「逼債說」也不完全是空穴來風。郭在《魯迅和王國維》一文裡反覆引用的殷南的文章，其中有一段極重要的話：「偏偏在去年秋天，既有長子之逝，又遭摯友之絕，憤世嫉俗，而有今日之自殺。」[121] 殷南是馬衡的化名，如前所述，馬衡是金石考古學者，當時擔任北大國學門考古研究室主任，靜安與馬衡的關係頗為密切，同意為北大國學門通訊導師，即由於馬的一再敦請。兩人通信很多，靜安逝前三個月，還有信給馬[122]。那麼，馬衡文中所說的「又遭摯友之絕」一語，究竟是指何者而言。如果僅僅是指潛明死後，連同羅女所有的三千塊錢，靜安寄給羅振玉而遭拒收，似還不能以「摯友之絕」括之。實際上，如果只是為了此事，羅也不會如此決絕。從兩人最後的通信看，一定還有更深層的原因。在此，不妨做一個「大膽的假設」，即在三千元的「經濟」之後，另有更多的「經濟」原因。他們兩人的「帳」是永遠算不清楚的。一旦在經濟問題上「翻臉」，我們的靜安就沒有活路了。因此，儘管「逼債說」的證據還有待查實，但我不想斷然否定「逼債說」。

比「逼債說」勢力更大的是「殉清說」，在諸說中幾乎占有壓倒優勢。幾乎所有的遺老都持此說，連非常熟悉靜安的清華國學院主任的吳宓也贊同此說[123]，當然最積極的是羅振玉。王逝後羅振玉曾代擬《遺摺》給遜帝溥儀，表示系因「報國有心，回天無力」而成為「死節之人」。據說溥儀覽摺至於「隕涕」，立即下詔，謚以「忠愨」[124]。但此事完全是羅氏強加給靜安的，不獨與先生的生平志願不相吻合，反而模糊了事件的真正動因，也為撲朔迷離的王、羅關係添加一重帷幕。且看當事人溥儀是怎樣的講法。《我的前半生》寫道：

王國維死後，社會上曾有一種關於國學大師殉清的傳說，這其實是羅振玉作出的文章，而我在不知不覺中，成了這篇文章的合作者。過程是這樣：羅振玉給張園送來了密封的所謂王國維的「遺摺」，我看了這篇充滿了孤臣孽子情調的臨終忠諫的文字，大受感動，和師傅們商議了一下，發了一道「上諭」說，王國維「孤忠耿耿，深堪惻憫……加恩謚予忠愨，派貝子溥伒即日前往奠綴，賞給陀羅經被併洋兩千元……」羅振玉於是廣邀中日名流、學者，在日租界日本花園裡為「忠慤公」設靈公祭，宣傳王國維的「完節」和「恩遇之隆，為振古所未有」。又在一篇祭文裡更宣稱他相信自己將和死者「九泉相見，諒亦匪遙」。但是那個表現著「孤忠耿耿」的遺摺，卻是個假的，編造者正是要和死者「九泉相見」的羅振玉。

那時我身邊的幾個最善於勾心鬥角的幾個人，總在設法探聽對手的行動，辦法之一是收買對手的僕役，因而主人的隱私，就成了某些僕人的獲利資本。在這上面肯下工夫又肯花錢的是鄭孝胥和羅振玉這一對冤家。羅振玉假造遺摺的祕密，就這樣被鄭孝胥探知，於是在某些遺老中就傳開了。這事的真相當時沒有傳到我耳朵裡來，因為一則謚法業已賜了，誰也不願擔這個「欺君之罪」，另則這件事傳出去也實在難聽，這也算是出於遺老們的「愛國心」吧，就把這件事壓下去了。一直到羅振玉死後，我才知道這個底細。近來我又看到那個「遺摺」的原件，字寫得那麼工整，顯然不是他的手筆，一個要自殺的人能找到代繕絕命書的人，這樣的怪事，我當初卻沒有發覺出來。

羅振玉給王國維寫的祭文，很能迷惑人，至少是迷惑了我。他在祭文裡表白了自己沒有看見王國維的「封奏」內容之後，以逆臆其心事的題目渲染了自己的忠貞。說他自甲子以來曾三次「犯死而未死」，頭兩次在我出宮和進日使館的時候，他都想自殺過，第三次是最近。他本想清理完未了之事就死的，不料「公竟先我而死矣，公死，恩遇之隆，為振古所未有，予若繼公而死，悠悠之口或且謂予希冀恩澤」，所以他就不便去死了。好在「醫者謂右肺大衰，知九泉相見，諒亦匪遙」。這篇祭文的另一內容要點，是說他當初如何發現和培養了那個窮書記，這個當時「黯然無力於世」的青年在他的資助指點之下，終於「得肆力於學，蔚然成碩儒」。總之，王國維無論道德、文章，如果沒有他羅振玉都是成不了氣候的。那篇祭文當時給我的印象，就是這樣。[125]

復按羅氏《祭王忠愨公文》原文[126]，可知溥儀的敘述是可信的。羅氏在祭文中承認，靜安的「遺封」他沒有看到，但靜安的意思他完全了解，隱含的意思是，他有資格代為上奏。因此溥儀說是羅振玉假造遺摺，應為不誣。尤其羅提出的「犯三死而未死」之說，讓人感到更加拘虛不實。而最後一「犯」，由於看到王死後得到的「恩遇之隆，振古未有」，他更不敢死了。如果他「繼公而死」，擔心「悠悠之口」會認為他「希冀恩澤」。此番話，就不僅欺人亦復欺世了。

羅振玉在金石考古方面的成績自無可否定。他的賞識、資助、幫助王國維，也是舉世皆知。此點，前引靜安給羅的六十壽詩，已闡釋清楚。只是，當我們看到羅氏在靜安逝後假造遺摺，又以此篇祭文一再為自己辯解，對他立言是否守持《易》道之「修辭立其誠」，令人心存疑慮。

靜安逝後羅振玉的一系列舉動，使得「殉清說」反而易遭置疑。

王國維死因的第三種說法，是「思想的衝突與精神的苦悶」所導致[127]，這是周作人的說法。梁啟超也說：「王先生的性格很複雜而且可以說很矛盾：他的頭腦很冷靜，脾氣很和平，情感很濃厚」，「有此三種矛盾的性格合併在一起，所以結果可以至於自殺」。原因是：「他對於社會，因為有冷靜的頭腦所以能看得清楚；有和平的脾氣，所以不能取激烈的反抗；有濃厚的情感，所以常常發生莫名的悲憤。積日既久，只有自殺之一途。」[128]

其實，本人在《王國維的諸種矛盾和最後歸宿》一文中，對此一方面的緣由和表現論述得至為詳明。我在文章中列出了靜安一生的十重矛盾，即：第一，個人和家庭的矛盾；第二，拓展學問新天地和經濟不資的矛盾；第三，精神和肉體的矛盾；第四，追求學術獨立和經濟上不得不依附於他人的矛盾；第五，「知力」與「情感」的矛盾；第六，學問上的可信和可愛的矛盾；第七，新學與舊學的矛盾；第八，學術和政治的矛盾；第九，道德準則和社會變遷的矛盾；第十，個體生命的矛盾。我因而提出：「王國維的一生，始終是一個矛盾交織的人物，他的精神世界和人生際遇充滿了矛盾。」[129] 不能不說，靜安的最後抉擇，是和他一生的這些個重重矛盾分不開的。他是哲人，又是詩人，而且是大哲人和大詩人。具有哲人和詩人雙重氣質的人物，精神必然苦痛。他的性格與氣質為他以自己的方式結束自己的生命，鋪設了前期的條件。但必須指出，這一切僅僅是最後事件的長久因素，是長期形成的精神和思想的種子，還不是促使他做出最後決定的刺激和觸媒。我們所要探討的，是誘使靜安在最後時刻決定一死的那個「契機」。如果說哲人兼詩人的氣質性苦悶也是靜安先生之死的又一說的話，似應稱為「宿因說」。

靜安死因的第四種說法，是陳寅恪先生的「殉文化說」。他是在《王觀堂先生輓詞序》中提出來的。原文如下：

> 或問觀堂先生所以死之故。應之曰：近人有東西文化之說，其區域分劃之當否，固不必論，即所謂異同優劣，亦姑不具言；然而可得一假定之義焉。其義曰：凡一種文化值衰落之時，為此文化所化之人，必感苦痛，其表現此文化之程量愈宏，則其所受之苦痛亦愈甚；迨既達極深之度，殆非出於自殺無以求一己之心安而義盡也。
>
> 吾中國文化之定義，具於白虎通三綱六紀之說，其意義為抽象理想最高之境，猶希臘柏拉圖所謂 Idea 者。若以君臣之綱言之，君為李煜亦期之

以劉秀；以朋友之紀言之，友為酈寄亦待之以鮑叔。其所殉之道，與所成之仁，均為抽象理想之通性，而非具體之一人一事。

夫綱紀本理想抽象之物，然不能不有所依託，以為具體表現之用；其所依託以表現者，實為有形之社會制度，而經濟制度尤其最要者。故所依託者不變易，則依託者亦得因以保存。吾國古來亦嘗有悖三綱違六紀無父無君之說，如釋迦牟尼外來之教者矣，然佛教流傳播衍盛昌於中土，而中土歷世遺留綱紀之說，曾不因之以動搖者，其說所依託之社會經濟制度未嘗根本變遷，故猶能借之以為寄命之地也。

近數十年來，自道光之季，迄乎今日，社會經濟之制度，以外族之侵迫，致劇疾之變遷；綱紀之說，無所憑依，不待外來學說之掊擊，而已銷沉淪喪於不知覺之間；雖有人焉，強聒而力持，亦終歸於不可救療之局。蓋今日之赤縣神州值數千年未有之鉅劫奇變；劫盡變窮，則此文化精神所凝聚之人，安得不與之共命而同盡，此觀堂先生所以不得不死，遂為天下後世所極哀而深惜者也。至於流俗恩怨榮辱委瑣齷齪之說，皆不足置辨，故亦不之及云。[130]

我有多篇文章解析這篇《輓詞序》[131]，此不多具。我曾說，這篇序是陳寅恪的文化宣言，今天重讀，仍感到斯言毫不為過。雖然，自上世紀初以來，就有中西文化之說充斥於報章圖籍，至上世紀八十年代又有過文化熱，以及後來對文化熱的反思和反反思，但寅老之說迄今仍為不刊之論，則無問題。沒有第二人能如此高屋建瓴地將中國文化之精義概括無遺，尤其以「三綱六紀」為中國文化抽象理想的最高之境，可謂把握住了問題的要旨。而「文化所化之人」和「此文化精神所凝聚之人」的提出，又將文化與文化的托命者給出了新的解釋。「文化所托命之人」是陳寅恪對文化傳承者身分的獨特界定，他們文化含藏的特點，則是「文化所化之人」，或者是「文化精神所凝聚之人」。這樣的標稱，王國維當得，陳寅恪也當得。

職是之故，當一種文化值衰落之時，其中的一些為「文化所化之人」，或曰「文化精神所凝聚之人」，一句話，就是「文化所托命之人」，必因之而感到苦痛，是再自然不過的事情。但肯為此種文化而獻身之人，又是「表現此文化之程量愈宏，則其所受之苦痛亦愈甚」者。這樣的人可以說少之又少，少到億萬斯人中偶爾一出而已。很不幸，我們的靜安就是這樣的身心與具的人。陳寅恪說：「迨既達極深之度，殆非出於自殺無以求一己之心安而義盡也。」信哉，斯言！

我這裡想探討的是，陳寅恪在論述王國維之死時，何以引來《白虎通》的「三綱六紀」之說，而且特別單提「君」這一綱和「友」這一紀。寅老說：「若以君臣之綱言之，君為李煜亦期之以劉秀；以朋友之紀言之，友為酈寄亦待之以鮑叔。」我認為此段文字含有弦外之音，實際上說的是溥儀和羅振玉。對當時的靜安而言，「君」自然是指溥儀。而「友」，非羅振玉而何？就是說，陳先生顯然認為，王的死並非與溥儀、羅振玉無關，只不過他不想探究這些具體的「恩怨榮辱委瑣齷齪之說」，而以文化傳承的學說給以概括言之。「君臣」這一紀，遜位爾後又被趕出宮的溥儀，當然不是劉秀，靜安亦從未期待會有什麼「中興」。幾十年與之相交的羅振玉也不是鮑叔。

按「三綱六紀」的「六紀」，包括諸父、兄弟、族人、諸舅、師長和朋友。其中關於朋友一紀是這樣寫的：

《禮記》曰：「同門曰朋，同志曰友。」朋友之交，近則謗其言，遠則不相訕。一人有善，其心好之；一人有惡，其心痛之。貨則通而不計，共憂患而相救。生不屬，死不托。故《論語》曰：「子路云：『願車馬衣輕裘，與朋友共，敝之。』」又曰：「朋友無所歸，生於我乎館，死於我乎殯。」朋友之道，親存不得行者二：不得許友以其身，不得專通財之恩。友飢則白之於父兄，父兄許之，乃稱父兄與之，不聽則止。故曰：友飢為之減餐，友寒為之不重裘。[132]

按朋友一紀的規約，朋友之間應該「貨則通而不計，共憂患而相救」，特別是「不得專通財之恩」，亦即在財貨上幫助了朋友，不能自以為就是對朋友有「恩」。依據朋友一紀的規約，復按當靜安長子逝後羅對王的態度，明顯是在財貨上發生了問題，靜安自然會感到羅之所為有違綱紀之說。因此他失望了，痛苦了。不是一般的失望，而是極端失望。不是尋常的苦痛，而是苦痛得「達極深之度」，只好求其一死而心安了。

要之，在陳寅恪看來，靜安的最後一死，如果說是與溥儀和羅振玉兩個具體的人有直接干係，還不如說，是其人其事所代表的「君臣之綱」和「朋友之紀」。然而靜安沒有在溥儀被趕出宮的時候去死，而是在三年後，成為清華國學院導師的時候去死，應該已經與溥儀無直接關係了。有直接關係的，是他和羅振玉的矛盾最終爆發，朋友一紀的理想徹底破滅，於是成為直接的導火線。因此王國維之死，不是殉清，而是殉為其所化的那種文化、那種文化理想、那種文化秩序、那種文化精神，亦即孟子所說的「以身殉道」（《孟子·盡心上》）。這就是寅恪先生提出的所謂「殉文化說」的真義所在。

可注意者，還有靜安逝世前南北政局發生的一些事件。1927年春天，北伐軍已逼近京都。前此有李大釗被絞死，葉德輝被殺於長沙，康有為客死青島等，不免對王國維也構成一定刺激。但這些最多只是現實的背景因素，而不是促使靜安下決心求一己之心安的決定性理由。

十三

當靜安決心一下，他走得平靜而從容。王貞明在 1927 年 6 月 5 日寫給兄長高明的信裡寫道：「父親大人於前日八時至公事室，如平日無異。至九時許，忽與旁人借洋三元。但此人身無現洋，故即借一五元之紙幣。後即自僱一樣車，直到頤和園，購票入內。至佛香閣排雲殿下之昆明湖旁，即投水。時離約四丈旁有一清道伕，見有人投水，即刻亦跳入水，即救上岸。但雖未喝水，然已無氣。入水中至多一分鐘，亦未喝水，因年歲關係，故無救。」[133] 從而可知靜安求得一死的意志是何等堅決！投水具體時間為 1927 年 6 月 2 日（農曆五月初三）上午十時左右，享年五十有一。則一代宗師、中國現代學術的開山王國維，就這樣與人間永絕了。

靜安所作之《頤和園詞》有句：「昆明萬壽佳山水，中間宮殿排雲起。拂水迴廊千步深，冠山傑閣三層峙。」[134] 他投水之處，恰好是頤和園排雲殿西側之魚藻軒，為晚清名園又添一掌故。所以陳寅恪《王觀堂先生輓詞》把先生之死與其所作之《頤和園詞》綰合在一起，寫道：「曾賦連昌舊苑詩，興亡哀感動人思。豈知長慶才人語，竟作靈均息壤詞。」[135] 第二天，從王氏內衣口袋中檢出《遺書》一紙，背面寫「送西院十八號王貞明先生收」。內文為：

五十之年，只欠一死。經此事變，義無再辱。我死後，當草草棺斂，即行藁葬於清華塋地。汝等不能南歸，亦可暫於城內居住。汝兄亦不必奔喪，因道路不通，渠又不曾出門故也。書籍可托陳吳（陳寅恪、吳宓）二先生處理。家人自有人料理，必不至不能南歸。我雖無財產分文遺汝等，然苟謹慎勤儉，亦必不致餓死也。

先生之逝，不僅震動了清華園，也震動了整個學術界。羅振玉氏編輯的《海寧王忠愨公遺書》一百二十卷，第二年春印行。王國華主持、趙萬里編輯的 1936 年版《王靜安先生遺書》，就是在此稿的基礎上補葺而成。

對王國維一生的學術貢獻，陳寅恪先生的評價最具權威性。他在《王靜安先生遺書序》中寫道：「自昔大師巨子，其關係於民族盛衰學術興廢者，不僅在能承續先哲將墜之業，為其託命之人，而尤在能開拓學術之區宇，補前修所未逮。故其著作可以轉移一時之風氣，而示來者以軌則也。先生之學博矣，精矣，幾若無涯岸之可望，轍跡之可尋。然詳繹遺書，其學術內容及治學方法，殆可舉三目以概括之者。一曰取地下之實物與紙上之遺文互相釋證。凡屬於考古學及上古史之作，如《殷卜辭中所見先公先王考》及《鬼方昆夷玁狁考》等是也。二曰取異族之故書與吾國之舊籍互相補證。凡屬於遼金元史事及邊疆地理之作，如《蒙古考》及《元朝祕史之主因亦兒堅考》等是也。三曰取外來之觀念，與固有之材料互相參證。凡屬於文藝批評及小說戲曲之作，如《紅樓夢評論》及《宋元戲曲考》、《唐宋大曲考》等是也。此三類之著作，其學術性質固有異同，所用方法亦不盡符會，要皆足以轉移一時之風氣，而示來者以軌則。吾國他日文史考據之學，範圍縱廣，途徑縱多，恐亦無以遠出三類之外。此先生之書所以為吾國近代學術界最重要之產物也。」[136]

1929年，陳寅恪在其所撰之《清華大學王觀堂先生紀念碑銘》中，又進而寫道：「先生之著述，或有時而不章。先生之學說，或有時而可商。唯此獨立之精神，自由之思想，歷千萬祀，與天壤而同久，共三光而永光。」[137]可以看作是對靜安先生學術、生平、志業的蓋棺論定。

1997年初稿、2016年再校修改、2019年三校增補2020年歲在庚子四月初六增補重寫於京城之東塾

本章注腳

[1] 關於王國維先世之情況，可參閱《王國維遺書》第四冊《觀堂集林》卷二十三所載之《補家譜忠壯公傳》，徵引包括《三朝北盟會編》等各種史籍甚詳。靜安先生且於文末發為論議，寫道：「裔孫國維曰，公之勛績忠烈具於載籍者如此。乃宋史不為公立傳，僅於忠義傳劉士英下附見公死事。又事頗舛午，故掇諸書所紀事跡匯而書之。當宣、靖之間，斡離不以全勝之師，長驅逼京師，勢已無宋矣。然卒媾和以去者，以太原未下，粘罕之軍頓於堅城，不能會師城下故也。河東既陷，汴京亦以不守。然則靖康之局所以得支一年者，公延之也。嗚呼，處無望之地，用必死之兵，當蚩尤之攻，為墨翟之守，糧盡援絕，父子殉之。公之忠可謂盛矣。書而著之，非徒家門之光，亦欲使後之讀史者有所考焉。」《王國維遺書》第四冊，上海古籍書店據商務印書館1940年版印行（此下引文僅標注引述內容及頁碼），1983年版，第13a頁。

[2] 王國維：《先太學君行狀》記載：「年四十，歸，遂不復出。唯一遊金陵，一沿桐江，觀富春山，登釣臺，皆不數月而歸。歸後，日臨

帖數千字，間於素紙作畫，躬養魚種竹，以為常課。」參見《揚州師院學報》（社會科學版），1985 年第 3 期，第 34 頁。

[3] 王國華為《王國維遺書》所作的序言，見《遺書》第一冊卷首《序三》。

[4] 《王乃譽日記》第一冊，光緒十七年辛卯七月十七條，海寧市史志辦公室編，中華書局，2014 年出版。

[5] 王國維：《靜安文集續編·自序》，《王國維遺書》第五冊，第 19a 頁。

[6] 《王乃譽日記》光緒十八年三月十三日條：「靜兒杭回，知考而未取，自不思振作用功於平日，妄意自為無敵，至臨場數蹶，有棄甲曳兵之象。」《王乃譽日記》第一冊，第 152 頁。

[7] 王國維：《靜安文集續編·自序》，《王國維遺書》第五冊，第 19a 頁。

[8] 《王乃譽日記》光緒二十三年九月之前條，見《日記》第二冊，第 754-765 頁。

[9] 參見王國維：《庫書樓記》，《王國維遺書》第四冊之《觀堂集林》卷二十三，第 34b —— 36b 頁。

[10] 王國維：《詠史》第十二首，《王國維全集》第十四卷，第 619 頁。

[11] 《致許同藺》（1898 年 9 月 26 日），吳澤主編：《王國維全集·書信》，中華書局 1984 年版，第 17-18 頁。

[12] 轉引陳鴻祥：《王國維年譜》，齊魯書社 1991 年版，第 50 頁。

[13] 狩野直喜：《回憶王靜安君》，《追憶王國維》，中國廣播電視出版社 1997 年版，第 341-342 頁。

[14] 關於《教育世界》的創辦和王國維在此刊發表文章情形，陳鴻祥著《年譜》和《王國維與近代東西方學人》兩書有頗為詳盡的考訂，讀者自可參閱。該書為天津古籍出版社 1990 年版。

[15] 王國維：《靜安文集續編·自序》，《王國維遺書》第五冊，第 20 頁。

[16] 陳永正撰《王國維詩詞全編校注》一書，對王氏詩詞系年大體可資依憑，箋釋亦頗見功力，且尊重同道之成果，故此節參考了該書之相關部分，特在此致謝。陳書由中山大學出版社 2000 年出版。

[17] 錢鍾書：《談藝錄》，三聯書店 2001 年版，第 77 頁。

[18] 王國維：《人間詞乙稿序》（代樊炳清作），《王國維全集》第十四卷，第 683 頁。

[19] 《人間詞》甲乙稿前面之序言，均系靜安先生自作，而託名為樊志厚。蓋樊氏亦實有其人，據羅振常氏介紹：「樊少泉茂才（炳清）與人間同肄業東文學校，交甚契。顧體羸多病，殆於進取，嘗自憾志行薄弱，遂更名志厚，字杭甫，故《序》後所署如此。（其後仍用原名）時，人間在吳門師範（學）校授文學，先期來書，謂詞稿將寫定，丐樊作序。樊應之，延不屬稿。一日，詞稿郵至，余與樊君開緘共讀，而前已有序。來書云，序末署名欲猜度為何人作，宜署何人名則署之。樊讀竟大笑，遂援筆書己名。蓋知樊性懶，此序未可以歲月期，遂代為之也。」參見羅批本《人間詞甲稿》，轉引自陳鴻祥：《王國維年譜》，齊魯書社 1991 年版，第 87 頁。

[20] 王國維：《苕華詞·序二》，《王國維遺書》第五冊，第 1b 頁。

[21] 王國維：《靜安文集續編·自序二》，《王國維遺書》第五冊，第 21 頁。

[22] 王國維：《紀言》，《王國維遺書》第五冊之《靜安文集續編》，第 47 頁。

[23] 王國維：《去毒篇》（鴉片菸之根本治療法及將來教育上之注意），《王國維遺書》第五冊之《靜安文集續編》，第 44a 頁。

[24] 王國維：《書辜氏湯生英譯中庸後》所載之「附記」，《王國維遺書》第五冊之《靜安文集續編》，第 18b 頁。

[25] 王國維：《人間詞話》卷上，《王國維遺書》第十五冊，第 4a 頁。

[26] 王國維：《國學叢刊序》，《王國維遺書》第四冊之《觀堂別集》卷四，第 6b 頁。

[27] 王國維：《宋元戲曲考·序》，《王國維遺書》第十五冊，第 1 頁。

[28] 梁啟超著、朱維錚校注：《梁啟超論清學史二種》，復旦大學出版社 1985 年版，第 520 頁。

[29] 羅振玉：《海寧王忠慤公傳》，收錄羅繼祖主編：《王國維之死》，臺北縣祺齡出版社 1995 年版，第 8 頁。

[30] 參見狩野直喜回憶王國維文，轉引王德毅著《王靜安先生年譜》卷上，臺北中國學術著作獎助委員會 1967 年初版，第 77 頁。

[31] 《致繆荃孫》（1913 年 11 月），吳澤主編：《王國維全集·書信》，中華書局 1984 年版，第 37 頁。

[32] 《致繆荃孫》（1914 年 7 月 17 日），吳澤主編：《王國維全集·書信》，中華書局 1984 年版，第 40-41 頁。

[33] 趙萬里：《王靜安先生年譜》，載《國學論叢》第一卷第三期，1928 年，第 102 頁。

[34] 《王國維全集》第十五卷，浙江教育出版社暨廣東教育出版社 2009 年版，第 911 頁。

[35] 王國維：《爾雅草木蟲魚鳥獸釋例·序》，《王國維遺書》第六冊，第 1b 頁。

[36] 王國維：《沈乙庵先生七十壽序》，《王國維遺書》第四冊之《觀堂集林》卷二十三，第 26b-27a 頁。

[37] 陳寅恪：《陳寅恪詩集》，清華大學出版社 1993 年版，第 13 頁。
[38] 王國維：《丙辰日記》，《王國維全集》第十五卷，第 912-913 頁。
[39] 王國維：《丙辰日記》，《王國維全集》第十五卷，第 909 頁。
[40] 《羅振玉王國維往來書信》，東方出版社 2000 年版，第 32-33 頁。
[41] 參見王國維代作《學術叢編》首冊之編例，上海書店出版社 2015 年版。
[42] 趙萬里：《王靜安先生年譜》，《國學論叢》第一卷第 3 期，1928 年，第 102 頁。
[43] 參見《觀堂集林·序一》，《王國維遺書》第一冊，第 1b 頁。
[44] 《致羅振玉》（1917 年 9 月 13 日），吳澤主編：《王國維全集·書信》，中華書局 1984 年版，第 214 頁。
[45] 王國維：《殷周制度論》，《王國維遺書》第二冊之《觀堂集林》卷十，第 2a 頁。
[46] 王國維：《傳書堂記》，《王國維遺書》第四冊之《觀堂集林》卷二十三，第 33-34 頁。
[47] 趙萬里：《王靜安先生手校手批書目》之文末「識語」，《國學論叢》，第一卷第 3 期，1928 年，第 179 頁。
[48] 趙萬里：《王靜安先生手校手批書目》之文末「識語」，《國學論叢》，第一卷第 3 期，1928 年，第 179 頁。
[49] 趙萬里：《王靜安先生年譜》，《國學論叢》第一卷第 3 期，1928 年，第 116-117 頁。
[50] 王國維：《經學概論》，《王國維全集》第六卷，第 313-323 頁。
[51] 《王國維全集》第六卷，第 3 頁。

[52] 羅振玉：《致王國維》（1917 年 7 月 1 日），《羅振玉王國維往來書信》，東方出版社 2000 年版，第 265-266 頁。

[53] 羅振玉：《致王國維》（1917 年 7 月 4 日），《羅振玉王國維往來書信》，東方出版社 2000 年版，第 266-267 頁。

[54] 王國維：《致羅振玉》（1917 年 7 月 6 日），《羅振玉王國維往來書信》，東方出版社 2000 年版，第 268 頁。

[55] 羅振玉：《致王國維》（1917 年 7 月 4 日），《羅振玉王國維往來書信》，東方出版社 2000 年版，第 269 頁。

[56] 羅振玉：《致王國維》（1917 年 7 月 10 日），《羅振玉王國維往來書信》，東方出版社 2000 年版，第 270 頁。

[57] 王國維：《致羅振玉》（1917 年 7 月 14 日），《羅振玉王國維往來書信》，東方出版社 2000 年版，第 271 頁。

[58] 王國維：《致羅振玉》（1918 年 11 月 3 日），《王國維全集》第十五卷，第 471 頁。

[59] 參見羅振玉編《海寧王忠慤公遺書》初集之前言。

[60] 《致狩野直喜》（1920 年），吳澤主編：《王國維全集·書信》，中華書局 1984 年版，第 311 頁。

[61] 羅振玉：《永豐鄉人行年錄》，《羅振玉學術論著集》第十二集，上海古籍出版社 2010 年版，第 421 頁。

[62] 王國維：《致羅振玉》（1918 年 6 月 26 日），《王國維全集》第十五卷，第 424 頁。

[63] 王國維：《致羅振玉》（1922 年 8 月 8 日），《王國維全集》第十五卷，第 429 頁。

[64] 王國維:《致羅振玉》(1922年8月1日),《王國維全集》第十五卷,第805頁。

[65] 馬衡(1881-1955),浙江鄞縣(今鄞州區)人,字叔平,金石考古學家,1922年應徵為北京大學研究所國學門考古研究室主任兼導師,1924年11月受聘於「清室善後委員會」,參加查點清宮物品,1925年故宮博物院成立後,任古物館副館長。王國維與馬衡1920年開始即有書信往還,彼此學術交誼直到1927年3月,距靜安之逝僅三個月。

[66] 沈兼士(1887-1947),浙江湖州人,大書家沈尹默之弟,章太炎的弟子,文字訓詁學家,1922年北大成立國學門,沈為實際負責人。

[67] 王國維:《致沈兼士》(1922年10月20日),《王國維全集》第十五卷,第853-854頁。

[68] 王國維:《致沈兼士》(1922年10月20日),《王國維全集》第十五卷,《王國維全集》第十五卷,第855頁。

[69] 王國維:《致沈兼士》(1922年10月20日),《王國維全集》第十五卷,第856頁。

[70] 王國維:《致沈兼士》(1922年10月20日),《王國維全集》第十五卷,第857頁。

[71] 王國維:《致沈兼士》(1922年10月20日),《王國維全集》第十五卷,第857-858頁。

[72] 王國維:《論政學疏稿》,《王國維全集》第十四卷,第211-212頁。

[73] 《王國維全集》第十四卷,第212-214頁。

[74] 《王國維全集》第十四卷,第213頁。

[75] 《王國維全集》第十四卷,第214-215頁。

[76]《王國維全集》第十四卷，第 216 頁。

[77] 莊士敦：《紫禁城的黃昏》（高伯雨譯注本），上海人民出版社 2019 年版，第 222 頁。

[78] 莊士敦：《紫禁城的黃昏》（高伯雨譯注本），上海人民出版社 2019 年版，第 237-238 頁。

[79]《王國維全集》第十四卷，第 216 頁。

[80] 臺北故宮博物院那志良的《故宮博物院三十年的經過》一書，所記「甲子之變」的經過甚詳，為莊士敦《紫禁城的黃昏》所引用，見《紫禁城的黃昏》（高伯雨譯注），2019 年，第 258-259 頁。

[81] 莊士敦：《紫禁城的黃昏》（高伯雨譯注本），上海人民出版社 2019 年版，第 256 頁。

[82] 王國維：《敬陳管見摺》，《王國維全集》，第十四卷，第 236-237 頁。

[83]《致蔣汝藻》（1924 年 4 月 6 日），吳澤主編：《王國維全集·書信》，中華書局 1984 年版，第 394 頁。

[84]《致沈兼士馬衡》（1924 年），吳澤主編：《王國維全集·書信》，中華書局 1984 年版，第 406 頁。

[85]《致沈兼士馬衡》（1924 年），吳澤主編：《王國維全集·書信》，中華書局 1984 年版，第 407 頁。

[86] 莊士敦：《紫禁城的黃昏》（高伯雨譯注本），2019 年版，第 258 頁。

[87]《吳宓自編年譜》，三聯書店 1995 年版，第 260 頁。

[88] 王國維：《致羅振玉》（1925 年 3 月 21 日），《王國維全集》第十五卷，第 569 頁。

[89] 王國維：《致羅振玉》（1925 年 3 月 21 日），《王國維全集》第十五卷，第 569 頁。

[90] 《致蔣汝藻》（1925 年 4 月 13 日），吳澤主編：《王國維全集·書信》，中華書局 1984 年版，第 413 頁。

[91] 王國維：《古史新證》第一章「總論」，1935 年北平來薰閣影印王靜安先生遺著之一。

[92] 徐中舒：《追憶王靜安先生》，《文學週報》「王靜安先生追悼專號」，1928 年第 276-300 期合刊，第 68 頁。

[93] 白夜：《燕南園中訪王力》，《隨筆》，1980 年第 10 期。

[94] 徐中舒：《追憶王靜安先生》，《文學週報》「王靜安先生追悼專號」，1928 年第 276-300 期合刊，第 70 頁。

[95] 姚名達：《哀余斷憶》之二，載《國學月報》1927 年第二卷 8-10 期合刊，第 450 頁。

[96] 徐中舒：《追憶王靜安先生》，《文學週報》「王靜安先生追悼專號」，1928 年第 276-300 期合刊，第 70 頁。

[97] 王森然：《近代二十家評傳》，書目文獻出版社 1987 年版，第 191 頁。

[98] 《觀堂集林·序一》，《王國維遺書》第一冊，第 1a 頁。

[99] 《觀堂集林·序一》，《王國維遺書》第一冊，第 1b 頁。

[100] 費行簡：《觀堂別傳》，閔爾昌錄《碑傳集補》卷五十三，臺北文海出版社 1973 年版，第 2967 頁。

[101] 《蒙古史料校注四種》包括：一、《長春真人西遊記校注》；二、《聖武親征錄校注》；三、《蒙韃備錄箋證》；四、《黑韃事略箋證》（附《韃靼考》、《遼金時蒙古考》）。以上可參閱《王國維遺書》第十三冊。

[102] 《致羅振玉》（1926 年 10 月 31 日），吳澤主編：《王國維全集·書信》，1984 年版，第 445 頁。

[103] 王國維：《羅雪堂參事六十壽詩》，《王國維遺書》第四冊之《觀堂集林》卷二十四，第 16b 頁。

[104] 陳永正：《王國維詩詞箋注》，上海古籍出版社 2013 年版，第 385 頁。

[105] 王國維：《致羅振玉》（1924 年 6 月 2 日），《王國維全集》第十五卷，第 562 頁。

[106] 參見高亨《詩經今注》下冊，上海古籍出版社 2019 年版，第 608 頁。

[107] 樓宇烈：《周易注校釋》，中華書局 2012 年版，第 17 頁。

[108]《周易注疏》，中央編譯出版社 2013 年版，第 51 頁。

[109] 樓宇烈：《周易注校釋》，中華書局 2012 年版，第 18 頁。

[110] 陳永正：《王國維詩詞箋注》，上海古籍出版社 2013 年版，第 386-387 頁。

[111] 陳永正：《王國維詩詞箋注》，上海古籍出版社 2013 年版，第 387 頁，注釋三。

[112] 溥儀：《我的前半生》，群眾出版社 2007 年版，第 155 頁。

[113] 王國維：《致羅振玉》（1924 年 5 月 24 日），《王國維全集》，第十五卷，第 555 頁。

[114] 王國維：《致羅振玉》（1924 年 5 月 24 日），《王國維全集》，第十五卷，第 556 頁。

[115]《致羅振玉》（1924 年 2 月 5 日），吳澤主編：《王國維全集·書信》，中華書局 1984 年版，第 389 頁。

[116] 王國維：《致羅振玉》（1924 年 6 月 6 日），《王國維全集》，第十五卷，第 563-564 頁。

[117] 溥儀：《我的前半生》，群眾出版社 2007 年版，第 155 頁。

[118] 溥儀：《我的前半生》，群眾出版社 2007 年版，第 155 頁。

[119] 郭沫若：《魯迅和王國維》，《郭沫若全集·文學編》，人民文學出版社 1992 年版，第 20 卷，第 308-310 頁。又本人手邊沒有《郭沫若全集》，承郭老女兒郭平英攝影見告，特此致謝。

[120] 溥儀：《我的前半生》出版說明，群眾出版社 2007 年版，第 1 頁。

[121] 殷南：《我所知道的王靜安先生》，原載《國學月報》二卷第八九十號合刊，1927 年 10 月。陳平原、王風編的《追念王國維》收錄，見該書第 104-106 頁。

[122] 王國維：《致馬衡》（1927 年 3 月），《王國維全集》，第十五卷，第 837 頁。

[123]《吳宓日記》1927 年 6 月 2 日條：「王先生此次捨身，其為殉清室無疑。」《吳宓日記》第三冊，三聯書店 1998 年版，第 345 頁。

[124] 羅振玉：《海寧王忠慤公傳》，收錄羅繼祖主編：《王國維之死》，臺北縣祺齡出版社 1995 年初版，第 9 頁。

[125] 溥儀：《我的前半生》出版說明，群眾出版社 2007 年版，第 156 頁。

[126] 陳平原、王風編：《追念王國維》，三聯書店 2009 年版，第 104-106 頁。

[127] 陳平原、王風編《追念王國維》附錄之史達的《王靜安先生致死的真因》，三聯書店 2009 年版，第 56 頁。

[128] 梁啟超：《王靜安先生目前悼辭》，《追念王國維》，三聯書店 2009 年版，第 84 頁。

[129] 見本書第五章「王國維的諸種矛盾和最後歸宿」，第 185-195 頁。

[130] 陳寅恪：《王觀堂先生輓詞並序》，《詩集》，三聯書店 2001 年版，第 12-13 頁。

[131] 參閱劉夢溪：《陳寅恪論稿》，三聯書店 2018 年版，第 361-374 頁。

[132]《白虎通疏證》上冊（陳立撰），中華書局1994年版，第377-378頁。

[133] 陳平原、王風編：《追念王國維》，三聯書店2009年版，第61頁。

[134] 參見陳永正：《王國維詩詞箋注》，第121頁。

[135]《陳寅恪詩集》，清華大學出版社1993年版，第70-71頁。

[136] 陳寅恪：《金明館叢稿二編》，上海古籍出版社1980年版，第219頁。

[137] 陳寅恪：《金明館叢稿二編》，上海古籍出版社1980年版，第218頁。

第三章
王國維與中國現代學術的奠立

中國傳統學術向現代學術轉變是一個長時期的歷史過程。

早在十八世紀中葉，乾嘉諸老的治學觀念和治學方法中，已在一定程度上有了現代學術思想的一些萌芽。「為學術而學術」的傾向，乾嘉學者的身上程度不同的有所展現。至十九世紀末、二十世紀初，也就是清末民初時期，中國社會處於急遽的變動之中，學術思想也因所依託的社會結構的崩解塌陷而開始了烈性的化分化合過程。這期間誕生了一批無論學識累積還是文化擔當力都堪成一流的大師巨子，他們既是傳統學術的承繼者，又是現代學術的奠基人。王國維是他們之中最具代表性和最傑出的一個。當我們爬梳這段歷史之後發現，在傳統學術走向現代學術的路途中，舉凡一些關節點上都印有靜安先生的足跡。

一

中國傳統學術向現代學術轉變，是與引進、吸收、融解外來的學術思想分不開的。在這點上，王國維是個先行者，是最早覺醒的中國人之一。他出生在一個傳統的家庭裡，父尊王乃譽「亦吏亦儒」、「亦商亦文」，喜詩藝，精通書法金石，四十歲守父喪，從此居家不出，而專事課子讀書，使王國維從小受到了良好的教育。但這個家庭並不保守，上海《申報》刊載的同文館課程和翻譯書目，王乃譽也抄回來拿給王國維看，認為是「時務之急」。甲午戰敗之後，王氏父子受到極大的刺激，更加關心時局，嚮往新學[1]。1898 年，王國維離開海寧家鄉到上海《時務報》館任職，並在東文學社學習日文和英文。翌年底，受羅振玉資助留學日本，開始了廣泛吸收新學的時期。他憑藉初步掌握的外國語言文字工具，盡力閱讀哲學、心理學、社會學方面的原著，有時自己還動手翻譯。當然主要興趣是哲學，尤其對叔本華的著作「大好之」[2]。他也喜歡康德，但開始沒有啃動，後來反過來再讀，才克服了「窒礙」。為滿足自己的哲學嗜好，他學了德文。他說自己從 1903 年夏天到 1904 年冬天，「皆與叔本華之書為伴侶」[3]。結果寫出了兩篇重要研究文字，一是《叔本華之哲學及其教育學說》，一為《叔本華與尼采》。

可以認為，王國維對西方學術思想的涉獵、吸收和介紹，在清末民初學者群中，是站在前沿的。故他是新學者，不是舊學者。這裡，需要提到當時的一本刊物《教育世界》。《教育世界》是羅振玉在 1901 年所創辦，半月刊，宗旨是譯介世界各國的教育制度及其理論，又特別注重日人編譯的著作。開始羅氏創辦於湖北，後移至上海。1904 年開始，由王國維任譯編（實即主編），方針起了變化，改為譯介西籍為主，哲學、倫理學成為介紹的重點，而不局限於教育方面。康德、休謨（David Hume）、叔本華、尼采（Friedrich Nietzsche）等許多西方思想家的學說和傳記資料，都是王國維在《教育世界》上譯載的。單是介紹康德哲學的就有好幾篇。[4] 而歌德（Goethe）、席勒（Schiller）、拜倫（Byron）、莎士比亞（Shakespeare）等文學家的生平和著述，王氏主編的《教育世界》上，也都有長短不一的譯介，有的很可能直接出自靜安先生的手筆。還有小說，《教育世界》上辟有專欄，包括教育小說、心理小說、家庭小說、軍事小說，均有所介紹。值得注意的是，托爾斯泰（Tolstoy）的作品首次介紹到中國，也是王國維主持的《教育世界》雜誌走在了前面。當時王國維正在南通師範學堂任教，他把包括托爾斯泰在內的翻譯作品作為學堂的教材，供學子學習。[5] 研究者一般都知曉王氏年輕時曾一度醉心於西方哲學和美學思想，而對於其在譯介西方學術著作方面所做的貢獻，未免估計不足。

王國維所以如此重視西學、西典、西籍的介紹，當然有晚清之時西學東漸的大的歷史背景，同時也導因於他對異質文化思想影響本民族文化思想的歷史淵源，有清醒的認識。他作於 1905 年的《論近年之學術界》一文寫道：

> 外界之勢力影響於學術，豈不大哉？自周之衰，文王周公勢力之瓦解也，國民之智力成熟於內，政治之紛亂乘之於外。上無統一之制度，下迫於社會之要求，於是諸子九流，各創其學說，於道德、政治、文學上燦然放萬丈之光焰，此為中國思想之能動時代。自漢以後，天下太平，武帝復以孔子之說統一之。其時新遭秦火，儒家唯以抱殘守缺為事，其為諸子之學者，亦但守其師說，無創作之思想，學界稍稍停滯矣。佛教之東，適值吾國思想凋敝之後。當此之時，學者見之，如飢者之得食，渴者之得飲。擔簦訪道者，接武於蔥嶺之道，翻經譯論者，雲集於南北之都。自六朝至於唐室，而佛陀之教極千古之盛矣。此為吾國思想受動之時代。然當是時，吾國固有之思想與印度之思想互相並行而不相化合。至宋儒出而一調和之，此又由受動之時代出而稍帶能動之性質者也。自宋以後以至本朝，思想之停滯略同於兩漢。至今日而第二之佛教又見告矣 —— 西洋之思想是也。[6]

王氏此論，是對整個中國學術嬗變過程的一種概括，但他的著眼點在外緣的因素對學術的影響，特別是域外學術思想的影響。這點上他與晚清開明官吏的變革思想不同，他看重的是思想和精神的學習和引進。1904 年他發表於《教育世界》的《教育偶感》一文闡述得更明確，其中寫道：

今之混混然輸入於我中國者，非泰西物質的文明乎？政治家與教育家坎然自知其不彼若，毅然法之。法之誠是也，然回顧我國民之精神界則奚若？試問我國之大文學家有足以代表全國民之精神，如希臘之鄂謨爾（荷馬）、英之狄斯丕爾（莎士比亞）、德之格代（歌德）者乎？吾人所不能答也。其所以不能答者，殆無其人歟？抑有之而吾人不能舉其人以實之歟？二者必居其一焉。由前之說，則我國之文學不如泰西，由後之說，則我國之重文學不如泰西。前說我所不知。至後說，則事實皎然，無可諱也。我國人對文學之趣味如此，則於何處得其精神之慰藉乎？[7]

蓋王國維所期望者，是一國的精神思想給國人帶來的慰藉，所以他重視哲學，重視文學，重視美術（藝術）。故同一文章他強調，大文學家的地位應高於政治家，希臘人引以為榮的是荷馬（Homer），義大利人引以為榮的是但丁（Dante），英國人引以為榮的是莎士比亞，而政治家無法荷此使命。追溯根源，則由於物質上的利益是短暫的，而精神的價值是永久的。他說：「物質的文明，取諸他國，不數十年而具矣。獨至精神上之趣味，非千百年之培養與一二天才之出不及此。」[8]

王國維關於「能動」、「受動」之說的提出，說明他在追尋學術思想發生、嬗變的外部動因和內部動因。他的本意顯然更讚賞學術思想的能動時代，所以極力表彰晚周學術之光焰燦爛，而對帶有能動性質之宋學也給予高度評價。高度評價宋代思想文化，可以看出王國維在強調引進西方思想的同時，對本國的思想文化亦不乏自信的眼光。他在另外一篇文章中也曾寫道：「故天水一朝人智之活動與文化之多方面，前之漢唐，後之元明，皆所不逮也。」[9] 其實陳寅恪先生也高度評價宋學，特別對宋代的理學和史學極口稱讚。他說：「天水一朝之文化，竟為我民族遺留之瑰寶。」[10]

但學術思想的受動時期隱發著學術的大變遷，王國維同樣看重，觀其上述對佛教東傳之盛的描繪可知。他尤其看到了「第二之佛教」即西洋之學術思想的東來，對促進中國傳統學術走向現代學術轉變的意義，這應該是他順乎世界潮流、站在時代前沿、自覺翻譯與介紹西方思想學說的主觀思想動因。

二

王國維一方面是西方學術思想的積極介紹者和研究者，另一方面，他又是運用西方學術思想解釋中國古典的躬行者。最有代表性的是寫於 1904 年的《紅樓夢評論》，這是他運用西方的哲學美學思想詮釋本國作品的一次重要的嘗試，為後來者樹立了一個典範。

王國維之前，《紅樓夢》研究是評點派和索隱派的天下。評點是對作品的片段鑑賞，是把中國傳統的詩文評移之於小說批評。在評點的時候，可以斷章，可以借題發揮，而不一定要求對藝術整體做出詮釋。索隱則是求作意於文本之外，尋找政治的、社會的、家族的背景在書中的影像。只有到了王國維，才第一次從美學的和哲學的角度，從整體上來揭示《紅樓夢》的悲劇性質及意義。我們看這篇文章的結構，第一章為「人生及美術之概觀」，首先提出文學批評的觀念；第二章論「紅樓夢之精神」，第三章論「紅樓夢之美學上之價值」，第四章論「紅樓夢之倫理學上之價值」，都是圍繞文學作品的基本問題展開的論述。而結論則曰：「紅樓夢一書，與一切喜劇相反，徹頭徹尾之悲劇也」[11]，「悲劇中之悲劇也」[12]。然則

二

《紅樓夢》除了美學上的價值，還有倫理學上的價值，在王國維看來其對人生對藝術更為重要。

《紅樓夢評論》的第四章在探討《紅樓夢》倫理學上的價值時，靜安先生同樣依據的是叔本華的學說。蓋叔氏學說的基本假設是人生有欲，欲不得滿足則產生苦痛，欲求無限，苦痛亦無限。即使願望偶爾得以滿足，為時亦甚暫；況一願甫圓，十願已至，仍不免處於慾望不得滿足的苦痛之中。叔本華說：「原來一切追求掙扎都是由於缺陷，由於對自己的狀況不滿而產生的；所以一天不得滿足就要痛苦一天。況且沒有一次滿足是持久的，每一次滿足反而只是又一新的追求的起點。」[13] 而精神的苦痛比肉體的痛苦更為深重，智力愈發達，痛苦的程度愈高，因此「具有天才的人則最痛苦」[14]。然則人生之苦痛可有解脫之出路乎？叔本華給出了三種途徑：一是由於欣賞藝術而進入「純觀賞狀態」，在此一瞬間，「一切欲求，也就是一切願望和憂慮都消除了，就好像是我們已擺脫了自己，已不是那為了自己的不斷欲求而在認識著的個體了」[15]。當此時刻，人的精神苦況有可能獲致解脫。二是經過深創劇痛，對「意志」的本質產生自覺的解悟，意識到一切生命的痛苦，不只是自己的痛苦，感到了「身外之物的空虛」。換言之亦即：「由於這樣重大不可挽回的損失而被命運傷到一定的程度，那麼，在別的方面幾乎就不會再有什麼欲求了；而這人物的性格也就現為柔和、哀怨、高尚、清心寡慾了。」[16] 叔本華把這種境界描繪得很富於詩意化，認為「這是在痛苦起著純化作用的爐火中突然出現了否定生命意志的紋銀，亦即出現了解脫」。三是皈依宗教信仰的途徑。當一個人的信仰獲得之後，「嘉言懿行完全是自然而然從信仰中產生的，是這信仰的表徵和果實」，而不是「邀功的根據」。因而個體生命之身，「首先出現的只是自願的公道，然後是仁愛，再進為利己主義的完全取消，最後是清心寡慾或意志的否定」[17]，實現解脫。

自裁的方法是否也是實現解脫的途徑之一？叔本華不認可此種方法。他說這種行為，是作為生命意志的自相矛盾的「最囂張的表現」，是「完全徒勞的、愚蠢的」；如果說對個體生命而言不無一定「解脫」的作用，那也不過相當於「一個病人，在一個痛苦的、可能使他痊癒的手術已開始之後，又不讓做完這手術，而寧願保留病痛」[18]。故依叔氏義，靜安先生認為《紅樓夢》中的「金釧之墮井也，司棋之觸牆也，尤三姐、潘又安之自刎也，非解脫也，求償其欲而不得者也」。真正能獲得解脫者，顧書中只有最後出家之寶玉、惜春、紫鵑三人。筆者嘗以今譯之《作為意志和表象的世界》對照王國維《紅樓夢評論》的相關引文，發現王譯至為博洽，而且隨時以中國古代之學術資源給以補充解說，其對叔氏學說領悟之深，如同宿契，看來「大好之」的說法自有己身的淵源。

王國維對叔本華的學說並非沒有商榷質疑，其在《紅樓夢評論》第四章的末尾寫道：

夫由叔氏之哲學說，則一切人類及萬物之根本一也，故充叔氏拒絕意志之說，非一切人類及萬物各拒絕其生活之意志，則一人之意志亦不可得而拒絕。何則？生活之意志之存於我者，不過其一最小部分，而其大部分之存於一切人類及萬物者，皆與我之意志同。而此物我之差別，僅由於吾人知力之形式故，離此知力之形式而反其根本而觀之，則一切人類及萬物之意志，皆我之意志也。然則拒絕吾一人之意志而姝姝自悅曰解脫，是何異決蹄�之水而注之溝壑，而曰天下皆得平土而居之哉！佛之言曰：「若不盡度眾生，誓不成佛。」其言猶若有能之而不欲之意。然自吾人觀之，此豈徒能之而不欲哉？將毋欲之而不能也。故如叔本華之言一人之解脫，而未言世界之解脫，實與其意志同一之說不能兩立者也。[19]

靜安先生的批評在於，叔氏所論只能停止在「一人之解脫」而已，對整個世界而言，無異於「蹄跨之水而注之溝壑」，並不能給人類世界以救贖（王國維譯為「救濟」）的出路。甚而王國維詰問道：「釋迦示寂以後，基督屍十字架以來，人類及萬物之欲生奚若？其痛苦又奚若？吾知其不異於昔也。然則所謂持萬物而歸之上帝者，其尚有所待歟？抑徒沾沾自喜之說而不能見諸實事者歟？果如後說，則釋迦、基督自身之解脫與否，亦尚在不可知之數也。」[20] 此一詰問是極為有力量的。靜安先生並引自己的一首七律作為意蘊的補充，其詩曰：

平生頗憶挈盧敖，東過蓬萊浴海濤。
何處雲中聞犬吠，至今湖畔尚烏號。
人間地獄真無間，死後泥洹枉自豪。
終古眾生無度日，世尊只合老塵囂。[21]

這首七律的寫作時間當與《紅樓夢評論》約略同時，亦即 1904 年，故詩的意象和文的內容足可互為映照。蓋靜安先生無法相信人間苦痛真能有最終解脫之日，即佛氏的涅槃，也不過一理想而已。實際上叔本華本人在其著作中也提出了同樣的疑問。而《紅樓夢》的可貴處，恰在於「與吾人以二者之救濟」[22]，既寫出了解脫的出路，又帶來藝術的欣賞，所以不愧為「宇宙之大著述」。而《紅樓夢評論》在紅學研究的歷史上，是為第一次用哲學和美學的方法來批評中國古典小說，其在中國現代學術史上的奠基意義實不容忽視。

《紅樓夢評論》之外，王國維也是最早對中西方哲學思想做比較研究的現代學人之一。1904 至 1906 年，他先後發表《論性》、《釋理》、《原命》

三篇論文，就是結合西方哲學思想分梳中國傳統哲學理念的有創見之作。由於他把西方哲學（主要是康德、叔本華哲學）作為參照，出發點是「純粹哲學」，因而對孔子學說的哲學意義有所保留，認為「孔子教人以道德，言政治，而無一語及於哲學」，[23] 倒是老子、墨子涉及了本體論的問題，有追求萬物本原的意向。以此之故，他對晚出但同屬儒家系統的《周易大傳》、《中庸》兩部著作特別重視，提出「儒家之有哲學，自《易》之〈繫辭〉、〈說卦〉二傳及《中庸》始」[24] 的觀點。因為《中庸》突顯了「誠」的概念，裡面有「誠者物之終始，不誠無物」的話，王國維認為已經接觸到了根本宇宙觀念問題。對宋明理學的核心觀念「理」，王國維持的是分析的態度。他說：

宋代學術，方面最多，進步亦最著。其在哲學，始則有劉敞、歐陽修等脫漢唐舊注之桎梏，以新意說經；後乃有周（敦頤）、程（顥）、程（頤）、張（載）、邵（雍）、朱（熹）諸大家，蔚為有宋一代之哲學。[25]

又說：

周子之言太極，張子之言太虛，程子朱子之言理，皆視為宇宙人生之根本。[26]

這是從純哲學的角度給宋明理學以高度評價。朱熹《語類》有載：「問天與命、性與理四者之別。天則就其自然者言之，命則就其流行而賦予物者言之，性則就其全體而萬物所得以為生者言之，理則就其事事物物各有其則者言之。到得合而言之，則天即理也，命即性也，性即理也，是如此否？然。」王國維在引用了朱熹上述論斷之後寫道：「朱子之所謂理，與希臘斯多葛派之所謂理，皆預想一客觀的理存於生天、生地、生人之前，而吾心之理不過其一部分而已。於是理之概念，自物理學上之意義出，至宋以後而遂得形而上學之意義。」[27] 王國維對宋儒求理於事物之外的做法，並沒有表示認同，相反，他更傾向於戴震的理存於事物之中的說法。可是他對朱熹立論的形上意義卻不輕忽，說明採取的是現代的具有思辨意味的學術方法。他引據叔本華哲學的充足理由律，指出「天下之物絕無無理由而存在者。其存在也，必有所以存在之故，此即充足理由也」[28]。在闡釋「理」、「性」這些概念的時候，他總是既援引西哲之論，又結合中國固有觀念，來加以解說，這是王氏一生為學的基本方法。

《釋理》一文的篇章結構也很值得注意。第一部分為「理字之語源」，第二是「理之廣義的解釋」，第三是「理之狹義的解釋」，第四是「理之客觀的假定」，第五是「理之主觀的性質」。整篇文章近七千言，有強烈的理論思辨色彩，而著論則完全是現代論文的寫法，邏輯嚴密，引據豐富，思理清晰。其第五部分論「理」之主觀性質，首先引證王陽明的觀點：「物理不外於吾心，外吾心而求物理，無物理矣。遺物理而求吾心，吾心又何物？」王國維認為，這是中國先哲論述「理」這個概念最深切著名的例子。接著又引西哲的例證，從斯多葛派的「理」說，到休謨、康德、叔本華的論述。最後得出結論：「所謂理者，不過『理性』、『理由』二義，而二者皆主觀上之物也。」[29] 但古今東西談論「理」者，往往附以客觀的意義，為什麼會這樣？王國維寫道：

蓋人類以有概念之知識，故有動物所不能者之利益，而亦陷於動物不能陷之謬誤。夫動物所知者，個物耳。就個物之觀念，但有全偏明昧之別，而無正誤之別。人則以有概念故，從此犬彼馬之個物之觀念中，抽象之而得「犬」與「馬」之概念；更從犬馬牛羊及一切跂行喙息之觀念中抽象之，而得「動物」之觀念；更合之植物礦物，而得「物」之觀念。夫所謂「物」，皆有形質可衡量者也。而此外尚有不可衡量之精神作用，而人之抽象力進而不已，必求一語以核括之，無以名之，強名之曰「有」。然離心與物之外，非別有所謂「有」也。離動植礦物以外，非別有所謂「物」也。離犬馬牛羊及一切跂行喙息之屬外，非別有所謂「動物」也。離此犬彼馬之外，非別有所謂「犬」與「馬」也。所謂「馬」者，非此馬即彼馬，非白馬，即黃馬、驪馬。如謂個物之外，別有所謂「馬」者，非此非彼非黃非驪非他色，而但有馬之公共之性質，此亦三尺童子所不能信也。故所謂「馬」者，非實物也，概念而已矣。而概念之不甚普遍者，其離實物也不遠，故其生誤解也不多。至最普遍之概念，其初故亦自實物抽象而得，逮用之既久，遂忘其所自出，而視為表特別之一物，如上所述「有」之概念是也。夫離心物二界，別無所謂「有」。然古今東西之哲學，往往以「有」為有一種之實在性。在我中國，則謂之曰「太極」，曰「玄」，曰「道」，在西洋則謂之曰「神」。及傳衍愈久，遂以為一自證之事實，而若無待根究者，此正柏庚所謂「種落之偶像」，汗德所謂「先天之幻影」。[30]

王國維借助他長於思辨的特點，把人腦獲得知識的特殊功能，即借助概念進行邏輯思維，從具體、個別事物中抽象出事物的共同性質，形成概念的能力，並從語源學的角度追溯「理」之為理的形成過程，把這樣一個極為抽象複雜的問題，論述得步步緊扣，條理分明。他的這些思想固然來源於叔本華，但論述的清晰說明他理解的準確。

王國維肯定「理性」具有構造概念和推演概念之間關係的作用，而「理由」則為人類知識的「普遍之形式」。但連繫中國古代的思想資源，他無法不稍加分解「理」之一字是否亦有倫理學的意義。《禮記·樂記》云：

「人生而靜，天之性也。感於物而動，性之欲也。物至知知，然後好惡形焉。好惡無節於內，知誘於外，不能反躬，天理滅矣。夫物之感人無窮，而人之好惡無節，則是物至而人化物也。人化物也者，滅天理而窮人欲者也。」[31] 於是「天理」、「人欲」兩大概念由是而生。《樂記》援引之後，靜安先生又具引孟子、二程子、上蔡謝氏，證明「理」之倫理學的內涵。朱子論「天理」和「人欲」有云：「有個天理，便有個人欲。蓋緣這個天理，須有個安頓處，才安頓得不恰好，便有人欲出來。」又說：「人欲也便是天理裡面做出來，雖是人欲，人欲中自有天理。」[32] 王國維認為朱子之說頗值得玩味。戴東原解「理」則說：「理也者，情之不爽失也」，「天理云者，言乎自然之分理也。自然之分理，以我之情，絜人之情，而無不得其平者也」，[33] 王國維也極為重視。他寫道：「朱子所謂『安頓得好』，與戴氏所謂『絜人之情而無不得其平』者，則其視理也，殆以『義』字、『正』字、『恕』字解之。於是理之一語，又有倫理學上之價值。」[34] 然而依西方哲人的觀點，「理」除「理性」、「理由」的含義，實別無他意。所以好人行善和惡人為惡，並非缺少理性所致。因此王國維在文章結尾總括寫道：「理性者，不過吾人知性之作用，以造概念，以定概念之關係，除為行為之手段外，毫無關於倫理學上之價值。」[35] 我們無法不看重《釋理》一文的現代思維方式和它所展現的形上的學術求索精神。

《論性》也是一篇典型的有現代理念滲透其中的學術論文，王國維在這篇文章中提出，「性之為物」是超乎我們的知識之外的。而所以如此的緣故，是由於世間的知識可區分為「先天的」和「後天的」兩類，「先天的知識，如空間時間之形式，及悟性之範疇，此不待經驗而生」；「後天的知識」，乃指「一切可以經驗之物」。所以他進而論述說：「今試問性之為物，果得從先天中或後天中知之乎？先天中所能知者，知識之形式，而不及於知識之材質，而性固一知識之材質也。若謂於後天中知之，則所知者又非性。何則？吾人經驗上所知之性，其受遺傳與外部之影響者不少，則其非性之本來面目，固已久矣。」[36] 這些論述可視為他的觀念的框架，而取資舉證則為中國古代的人性論學說，從先秦諸子的孔子、孟子、荀子，到漢之董仲舒，再到宋明的王安石、蘇東坡、周敦頤、張載、二程、朱熹、陸九淵、王陽明等，舉凡中國思想史上的涉「性」言論，都被靜安先生引來作為自己立說的依據。在中國哲學史上更是一個最常見也最易生歧義的概念。孔子說：「飲食男女，人之大欲存焉。」（《禮記·禮運》）告子說：「食、色，性也。」（《孟子·告子上》）孟子說：「口之於味也，目之於色也，耳之於聲也，鼻之於臭也，四肢之於安佚也，性也。」（《孟子·盡心下》）這說的是飲食男女、聲色慾求是人的本性使然。荀子說：「性者，天之就也；情者，性之質也；欲者，情之應也。」（《荀子·正名》）董仲舒說：「性者，天質之樸也。」（《春秋繁露·實性》）這指的是人的自然本性。朱熹說「性即理」、「性只是理」（《朱子語錄·性理》）則是純哲學化的解釋。至於「性善」、「性惡」的種種說法，就更其多多了。王國維用標準的哲學語言寫道：「人性之超乎吾人之知識外，既如斯矣，於是欲論人性者，非馳於空想之域，勢不得不從經驗上推論之。夫經驗上之所謂性，固非性之本然。苟執經驗上之性以為性，則必先有善惡二元論起焉。」[37] 事實確實如此，宋以前中國古代各家的人性論思想，除董仲舒外，大都是就性論性，很少涉及形而上學的問題。至宋代隨著新的哲學思潮理學的興起，方有人性論的形而上學的思考。可是靜安先生同時又強調，抽象的人性是不可知的，超越經驗事實之外去探討人性，容易導致自相矛盾。

王國維與他在上述文章中論及的古代先哲一樣，思想是充滿矛盾的，構成自己哲學理念的思想資源頗為駁雜，古今中西兼相牽引，顯示出思想過渡期的特點。但他有濃厚的哲學興趣，有理論思辨的能力，是非常自覺地對中西思想做比較研究的嘗試，而且能夠上升到形上之層次，包括思維邏輯、概念的運用、行文方式和文章結構，都已具有現代學術表達方式的意味應無異議。就文章體制思理而言，《釋理》比《論性》更高一籌。我所說的王氏三篇哲學論文的另一篇《原命》，比之《理》、《性》兩篇，無論規模還是理趣，都要簡略淺顯許多，茲不具論，斯舉「二」不妨以「三」反可也。

三

王國維在吸收西學的同時，他的學術思想又是堅實地立基於中國傳統學術思想的基地之上的。這一點同樣非常重要。他的由哲學與美學轉向古器物、古文字和中國古史的研究，由對西方學術思想的介紹和闡釋轉向對中國古典學問的探究，其轉變過程頗富傳奇性。具體地說，他的治學歷程有三變：一是前期，主要研究哲學、美學和教育學；二是中期，重點在文學和戲曲；三是後期，集中研究古器物、古文字和古史。每一期都有重要學術成果問世。如果以哲學家、美學家稱之，則第一期之學術可謂代表。如果以戲曲史專家概之，第二期的以《宋元戲曲史》為代表的成果使他當之無愧。如果論其金文、甲骨文、古器物和古史研究方面的成就，第三期的學術創獲，可謂車載斗量，蔚為大觀，其中尤以《殷周制度論》堪稱典範。傳統學術的所謂文史之學，王氏在現代學人中是最富根底的一個。他的學問之路是由新而舊，而結果則是舊而彌新。他開始時介紹新思想固然不遺餘力，後來釋證古器物、古史，也是以舊為新，創意紛陳。中西、古今、新舊的畛域，是王國維率先起來打破的。他曾說：

學之義不明於天下久矣。今之言學者，有新舊之爭、有中西之爭、有有用之學與無用之學之爭。余正告天下曰：「學無新舊也，無中西也，無有用無用也。凡立此名者，均不學之徒，即學焉而未嘗知學者也。」[38]

這是王氏為《國學叢刊》作序寫出來的話，時間在 1911 年，可謂開篇正告之語，帶有宣言性質，不能不引起我們的重視。其實這些話，正是從學理上開啟現代學術的樞紐。晚清以還困擾學者的古今、中西、新舊之辨，王國維已經給出了正確的答案。

王國維立基於中國傳統學術來建構自己的學術理念，其在觀念和方法上的超越同儕之處，一是明其源流，二是知其利弊。下面，不妨看看他對宋代學術和清代學術的關聯以及如何評價清代學術，來透視這位現代學者的學術追求和學術思想的特點。

宋代學術的總體成就顯示出其為我國思想文化的最高峰，王國維、陳寅恪有幾近相同的論述，前面已經談到。王國維並進而寫道：「宋代學術方面最多，進步亦最著。其在哲學，始則有劉敞、歐陽修等脫漢唐舊注之桎梏，以新意說經。後乃有周（敦頤）、程（顥）、程（頤）、張（載）、邵（雍）、朱（熹）諸大家，蔚為有宋一代之哲學。其在科學，則有沈括、李誡等，於曆數、物理、工藝，均有發明。在史學，則有司馬光、洪邁、袁樞等，各有龐大之著述。繪畫則董源以降，始變唐人畫工之畫，而為士大夫之畫。在詩歌，則兼尚技術之美，與唐人尚自然之美者，蹊徑迥殊。考證之學，亦至宋而大盛。」[39] 這是我所看到的在當時的背景下對宋代學術的最全面的評價。因此當他提出「近世學術多發端於宋人」就可以理解了。特別是晚清之際足稱發達的金石學，其源頭可以直接追溯到宋朝。王國維說：「金石之學，創自宋代，不及百年，已達完成之域。」又說：「宋人於金石、書畫之學，乃陵跨百代。近世金石之學復興，然於著錄、考訂，皆本宋人成法，而於宋人多方面之興味，反有所不逮。故雖謂金石學為有宋一代之學，無不可也。」[40] 王國維特別強調宋代金石學和書畫學的鑑賞興味與研究的興味，舉蘇東坡、沈括、黃庭堅、黃伯思諸人以為例，說明此種情形得力於宋代仁宗以後「海內無事，士大夫政事之暇，得以肆力學問」，因此「賞鑑之趣味與研究之趣味，思古之情與求新之念，互相錯綜」[41]，從而形成一代之學術風氣和學術精神。

蓋金石之學發端於宋，近世之復興與重振不應忘其源流，而在藝術與學術的精神與興味方面，後世反而有不逮前賢之處。王氏此論，正是既明其源流，又知其利弊。至於清學的演變過程及其特點，王國維另有專門論述，他寫道：

> 我朝三百年間，學術三變：國初一變也，乾嘉一變也，道咸以降一變也。順康之世，天造草昧，學者多勝國遺老，離喪亂之後，志在經世，故多為致用之學。求之經史，得其本源，一掃明代苟且破碎之習，而實學以興。雍乾以後，紀綱既張，天下大定，士大夫得肆意稽古，不復視為經世之具。而經、史、小學專門之業興焉。道咸以降，涂轍稍變，言經者及今文，考史者兼遼金元，治地理者逮四裔，務為前人所不為。雖承乾嘉專門之學，然亦逆睹世變，有國初諸老經世之志。故國初之學大，乾嘉之學精，道咸以降之學新。[42]

對清代學術流變的評價可謂公允而恰切。用一「大」字概括清初學術、用「精」字概括乾嘉漢學、用「新」字概括晚清之學，可謂一字不易。明末清初之學的開創者，王國維以顧炎武標其首，可謂至當。乾嘉之學，以戴震、錢大昕兩巨擘為開創者，亦為允當。問題是他如何看待晚清新學之「新」。對龔自珍、魏源今文學之「新」，王國維採取理解同情的態度，認為是「時勢使之然」，但具體評價則不無軒輊：「道咸以降，學者尚承乾嘉之風，然其時政治風俗已漸變於昔，國勢亦稍稍不振，士大夫有憂之而不知所出，乃或托於先秦、兩漢之學，以圖變革一切。然頗不循國初及乾嘉諸老為學之成法，其所陳夫古者，不必盡如古人之真，而其所以切今者，亦未必適中當世之弊。其言可以情感，而不能盡以理究。」[43] 這段話中，「頗不循國初及乾嘉諸老為學之成法」一語，站在學術史的角度，應視作含蓄而正式的一種批評。至認為「所陳夫古者，不必盡如古人之真，而其所以切今者，亦未必適中當世之弊」，則措辭更為嚴厲了。但對龔（自珍）、魏（源）之學，靜安先生亦未全然抹殺，指出其學術創獲也有清初學術和乾嘉學術所不能範圍者，而且其弊端不必盡歸學者本人，「亦時勢使之然也」。

然則晚清之新學果如王國維所說，並沒有承繼清初及乾嘉的學術傳統，那麼這一傳統又由誰承繼了呢？王氏提到的第一個人是沈曾植沈乙庵先生。理由是他認為沈氏一生為學，既通曉國初及乾嘉諸家之說，又廣涉道咸以降的邊疆史地之學，而且「一秉先正成法，無咸踰越」。為此他申論說：「其於人心世道之隆汙，政事之利病，必窮其源委，似國初諸老；其視經史為獨立之學，而益探其奧窔，拓其區宇，不讓乾嘉諸先生。至於縱覽百家，旁及二氏，一以治經史之法治之，則又為自來學者所未及。」[44] 就是說，王國維認為沈曾植的為學方法實展現了治中國學問的通則。所以他說：「學問之品類不同，而其方法則一，國初諸老用此以治經世之學，乾嘉諸老用之以治經史之學。」而沈乙庵則用此種方法「治一切諸學」[45]。此種「為學之成法」無他，就是視學問為獨立物，而又探其原委，務求有益於世道人心；亦即「趣博而旨約，識高而議平」，憂世深而擇術精。這種治學方法，既是傳統的，又是現代的。表面上看，沈氏之學極古奧不時，但學心卻不失現代性。靜安先生之學絕似沈氏，陳寅恪先生更繼而光大之。

正是在這篇《沈乙庵先生七十壽序》中，王國維提出了學術、學人的命運與國家命運攸關與共的絕大課題。他說：

> 天而未厭中國也，必不亡其學術。天不欲亡中國之學術，則於學術所寄之人，必因而篤之。世變愈亟，則所以篤之者愈甚。[46]

茲可知靜安先生對中國學術之寄望也大矣，其對中國學人的命運之關切也深矣。作為中國現代學術最具典範意義的學人，其學術思想之「憂世之深」以及其為學的「擇術之慎」，亦可謂至矣。古聖孔子豈不云乎：「作《易》者其有憂患乎。」王國維的一生毋寧說是充滿憂患的一生，包括他的震撼於世的最後之終局。憂患者的學術思想，不僅深與慎，而且能得其正，王國維的為學可以證明，陳寅恪的為學亦可以證明。

晚清新學是中國傳統學術向現代學術轉變的過渡期，駁雜不純是晚清新學的特點。自身展現著這駁雜，而又能從駁雜中脫離出來的，是梁啟超。梁的為學，基本上採取的是史學的立場，其學術出路亦在史學。中國現代史學的開山祖的角色，就是由梁啟超來扮演的，表明他進入角色的是1902年發表的《新史學》一書。史學中學術史一目，也是由梁啟超繼往開來的。而胡適的史學，在梁的基礎上又有所跨越，《白話文學史》、《中國哲學史大綱》，在專史方面已是開新建設的史學。但胡適實驗得多，完成得少。梁啟超是提出得多，系統建設少。直承清學傳統而不染博雜的是王國維與陳寅恪。王陳的特點，是承繼得多，開闢得也多。而靜安之學，尤得力於清末的學術新發現。

中國傳統學術向現代學術轉變，有兩大意外的契機，這就是甲骨文字的發現和甲骨學的建立，以及敦煌遺書的發現和敦煌學的建立。甲骨文字的發現並開始引起人們的重視，是在 1899 年，即戊戌政變的第二年。戊戌政變給由今文學發展而來的政治化的新學畫了一個悲慘的句號。恰好甲骨文字的發現，為一部分學者提供了致力於更純粹、更獨立的學術研究的新資料和新領域。甲骨文字發現的第二年，即 1900 年，敦煌石室的寶藏重見天日，其中有兩萬多件卷子，包括佛經、公私文件，以及諸子、韻書、詩賦、小說等。經卷上的文字，除了漢文，還有梵文、藏文、龜茲文、突厥文等。孔子嘆為不足征的殷禮，有了著落。宋儒看不到的古本，如今看到了。學者們認為這是可以與埃及金字塔相媲美的重大發現。又不僅此，還有漢晉木簡和內閣大庫檔案，在當時也是極為重要的發現。因此王國維稱清末是學術發現之時代。他在《最近二三十年中中國新發見之學問》一文中寫道：「古來新學問起，大都由於新發見。有孔子壁中書出，而後有漢以來古文家之學；有趙宋古器物出，而後有宋以來古器物古文字之學。」[47] 清末的上述四大發現中，任何一種都可以與孔子壁中書、汲冢竹簡相抵擋。這些發現，大大拓展了學術研究的學科領域，為學術的新機啟運做了必要的材料準備，同時也創造了與世界學術對話的新契機。

王國維的「二重證據法」就是在此種背景下提出來的。《古史新證》裡有一段經常為研究者徵引的話，原文如下：

吾輩生於今日，幸於紙上之材料外，更得地下之新材料。由此種材料，吾輩固得據以補正紙上之材料，亦得證明古書之某部分全為實錄，即

> 百家不雅馴之言，亦不無表示一面之事實。此二重證據法，唯在今日始得為之。雖古書之未得證明者，不能加以否定，而其已得證明者，不能不加以肯定，可斷言也。[48]

歷史文化遺產的研究一方面須靠文獻資料，另一方面也需要借鑑實物，這在今天已成為常識範圍內的事情，但在中國古代，人們的認識卻不如此簡單。可以說相當長的歷史時期之內，研究者依據的都是文獻資料，而不曾意識到實物的重要性。宋代金石學興起，刻在金石上的銘文引起人們的注意，並逐漸與考訂史實結合起來。趙明誠在《金石錄後序》中說：「詩書以後，君臣行事之跡，悉載於史，雖是非褒貶，出於秉筆者私意，或失其實；然至於善惡大跡，有不可誣而又傳說既久，理當依據。若夫歲月、地理、官爵、世次，以金石刻考之，其牴牾十常三四。蓋史牒出於後人之手，不能無失，而刻詞當時所立，可信不疑。」[49] 趙說已開實物證史之先河矣。至清中葉，錢曉徵等史家的許多金石題跋，用歷史遺物來證史，成為比較常見的方法了。因此王氏的「二重證據法」，自有其淵源，只是他運用得比任何前賢都更加自覺，且有理念上的提升。換句話說，王國維古史研究的成績確得力於他的具有實證意味的方法論。同時，這種方法也影響到了人文社會科學其他學科領域，使得中國現代學術思想在其始建期就呈現出各學科交錯影響的現象。

直承今文學而來的疑古學派的出現，本來是傳統學術走向現代的重要一步，但在甲骨學、敦煌學新發現面前，它遇到了巨大的挑戰，簡直足以在事實上拆毀其賴以建立的理念根基。王國維說：「疑古之過，乃並堯舜禹之人物而亦疑之。」[50] 王氏以甲骨文字、敦煌遺書等新發現為基地，走上了釋古的道路，對疑古之偏頗有所是正。而中國現代學術中考古一門的建立，也是與清末的學術新發現相連繫的。古代並非沒有考古，北宋呂大臨曾作過《考古圖》，但當時之考古不出金石之範圍。現代考古則增加了田野研究的內容，由金石考古擴展到了田野考古。二十世紀初，以發掘工作為基礎的現代考古學的建立，李濟、董作賓、郭沫若諸人，與有功焉。因此之故，郭對王的評價甚高，稱王留下的知識產品「好像一座璀璨的樓閣，在幾千年來的舊學的城壘上，燦然放出一段異樣的光輝」[51]。對羅振玉的評價也不低，認為羅的功勞在於「為我們提供出了無數的真實的史料」，稱讚「他的殷代甲骨的收集、保藏、流傳、考釋，實是中國近三十年來文化史上所應該大書特書的一項事件」[52]。郭的甲骨文、金文研究，是以羅王為起點，他自己並不諱言。

陳寅恪在《王靜安先生遺書序》裡所總結的王國維為學的特點：一曰取地下之實物與紙上之異文互相釋證，二曰取異族之故書與吾國之舊籍互相補正，三曰取外來之觀念與固有之材料互相參證，固不是王氏一人的特點，而是當時學術中堅力量的共同特點，也即是中國現代學術的最基本的觀念和方法。所以陳寅恪肯定地說:「吾國他日文史考據之學，範圍縱廣，途徑縱多，恐亦無以遠出三類之外。」[53] 由此我們可以看出，王氏為學的基本觀念和方法，在現代學術史上實具有軌則和典範的意義。

四

王國維學術思想的現代內涵，尤其表現在他對學術獨立的訴求上。在這方面他可以說是身體力行，不遺餘力。在《論近年之學術界》一文中他寫道:「學術之發達，存於其獨立而已。」[54] 而要實現學術獨立，必須做到以學術本身為目的，而不以學術作為達致某種目的之一種手段。但中國歷來的傳統，都是視學術為政治的附屬物，學者缺少為學術而學術的精神。特別是清中葉以來興起的今文學派，毫不掩飾問學的現時政治目的。王國維對此頗致不滿，認為即使是影響巨大的嚴復的翻譯，亦不能完全脫此窠臼。而當時透過日本對法國十八世紀自然主義的介紹，則不過是「聊借其枝葉之語，以圖遂其政治上之目的耳」[55]。對康有為、譚嗣同等變法維新派人物，靜安先生也頗有微詞。他說：

其有蒙西洋學說之影響，而改造古代之學說，於吾國思想界上占一時之勢力者，則有南海□□□（康有為）之《孔子改制考》、《春秋董氏學》，瀏陽□□□（譚嗣同）之《仁學》。□（康）氏以元統天之說，大有泛神論之臭味。其崇拜孔子也，頗模仿基督教。其以預言者自居，又居然抱穆罕默德（Muhammad）之野心者也。其震人耳目之處，在脫數千年思想之束縛，而易之以西洋已失勢力之迷信。此其學問上之事業不得不與其政治上之企圖同歸於失敗者也。然□（康）氏之於學術，非有固有之興味，不過以之為政治上之手段，荀子所謂今之學者以為禽犢者也。□（譚）氏之說，則出於上海教會中所譯之治心免病法。其形而上學之以太說，半唯物論、半神祕論也。人之讀此書者，其興味不在此等幼稚之形而上學，而在其政治上之意見。□（譚）氏此書之目的亦在此而不在彼，固與南海氏同也。庚辛以還，各種雜誌接踵而起，其執筆者非喜事之學生，則亡命之逋臣也。此等雜誌，本不知學問為何物，而但有政治上之目的。[56]

對於晚清以來的文學，王國維同樣認為沒有展現出文學本身的價值，而是把文學當作了進行政治教育的手段。他說：「欲學術之發達，必視學術為目的，而不視為手段而後可。」[57] 並且引康德關於「當視人人為一目的，不可視為手段」的名言，引申說：「豈特人之對人當如是而已乎？對學術亦何獨不然？」[58] 總之，政治的歸政治，藝術的歸藝術，文學的歸文學，學術的歸學術，不要把藝文與政治混為一談。王國維也不是完全無視政治的影響，他知道那是社會的最重要的勢力，只是他告誡人們，哲學家和藝術家也是社會的最重要的「勢力」，而且比之政治有久暫之別。

在《論哲學家與美術家之天職》一文中，王國維透過對我國傳統哲學和古典文學的特性的分析，得出了我國沒有「純粹的哲學」以及也少有「純文學」的結論。他說：「披我中國之哲學史，凡哲學家無不欲兼為政治家者，斯可異也。」[59] 先秦之孔、墨、孟、荀，西漢之賈、董，宋朝的張、程、朱、陸，明朝的羅、王，都不僅僅是哲學家，同時還是政治家。文學家中，杜甫、韓愈、陸游等，也無一例外地希望在政治上一顯身手，曲折點或如杜甫所說「致君堯舜上，再使風俗淳」。所以王國維慨嘆「美術之無獨立之價值也久矣」。他寫《紅樓夢評論》以及研究宋元戲曲，與他追求學術獨立的思想有直接關係。因為他注意到傳統小說戲曲發展中有一個問題，即「有純粹美術上之目的者，世非為不知貴，且加貶焉」。出現這種情況，文學家和藝術家自身也不是毫無責任，至少是「自忘其神聖之位置」。為了解除藝術家自身這層障壁，王國維又從人的慾望的角度做了詳盡的說明。他寫道：「夫勢力之欲，人之所生而即具者，聖賢豪傑之所不能免也。而知力愈優者，其勢力之欲亦愈盛。人之對哲學及美術而有興味者，必其知力之優者也，故其勢力之欲亦準之。今純粹之哲學與純粹之美術，既不能得勢力於我國之思想界矣，則彼等勢力之欲不於政治將於何求其滿足之地乎？且政治上之勢力有形的也，及身的也。而哲學美術上之勢力，無形的也，身後的也。故非曠世之豪傑，鮮有不為一時之勢力所誘惑者矣。」[60] 儘管如此，當一個哲學學者經過長期的研究，一旦領悟了宇宙人生的真理，或一個藝術家把胸中惝恍不可捉摸的意境，表諸文字、繪畫、雕刻之上，就是一個人的天賦能力得到了實現。王國維認為：「此時之快樂，絕非南面王之所能易者也。」[61] 在文章結尾處，他進一步寄望於哲學家和藝術家的自悟和自覺：「若夫忘哲學、美術之神聖，而以為道德政治之手段者，正使其著作無價值者也。願今後之哲學、美術家，毋忘其天職而失其獨立之位置，則幸矣。」[62] 由此我們可以看出，靜安先生對學術獨立的訴求有多麼強烈。

王國維的由哲學美學而宋元戲曲而古史研究的學術轉向，和他的極力主張學術獨立的思想有一定關係。他當然明瞭文學和美學的學術根性比較脆弱的特點。古史研究則可以與現實的淺層政治保持一定的距離。1904 年他寫的一首《偶成》詩，似乎流露出了這方面的感慨。詩中寫道：

文章千古事，亦與時榮枯。
並世盛作者，人握靈蛇珠。
朝菌媚朝日，容色非不腴。
飄風夕以至，零落委泥塗。
且復舍之去，周流觀石渠。
蔽虧東觀籍，繁會南郭竽。
比如貳負屍，桎梏南山隅。
恆干塊猶存，精氣蕩無餘。
小子曹無狀，亦復事操觚。
自忘宿瘤質，攬鏡學施朱。
東家與西舍，假得紫羅襦。
主者雖不索，跬步終趑趄。
且當養毛羽，勿作南溟圖。[63]

這是他自道學術心境的一首詩，敘述自己早年「東家與西舍」地採集新思潮，結果只是借得別人的衣裳，己身獨立之學術並沒有建立起來。莊子說的「朝菌不知晦朔」，正可以用來比喻那些不以學問本身為目的的新學家們。他自己則決心積學儲寶，不斷提升自己的學問修養，讓學術展現出永久的價值，而不使之「與時榮枯」。因此他最終轉向了從經史小學入手研究古史的艱難道路，這是王國維實現自己學術獨立主張的至關重要的一步。

中國現代學術傳統的建立，是從自覺地追求學術獨立開始的。晚年的梁啟超對此體會尤深，他在《清代學術概論》裡慨乎言之曰：「而一切所謂新學家者，其所以失敗，更有一種根源，曰不以學問為目的而以為手段。」[64]《清代學術概論》寫於 1920 年。王國維對同一題意的慨乎言之，比任公先生早出十五年以上，說明他是從理念上推動學術獨立的最早覺醒者。

五

中國傳統學術向現代學術轉變，有一學術理念上的分別，即傳統學術重通人之學，現代學術重專家之學。錢穆在《現代中國學術論衡》一書的序言中寫道：「文化異，斯學術亦異。中國重和合，西方重分別。民國以來，中國學術界分門別類，務為專家，與中國傳統通人通儒之學大相違異。循至通讀古籍，格不相入。此其影響將來學術之發展實大，不可不加以討論。」[65] 錢穆先生所揭示的民國以來學術界之重分類，追求專家之學，是吸收了西方學術觀念和方法的中國現代學術的特徵，與傳統學術的重會通，通人通儒有至高的地位，兩者不盡相同。這裡通人之學與專家之學的分野，實際上有古今的問題，也有中西的問題。

中國傳統學術的分類，大類項是經、史、子、集四部之學。史部為史學，集部為文學，其義較為明顯，歷來學者也大都這樣界定。唯子部的內涵，通常人們認為屬於哲學的範疇，似尚待分解。諸子百家之說，與其說是哲學莫若稱為思想學說更加恰當。所以中國歷史學科中有思想史一門，而中國學術史實即為學術思想史也。至於經部，分歧更大。近人張舜徽嘗云：「蓋經者綱領之謂，凡言一事一物之綱領者，古人皆名之為經，經字本非專用之尊稱也。故諸子百家書中有綱領性之記載，皆以經稱之。」[66]後來儒家地位升高，孔門之「六藝」，即《詩》、《書》、《禮》、《易》、《樂》、《春秋》，遂成為有至尊地位的經典。如果用現代的眼光來看，經學毫無疑問是需要分解的。《詩經》是文學，不成問題；《尚書》和《春秋》應屬於歷史的範圍；《易經》是哲學。因此傳統學術向現代轉化，有一個學科整合的問題。我這樣說絲毫不含有輕視經學的深層文化意蘊的意思，相反，在一定意義上，卻可以認為經學原典是中國一切學術的源頭，是中國文化的最高形態[67]，甚至就人文學科而言，亦可以在現代文史哲的學術分類之外，另設經學一科。現代學術分類的方法，淹沒了經學的地位。但對於傳統學術的四部分類法如何向現代學術分類轉變，晚清之時的學子在理念上並不是都很明確。嚴復、康有為、梁啟超、章太炎、王國維等現代學術大家，走的還是通人之學的路，在他們身上，學科的界分並不那麼明顯，或至少不那樣嚴格。

王國維是首先意識到現代學術需要重新分類的現代學者。這裡涉及他寫的一篇極重要而又鮮為人注意的文章，即作於 1902 年的《奏定經學科大學文學科大學章程書後》。這是他寫給張之洞的一封信，在這封信裡他明確提出反對把經學置於各分科大學之首，強調必須設置哲學一科。他直言不諱地指出，由張南皮制定的分科大學的章程沒有設哲學一科是個重大的錯誤。他說：

其根本之誤何在？曰在缺哲學一科而已。夫歐洲各國大學無不以神、哲、醫、法四學為分科之基本。日本大學雖易哲學科以文科之名，然其文科之九科中，則哲學科裒然據首，而餘八科無不以哲學概論、哲學史為其基本學科者。今經學科大學中雖附設理學一門，然其範圍限於宋以後之哲學，又其宗旨在貴實踐而忌空談，則夫太極圖說、正蒙等必在擯斥之列，則就宋人哲學中言之，又不過一部分而已。吾人且不論哲學之不可不特置一科，又不論經學、哲學二科中之必不可不講哲學，且質南皮尚書之所以必廢此科之理由如何？[68]

這涉及的可不是一個細小的分歧，而是與現代學術的分類直接相關的大學分科問題。王國維強調了哲學的重要性，這一觀念是現代的。用以取譬的例證，是歐洲各國和日本的例證。可見他的強調現代學術分類方法的思想，是相當自覺的。而在另外一個地方他還說過：「今之世界，分業之世界也。一切學問，一切職事，無往而不需特別之技能，特別之教育。一習其事，終身以之。治一學者之不能使治他學，任一職者之不能使任他職，猶金工之不能使為木工，矢人之不能使為函人也。」[69] 在《歐羅巴通史序》一文中又說：「凡學問之事其可稱科學以上者，必不可無系統。系統者何？立一統以分類是已。分類之法，以系統而異。有人種學上之分類，有地理學上之分類，有歷史上之分類。三者畫然不相謀已。」[70] 王氏對學術分類問題一論再論，說明他對此一問題是何等重視。而在這方面，恰好反映出他的學術觀念已進入現代學術的範疇，並為現代學術的發展奠定了學理的基礎。

1995 年 7 月初稿 2014 年 6 月修訂 2014 年 8 月改定

本章注腳

[1] 王國維《三十自序》云:「甲午之役,始知世尚有所謂新學者。家貧不能以資供遊學,居恆怏怏。」見《王國維全集》第一卷,浙江教育出版社 2009 年版,第 119 頁。

[2] 王國維:《靜安文集》自序,《王國維全集》第一卷,浙江教育出版社 2009 年版,第 3 頁。

[3] 王國維:《靜安文集》自序,《王國維全集》第一卷,浙江教育出版社 2009 年版,第 3 頁。

[4] 據陳鴻祥先生考證,刊載於 1904 至 1906 年《教育世界》上的《汗德之哲學說》、《汗德之倫理學及宗教論》等未署名的文章,也出自王國維之手。見陳鴻祥編著:《王國維與近代東西方學人》,天津古籍出版社 1990 年版,第 36 頁。

[5] 《教育世界》乙亥(1905 年)第八期上刊有托爾斯泰的《枕戈記》,前面有「編者的話」,寫道:「《枕戈記》,為俄國現代文豪脫爾斯泰所著。假一軍人口吻,述俄營情狀者也。日本二葉亭(Futabatei Shimei)譯之。江蘇師範學堂取作習和文課本。本社據其譯稿潤色之。」潤色人應該就是王國維,且此編者的話,也合是靜安的手筆。

[6] 王國維:《論近年之學術界》,《王國維遺書》第五冊之《靜安文集》,第 93 頁。又《王國維全集》第一卷,浙江教育出版社 2009 年版,第 121 頁。

[7] 王國維:《教育偶感四則》,《王國維遺書》第五冊之《靜安文集》,第 107 頁。又《王國維全集》第一卷,浙江教育出版社 2009 年版,第 138-139 頁。

[8] 王國維：《教育偶感四則》，《王國維全集》第一卷，浙江教育出版社 2009 年版，第 139 頁。

[9] 王國維：《宋代之金石學》，《王國維遺書》第五冊之《靜安文集續編》，第 70 頁。又可參見 2009 年整理出版之《王國維全集》第十四卷，浙江教育出版社，第 315 頁。

[10] 陳寅恪：《贈蔣秉南序》，《寒柳堂集》，三聯書店 2001 年版，第 182 頁。

[11] 王國維：《紅樓夢評論》，《王國維全集》第一卷，浙江教育出版社 2009 年版，第 65 頁。

[12] 王國維：《紅樓夢評論》，《王國維全集》第一卷，浙江教育出版社 2009 年版，第 67 頁。

[13] 叔本華：《作為意志和表象的世界》（石沖白譯），商務印書館 1982 年版，第 422 頁。

[14] 叔本華：《作為意志和表象的世界》（石沖白譯），商務印書館 1982 年版，第 422-423 頁。

[15] 叔本華：《作為意志和表象的世界》（石沖白譯），商務印書館 1982 年版，第 531 頁。

[16] 叔本華：《作為意志和表象的世界》（石沖白譯），商務印書館 1982 年版，第 540 頁。

[17] 叔本華：《作為意志和表象的世界》（石沖白譯），商務印書館 1982 年版，第 556 頁。

[18] 叔本華：《作為意志和表象的世界》（石沖白譯），商務印書館 1982 年版，第 544-545 頁。

[19] 王國維：《紅樓夢評論》，《王國維全集》第一卷，浙江教育出版社 2009 年版，第 72-73 頁。

[20] 王國維：《紅樓夢評論》，《王國維全集》第一卷，浙江教育出版社 2009 年版，第 74 頁。

[21] 王國維：《紅樓夢評論》，《王國維全集》第一卷，浙江教育出版社 2009 年版，第 74 頁。

[22] 王國維：《紅樓夢評論》，《王國維全集》第一卷，浙江教育出版社 2009 年版，第 75 頁。

[23] 王國維：《書辜氏湯生英譯中庸後》，《王國維全集》第十四卷，浙江教育出版社 2009 年版，第 71 頁。

[24] 王國維：《書辜氏湯生英譯中庸後》，《王國維全集》第十四卷，浙江教育出版社 2009 年版，第 71 頁。

[25] 王國維：《宋代之金石學》，《王國維全集》第十四卷，浙江教育出版社 2009 年版，第 315 頁。

[26] 王國維：《書辜氏湯生英譯中庸後》，《王國維全集》第十四卷，浙江教育出版社 2009 年版，第 71-72 頁。

[27] 王國維：《釋理》，《王國維全集》第一卷，浙江教育出版社 2009 年版，第 25 頁。

[28] 王國維：《釋理》，《王國維全集》第一卷，浙江教育出版社 2009 年版，第 19 頁。

[29] 王國維：《釋理》，《王國維全集》第一卷，浙江教育出版社 2009 年版，第 27 頁。

[30] 王國維：《釋理》，《王國維全集》第一卷，浙江教育出版社 2009 年版，第 27-28 頁。

[31] 《禮記·樂記》,《四書五經》本，上冊，岳麓書社 1991 年版，第 566 頁。

[32] 《朱子語類》卷第十三,〈學七〉，中華書局標點本，第一冊，1986 年版，第 223-224 頁。

[33] 戴震:《孟子字義疏證》,《戴震集》，上海古籍出版社 1980 年版，第 265、266 頁。

[34] 王國維:《釋理》,《王國維全集》第一卷，浙江教育出版社 2009 年版，第 30 頁。

[35] 王國維:《釋理》,《王國維全集》第一卷，浙江教育出版社 2009 年版，第 33 頁。

[36] 王國維:《論性》,《王國維全集》第一卷，浙江教育出版社 2009 年版，第 5 頁。

[37] 王國維:《論性》,《王國維全集》第一卷，浙江教育出版社 2009 年版，第 5 頁。

[38] 王國維:《國學叢刊序》,《王國維全集》第十四卷，浙江教育出版社 2009 年版，第 129 頁。

[39] 王國維:《宋代之金石學》,《王國維全集》第十四卷，浙江教育出版社 2009 年版，第 315 頁。

[40] 王國維:《宋代之金石學》,《王國維全集》第十四卷，浙江教育出版社 2009 年版，第 321 頁。

[41] 王國維:《宋代之金石學》,《王國維全集》第十四卷，浙江教育出版社 2009 年版，第 321 頁。

[42] 王國維:《沈乙庵先生七十壽序》,《王國維全集》第八卷，浙江教育出版社 2009 年版，第 618 頁。

[43] 王國維：《沈乙庵先生七十壽序》，《王國維全集》第八卷，浙江教育出版社 2009 年版，第 619 頁。

[44] 王國維：《沈乙庵先生七十壽序》，浙江教育出版社 2009 年版，第 619 頁。

[45] 王國維：《沈乙庵先生七十壽序》，浙江教育出版社 2009 年版，第 619 頁。

[46] 王國維：《沈乙庵先生七十壽序》，浙江教育出版社 2009 年版，第 620 頁。

[47] 王國維：《最近二三十年中中國新發見之學問》，《王國維全集》第十四卷，浙江教育出版社 2009 年版，第 239 頁。

[48] 王國維：《古史新證》，《王國維全集》第十一卷，浙江教育出版社 2009 年版，第 241-242 頁。

[49] （宋）趙明誠：《金石錄後序》。

[50] 王國維：《古史新證》，《王國維全集》第十一卷，浙江教育出版社 2009 年版，第 241 頁。

[51] 郭沫若：《中國古代社會研究》自序，《郭沫若全集》歷史編第一冊，人民出版社 1992 年版，第 8 頁。

[52] 郭沫若：《中國古代社會研究》自序，《郭沫若全集》歷史編第一冊，人民出版社 1992 年版，第 8 頁。

[53] 陳寅恪：《王靜安先生遺書序》，《金明館叢稿二編》，三聯書店 2001 年版，第 248 頁。

[54] 王國維：《論近年之學術界》，《王國維全集》第一卷，浙江教育出版社 2009 年版，第 125 頁。

[55] 王國維：《論近年之學術界》，《王國維全集》第一卷，浙江教育出版社 2009 年版，第 122 頁。

[56] 王國維：《論近年之學術界》，《王國維全集》第一卷，浙江教育出版社 2009 年版，第 122-123 頁。

[57] 王國維：《論近年之學術界》，《王國維全集》第一卷，浙江教育出版社 2009 年版，第 123 頁。

[58] 王國維：《論近年之學術界》，《王國維全集》第一卷，浙江教育出版社 2009 年版，第 123 頁。

[59] 王國維：《論哲學家與美術家之天職》，《王國維全集》第一卷，浙江教育出版社 2009 年版，第 132 頁。

[60] 王國維：《論哲學家與美術家之天職》，《王國維全集》第一卷，浙江教育出版社 2009 年版，第 133 頁。

[61] 王國維：《論哲學家與美術家之天職》，《王國維全集》第一卷，浙江教育出版社 2009 年版，第 133 頁。

[62] 王國維：《論哲學家與美術家之天職》，《王國維全集》第一卷，浙江教育出版社 2009 年版，第 133 頁。

[63] 陳永正：《王國維詩詞箋注》，上海古籍出版社 2011 年版，第 85-86 頁。

[64] 梁啟超：《清代學術概論》，《梁啟超論清學史二種》（朱維錚校注），復旦大學出版社 1985 年版，第 80 頁。

[65] 錢穆：《現代中國學術論衡》，岳麓書社 1986 年版，第 1 頁。

[66] 張舜徽：《愛晚廬隨筆》〈學林脞錄〉卷三，湖南教育出版社 1991 年版，第 48 頁。

[67] 馬一浮「六藝統攝一切學術」的思想殊堪注意。這方面的論述請參見馬著《泰和會語》。亦可參閱拙著《國學與紅學》上編，上海辭書出版社 2011 年版，第 5-120 頁。

[68] 王國維：《奏定經學科大學文學科大學章程書後》，《王國維全集》第十四卷，浙江教育出版社 2009 年版，第 33 頁。

[69] 王國維：《教育小言十三則》，《王國維全集》第十四卷，浙江教育出版社 2009 年版，第 102 頁。

[70] 王國維：《歐羅巴通史序》，《王國維全集》第十四卷，浙江教育出版社 2009 年版，第 3-4 頁。

第四章

王國維與中國現代學術的四重疑案

中國現代學者對學術獨立的追求，實際上是在為自己尋找和建立文化托命的安立之基。不幸得很，這樣一塊理想的基地他們並沒有找到。原因是多方面的，既有學者主觀方面的原因，也有客觀環境的原因。單就學術本身而言，我認為有四重疑案在妨礙著學者的主觀認知。這些疑案在現代學術開闢人物比如王國維那裡，本來已獲得解決，但就學術思想的總體來看一直是論而未斷、議而不決的大課題，尤其沒有成為學界公認的學術思想潮流。而這些疑案能否破除有解，不僅關係到中國學術的獨立問題，也關係到如何從理念層面完成傳統學術向現代學術的轉變。

一　學術是手段抑或目的

為了學術而研究學術，為研究而研究，才能保持學術的獨立性。

在中國傳統學術裡，學術從來只是一種手段，沒有人把學術當作目的來看待。所以中國傳統社會，沒有學術獨立的傳統。其實對從事學術研究的學者來說，學術本身就應該成為目的。也就是，要為了學術而研究學術，為研究而研究，這樣才能保持學術的獨立性。

王國維對此看得很清楚，他在《論近年之學術界》一文中寫道：「欲學術之發達，必視學術為目的，而不視為手段而後可。」[1] 又說：「學術之所爭，只有是非真偽之別耳。於是非真偽之別外，而以國家、人種、宗教之見雜之，則以學術為一手段，而非以為一目的也。未有不視學術為一目的而能發達者。學術之發達，存於其獨立而已。」[2] 他竭力反對把哲學、文學當作政治附庸的做法，認為哲學也好，文學也好，自有其獨立價值。他說：「彼等言政治則言政治已耳，而必欲瀆哲學文學之神聖，此則大不可解者也。」[3] 王氏此文寫於 1905 年，正是他從叔本華轉向康德時期。上述對哲學與美術獨立價值的看法，不無康德審美超功利理論的影響。但強調學術不是手段而是目的，則是一種現代學術意識，對促進學術的發展甚具助力。

梁啟超一生顛簸多變，但對於學問不曾一刻稍忽，越到晚年越能返躬自省，故尤多明通深識之論。1920 年撰寫《清代學術概論》，走筆至晚清一節，他不覺痛乎言之：「而一切所謂新學家者，其所以失敗，更有一總根源，曰不以學問為目的而以為手段。時主方以利祿餌誘天下，學校一變名之科舉，而新學亦一變質之八股。學子之求學者，其什中八九，動機已不純潔。用為敲門磚，過時則拋之而已。」[4] 誰都知道任公先生是晚清新學家的文化班頭，他這樣批評新學家，無疑把自己也包括在內了。

可見他對學術是目的而非手段這一真理性認知，持論多麼堅決。

二 「有用之學」和「無用之學」

中國傳統上是強調學術的實用性的，所以才認為學術是手段。

學者為學，究竟是否一定要求其有用，也是歷來爭論不休的問題。中國傳統上是強調學術的實用性的，所以才認為學術是手段。其實學術的有用與無用，不是可以簡單回答的問題。王國維看得最辯證，他認為「凡學皆無用也，皆有用也」，理由是：「天下之事物，非由全不足以知曲，非致曲不足以知全。雖一物之解釋，一事之決斷，非深知宇宙人生之真相者，不能為也。而欲知宇宙人生者，雖宇宙中之一現象，歷史上之一事實，亦未始無所貢獻。故深湛幽眇之思，學者有所不避焉，迂遠繁瑣之譏，學者有所不辭焉。事物無大小，無遠近，苟思之得其真，紀之得其實，極其會歸，皆有裨於人類之生存福祉。己不竟其緒，他人當能竟之；今不獲其用，後世當能用之。」[5] 如果一定要求學問有今天的用處、直接的用處、現實的用處，不用說人文學科，即使自然科學，也不能滿足此項要求。王國維慨嘆道：「世之君子，可謂知有用之用，而不知無用之用者矣。」[6]

梁啟超在《清代學術概論》裡，也曾探討過這個問題，他寫道：

> 正統派所治之學，為有用耶？為無用耶？此甚難言。試持以與現代世界諸學科比較，則其大部分屬於無用，此無可諱言也。雖然，有用無用云者，不過相對的名詞。老子曰：「三十輻共一轂，當其無，有車之用。」此言乎以無用為有用也。循斯義也，則凡真學者之態度，皆當為學問而治學問。夫用之云者，以所用為目的，學問則為達此目的之一手段也。為學問而治學問者，學問即目的，故更無有用無用之可言。莊子稱：「不龜手之藥，或以封，或不免於洴澼絖。」此言乎為用不為用，存乎其人也。循斯義也，則同是一學，在某時某地某人治之為極無用者，易時易地易人治之，可變為極有用，是故難言也。其實就純粹的學者之見地論之，只當問成為學不成為學，不必問有用與無用，非如此則學問不能獨立，不能發達。[7]

任公先生所論非常明通達辨，與王國維的看法相得益彰，可以說已經把學術的有用無用問題析論得至為透闢。但理論上獲致解決，不等於實踐中不發生紛擾。何況傳統學術中的「經世致用」思想根深蒂固，早已影響了中國學術的整體面貌。

「經世致用」之說最早為清初學者顧炎武所力主，在矯正明代讀書人空談心性、以理學為禪學的學風方面，有切實作用。這本來是學術思想的嬗變之常：一則以虛，一則以實，風氣消長，流轉圓圜。問題是宋明理學以及心學，未嘗不講究「致用」，只不過它強調的「用」是在內斂方面，先「正」其「心」，「誠」其「意」，爾後才能「治國平天下」。在為學和「治平」中間，添加了一個「正心」、「誠意」的中間環節，不過稍事整頓，人們便認為宋明學者不重視「致用」，實乃大錯。「經世致用」的思想在中國學術史上是一以貫之的，影響所及，直到今天仍在發揮作用。這本來沒有什麼不好，應該看作是華夏民族的一種思想文化傳統。只是到了二十一世紀，這一思想傳統需要有所分解，有所轉化，方能有利於現代學術的發展。蓋「學」和「用」並非同時發生，有的時候常常是「積學不用」或者「近學」而「遠用」。如果時時處處強調「學」必「致用」，「用」必「經世」，就是為學的實用主義態度，結果必將弱化學問本身。

梁啟超說得好：「殊不知凡學問之為物，實應離『致用』之意味而獨立生存，真所謂『正其誼不謀其利，明其道不計其功』。質言之，則有書呆子，然後有學問也。」[8] 可謂知學知用之論。

三　中學西學之爭

王國維否認中西在學問上有什麼不可調和的矛盾，他認為「學無中西」。

中國現代學術是在西方學術思潮的衝擊與刺激之下，傳統學術發生蛻變而新生的產物，在流向上包涵著對傳統的省察和對西學的回應兩個方面。省察傳統，不能不有世界的眼光；回應西學，亦不能不重新反思傳統。因而一開始就有一個如何處置中國學術與西方學術的關係問題。

本來在傳統學術發展過程中，涉及不同國度和民族之間的文化交流，也碰到過這類關係問題，但並不成為必然的障礙，因為華夏文化的特點，向以強大的融化力著稱於世，對外來思想初不以如何迎拒為意。顯例是對印度佛教的吸收，一方面化作認知上的幽眇之思，另一方面易地嫁接，開出藝術與文學的燦爛花朵，直到後來演變為禪宗，完全變成本民族的宗教思想體系。可以毫不誇張地說，這是中外思想接觸史上的奇觀。

但到了晚清，情況迴然不同。西方思想是伴隨著「船堅炮利」狂風暴雨般襲來，中國作為受動的一方，對陣倉促，迎拒乏策，進退維谷，於是發生了激烈的文化衝突。南皮太保張之洞提出的「中學為體，西學為用」，就是因應西方文化衝擊的一種主張。僅就學術層面而言，這是一種文化防守主義，殊不利於學術本身的發展。可是誰曾想到，張氏提出的所謂中學西學問題，卻成了近百年來中國思想文化界論說不盡的話題，每到東西方文化漲消互動之時，就有人出來重新議論一番。

其實在這個問題上，人為的疑案比實際分歧要大得多。王國維就說這是個不成問題的問題，根本否認中西在學問上會有什麼不可調和的矛盾，他得出的是「學無中西」的結論。

請注意，王國維講的是「學」、「學問」，不是泛指東西方文化。文化連繫著人種和民族，不同民族具有不同的文化系統。但學術上的廣狹深淺密疏與文化的異同不能等量齊觀。由於文化背景殊異，所處社會歷史的發展階段有別，中西學術思想的表現形態和思維慣性縱使參差互見，學理的正誤和心理的規律，應該是殊途同歸，化百為一。王國維力主中西學術

「互相推助」說，反對把兩者人為地對立起來，自屬深具卓識。錢鍾書先生在《談藝錄》序言裡亦曾說過：「東海西海，心理攸同；南學北學，道術未裂。」[9] 此聯可為中國現代學術史上的中學西學之爭下最後斷語。

實際上，現代學術思想必然是一個並納兼容的具有開放性格的體系。所謂學術上的中西之爭，無異於強分畛域，自結牢籠。人類進入二十一世紀，為學而不能與世界文化對話，算不得現代學者；而不以本民族的學術傳統立基，也難有切實的學術創獲。王、錢兩位現代學術大家在這個問題上異口同音，殊堪玩味。

四　新舊古今之辨

只有洞明世事、空諸依傍的大家，能夠越紛沓而執一，不為新舊之說所惑。

如果說中西之爭是中國傳統學術向現代學術轉型必然遇到的問題，那麼新舊古今之辨比中西之爭要古老得多，只不過發展到清末民初表現得更為激烈而已。當時社會變動加劇，思想波濤洶湧，新黨舊黨、新學舊學，人人說得口滑。而時尚趨新，人情戀舊，中外古今歧見旁出，學問之大道遂為此無盡的爭論所遮蔽。只有洞明世事、空諸依傍的大家，能夠越紛沓而執一，不為新舊之說所惑。散原老人在談到父尊陳寶箴時說過：「府君獨知時變所當為而已，不復較孰為新舊，尤無所謂新黨、舊黨之見。」[10] 陳寅恪為學為文，也是有宗無派，「唯偏蔽之務去，真理之是從」[11]，殊不以新舊為然。義寧學風，祖孫三代一以貫之。

王國維在駁難學術的中西之爭和有用無用的同時，對新舊古今之辨也有極透闢的說明。他把學問分為三大類，即科學、史學和文學。他認為三者之間互相有待，不必自設畛域，好丹非素。斤斤於古今新舊的畛域難通，是學者的自蔽，大不利於學術的發展。況且學術上的新與舊、今與古，彼此之間總會有聯結貫穿的思想脈絡，今由古時來，新自舊中生，主要看是否合乎科學，接近真理。1961 年，當年清華國學研究院的主任、詩人吳宓，赴廣州中山大學探望清華國學研究院四導師之一的陳寅恪先生，長時間交談後得一結論：「在我輩個人如寅恪者，則仍確信中國孔子儒道之正大，有裨於全世界，而佛教亦純正。我輩本此信仰，故雖危行言殆，但屹立不動，絕不從時俗為轉移。」[12] 此一結論代表著中國現代學術傳統的真精神。而吳、陳兩位，就是王國維遺囑託為處理書籍實即文化所托命之人。

王國維寫道：「學之義不明於天下久矣。今之言學者，有新舊之爭，有中西之爭，有有用之學與無用之學之爭。余正告天下曰：『學無新舊也，無中西也，無有用無用也。凡立此名者，均不學之徒，即學焉，而未嘗知學者也。』」[13] 說得激切而不留餘地，可見其體認之深。但這個問題當時後世是否已獲致解決？應該說還沒有。幾十年後提出的「厚今薄古」、「古為今用」、「洋為中用」，毋庸說也是因應此一問題的一種對策罷。

單是在學理的認知上就蒙上這許多疑案，而且左扯右搨，不得廓清，宜乎中國現代學者難於以學術為宗基求立命安身也。

2013 年 8 月 8 日竣稿

本章注腳

[1]　王國維：《論近年之學術界》，《王國維遺書》第五冊，《靜安文集》第 95-97 頁。

[2]　王國維：《論近年之學術界》，《王國維遺書》第五冊，《靜安文集》第 95-97 頁。

[3]　王國維：《論近年之學術界》，《王國維遺書》第五冊，《靜安文集》第 95-97 頁。

[4]　梁啟超：《清代學術概論》，參見劉夢溪主編：《中國現代學術經典·梁啟超卷》（夏曉虹編校），第 206 頁。

[5]　王國維：《國學叢刊序》，《王國維遺書》第四冊，《觀堂別集》卷四，第 8-9 頁。

[6]　王國維：《國學叢刊序》，《王國維遺書》第四冊，《觀堂別集》卷四，第 8-9 頁。

[7]　梁啟超：《清代學術概論》，參見劉夢溪主編：《中國現代學術經典·梁啟超卷》（夏曉虹編校），第 165 頁。

[8]　梁啟超：《清代學術概論》，參見劉夢溪主編：《中國現代學術經典·梁啟超卷》（夏曉虹編校），第 206 頁。

[9]　錢鍾書：《談藝錄》序，中華書局 1984 年版，第 1 頁。

[10]　陳三立：《湖南巡撫先府君行狀》，《散原精舍詩文集》下冊，中華書局 2003 年版，第 855 頁。

[11]　陳寅恪：《三論李唐氏族問題》，《金明館叢稿二編》，上海古籍出版社 1980 年版，第 304 頁。

[12]　《吳宓日記》續編第 V 冊，1961 年 8 月 30 日，三聯書店 1998 年版，第 160 頁。

[13] 王國維：《國學叢刊序》，《王國維遺書》第四冊，《觀堂別集》卷四，第 6 頁。

第五章
王國維的諸種矛盾和最後歸宿

我所說的最後歸宿，是指 1927 年的 6 月 2 日，王國維在頤和園的魚藻軒前面投水自殺，死的時候才五十一歲，正值他的學術盛年。中國最了不起的學者，現代學術的開山，清華國學研究院的導師，遜帝溥儀的老師，全世界聞名的大學問家，突然自溺而亡。這個事件當時震驚了全國，也可以說震動了世界。近百年以來，對於王國維的死因，遠不能說已經研究清楚，至今仍是學術界一個大家饒有興趣探討的學術之謎。

我這裡並非專門研究王國維的死因，不想在這個問題上試圖得出一個最後的結論。只是想說明，王國維的一生，始終是一個矛盾交織的人物，他的精神世界和人生際遇充滿了矛盾。下面，我把他一生的矛盾概括為十個問題層面，逐一加以探討，敬請關心靜安其人其事其學的朋友不吝指正。

一　個人和家庭的矛盾

王家的先世最早是河南人，在宋代的時候官做得很大，曾經封過郡王。後來賜第浙江海寧鹽官鎮，便成為海寧人。但宋以後他的家世逐漸蕭條，變成一個很普通的農商人家。到他父親的時候，家境已經很不好了。他的父親叫王乃譽，有點文化修養，做生意之餘，喜歡篆刻書畫。還曾到江蘇溧陽縣（今溧陽市）給一個縣官作過幕僚。喜歡遊歷，走過很多地方，收藏許多金石書畫。王國維出生那一年，王乃譽已經三十歲了。浙江海寧鹽官鎮是王國維出生的地方。這塊土地人才輩出，明代史學家談遷是海寧人，武俠小說家金庸也是海寧人。王國維對自己的家鄉很自豪，寫詩說：「我本江南人，能說江南美。」

但王國維四歲的時候，母親就去世了，由祖姑母撫養他。從小失去母愛的孩子，其心理情境可以想見。有記載說，王國維從小就性格憂鬱，經常鬱鬱寡歡。不久父親續娶，而後母又是一個比較嚴厲的人，王國維的處境更加可憐。他十幾歲的時候，有時跟一些少年朋友聚會，到吃中飯時一定離去，不敢在外面耽擱，怕繼母不高興。這種家庭環境對一個孩子、一個少年兒童，影響是很大的，可以影響到他的一生。所以我說這是一重矛盾，即個人和家庭的矛盾。

二　拓展學問新天地和經濟不資的矛盾

晚清的風氣，特別 1895 年中日甲午戰爭中國戰敗以後，中國掀起了變革現狀的熱潮，所有富家子弟，只要有條件的都想出去留學。王國維家境貧寒，沒有這個條件。他因此自己非常焦急，父親也替他著急，但沒有辦法，只好「居恆怏怏」。十七歲的時候，他也曾應過鄉試，但不終場而歸。二十歲結婚，夫人是海寧同鄉春富庵鎮莫家的女兒，莫家是商人家庭。他的婚姻，依我看未必幸福。想提升學問，沒有機會。想出國留學，卻得不到經濟支持。這是影響王國維人生經歷的一個很大的矛盾。

三　精神和肉體的矛盾

王國維小的時候，身體很羸弱，精神非常憂鬱，這跟繼母有很大關係，也和父親的不理解有關係。父親王乃譽對他的要求是嚴格的，日記裡對兒子的成長作了很好的設計，但不理解兒子的心理和學問志向。而王國維的思想非常敏感，從小就是一個智慧超常發達的人。一個很瘦弱的身體，你看王國維的照片，就可以看出來，智慧卻超常。所以他在《靜安文集》的第二篇序言裡講：「體素羸弱，性復憂鬱，人生之問題，日往復於吾前。」已經說得再明白不過，這就是他年輕時候性格的特點，這特點延續到他的一生。這就是我所說的一個人的精神和肉體的矛盾。

四　追求學術獨立和經濟上不得不依附於他人的矛盾

這也是伴隨他一生的矛盾。王國維一生中有一個大的際遇，也是伴隨他一生的問題，甚至他的最後歸宿都與之有關，這就是他和羅振玉的恩怨一生。王國維自己家裡貧窮，不能到國外遊學；應試，屢考不中；當過塾師，但很快就辭職了。直到二十二歲的時候，才有一個機會，到上海《時務報》做一份臨時工作。《時務報》是汪康年所辦，主筆是梁啟超，章太炎也在《時務報》工作過。這是當時維新人士的一份報紙，在全國有很大影響。不過王國維參加《時務報》工作的時候，梁啟超已經到了湖南，應陳寶箴、陳三立父子之約，主講時務學堂。

王國維在《時務報》只是做一名書記員，一些抄抄寫寫的祕書之類的工作。他海寧的一位同鄉在《時務報》工作，因為家裡有變故，回海寧處理家事，讓他臨時代理。一個大學者的料子做如此簡單的工作，未免屈才。但他很勤奮，做了一段時間之後，恰好當時上海有一個專門學習日文的東文學社，是羅振玉辦的，他就利用業餘時間去那裡學習日文。在那裡認識了羅振玉。認識的機緣，是羅振玉看到王國維給一個同學寫的扇面，上面有詠史詩一首：「西域縱橫盡百城，張陳遠略遜甘英。千秋壯觀君知否？黑海東頭望大秦。」王國維的《詠史詩》共 20 首，羅振玉看到的是第 12 首，寫漢代盛時和西域的關係，氣象很大。羅振玉看後大為讚賞，非常欣賞作者的才華。儘管王國維因為經濟困難和其他諸多事情所累，學得並不是太好，羅振玉仍給予經濟上的支持，使其無後顧之憂。後來又把王國維送到日本去學習，從日本回來後，羅振玉凡是要舉辦什麼事業，都邀請王國維一起參與。羅、王的友誼，特殊關係，就這樣結成了。再後來他們還結成了兒女親家，羅振玉的女兒嫁給了王國維的兒子。王國維一生始終都沒有錢，羅振玉不斷給予資助。得到別人金錢的資助，究竟是好事還是壞事？一次我在北大講這個題目，一個學生提問題時說：「他覺得是好事，並說如果他遇到這種情況，一定非常高興，只是可惜自己沒有遇到。」這當然也是一種看法。但王國維不這樣看，他一方面心存感激，另一方面，也是一種壓力。因為王國維是追求學術獨立的學者。這不能不是一個絕大的矛盾，即追求學術獨立和經濟上不得不依附於他人的矛盾。

五　「知力」與「情感」的矛盾

王國維是一個非常特別的人，他的理性的能力特別發達，情感也非常深摯。

所以他擅長寫詩，能寫很好的詞，同時在理論上、在學術上有那麼多的貢獻。一個人的知力、理性思維不發達，不可能有那麼多的學術成就，既研究西方哲人的著作，又考證殷周古史。而沒有深摯的情感，他也不能寫出那麼多優美的詩詞。本來這兩者應該是統一的，但從另一個側面看，它們也是一對矛盾。他自己說：「余之性質，欲為哲學家則感情苦多，而知力苦寡；欲為詩人，則又苦感情寡而理性多。」那麼到底是從事詩歌創作呢，還是研究哲學？還是在二者之間？他感到了矛盾。當然從我們後人的眼光看，也許覺得正是因為他感情多，知力也多，所以才成就了一代大學人，大詩人。但在王國維自己，卻覺得是一個矛盾，矛盾得徬徨而無法擺脫。

六　學問上的可信和可愛的矛盾

這個怎麼講呢？因為他喜歡哲學，喜歡康德，喜歡叔本華，喜歡他們的哲學。但他在研究多了以後，發現一個問題，就是哲學學說大都可愛者不一定可信，可信者不一定可愛。這是什麼意思呢？哲學上其實有兩種理論範型，一種是純粹形而上的理論系統，或者如美學上的純美學，這樣的理論是非常可愛的，為王國維所苦嗜。但這種純理論、純美學，太悠遠、太玄虛，不一定可信。而另一種範型，如哲學上的實證論，美學的經驗論等，則是可信的，可是王國維又感到不夠可愛。於是構成了學者體驗學術的心理矛盾。這種情況，在常人是不可能有的，但一個深邃敏銳的哲人、思想家，會產生這種內心體驗和學理選擇上的矛盾。

七　新學與舊學的矛盾

王國維一開始是完全接受新學的，學習日文、英文、德文，研究西方哲學，研究西方美學，翻譯西方哲學家、美學家的著作。他做了大量把西方的思想介紹到中國的學術工作。但是後來，在 1912 年移居日本以後，他的學問的路向發生了很大的變化。大家知道，1911 年辛亥革命成功，皇帝沒有了，而羅振玉是不贊成辛亥革命後的新政局的，他比較贊成在原來的體制下維新變法，不贊同革命。所以辛亥發生的當年冬月，羅振玉就帶著家屬，和王國維一起，移居到日本去了。他們住在日本京都郊外的一個地方，後來羅振玉自己還修建了新居，把所藏圖書搬到新居裡，取名為「大雲書庫」。羅藏書多，收藏富，特別甲骨文、古器物的拓片和敦煌文書的收藏，相當豐富，據稱有 50 萬卷。他們在那裡住了幾乎近十年的時間。王國維 1916 年先期回國，住在上海，但有時候還要去日本，往返於中日之間。

就是在日本這六七年左右的時間裡，王國維的學術路向發生了極大的變化。羅的豐富的收藏，成了王國維學問資料的源泉。他在「大雲書庫」

讀了大量的書，就進入到中國古代的學問中去了。羅振玉也跟他講，說現在的世界異說紛呈，文化傳統已經快沒有了，做不了什麼事情，只有返回到中國的古代經典，才是出路。在時代大變遷時期，知識分子如果不想趨新，只好在學問上往深裡走，很容易進入到中國古典的學問當中去，這在個人也是一種精神寄託的方式。我想王國維內心就是這樣，所以聽了羅振玉的話，學問上發生了大的變化。他後來成為非常了不起的大學者，跟這六七年的鑽研有極大關係。他早期介紹西方哲學美學思想的那些文章，都收在《靜安文集》和《靜安文集續編》兩本書中。有一個說法，說王國維去日本時，帶去了一百多冊《靜安文集》，聽了羅振玉的話後，全部燒掉了。研究王國維的人，有的認為他不大可能燒書，認為是羅振玉造的謠，其實是誤會王國維也誤會羅振玉了。

據我看來，燒掉《靜安文集》是完全可能的。一個人的學問總是在不斷變化。到日本之前，王國維的學問已經變化了一次，由研究西方美學哲學，變為研究中國的戲曲文學，寫了有名的《宋元戲曲史》。我個人是念文學出身，但後來喜歡思想學術和歷史文化，長期拋離了文學。我就有這樣的體會：覺得過去寫的文學方面的書和文章一無可取，有時甚至從內心裡產生一種厭惡，燒雖然沒有燒，但早已放到誰也看不見的去處了。這也不是對文學的偏見，也包括隨著年齡學問的增長，喜歡探求歷史的本真，而不再喜歡文學的「淺斟慢飲」，覺得不能滿足自己的寄託。當然年齡再大些，學問體驗再深一步，又覺得文學可以補充歷史的空缺了。總之我相信王國維到了京都以後燒過書，這個事應該是真實的。所以不妨看作他的學問道路上，發生的新學和舊學的矛盾。前期是新學，後期又歸於舊學，主要是古史、古器物的研究。這個學術思想前後變遷的矛盾是很大的，這是王國維的又一重矛盾。

八　學術和政治的矛盾

本來他是一個純學者，不參與政治的。但他有過一段特殊的經歷，是這段經歷把他與現實政治攪到了一起。辛亥革命以後，他對新的世局採取了不合作的態度，雖是一種政治選擇，但對他個人沒有太大影響。主要是後來他又當了溥儀的老師，就進到敏感的政治漩渦裡面去了。

辛亥革命後，1912 年清帝遜位，但民國簽了條約，採取優待清室的條件，仍准許溥儀住在紫禁城內，相關的禮儀也不變。用今天的話說，叫待遇不變，在紫禁城裡照樣過著皇帝的生活。我們看溥儀的《我的前半生》，就會知道他在紫禁城裡生活得很好。可以騎腳踏車，覺得紫禁城的大門檻不方便，就把皇宮裡的門檻鋸斷了。為了好玩，就打一個電話給胡適之博士，胡適也稱他為「皇上」。這樣的悠閒時間不短，一直持續到 1924 年，馮玉祥突然把他趕出宮。

王國維當溥儀的老師，是 1923 年 4 月（農曆三月）下的「詔旨」。年初（農曆十二月）皇帝大婚，然後就「遴選海內碩學入值南書房」。王國維做事很認真，事情雖然不多，他願意盡到自己的職責。1924 年 1 月溥儀發諭旨，賜王國維在紫禁城騎馬，王國維受寵若驚，認為是「異遇」。因此當溥儀被趕出宮時，王國維極為痛苦，對當時的政治狀況充滿不滿。而且在宮中遇到諸多的人事糾葛，以致和羅振玉也有了矛盾。

此時，王國維所心愛的學術和現實政治便產生了矛盾。雖然他是一個純學者，但還是跟政治有了無法擺脫的關係。這就構成了他思想世界的另一重矛盾 —— 學術和政治的矛盾。他後來自殺，與這一重矛盾有直接的關係。

九　道德準則和社會變遷的矛盾

這一點很重要，任何一個人都不可避免。當社會發生變遷的時候，你跟社會的變化是採取相一致的態度，順時而行，還是拒絕新的東西，想守住以往的道德規範，這是一個蛻變的過程。

有人比較順利，社會往前走，他跟著往前走。但是也有一些人，他不願意立即改變自己的準則，想看一看新東西是不是真好，或者壓根兒就認為所謂的新東西其實並不好，也許並不是新東西，而是舊東西的新的裝扮。這一點，陳寅恪在《元白詩箋證稿》裡，講到元稹的時候，有專門論述。他說當社會變遷的時候，總是有兩種不同的人，一種是趨時的幸運兒，一種是不合時宜的痛苦者。他的原話是這樣說的：「值此道德標準社會風習紛亂變易之時，此轉移升降之士大夫階級之人，有賢不肖拙巧之分別，而其賢者拙者，常感受苦痛，終於消滅而後已。其不肖者巧者，則多享受歡樂，往往富貴榮顯，身泰名遂。」

王國維顯然是那種「賢者拙者」。這一重矛盾在王國維身上非常突出，所以當溥儀被趕出宮以後，他非常痛苦，痛苦得當時就想自殺。這在中國傳統道德裡面，叫不忘「故國舊君」，是文化知識人士在特殊境遇下的一種節操。

十　個體生命的矛盾

也就是生與死的矛盾。這在一般人身上不突出。一個普通人，年紀大了，最後生病了，死了。死了就死了。雖然每個人都難免留戀人生，但生老病死，自然規律，人所難免。但王國維採取了一個行動，在五十一歲的盛年，在他的學問的成熟期，居然自己來結束自己的生命。這是很了不起的哲人之舉。我說「了不起」，大家不要誤會，以為我認為所有的自殺都是好的。過去在傳統社會，有的弱女子，受不了公婆的氣，投井自殺了，這類例子不少。但這是一種被迫的一念之下的情感發洩，不是理性的自覺選擇。但對於一個有理性的人，一個大的知識分子，一個思想家，一個大的學者，他在生命的最後，能採取一種自覺的方式來結束自己的生命，這是一般人所做不到的。這是一個哲學的問題，很複雜，講起來需要很多筆墨。我把王國維最後的自我選擇，稱作一個人的個體生命的矛盾。

人們常說一個人的死，說他走得很從容。其實，王國維才真正是走得很從容呢。在 1927 年 6 月 2 日，早八點，王國維從自己家中出來，到國學研究院教授室寫好遺囑，藏在衣袋裡。然後到研究院辦公室，與一位事務員談了好一會話，並向事務員借了五塊錢。步行到校門外，僱了一輛人力車去頤和園。十時到十一時之間，購票入園。走到排雲殿西側的魚藻軒，跳入水中而死。這個過程，可以知道他是自覺地理性選擇。1924 年溥儀被馮玉祥逼宮，羅振玉、柯劭忞與王國維有同死之約，結果沒有實行。陳寅恪《挽王靜安先生》詩「越甲未應公獨恥」句，就指這件事說的。最後，到 1927 年，他終於死了。所以他的遺書裡說「義無再辱」。

對於王國維的死因，說法很多，可以說至今仍是二十世紀的一個學術之謎。但是我覺得，對於王國維之死給予最正確解釋的是陳寅恪。在王國維死後，陳寅恪寫了非常著名的一首長詩，叫《王觀堂先生輓詞》，回顧了王國維一生的際遇和學術成就，當然也寫到他和王引為「氣類」的特殊關係。在這個輓詞的前面，有一個不長但是也不算短的序。我認為《王觀堂先生輓詞》的這篇序，是陳寅恪的一個文化宣言。他在序裡邊講，當一種文化值衰落的時候，為這種文化所化之人，會感到非常痛苦。當這種痛苦達到無法解脫的時候，他只有以一死來解脫自己的苦痛。他認為這就是王國維的死因，是殉我國固有文化，不是殉清。陳寅恪在這篇序言裡講了一個非常重要的觀點，就是認為中國傳統文化的精神統系，它的文化理想，在《白虎通義》的「三綱六紀」一節，有系統的表述。「三綱」就是君臣、父子、夫婦。「六紀」包括諸父、兄弟、族人、諸舅、師長、朋友。王國維覺得「三綱六紀」這一傳統文化的精神價值，在晚清不能繼續了，崩潰了，他完全失望了，所以去自殺了。

我有一篇專門探討這個問題的文章，提出了一個新的看法。所謂綱紀之說本來是抽象理想，為什麼這些會跟王國維的死有關係？陳寅恪在《輓詞序》裡舉了兩個例證，說就君臣這一綱而言，君為李煜，也期之以劉秀；就朋友一紀而言，友為酈寄，還要待之以鮑叔。李煜是皇帝，南唐的李後主，亡國之君。但是李煜的詞寫得很好，李煜和李清照的詞是纏綿委婉的一類詞，是婉約派最有代表性的人物。但是這個皇帝很軟弱，能文不能武，整天哭泣而已。劉秀是光武帝，他使漢朝得到了中興。按傳統綱紀之說，皇帝雖然無能，也要盡臣子之禮，希望皇帝能使自己的國家重新振作，得到中興。所以皇帝即使是李煜，也應該期待他成為光武中興的劉秀，這是一個臣子應該盡到的禮數。而朋友是酈寄——酈寄在歷史上是出賣朋友的人，是一個「賣交者」，但作為朋友，仍然應該用鮑叔的態度來待他。歷史上的管仲和鮑叔的友情，是做朋友的楷模。《輓詞序》講到「三綱六紀」，講了這兩個例子，我認為大有文章。陳寅恪談歷史，講學問，有「古典」和「今典」之說。講這兩個例證，他不可能是虛設的。他講的君，我以為不是別人，應該指溥儀。而且《輓詞》裡面可以找到這句話的證據，就是「君期雲漢中興主」那一句，不是指溥儀指誰？但溥儀不是劉秀，他沒法使清朝中興，王國維很失望，但這是沒有辦法的事情。還有朋友的例子，他講的是誰呢？我認為講的是羅振玉。

王、羅一生交誼，但後來有了矛盾。在王國維死的前半年，1926 年 9 月，王國維的長子王潛明在上海去世了，年僅 27 歲；兒媳羅曼華是羅振玉的女兒，也才 24 歲。這當然是個悲劇。葬禮之後，羅女回到了天津羅家。這個媳婦跟王國維的太太關係不是太好，與夫君的感情也未必佳。王潛明留下兩千四百二十三塊錢，王國維把這筆錢寄給了羅家，結果羅振玉把錢退了回來。王國維很不高興，說這錢是給兒媳的，怎麼退回來，並說這是蔑視別人的人格，而蔑視別人的人格就是蔑視自己的人格。羅振玉可能也說了些什麼，兩個人的矛盾於是表面化了。

當然遠因很多，一生恩恩怨怨。所以，也有人說王國維的死是羅振玉逼債逼死的。所謂「逼債」，和這兩千四百二十三塊錢沒有關係，而是指另外的事情。王國維在宮裡的時候，溥儀經常會拿出一些宮中的古董書畫，請身邊的人幫助變賣。是不是也讓王國維做過這類事情，沒有直接證據。如果有此事，王國維一定轉請羅振玉來處理。那麼有無可能，羅振玉變賣之後，錢沒有及時交回王國維，因此王向羅提出此事。如果羅振玉表現出不悅，甚至再說一句：「我這一生資助了你多少錢？你還催我此事！」但王國維覺得是受皇帝之托，事關君臣一紀，他就會大不以為然了。而就朋友一紀而言，按「六紀」之說，朋友之間是可以通財貨的。朋友之間發生財貨的計較，足以徹底破壞友情。王國維在君臣一紀上，不能收回賣書畫的錢，感到是負於君，在朋友一紀上，感到受到了屈辱，他的文化精神理想最後破滅了。這有點像推理小說，但確實有這個可能。

王國維既然沒有在溥儀被趕出宮的時候去死，卻在三年後，他成為清華國學院導師的時候去死，應該已經與溥儀無關。倒是他和羅振玉的矛盾最終爆發，朋友一紀的理想徹底破滅，可能成為一個直接的導火線。但根本原因，應該從王國維一生的諸種矛盾中去尋找。他是一位哲人，他最後的結局，是一生當中諸種矛盾的總爆發，早已種下了宿因。所以陳寅恪先生的解釋，說王國維最後殉了中國文化的理想，而不是殉了清朝，是明通正解。本來麼，要殉清朝，1911 年或者 1912 年就殉了，1924 年馮玉祥逼宮也有適當的機會，為什麼要等到溥儀被趕出宮三年之後？我個人還是贊同陳寅恪對王國維死因的解讀。

2003 年初稿 2014 年改定稿

第六章

陳寅恪的家學淵源與晚清勝流

一代大史學家的成就需要有諸多條件。時代環境方面的條件，決定出現這樣的而不是那樣的史學家，學者的研治方向也和時代風氣有關。個人學養的累積，決定對所選擇的方向達致的精深的程度暨總體學術成就的蘊含。而家世和家學，則決定學者的個性風貌及學術品格。陳寅恪的學術品格最為世人所稱道。實際上，他學術品格的形成，與義寧陳氏一族在晚清的特殊地位及其家學淵源，有直接的關係。

一　同光勝流與陳氏家族

如果就個人情感的好惡而言，我對清代二百六十幾年的統治實在沒有太多的好感。包括史家所豔稱的「康乾盛世」，總覺得需要打折扣的地方很多。康熙算是有膽識有氣魄的皇帝了，可是覺得他開闊得還不夠，和西人的關係後來處理得比較僵。乾隆則過分聰明，聰明得讓人感到他經常賣弄聰明；而且整治知識分子整治得太厲害，可他又以重視文化的傳承著稱。至於他們兩位中間的雍正皇帝，幹練固然幹練，但悛刻寡恩，用智術玩大臣士子於股掌之中，根本不把自己以外的其他人放在眼裡。領袖人物太聰明，其實並不是臣民的福分。所以嘉、道以後走下坡路，早在那「盛世」就埋下了種子。特別到了咸豐、同治年間，國家狀況壞到不可收拾的地步。自己家裡天災人禍不說，西方列強又打上門來。縱使玄燁、弘曆臨朝，恐怕也會因應失據。

不過令我們感到驚異的是，當時的狀況雖然越來越壞，卻出現了一大批個性色彩鮮明、勇於擔當、學養深厚、可稱作箭堆式的人物。這些人物儘管黨有新舊、流分清濁、物論匪一，而且都犯過這樣那樣的錯誤，最終也沒有因為他們的努力而挽救清朝的頹運，但均為一時之選，同為當時勝流，作為歷史人物各有其可圈點可記錄之處，應無問題。陳寅恪的家族，他的祖父陳寶箴、父親陳三立，就是這一人物譜系中的佼佼者。研究陳寅恪的家學淵源，不能不翻閱清季勝流的人物檔案。

清季勝流人物的第一把交椅，非曾國藩莫屬。實際上，當時的人物譜系，都是以這位曾湘鄉為網絡中心的。胡林翼、李鴻章、左宗棠、郭嵩燾、俞樾、王闓運、薛福成、吳汝綸、劉蓉，哪一個與湘軍幕府分得開。朝廷因循腐敗，無力阻遏太平天國運動的興起，各地豪傑之士起而組織團練即地方軍，參與平抑太平軍的戰鬥，結果無意中開闢了招納並造就人才的新途徑[1]。值得注意的是，聚攏在曾國藩周圍的並不是地方豪強，大部分是滿腹經綸的飽學之士。陳寶箴的嶄露頭角，也是由於和曾國藩的交往。

陳寶箴，一名觀善，字右銘，清道光十一年（公曆 1831 年），生於江西修水縣之竹塅鄉。咸豐元年（1851 年）恩科鄉試及第，成為舉人。咸豐十年（1860 年），入京會試，沒有考中，留京師，有了結交各方面才俊方雅之士的機會，而尤與奉新易佩紳、武寧羅亨奎相契合，因而有「三君子」之目[2]。後來易、羅南下帶領湘軍與太平軍作戰，陳寶箴先回江西看望母親，然後抵湖南，參與在鳳龍山一帶與石達開部的作戰，守城累月，軍糧將盡。這時右銘到澧洲、永順為之籌餉。雖遇風雪，仍穿很單薄的衣服，永順守張公修府見此情景，慌忙拿來狐皮大衣給寶箴披上，寶箴不受，說：「軍士已經凍餓很久了，我怎能忍心自己取暖？」張公感動得涕泗橫流，立即徵召民眾，拿出銀米交付，使易、羅率領的「果健營」及時得到後勤保障，屢建戰功，名聲大振於東南之地。[3]

就是在這個時候，也就是 1863 年（同治二年），三十二歲的陳寶箴拜訪了駐紮在安慶的曾國藩。在陳寶箴心目中，曾國藩不啻命世偉人；而曾國藩一見寶箴，便嘆為「海內奇士」[4]，當即尊為上賓。而在寶箴生日之時，國藩為之撰聯：「萬戶春風為子壽，半瓶濁酒待君溫。」[5] 極親切有味。曾的幕僚則爭相交歡引重，李鴻裔甚至提出由陳寶箴接替其幕僚主管的職務。但陳寶箴喜歡直接的軍事運作，沒有留在曾幕任職，而是到席寶田主持的江西軍道參與謀劃。

當時江西鬧饑荒，災民遍野，雖有賑災之舉，不過虛應故事。寶箴見此情景非常難過，於是寫信給江西巡撫沈葆楨，將災民困於死亡邊緣的悽慘情況真實寫出——

> 某自皖城歸，過洋塘，道經彭澤、鄱陽縣境，目擊田廬榛莽，墟落蕭條，雀無羅之可張，草掘根而亦盡。頹牆敗屋之中，無非鳩形瘠骨垂死待盡之人，奄奄愁嘆；又或病婦零丁，而數歲孤兒繞床哀號，嗷嗷索哺。流離家口，賣婦呼天；野田僵死，握草盈掬。睹之酸鼻，言之痛心。計至明年，耕穫無期，則噍類盡矣！悠悠蒼天，能不悲哉！嗚呼！[6]

從中見出陳寶箴對社會民生的關切和對下層披災民眾的深切同情。他因此向巡撫沈公建言：「賑而不能活，猶弗賑；活而不能久，猶弗活。」[7] 沈公感悟其道理明通，於是從府庫中拿出錢米，大舉進行賑災活動，百姓因而得救。沈葆楨是福建人，比陳寶箴大十一歲，道光丁未（1847 年）進士，林則徐的外甥兼女婿，為人頗具性格，受林則徐的影響，為中國的自強奮鬥了一生，也是晚清勝流中的重要人物。沈欣賞右銘的才幹，遇到問題願意與之商量，右銘也佩服沈的立身行事。而席寶田，純是一個軍事天才，看上去就有勇武之氣，陳三立的印象是，席公「沉毅持重，不苟言笑」,「器干精實，目沉沉下視，猛鷙有威」。[8]席寶田在江西的軍事行動，因為有陳寶箴的奇謀遠慮，每每克敵制勝。

席、沈之間一度互不服氣，矛盾鬧得很大，至有往來公文信函被席寶田扔到地上的時候。陳寶箴為之調停，對席說道：「沈公是個賢者，主要是他不了解你。」於是前往見沈公，說明席的為人特點和軍事上的優勝之處，認為兩個人應該推心置腹地相處，否則席的軍隊敗績，危及大局，你沈文肅也無以立足。一言提醒了沈，寫了一封披誠相見的信，慰勉席的勞績，兩人從此和好，彼此配合，共同成就功業[9]。而在此之前，曾國藩和沈葆楨之間的嫌隙，也是因為陳寶箴的妙喻與溝通得以解決。

黃秋岳《花隨人聖庵摭憶》引朱克敬《瞑庵雜識》敘此事詳實而有意趣，茲轉引以饗讀者：

曾國藩移軍安慶時，與江西巡撫沈葆禎約釐捐均歸大營，有事則分兵回救。既而江西寇四起，曾軍益東，葆禎懼救不時至，上書請留釐金養兵，詔許之。藩疑葆禎賣己，絕不與通，葆禎以書謝，亦不答。會陳右銘游江南，聞之往見國藩，從容言曰:「舟行遇風，舵者篙者槳者頓足叫罵，父子兄弟若不相容；須臾風定舟泊，置酒慰勞，歡若平時。甚矣小人之喜怒無常也。」國藩曰:「向之詬懼舟之覆，非有私也。舟泊而好，又何疑焉？」右銘曰:「然曩者公與沈公之爭，亦懼兩江之覆耳。今兩江已定，而兩公之意不釋，豈所見不及船人哉？」國藩大笑，即日手書付沈，為朋友如初。[10]

黃秋岳說《瞑庵雜識》的作者朱克敬是個盲人，久居湘省，與曾國藩、左宗棠、郭嵩燾等都非常稔熟，因而所記應該可信。這個充滿意趣的故事，反映出陳寶箴的妙喻達變以及善於解決複雜人際關係的驚人能力。

晚清勝流中陳寶箴最服膺的人物是曾國藩，雖然終其一生受曾的讚賞卻沒有得到曾的保薦，但他對曾國藩有知己之感，敬仰信服至死不變，曾給予他的教益，變成了他深藏於自己心底的取之不竭的精神財富。右銘在席寶田的江西軍道滯留一段時間之後，又回到了曾國藩的幕府，直到曾改督直隸方離開。論輩分陳當然在曾之後，但陳的立身行事多有曾的影子。只是右銘除了擔任湖南巡撫的短時期，一生大部分時間沒有曾公那樣的可供調動的資源，時勢局限了右銘的用武天地，才能並沒有得到全方位的發揮。胡思敬《國聞備乘》〈陳右銘服膺曾文正〉條的記載，頗耐人尋味：

陳寶箴初以舉人謁曾國藩，國藩曰：「江西人素尚節義，今顧頹喪至此，陳子鶴不得辭其責。轉移風氣將在公等，其勉圖之。」子鶴者，新城陳孚恩也，附肅黨，官至尚書，日營求入閣，故國藩及之。寶箴以資淺位卑，愕然莫知所對。國藩字而徐解之曰：「右銘疑吾言乎？人亦貴自立耳。轉移之任，不必達而在上也。但汝數君子，若羅惺四、許仙屏者，沉潛味道，各存一不求富貴利達之心，一人唱之，百人和之，則風氣轉矣。」寶箴謹佩不忘，對江西人輒轉述其言，且喜且懼。自謂平生未受文正薦達，知己之感，倍深於他人。[11]

曾國藩期待右銘「轉移風氣」，其所托之責任也大矣。而承擔起此責的方法，則是「沉潛味道」、「存一不求富貴利達之心」。就人才培植、風氣轉變而言，曾公之言不啻洞天雷音。但曾的話，只能是知者知之，不知者不知。所幸右銘正是文正所期待之人，這次面授之語，實際上成為陳寶箴一生的座右銘。後來陳寶箴居官之時，曾在自己的衙署貼一對聯：「執法在持平，只權衡輕重低昂，無所謂用寬用猛；問心期自慊，不計較毀譽得失，乃能求公是公非。」[12] 顯然已經把文正公的「存一不求富貴利達之心」的囑託，化作了為官律己的公開戒律。同治十一年（1872）曾國藩逝世，陳寶箴在寫給曾的幕僚程恆生的信裡，深情致慨：「湘鄉溘逝，海宇蒼茫，有四顧蕭然之感。嘉、道以來，疆臣飭吏整軍，皆任法而不任人，以馴至大亂莫之救。湘鄉起而持之，簡擢賢俊，闊疏節目，天下之氣為之一振。山摧梁萎，故轍易循，豈但生存華屋，灑邱山淚也！」[13] 陳之於曾，真可以說是生而有夙緣。

此時之右銘，雖然沒有正式官職，但他已有極佳的聲聞，其人品、膽識、魄力、謀略、治才，不僅為曾國藩也為當時其他各路鉻公鉅卿所深賞。江西的軍事行動獲得勝利後，席寶田曾多次保薦右銘出任知府，右銘辭而未就。直到同治末年，陳寶箴才希望有一個正式官職，一方面想透過仕途做一番事業，一方面為了奉養老母，因此在江西的鄰省湖南以知府的身分候補，時間在同治九年八月。嗣後由於平苗民之亂有功，一度被安排在平苗善後局任事。不久王文韶代理湖南巡撫，賞識右銘的才能，復擢為道員。光緒元年（1875 年）開始署理辰、永、沅、靖四縣事。今天非常有名的沈從文的故鄉湘西鳳凰縣，當年就在陳寶箴的治下。

光緒六年（1880 年），改授河北道，治所在河南武陟。陳寶箴每到一地，每任一職，都有突出治績。湘土民風刁悍，他恩威並施，懲辦惡霸，打擊豪族；對貧困的湘西苗民，則傳授栽茶、種竹技術，學會如何以薯代糧，使百姓的生活得以維持。河北道治下的子民，性格質直、講義氣，但文教不夠發達，他便創辦學校，招募人才，推廣教育。至於治河、興修水利，更是他惠及一方人民的經常措施。河南、湖南等他所到之地，均深受其益。右銘母李太夫人也極力支持兒子為民造福，一次因治理沱江資金不足，右銘拿出自己的俸祿捐獻給治河工程，得到母親的體認，致使疏濬湘西沱江的計畫得以順利完成。[14]

郭嵩燾在《陳右銘觀察贈別詩序》中，對陳寶箴治河治水的專長與功績曾大書特書，其中寫道：

觀察所治河，實當濟派東流入河處。濟水湍悍，既入而河勢益橫，遂為兗、冀諸州受河患之始。其北漳、衛二水皆大川，泛濫於渤海，歲潦則流溢，浩瀚彌迤；旱又無所資以宣洩。自魏時從滎陽下引河為鴻溝，通曹、衛，而渠引漳水溉鄴以富河內，多在今觀察所治地。水性遷移，而陵谷高下之勢隨以變，循故道求之，不可得也。善治民者防其害，以有董勸之方；善治水者收其利，以有蓄洩之術。望古以證今，因利而善道。觀察往歷辰、沅，通民情，興水利，為有儒者之效。吾見其所治益大而功益盛，由河北諸州以溉之天下無窮也。[15]

陳寶箴的既善治盜又善治水，為知者所嘆服。但他的仕途並不順利。河北道治下是個經濟文化很不發達的地區，道員的官職權力亦有限，對右銘的才幹而言，自非用武之地。

兩年以後，即光緒八年（1882 年），右銘擢升為浙江按察使。不過僅幾個月，就因坐「王樹汶案」，蒙冤罷職而歸。此後過起了長期賦閒的生活。所以郭嵩燾發為感慨地說：「亦有志節聲名，人望所歸，幾顯用矣，而邅回鬱塞，若或沮之，施焉而未閎，耀焉而未光，若吾右銘廉訪，天下想望其為人，而又重惜其遇也。」[16] 為陳寶箴的不遇而深自惋惜，並分析所以然之故：「廉訪自遠於榮利，而人亦因其自遠而遠之。」[17] 可謂一語道破了右銘的性格特點以及何以升遷緩慢的原因。

光緒十一年（1885 年），署理廣東邊防的彭剛直奏調陳寶箴去廣東，右銘謝病未赴。次年兩廣總督張之洞又奏調，適值中法戰爭，右銘於是前往，先總理營務處，後任職緝務總局。又次年（1887 年），黃河決口，河南巡撫倪文蔚奏請讓陳寶箴襄助堵合缺口的工作。不久，朝廷簡派軍機大臣李鴻藻督辦鄭州河工，陳寶箴的才幹得到李的賞識。但此次堵合之役，久拖不決，致使主事大吏，多名受到降調的處分，李鴻藻、倪文蔚也革職留任。右銘的專長洞見未被採納，等於無功而返了。陳三立說：「府君性開敏，洞曉情偽，應機立斷。而淵衷雅度，務持大體，不為操切苛細。少負大略，恢疏倜儻豁如也；及更事久，而所學益密，持躬制行，敦篤宏大，本末粲然。」[18] 以散原的嚴謹和遣詞法度，所述自然無半絲溢美之情滲透其間。

右銘先生此時已是眾望所歸，許多可稱為晚清勝流的封疆大吏都注意到了這個人物並給以推薦。光緒十五年（1889 年），復起為湖南巡撫的王文韶奏請陳寶箴「可大用」。明年（1890 年），授右銘湖北按察使，視事三天後改為布政使，一年後又回任按察使。光緒十九年（1893 年），因為韓日關係緊張，直隸總督李鴻章下令興兵防海，京師戒嚴，朝廷任命右銘為直隸布政使，受到光緒皇帝的召見。鑑於東北亞態勢嚴峻，中日已處於戰爭邊緣，他提出了「固畿輔」、「擇軍將」、「嚴津防」、「簡軍實」、「籌急款」等《兵事十六條》。看到皇帝「宵旰焦勞、顏悴甚」，建議光緒帝讀《御纂周易》，可以「得變而不失其常之道」[19]。不久中日甲午戰爭爆發，寶箴被任命為東征湘軍的糧臺，駐守天津，督師劉坤一贊其為歷來「軍興糧臺所僅見」[20]。

這時，右銘已準專摺奏事。歷經千難百曲、長期罷黜賦閒，在國家危難的時刻，光緒二十一年（1895 年）秋天，未來大史學家的祖父陳寶箴，終於被任命為湖南巡撫，成為封疆大吏，在晚清政治舞臺上扮演重要角色，已成為順理成章之事。

二　陳氏父子和郭嵩燾的知遇與交誼

不過寫到這裡，我想補敘一下陳寶箴、陳三立父子和郭嵩燾的特殊知遇與特殊情誼。

郭嵩燾在晚清勝流中是極重要的人物，其角色、地位、遭遇、影響，不是同儕流輩所可比並。他字筠仙，出生於嘉慶二十三年即公曆1818年，小曾國藩八歲，小胡林翼、左宗棠七歲，比陳寶箴大十三歲。湖南湘陰人，二十歲舉於鄉，中式。三十歲會試京師，賜進士第，與李鴻章、沈葆楨同科。也是從曾湘鄉幕府中走出來的人物。他一生的最高官職，是1863年10月至1866年6月，當了兩年又十個月的廣東巡撫。他的最風光也是最遭人詬病的事情，是去英國出任第一任公使並撰寫《使西紀程》。他和左宗棠同為湘陰人，又是兒女親家，但彼此關係如同冰炭。他最佩服曾國藩，但曾公卻認為他「過於任事」、「不可使權位兼隆」。惹是生非的王闓運得到他的眷顧最多，也給他增添許多麻煩。倒是李鴻章始終舉薦他。雖有高才，卻因為書生氣和「性情篤摯」的特點，使他不適宜虛偽的官場生活。但他是晚清真正精通夷務並懂得如何處理與歐西諸國關係的第一人。只有陳寶箴深諳他的「孤忠閎識」及其思想與實踐的重要價值。

陳寅恪晚年寫的《寒柳堂記夢未定稿》，特別引述乃父《先府君行狀》裡的話：「與郭公嵩燾尤契厚，郭公方言洋務負海內重謗，獨府君推為孤忠閎識，殆無其比。」[21] 可見陳寶箴、陳三立父子是郭嵩燾的真正知音。1895年陳寶箴出任湖南巡撫以後，每遇到矛盾糾葛，經常說，如果郭公在就好了。但這時郭公已經棄世四五年。郭嵩燾對右銘父子的人品才幹真正是賞識有加。光緒五年（1879年）閏三月，郭嵩燾奉命離開駐英公使的職務回到故鄉湖南長沙，到光緒十七年（1891 年）病故，前後十二年多的時間，與右銘父子的交往極其頻密，少有中斷。陳寶箴、陳三立的名字經常出現在這一時期的《郭嵩燾日記》之中。

筆者粗略統計，從光緒五年（1879 年）十月至光緒十七年（1891 年）六月，共十一年零八個月的時間裡，郭的日記中提到陳寶箴、陳三立之處，有 196 次之多[22]。內容則有的為過談，有的為書信往還，有的是詩酒之會，有的是記事造名。直到逝世的前五天，即光緒十七年六月初八日，郭嵩燾還在日記中寫道：

陳右銘、陳伯嚴二信，本交易鐵樵帶鄂，鐵樵竟已回家。自二月鐵樵索信赴湖北，吾病不能書，磨受四月之久，彼日口授順孫書之。鐵樵又恝然歸去，誠所謂不遇時者也。是日涼，吾以病軀，著重棉矣。[23]

對義寧父子充滿了眷念之情，雖只是因為沒有及時讓右銘與伯嚴收到自己的信函，但焦急與悵惘流露於筆墨之間。右銘此時任湖北按察使的職務，起用不到一年，與郭公分別並不太久。郭的日記中，凡提到陳氏父子，經常讚譽有加。如光緒六年正月二十八日：

陳右銘談近事甚悉，並及往年奉檄辦理寧遠案，途次攔輿呈具者相環也，因傳諭：收呈太多，餘候抵公館接收。於是環集大噪，輿後〔數？〕百人緊追。停輿諭之，則相顧而笑。行則追呼。怒執一人，傳令縛殺之，則有父老數十人跪而乞恩。乃令親兵十人，各杖之四十。於是皆股慄而退。至縣城，觀者數千人，無敢嘩者。天下之亂，成於姑容。聞右銘此舉，使入神往。[24]

同年四月十五日：

陳右銘過談。適以赴鄉受寒，症近寒厥。右銘為主理中湯，加桂枝、蘇梗。談次，稍覺陽氣上升。[25]

同年五月初二日：

陳右銘過談，極論疏陳俄事六條，舉重若輕，其理確不可易。[26]

同年六月初一日：

陳右銘過談，論及湖南吏治，以候補府李薌垣有棻為最，兼提調釐金、發審兩局事，所見甚卓，不僅為良吏而已。[27]

同年六月十九日：

陳右銘、周蘭生枉過。右銘語及近今盜賊之煩，刑罰之失，無能窺其大體，而各挾其趨避之私，規己自大之見，而一行之以悻忌，皆導亂之征也。至今不知悔禍，釀亂將不可支。吾謂萬事原本皆在吏治。[28]

同年七月二十四日：

右銘追述初從易笏山帶勇三營，由酉陽入蜀，解龍山之圍，扼賊茨岩塘。於時意氣方盛。其言多可聽者。[29]

光緒十年二月二十一日：

右銘述及潘琴軒就商摺稿，乃條陳京師海防事宜，曹詠生為之道意。其請京師添兵萬人，並以遼河為第一重海防，於事絕遠，於職事又並非所宜言。所見如此，何足與深言。初以右銘為從所約，自附不入幕之賓，未敢一語詢及，至是具道其旨。益服所見之勝人也。[30]

光緒十五年四月十四日：

陳右銘、李冶凡枉視，因留陳右銘，所蒞辦事情形，多可聽者。[31]

光緒六年四月三十日日記，提及陳三立：

批注閻季蓉、朱次江文十餘篇，頗持直論，自度非宜。季蓉雲即回石門，頃詢知尚留省城。其志趣甚高遠，文筆亦俊，與陳伯嚴、朱次江皆年少能文，並為後來之秀。而根底之深厚，終以陳伯嚴為最。[32]

光緒八年正月十五日記，稱讚陳三立的學問：

接陳伯嚴寄示所著《雜記》及《七竹居詩存》、《耦思室文存》，並所刻《老子注》、《龍壁山房文集》五種……伯嚴年甫及冠，而所詣如此，真可畏。[33]

郭嵩燾與義寧父子可以說是互為知音了。只是郭公日記中敘及的陳三立的各種著作，特別是《雜記》、《七竹居詩存》、《耦思室文存》三種，那是散原中年以前的文字，其重要性可以想見，遺憾的是我們已經無法看到了。

郭公與右銘、伯嚴父子往來詩歌贈答唱和也很多。光緒六年正月十八日，是右銘的五十歲生日，郭公的友好黃子壽等，於正月二十一日邀集長沙的同人在絜園舉行詩會，為其祝壽。與會者均有詩，黃子壽的詩是七律：「大夫偉略足經邦，眉壽人人祝駿龐。小隊初回麓山寺，幽懷同醉契圓缸。西邊銅柱銘新勒，東序金鐘響待撞。見說工師求斧鑿，未容笑鬧倚南窗。」[34] 七月十五日，右銘將赴河北道的新職，郭公邀右銘及張東墅、吳雲谷、鄒少松四觀察，還有友人黃子壽、張力臣等小酌，為其餞行，黃子壽席間朗誦同飲絜園的祝壽詩，右銘也有答詩。郭嵩燾日記記載：「是日右銘避游麓山，至晚方赴席，詩筆亦極工雅。」[35]「避游」是為了躲開無謂的應酬，此可見右銘的一貫性格。值得注意的是，這裡郭公直接稱讚陳寶箴的詩筆「極工雅」。

光緒十年正月初十，郭公日記又寫道：「接陳右銘、朱香蓀信，右銘見示《喜雪》詩，香蓀見示雜感詩，均各和韻為報。」[36] 可惜右銘的《喜雪》原詩我們無法讀到了，郭嵩燾的和詩載其詩文集中，題為《喜雪和陳右銘》，為方便查找，抄錄如下：

夜窗作寒響，穿甕發晨光。
起見溟蒙中，夭矯萬龍翔。
野性喜放浪，對景恣歡狂。
舉頭望滄海，轉顧成淒涼。
冬陽驕玄冥，天行亦改常。
水邊蘆葦叢，殘根抱枯螿。
鶖鶬啄蝦腹，宿草猶爭芳。
遺孕於其中，或恐成蝻蝗。
小儒利喉舌，謬意稽災祥。
凋殘念民瘼，舉目成羸尩。
日落黃赤氣，吐焰霾重閶。
彗星復西見，屋角騰精鋩。
頡頏作氣勢，言官口飛霜。
堂廉孰雲尊，擊射滿鴛凰。
杯水覆堂坳，駕海有浮糠。
逼仄乾坤內，千官集微茫。
昊蒼鼓狂雪，飛灑填池隍。
康衢戛寒玉，石滑虞顛僵。
捫天力排斡，萬怪森我腸。

禹湯去已遠，舉步皆榛荒。

旦暮春水生，欲濟川無梁。

公詩屑瓊瑤，洗耳聽鳴篢。[37]

郭的和詩竟是長達四十四句的五古，那麼陳寶箴的《喜雪》原詩，可以想見，肯定也是五言古詩，而且至少也應在四十句以上，甚至更長。內容則相應地可以推知，大約涉及右銘在河南武陟任所的居住環境，以及由自然之景觀想到人生際遇，並牽及對官場、吏治、社會腐相的批評態度。郭詩結句「公詩屑瓊瑤」，典出白居易《西樓喜雪命宴》「四郊鋪縞素，萬室甃瓊瑤」句[38]，用以稱讚陳寶箴的《喜雪》詩，如同紛落的美玉一樣美好。

郭嵩燾與陳寶箴的贈答唱和之作，今存《郭嵩燾詩文集》中，除《喜雪和陳右銘》，另還有四首，分別是《喜陳右銘來湘瞑庵有詩次韻》、《次韻酬陳右銘》、《再次前韻酬陳右銘見贈》、《陳右銘次瞑庵「非」字韻詩見示和答》。[39] 此外還有《陳右銘於長安市中得高碧湄為李眉生書冊屬題》、《奉送陳右銘之官河北》、《易鐵樵為陳右銘廉訪作叢竹扇面屬題句》三題[40]，也都直接與右銘有關。這些詩作反映出郭、陳交誼之深。詩題中的瞑庵，就是黄秋岳所引《瞑庵雜識》的作者朱克敬，與郭嵩燾、陳寶箴往來唱和甚多，《雜識》所記右銘與曾國藩事，自是可靠。右銘與郭嵩燾往來最多時間，是光緒九年（1883 年）右銘離去浙江按察使的職務之後，所以郭嵩燾詩中每對右銘仕途的挫折和不得重用而作不平之鳴。《喜陳右銘來湘》:「坐深茵幾盡回溫，一室盤旋為道存。急徹皋比明聖學，同歸田裡是天恩。寒窗風雨圍爐樂，深巷蓬蒿閉戶尊。好事朱雲真健者，抗心孤詣莫輕論。」[41] 明顯是寫陳寶箴出任浙江按察使不久，因「王樹汶案」蒙冤而抗疏自辯、憤而離官回長沙家中之事。郭公讚揚右銘的抗爭，是如同漢代的「朱雲折檻」一樣，這在今天莫可輕看。當然「同歸田裡是天恩」句，既指右銘，同時也是自指，含反諷之意。因為郭公後半生仕途也大不得意，很早就回籍終養了。

《次韻酬陳右銘》尾句：「黃粱夢醒酒初熟，毀譽紛紛何足論。」[42]更是對右銘的慰勉。而《陳右銘次瞑庵「非」字韻詩見示和答》，寄意尤殷切深摯明顯：

宣聖猶雲吾道非，琦懷孤賞似公稀。
平時言論憂鬱慣，少日心情老大違。
萬國槃匜留隱患，百年仕宦有深機。
從知此意陶潛識，一笑相逢各拂衣。[43]

詩中郭公讚揚陳寶箴為世間少有的「琦懷孤賞」，試想這是深在切中的評價，由不得令人想起右銘對郭嵩燾的「孤忠閎識」的四字考語。「萬國槃匜留隱患，百年仕宦有深機」，是說國家面臨列強覬覦的危機，但長期形成的官場陋習，最優秀的人物還是不能得到重用，致使右銘也包括自己的抱負無法實現。有什麼辦法呢？只好學陶淵明，拂衣而去，一笑了之吧。

郭嵩燾對陳三立的誇讚賞識已如前引。詩歌唱和方面，《郭嵩燾詩文集》中今存有三題與陳三立直接有關，分別為《鶴村又見示和陳伯嚴詩再次一首》、《熊鶴村偕陳伯嚴曾重伯諸君為重九之會，各枉新詩，再疊前韻》、《陳伯嚴涂次蘅邀陪碧浪湖修禊分韻得「條」字》。[44]最後一題所涉碧浪湖修禊集會事，郭日記裡有記載。光緒十三年三月初三日記：「陳伯嚴、涂次蘅為碧湖修禊之會，會者三十餘人。所識王雁峰、王壬秋、龔雲浦、陳程初二三老宿外，髫子威、易瓚舟、熊叔雅、陳玉山、王吉來、羅順循、曾履初、曾慕陶數人與相識，余皆不能舉其名。分韻賦詩，余分得條字韻。」[45] 顯然這是效法王羲之蘭亭之會的一次規模很大的風雅文化活動，陳三立是主要發起者，郭嵩燾得到邀請，並熱心參加。此外還有光緒十六年（1890 年）正月初六的一次詩會，請客單上有王壬秋題寫的七律，熊鶴村和陳三立互相疊韻，俞確士緊隨其後。正月二十六日熊鶴村拿詩冊給郭嵩燾看，郭嵩燾也疊韻書七律一首：「良辰盛會不同歡，最怕吟詩勝怕官。老去胸無半點墨，詩成人盡九還丹。群喧時亦憐孤寂，四美中還見二難。笑我尋春牛背穩，只駝蓑笠不駝鞍。」第五句下有注：「伯嚴詩有『和成卻憶玉池叟』之句。」第六句後更註明：「鶴老與王壬秋、陳伯嚴、俞確士四人相與疊韻，而伯嚴與鶴老並疊至二十首。」[46] 因此郭嵩燾稱陳三立和熊鶴村為「四美」中的「二難」。此可見陳三立詩思的旺盛與快捷。第二句「最怕吟詩勝怕官」的注，尤令人忍俊不禁，寫的是：「生平有二怕：一怕做官，一怕作詩。」此注不用說後來的我們，即陳寶箴當時看到，也會與己心有戚戚然罷。那麼在場的陳三立，詩雖然作到二十首，內心感受恐亦無二致。

郭嵩燾逝世前患病期間，陳寶箴以家傳之醫學多次為之診脈看病。光緒十五年（1889 年）三月二十日的郭日記寫道：「陳右銘聞予病，枉蒙就視。所有脈息，言人人殊，而右銘為最近理。所擬一方，丁次谷亦力主之，然大抵皆涼品也。」[47] 隔日晚上，右銘又來看視郭公，且帶來李姓親戚（名李冶凡者）共同為之診脈。此後三月二十四日、二十六日、二十八日、二十九日，接連四天，陳寶箴都前往探視郭嵩燾的病況。未能前來探視的三月二十一日、二十三日、二十五日、三十日，兩人都有書信往來。[48] 而三月三十日這天，郭致陳一信、陳致郭一信、陳復往郭宅看望

[49]。一天而三致意焉。這種友誼和友誼的這種親密程度，求諸載記，也不多見。

另外，陳寶箴的父親陳琢如的墓碑銘是郭嵩燾所寫[50]。而《陳母李太夫人墓誌銘》[51]，也出自郭公的手筆。光緒六年正月十一日郭嵩燾日記曾詳細記載此事經過，其中寫道：「陳右銘屬撰其母李太夫人墓銘。載權辰沅道時，疏鑿沱江，而鎮筸河實所謂烏巢江也。沱江、白江二水合流，東經鎮筸城北，名西門江，折而北流，經由瀘溪縣入遠水，似未宜專屬之沱江。右銘於此功為大，於志敘中加詳。」[52]不過撰寫的時間用的可不算短，直到光緒十年，過了四年以後，才竣稿寄給陳寶箴。[53]這是因為晚年的郭嵩燾，事繁而身體又不甚好所致。

陳寶箴官遷河北道，郭嵩燾寫了一篇熱情洋溢的《送陳右銘赴任河北道序》，以彰顯其嘉德懿行。全文不長，茲抄錄如下：

> 聞之《記》曰：「知仁勇三者，天下之達德。夫此三者各有執以成名，而謂之達德。何哉？德者，載道以行者也。其必皆有足於己，而後沛然行乎道而不疑。故夫執一端以為應事之準，誠若異於流俗，而其輕重緩急得失之間，有過不及之差，則亦無由推而放之，以應乎時措之宜。三代以上人才所以盛，學素修而行素豫故也。」
>
> 吾始聞陳君右銘之賢，就而與之言，則所知多他人所不知。及歷之事，又見其淵然悱惻之發，求當於物而後已。其行之也，甚果以決。久之，而君所治事，群湖南之人信而服之。又久之，承望君之名，則亦莫不順而從之。所謂知仁勇三者，學素修而行素豫也。聆其言，侃侃然以達。察其行，熙熙然以和。坦乎其心而不怍也，充乎其氣而不懾也。
>
> 光緒庚辰之春，詔求人才，大臣多以其名應。於是特命分巡河北，行

治河堤數百里，任重而位尊，名高而眷深。而君習湖南久，其行也，心若有不自釋。湖南之人亦茫然於君之將去此也。天下之需人急矣，非獨湖南之人為然，由河北以至天下皆然。而觀於今之人，知者幾何？仁且勇者幾何？苟得其人，必良吏也，而能至者鮮。能至而未備，要之於道，必未有聞焉耳。學之不修，德之不足達於天下，民將安賴？而君之去人遠矣，則宜湖南之人流連詠慕，徬徨太息於君之行也。然天子方知君，且知君之德於湖南也，堪大臣之任，以拯斯民之厄。湖南之人將終受庇焉。於其行，為之序以期之。[54]

此序極贊陳寶箴具有集知仁勇為一體的「天下之達德」，而且這種德範是平素為學累積而成，是如同震雷一樣的久釀而當發而發。因右銘此次獲任北上，特別為湘省人士所惋惜，故郭公對右銘與湖南的關係做了較多闡述，相信已為天子所知的陳寶箴「堪大臣之任」，湖南人終將受其庇蔭，「以拯斯民之厄」。

除了這篇《送陳右銘赴任河北道序》之外，郭嵩燾還寫了《奉送陳右銘之官河北》五言古風三首，其第一首有句：「朝野艱虞際，真嗟學術疏。深望才數出，事急願非虛。磊落廷臣薦，飛騰使者車。」第三首寫道：「君才勘國計，我老謝朝簪。斂跡悠悠世，傷時寸寸心。雲山梁苑古，風雨楚江深。更有依遲意，高原鶴在陰。」[55] 可看出情意深切，而非泛泛之作。第三首末句並且有注：「兼謂公子伯嚴。」說明對陳三立的才識，郭嵩燾也很早就欣賞且視之為忘年之友了。不僅如此，當陳寶箴就任湖北按察使時，郭嵩燾還寫過另外一篇《送陳右銘廉訪序》，歷數陳寶箴的經歷和業績，為國家惜才，期以大用。郭公說，像陳寶箴這樣的「志節聲名，人望所歸」的高才志士，其用與不用、遇與不遇，足以牽動天下之人。「艱難盤錯，應機立斷，獨喜自負」，是郭公對右銘的十二字評。篇末則云：「今天子親政，稍用疆臣之言，徵求有名績者，將加以簡畀，而廉訪首膺是選，庶冀朝廷遂及時用之，俾其蘊蓄得一發攄，必有以濟時之艱危而使生人受其福。夫豪傑偉人，乘國家危僨之日，以功業著，此必待其功之成而始見也。」[56] 這種以家國天下為己任的心胸和彼此之間的互相期許的情誼，求諸晚清勝流，應屬有見而不多之例。「天子親政」指光緒十四年，為光緒帝親政之年。次年王文韶復官湖南巡撫，保薦陳寶箴，得以補授湖北按察使，故郭嵩燾以廉訪稱右銘從而送之。

陳寅恪非常重視乃祖乃父與郭嵩燾的知遇和交誼，他在 1945 年寫的《讀吳其昌撰梁啟超傳書後》中，曾鄭重提起這段往事，寫道：「咸豐之世，先祖亦應進士第。親見圓明園干霄之火，痛哭南歸。其後治軍治民，益知中國舊法之不可不變。後交湘陰郭筠仙侍郎嵩燾，極相傾服，許為孤忠閎識。先君亦從郭公論文論學，而郭公者，亦頌美西法，當時士大夫目為漢奸國賊，群欲得殺之而甘心者也。至南海康先生治今文公羊之學，附會孔子改制以言變法。其與歷驗世務欲借鏡西國以變神州舊法者，本自不同。故先祖先君見義烏朱鼎甫先生一新『無邪堂答問』駁斥南海公羊春秋之說，深以為然。據是可知余家之主變法，其思想源流之所在矣。」[57] 這是說，陳寶箴和陳三立的變法思想和郭嵩燾同屬一脈，其淵源為曾國藩等「歷驗世務欲借鏡西國以變神州舊法者」，而與康有為的激進變革判然有別。因此在寅恪先生的記憶中，郭嵩燾實是自己先人與之交誼的極重要的人物，如前所引，其晚年在《寒柳堂記夢未定稿》裡對此事續有辨析，限於題旨此不贅。

三　義寧之學的淵源與宗主

陳寶箴以舉人而非進士出身，且並非高門，能夠躋身於晚清勝流之列，在仕途上最終取得成功，主要靠的是他個人的流品與才幹。而流品與才幹得之於學養和素修，同時也得之於義寧陳氏的家學傳統。

陳寶箴的先世為福建人，曾祖鯤池始遷入江西義寧州。父親陳琢如，六七歲時已能知曉儒學基本經典的大旨，端莊寡言，有成人之風。長大之後，接觸到王陽明的著作，一見而如有夙契，感慨說道：「為學當如是矣。奔馳夫富貴，泛濫夫詞章，今人之學者，皆賊其心者也。唯陽明氏有發聾振聵之功。」[58] 從此知行盡去功名利達之見，決心與古賢為伍，「抗心古賢者，追而躡之」，不走為官為宦的道路，只以孝友尊親、德化鄉里為事。可見王學對陳寅恪的曾祖父的影響有多大。陳琢如的母親體弱多病，他因此遍讀醫書，究心醫術，成為遠近知名的能醫之人。嘗說：「無功於鄉里，而推吾母之施以及人，亦吾所以自盡也。」[59]

在琢如公的影響下，陳寶箴、陳三立後來也都通中醫之學。前面筆者已略及陳寶箴給郭嵩燾瞧病診脈的事例，郭嵩燾甚至認為右銘的脈理比其他專業醫生還要高明。儘管陳寅恪所受西方教育多，也許包括自己的某些經驗，不相信中醫，但對自己家族的中醫學傳統，仍非常重視。晚年撰寫《寒柳堂記夢未定稿》，第一章就是「吾家先世中醫之學」，遍舉曾祖陳琢如、祖父陳寶箴精通醫術的證據，而有「中醫之學乃吾家學」的結論[60]。因此探究義寧之學的淵源與傳統，一是要注意其導源於王學的盡去功名利達之見的學術精神，二是不能忽略陳氏一族所擅長的中醫之學。中醫的目的是療救民間的病痛，在傳統社會屬於下行之學，與王學有精神脈理上的一致性。這樣我們便可以理解，曾國藩說的「沉潛味道，各存一不求富貴利達之心」的論導，何以對右銘能夠終生發用。

義寧之學的另一傳統是重才興教，即盡可能利用一切機緣興辦教育、造就人才。陳琢如為了見識「天下奇士」，走遍淮、徐、齊、豫等地，最後還去了京師，結果非常失望。他慨嘆說：「士失教久矣，自天下莫不然，獨義寧也與哉。誠欲興起人才，必自學始。」[61] 當時曾、左、胡諸勝流尚未命世，仕宦猥委，人才凋落，陳公之嘆，實發時代之音。只可惜琢如先生還沒有意識到自己的親子寶箴就是未來的「天下奇士」。當然他自己也夠得上「奇士」之目，因為只有「奇士」才具有辨識世而無士、有士而不奇的「奇士」的眼光。他的經世之志與經世之學，促使他率先辦起了地方教育，創辦「義寧書院」，授子弟以實學，以期明體達用。

說來絕非巧合，陳寶箴對興教辦學的重視，也是畢生一以貫之。同治三年（1864 年）右銘三十三歲，所作《上沈中丞書》，有一節專論「明學術」和「育人才」的問題。他說：「某歷觀古大儒筮仕之邦，莫不以明教化、興學校為己任。」針對長期以來八股取士的「科制之弊」，陳寶箴提出：「其可以就成法之中，富化裁之意者，莫如書院一事。」而書院之興，首在慎擇合格的山長。右銘認為，書院山長應該敦聘「鄉先達之品學德望可為多士楷模者」，可以成為「士子趨向之的」。如果反是，盡以科目、官爵為重，而不管是不是能「造士」，就和官場習慣沒有區別了。[62] 沈中丞即沈葆楨，當時的江西巡撫。

後來右銘進入仕途，任河北道，很快就創辦了「致用精舍」（也稱河北精舍或治經書院），聘通儒擔任教職，使河北道治下的社會文教風氣為之一變。他更加系統地完善了自己的「造士」學說，所撰寫的《致用精舍記》寫道：「世之治亂視人才，人才之盛衰，存乎造士。」至於如何造士？

他說無非「上之人有以教，下之人有以學」。學之原始，在於致知，致知在致用。故「學之為用，實為世運人才升降之原」。聖人「修六經」，可「為萬世師」。「由訓詁以求義理，而尊其所聞，行其所知」，「聖人復興」，無逾此途。亦即「淵乎其識，足以燭理，沛乎其氣，足以幹事」。但也不是「汲汲於求用」，只是致用的工具知識和條件準備，「不可一日不講」。[63]《致用精舍學規》之初擬或另有其人[64]，但最後必經右銘刪訂改潤定稿，應無疑問。故《學規》明確提出「義理為體，經濟為用，詞章考據為文采」的主張，認為即使號稱學問興盛的乾嘉之際，「數十百年間，考據詞章之士多出其中，而能以道德經綸世變者，尠焉寡聞」。而在談到「晚近之人才」的時候，至有「詞章考據，虛美無用，姑無論已」[65]的說法。此可見右銘是完全承繼了乃父陳琢如的學問精神，對已流為士風習氣的學弊的批評異常嚴厲，毋寧說這也是他汲汲於興學易俗的動力源泉。

陳寶箴的人不可及的長項，一是揖盜、二是治河、三是辦學。他每設計一所學校，都是唾手可成。撫湘時設立著名的時務學堂，並非偶然。陳三立當時人在湖南，直接參與時務學堂的創辦，同時關切江西書院的情況。河北「致用精舍」的創辦，陳三立肯定也身與其事。陳寶箴辦學，始終不忘添置圖籍，這讓我想起1925年陳寅恪應清華大學國學研究院導師之聘，頭一個條件就是要研究院購買充足的圖書。義寧一族之辦學興教的傳統，真可謂淵源有自了。

陳寶箴的父親義陳琢如所提倡的，就是這種重致用的學問精神。太平天國起來後，他在義寧操辦團練，右銘也參與其事。陳寶箴中舉，琢如仍諄諄告誡不要忘了學問。病危之時，還在抄錄李二曲的《答人問學書》，並將寫好的「成德起自困窮，敗身多因得志」兩句話交給寶箴[66]。我們不妨把這看作是義寧之學的十二字教。郭嵩燾在《陳府君墓碑銘》中寫道：

「生世而為賢，必有先焉。唯其運量周天下而學術之披其身，足以有傳。閟其光以嬗之其子，施事而長延。」[67] 已注意到義寧陳氏的家學淵源及陳寶箴和陳三立對此一家族為學傳統的承繼。

這裡需要辨明，義寧之學的思想旨歸系來自王學，這有陳琢如對王學的共鳴心折可證。王學之於義寧，可以說是家傳夙契之學，不只陳琢如一代，其於寶箴，其於三立，王學的影響，均昭然可睹。早在咸豐十年（1860 年）會試京師，陳寶箴與易佩紳、羅亨奎交遊之時，右銘就在《答易笏山書》裡闡述了他對陽明學的態度。他說：

竊謂朱子教人為學，次第節目，至精至詳，何有支離之病？但宗朱子者，務以攻陸、王為事，往往矯枉過甚，反專求之於言，不求諸心，故末流之失，稍涉支離者，亦有之矣。即陽明之學，亦何嘗以空寂為宗？以其攻朱學末流之失，語意不免偏重。而為陽明之學者，又不深究其本末，而徒以附會宗旨為事，且並陽明之意而失之，何有於朱子也？[68]

朱子之學是否「支離」和陽明之學是否「空寂」，歷來是學者爭議的問題，而爭議的因由，並不只是緣於朱子和陽明的學問本體，有時還有時代環境和思想潮流影響其間。有清一代大力提倡程朱理學，朱子的地位如日中天，陽明學不時成為攻訐的對象。故陳寶箴雖將朱子和陽明並列，辨其「支離」不是朱子學問本身的問題，而是「宗朱子者」不遺餘力地攻陽明，「矯枉過甚」，以致「專求之於言，不求諸心」，結果自身陷入了「支離」。同樣，陽明學並非「空寂」，而是由於學陽明學的人「攻朱學末流之失」，致使陽明的本意一併「失之」。敘論的態度似乎不偏不倚，但置諸清代的揚朱抑王的背景，可以肯定，陳寶箴在此信中主要是替王陽明說話，應無問題。

陳寶箴在信中並進而為王陽明的致良知說施辯，認為陽明之為教，意在避免「學者支離瑣碎，反蹈務外遺內、捨本求末之病」，而「非教人耽空守寂，如佛氏之為也」。此又將陽明學與佛氏混同的俗見予以澄清。接著又闡明，朱子的「窮理」和陽明的「致良知」，都是「成正修齊之實功」，陽明所論說的「宗旨」，完全是為了「務正」。如果發生「偏重」，那是理解者的問題，而不是王陽明本身的問題。毋庸說，其為陽明學的辯護是準確而有力量的。透過這篇早期的《答易笏山書》，我們大體能夠看出，陳寶箴的學術主張明顯傾向於王學。當然還不止於此，下面再看另外的例證。

陳寶箴創辦河北致用精舍留下的文獻，除《精舍記》、《學規》，還有一篇《說學》，純是右銘手寫而成。文前小序說得明白：「二月己巳，詣致用精舍，少坐諸生齋中，與為講論，歸而拉雜書之。」[69] 由於有「二月己巳」字樣，我們知道右銘此篇著作之撰寫，應在光緒八年二月十三，即公曆 1882 年 3 月 31 日。此篇《說學》，是陳寶箴一生的重要著作之一，闡述「造士」思想最為系統詳盡。

右銘猛烈批評「末俗」的學風和後來書院之敝：「不求其本而鶩其末，只習八股、試律、小楷，以為取爵祿之具。」結果流於自私自利，患得患失，甚至無所不至。而「所讀聖經賢傳，不過聊供舉業詞藻之資」而已。志行、操守、才具之士，當然是有的，但都是由於「資秉過人而又有閱歷以陶鎔之」，使得有別於「庸眾」，因為閱歷和經驗也是學問。然而畢竟沒有經過「學問思辨之功、踐履之實」，致使根底未厚，「辯晰未精，持守未定，其所成就，終屬有限」，無法「與古昔名賢並駕」。即使「天生美質」，也未免「為俗學所困」，「不克大成」。所以「末俗之士，大抵失學者多」。右銘面對河北精舍的學子，提出國家需要造就什麼樣的士的問題：「當以君子自待乎，抑人小乎？當以忠臣孝子自待乎，抑罪臣悖子乎？當碌碌以苟富貴乎，抑兢兢以勵名節乎？當稍求自別於庸眾乎，抑蘄至於古之名儒名臣以無忝所生乎？」他說，只有「如此細細推勘、刻刻提撕」，才能「志氣奮發，一切流俗齷齪富貴利達之見，自然漸漸消沮」。這些話，讓我們看到了乃父陳琢如的影子。

怎樣改變這種「末俗」學風而「不為俗學所誤」呢？陳寶箴提出了自己積半生經驗的痛切療方：「吃緊在一『恥』字」，「恥則奮，奮則憂，有終身之憂，即有終身之恥」，「凡人稍異流俗，遽自驕矜，皆可謂之無恥」。故曰：「知恥近乎勇。」陳寶箴說：「好學力行，皆賴此始，為入德之門。先輩有言：『不讓今人，便是無量；甘讓古人，便是無志。』量之不宏，志之不卓也，舍恥其奚以乎？堂堂七尺之軀，其孰甘自居無恥矣！古今來，往往有才氣卓犖之人，少年失學，或不免跌宕自喜、放蕩不羈，一旦獲親有道，幡然悔悟，折節向學，卒能卓然自立，超出錚錚佼佼之上。蓋由秉氣充強，故愧悔之萌，若不可復立人世，其為恥者大，故其致力者猛也。」相信河北精舍的學子們，聽了當地最受尊崇的大吏這番擲地有聲、慷慨有味的激勵勗勉之言，一定內心怦怦然，慷慨奮發之情油然而生罷。

更重要的是，陳寶箴接下去闡述了他對陽明學的看法，就像陳琢如讀陽明書而感到振聾發聵一樣，陳寶箴論王陽明學說，也足以讓人振聾發聵。且看陳寶箴是如何講的——

任生廷瑚言：「曾讀《理學宗傳》、《陽明全集》諸書。」兩生受業王先生少白之門，故讀書知所嚮往。雖儒者於陸、王不無異議，然論今日救時之敝，當熏心勢利、本體汩沒之時，苟有絕利一源，真能為佛老之學者，猶當三熏三沐而進之，況陸、王乎。士生正學大明之後，但期讀書明理、身體力行，至於毫釐之差，久之自能辨白，而知所歸往。[70]

顯然是一位叫任廷瑚的學子，說他讀了王陽明的書，陳寶箴當即給予肯定。他當然知道時儒對陸、王之學不無異議，但他說，當「熏心勢利、本體汩沒」的末俗學風充溢之時，為「救時之敝」，對佛老之學尚且應該「三熏三沐而進之，況陸、王乎」。接著，他對陽明之學的特點和形成過程及朱、陸異同問題，從學理上作了闡述。他說——

究而論之，陽明之學，亦嘗從朱子格物入手，故謂：「朱子於我，亦有罔極之恩。」其用心之勤苦深至，殊絕於人，如初昏之夕就鐵樹宮道士講論達旦，及格庭前竹子七日致疾之類，皆朱子所謂「一棒一條痕，一摑一掌血」者。用力之久，散漫支離，而此民卒無自得之趣。迨謫龍場驛，萬山寥寂之中，屏去簡編，塊然獨坐，默證所學，清光大來，遂如子貢然，疑於多學，而識之間倏，聞一貫之旨。此正朱子所云：「真積力久，豁然貫通之一旦爾。」而陽明固嘗出入佛老，念前此以即物窮理而致疾，今以體認本心而貫通，得魚忘筌，遂又揭孟子良知之言，以為宗旨，遽與程、朱格致之訓分道殊趨。[71]

至於陽明後學之流於「猖狂自恣」，陳寶箴認為，陽明為學之宗旨雖有啟端肇始之責，但終歸是「不善學陽明之過」。而「陽明之故背朱子，亦因朱子論『即物窮理』，有『人物之所以成，草木之所以蕃，江河之所以流』等語」，無異「泥於句下」，所以陽明「別立宗義，以告來學，以為可免支離之病」。我們不能不佩服陳寶箴對王學的宗旨意趣闡發得何等透徹，即置諸宋明專學領域，亦難以多贊語詞。

通篇《說學》，強調的是為學的「明體達用」，即使是讀《四書》、

《六經》，最重要的是「精義入神」，而非「字櫛句比，考其所不必考，知其所不必知，矜奇炫博以為名，愚耳疲目以為惠」，使聖學落入無用之地。這就是陳寶箴的為學思想和「造士」主張，承繼的純是陳琢如所開啟的義寧家學的傳統，因而對陽明學大力肯定，也可以說茲篇《說學》不啻為陽明學的辯護書。陽明學還需要辯護嗎？不妨看看陳三立因陽明學而發生的一段故事，就思過半了。

陳三立在《湖南巡撫先府君行狀》裡說：「府君學宗張朱，兼治永嘉葉氏、姚江王氏說。」[72] 這一提示至為重要，可以說是幫助我們打開義寧之學祕奧的一把鑰匙。「學宗張朱」，即張橫渠和朱元晦之學。敘論學術思想，習慣上總是程朱並提，很少有把張載和朱熹放在一起的。散原之《行狀》寫於陳寶箴冤死後不久，當時朝野噤聲，散原不能不有所顧慮。因為有清一代，極崇程朱，可是散原又不願意把乃父為學之宗主，直接與程朱連繫起來，遂以「學宗張朱，兼治永嘉葉氏、姚江王氏」來加以概括，讓人感到陳寶箴的學問路向，「治姚江」（王學）而不失其正。試想，哪有一個有學養的後人，在敘述自己尊人的為學淵源時，會說他父親在學問上既宗張，又宗朱，又兼治永嘉葉，又兼治姚江王，玩笑也不是這樣的開法。以散原之嚴謹，當然不會如此不倫。明顯是出於顧忌，而弱化了右銘為學的真正宗主。右銘為學的宗主，和乃父陳琢如一樣，自是意近王學。其實郭嵩燾給陳琢如寫墓碑銘，敘及右銘先生之尊人陳琢如特別服膺姚江，還不是陳寶箴提供的材料？提供這種材料，當然反映他本人的學術主張，這也就無怪乎河北任上寫《說學》為陽明辯護了。

我在這裡想揭出另一個有趣的謎底，即陳三立在學術思想上是否也有一定的旨歸？換句話說，他是不是也秉承家風傾向於王學？萬沒有想到，這個謎底是散原自己為我們揭開的，他在《清故護理陝甘總督甘肅布政使毛公墓誌銘》中寫道：

> 光緒初，公方壯年，過謁先公長沙。得間，三立偕公尋衡岳，及登祝融峰，遇暴風雨，衣襦沾溼。達僧寺，張鐙就飲，倚幾縱論，涉學派，三立意向陽明王氏，微不滿朱子。公怫然變色，責其謬誤，徑去而強臥。夜半聞公輾轉太息聲，乃披衣就榻謝之曰：「猶未熟寐耶？頃者語言誠不檢，然自揣當不至為叛道之人，何過慮至此耶？」公不語，微昂首領之，晨起一笑而解。公雖少戇，染迫切厚我之肫誠逸事類此者，有不能忘。其後獲師龍川李先生，遂不復堅持夙昔所見矣。[73]

這應該是鐵證了。散原自己說他在學術問題上「意向陽明王氏」，而且「微不滿朱子」，惹得篤守程朱之學的毛慶蕃強臥而不能入睡。但散原並未因此而改變自己的學術主張，倒是毛慶蕃後來改變了自己的為學意向，轉而也重視王學。毛氏字君實，是散原的江西同鄉，又是「相摩以道義，相輸以肝膽」、「終始數十年如一日」[74]的好友，對散原的學術宗主，雖然毛慶蕃今天無法來做證人，但散原這篇紀念毛公的墓誌銘，卻可以證實陳三立學術思想的真實取向。郭嵩燾日記中，載有陳寶箴向郭公介紹毛慶藩的身世：「三世任四川知縣，皆祀名宦。曾祖覺齋先生，習程朱性理之學。」[75]則又知程朱是毛氏的家學，無怪對陳三立的不滿程朱、意向王學做出如此強烈的反應。因此我可以肯定地說，散原與乃父乃祖父一樣，也傾向於王學。

這個故事足以證明，陳寶箴為王學辯護的事出有因而又難能可貴。因為王學在中國傳統思想的框架裡面，不僅有獨立性的內涵，而且有反叛性的品格。這一點，陳三立當年向怒不與語的毛公所作解釋（「自揣當不至為叛道之人」），可得到反證。其實，陳琢如、陳寶箴、陳三立所代表的義寧之學的特點，所以具有獨立不依和截斷眾流的精神意向，其原因就在這裡。至於陳寶箴、陳三立一生的思想行動，是否有過「叛道」或「叛道」的嫌疑，不妨以陳寶箴和陳三立的閱歷陶鎔和對志行名節的守持來檢驗一番。

四　陳寶箴的閱歷陶鎔和志行名節

陳寶箴在《說學》中說：「其有志行可稱有守、才具可稱有為者，皆其資秉過人而又有閱歷以陶鎔之，是以能稍異於庸眾。」此實為右銘所自道也。義寧之學的要義，即在於此點。陳寶箴一生立身行事，一是顧全大局，一是保全自身的人格尊嚴，始終以氣節志行相砥礪。

光緒九年（1883 年），正在浙江按察使任上的陳寶箴，因王樹汶一案的反覆曲折而降調去職。王案發生在光緒五年，河南鎮平縣胡姓胥吏率眾搶劫，案發後以家僮王樹汶頂罪。王臨刑時喊冤，朝廷於是命河南巡撫李鶴年重審此案，東河總督梅啟照會同審理。當時任河北道的陳寶箴參加了覆審。中間涉及河南官場弊端，此案後由刑部直接審理，王樹汶無罪釋放，前此參與審理的官員，包括李鶴年、梅啟照，很多受到懲處，時在光緒九年。陳寶箴在此案審理中本非重要角色，故未予處分。但光緒九年六月十五日，左副都御使張佩綸奏請陳寶箴不應放過，誣稱右銘「日營營於承審各官之門」，企圖「彌縫掩飾」，致使寶箴蒙冤，受到降調三級的追加處分。陳寶箴憤而上疏抗辯——

唯恭閱邸抄，署左副孝都史張佩綸奏會審臬司豫山及臣應與初次勘轉之麟椿議處摺，內多臆度，不切事情，其他尚皆不足置辨，至所稱臣「浙臬到京之日，正此案提審之時，該升道日營營於承審官之門，彌縫掩飾，不知遠嫌，其時即干物議。而陳寶箴果與豫山逍遙法外，同罪異罰」等語，以無為有，信口詆哄。其有關於臣一人之名節，為事甚微，夫系於朝廷之是非，流弊甚大，有不忍隱怙恤已不據實瀝陳於君父之前以資兼聽者。[76]

右銘在此抗疏中又說：「況臣具有天良，粗知忠孝立身之義，縱涓埃無補，亦唯力矢勿欺，有恥之愚，自盟衾影，而禍福聽之在人」，「若張佩綸所奏營營於承審各員之門，彌縫掩飾，臣縱改行易轍、判若兩人，亦不應寡廉鮮恥，行同市儈至此」[77]。最後要求：

為此仰懇天恩簡派親信大臣查傳承審此案各員，詢明曾否與臣識面，並密先調各該員門簿，核查臣有無到門投刺。如果曾至承審各員之門彌縫掩飾，或各投過一刺，則張佩綸語不虛誑，專為整飭紀綱起見，理合請旨將臣嚴加治罪，以為昧良巧詐者戒，臣亦當清夜懷慚，無顏獨立於天地間矣。否則，法司者天下之平也，是非者朝廷之公也，苟不考事實，憑勢恣意變亂，黑白唯其所指，獨立之士孰不寒心？伏唯聖鑑，遇言必察兩用中，無可淆之是非，亦無不達之幽隱，於以上維國是、下系人民，匹夫匹婦之愚，罔不悉蒙矜鑑。用敢不避斧鉞，披瀝上陳，無任惶悚感激之至。[78]

陳寶箴所以勇於如此冒死陳詞自辯，既是為了澄清黑白真相，更是為了自身的名節不受玷汙。蓋右銘視名節為生命，為此倘遭意外亦在所不辭。這和他在《說學》所講是完全一致的。《說學》是名言和實理，此抗疏是躬行與實踐。可惜負責複查審核右銘此案訴的閻敬銘首鼠兩端，經過複查，「日營營於承審官之門，彌縫掩飾」的誣詞，證明並無此事，「張佩綸所奏自系得自風聞」[79]。但如何結案，閻敬銘不予建言，以不加可否塞責。致右銘天大冤案未得昭雪，只好蒙冤去官，自我放浪於山水之間。但他的抗疏刊於邸抄，士大夫輾轉相傳，右銘的志行名節已昭然於天地間。

當時范伯子尚沒有與義寧結為兒女親家，但後來回憶起陳寶箴抗疏一事，曾說：「猶記光緒九年得公與學士張君佩綸互訐之稿，一皆不識，而心祖公也。」[80] 陳寶箴當然心存遺憾，浙江按察使到任不及百日，便遭此人生劫難，素志長才未得一展。他在寫給歐陽霖的信中寫道：「此來到官三月，治事不過百日，有兩讞局為之研究，宜可臥治，而硜硜偏衷，繆欲躬勞怨以先僚屬，凜藏身不恕之戒，所自讞決四十餘獄，日皇皇如不暇給，他率皆是，雖僚友、士民浮譽日起，淡遠如祁子和學使，亦繆謂『天下從未見此臬司』。」[81] 可見右銘在浙省任上是何等辛勤忙碌而又舉重若輕，治績為同僚士民所稱賞，許為天下從未見過的臬司；而右銘卻謙謹平易似無減無增。以右銘的才學閱歷，苟得一展懷抱之機緣，他必然如此。然而他被迫離任了，儘管感受到了「無官一身輕」的「親切有味」，但遺憾只能藏在心裡。幸好此次在杭，認識了「西湖佳處」的「真面目」[82]，亦不失勞形之外之一得。

這次蒙冤，恰值右銘五十一歲的盛年，七年之後復職，已經五十九歲了。其所作《長沙秋興八首用杜韻》之五：「五里濃雲九里山，難消氛祲有無間。嗚嗷鹿鋋同棲莽，狗盜雞鳴已脫關。笑我蹉跎成白髮，愧人謠諑說紅顏。漫嗟騏驥閒秋草，款段猶隨伏馬班。」[83] 頗能顯示右銘此時的心境。失去了官職，卻保全了名節，歷練了人格。但長期賦閒，眼看雞鳴狗盜之徒都得到升遷，難免生頹唐之感。但右銘尊人琢如公臨終時寫給他的箴銘「成德起自困窮，敗身多因得志」，他不會忘記。

1895 年中日《馬關條約》簽訂，當時在天津任糧臺的右銘先生，聞訊後痛哭失聲，說：「這已經不像個國家了。」聽說代表清廷簽署喪權辱國條約的李鴻章，回國後還要在天津留任總督，陳寶箴說：「他早晨回來，我晚上就掛冠而去！」並說：「勛舊大臣如李公，首當其難，極知不堪戰，當投闕瀝血自陳，爭以生死去就，如是十可七八回聖聽。今猬塞責，望謗議，舉中國之大、宗社之重，懸孤注，戲付一擲，大臣均休戚，所自處甯有是耶？其世所蔽罪李公，吾蓋未暇為李公罪矣。」[84] 從而拒絕與李鴻章見面。誠如識者所言，甲午之敗是不該戰而戰之敗，因此尤堪哀痛。而早在 1860 年會試留京師期間，英法聯軍火燒圓明園，右銘飲於酒肆，遙見火光，不覺槌案痛哭，舉座為之震驚 [85]。這些地方，都表現出義寧之學的得其大體、氣節凜然而又獨立不依的精神。郭嵩燾概括陳寶箴為人治事的特點：「其自視經營天下，蓄之方寸而發於事業，以曲當於人心，固自其素定也。艱難盤錯，應機立斷，獨喜自負。」[86] 自是知者之評。

義寧之學的氣節操守和為人為學獨立精神，還表現在論學論治不摻雜黨派成見。陳三立說：「府君獨知時變所當為而已，不復較孰為新舊，尤無所謂新黨舊黨之見。」[87] 這些，對後來的史學家陳寅恪流品與風格的形成，有直接的影響。蓋因黨派之見，無非私見，而豪傑志士、學者之懷，在存乎公心。我們看右銘、散原、寅恪，何時因個體之私而與人與事？陳寶箴在湖北按察使任上，總督張之洞與湖北巡撫譚繼洵不相得，但對陳寶箴都特別倚重。遇有處理事情失當之處，右銘總是據理力爭，使有芥蒂的雙方均感信服 [88]。有一次因襄陽知縣的任用，張、譚發生分歧，張提出朱某，譚主張用張某，使得職掌按察使和布政使兩司的陳寶箴左右為難，於是掛出兩張告示牌，出個洋相給大家看。武昌知府李有棻請人提醒這樣做不好，右銘說：「督撫目無兩司久矣，吾欲使知兩司亦未可侮也。」[89] 後來撤銷了張之洞的提名。按清朝的官制，藩臺、臬臺（兩司）是省衙專管人事和司法的部門，右銘的抗爭有維護責權的意思，有益於建立正常的吏治秩序。

五　義寧之學的詩學傳統

研究陳寅恪的家學淵源，還必須講到義寧之學的詩學傳統。義寧陳氏一族，從陳寶箴開始，到陳三立以及三立諸子，全部能詩。陳三立是晚清詩壇「同光體」的執牛耳者，是近代的大詩人，世人所能知，本書相關章節亦時有所論，此處暫不詳及，茲主要探討陳寶箴的詩文修養和詩學風格。

陳寶箴不以詩人名，但他的詩文置諸晚清文苑，似可用高標狷峻、獨樹一幟來形容。今《陳寶箴集》所收之右銘詩文，各體文約八十餘篇，詩三十餘首，此外尚有數量更大的書信和奏章。前面我們已經欣賞了《上江西沈中丞書》、《說學》、《交卸浙臬篆並瀝陳愚悃摺》和《致歐陽潤生書》等篇，其論說、章奏和書信三體文字的風致特點，已有所晤識。其識見高超、學理明通、論事剴切、文氣充貫自不必說，更主要是廓然大公、一意以家國天下為己任的情操氣節充溢於字裡行間。晚年的曾國藩讀了右銘的一冊文稿，評為：「駿快激昂，有陳同甫、葉水心之風。」[90] 可謂一語中的，不愧是文章泰斗、賞析大家之評。曾公點明右銘文宗陳、葉，亦可見其為學之淵源所自。而「駿快激昂」的四字評，陳寶箴文體風格的特點概括無遺矣。桐城方宗誠的評語是：「作者不沾沾於文，而自光明俊偉，氣骨錚錚。論事文尤佳，最善於立言之體，敘忠節事尤有生氣，此自性分所出也。」[91] 亦不失為的評。郭嵩燾看了右銘的奏、議、書、牘、序、傳等各體文章三十餘篇，總的評價是：「右銘十餘年蹤跡，與其學術志行，略具於斯。其才氣誠不可一世，而論事理曲折，心平氣夷，慮之周而見之遠，又足見其所學之邃也。」[92]

至其詩歌，雖流傳下來的只有三十多首，然風格高古，意態從容，一派不可一世的大家氣象，大有漢魏餘緒。如《吳城舟中寄酬李芋仙》第二首：

> 相逢冠劍走風塵，十載論交老更親。
> 詩有仙心宜不死，天生風骨合長貧。
> 本來溫飽非吾輩，未必浮沉累此身。
> 官職聲名聊復爾，秋風容易長魚蓴。[93]

此詩的頷聯「詩有仙心宜不死，天生風骨合長貧」句，不僅對仗工整，意趣亦深醇雋永，既寫出了詩人的性格節操，又抒發了理想懷抱。又如也是與李芋仙有關的《入都過章門》兩絕句，其一作：「妙墨重勞品藻工，濤聲萬壑隱穹窿。良材偃蹇天應惜，肯作尋常爨下桐。」其二為：「歲寒不改真吾友，拔地干宵傍碧空。舊雨不來庭宇靜，虬龍日夜起秋風。」[94] 都是抒寫懷抱的大氣象、大手筆之作。而歌行體的《洛陽女兒行》、《易笏山出都將為從軍之行作長歌以送之》、《湘中送胡筱筠大令解組歸義寧》，純是唐風唐韻，太白遺風。特別《長沙秋興八首用杜韻》，沉鬱蒼茫，憂腸百結，寄託遙深，斯足以長太息者矣。此題之第五首前已徵引，余如第二首頷聯「岳麓有情還繞廓，湘源何處可乘槎」，第三首之五至八句「只覺英才為世累，不圖前席與心違。茫茫絳灌知何限，相者從來但舉肥」，第八首之頸聯「江山靈秀供題賞，翼軫星文看轉移」[95]，等等，俱為詩眼點睛之句，見出右銘寧可困頓無著也不肯違心敷衍的志節特操。

右銘尤善五古，代表作是《僑寓湘中六十初度避客入山詠懷》，共六首，作於光緒十六年（1890 年）正月，時值右銘六十初度，即將離開湖南赴湖北按察使任，故有是感。恰好我們的大史學家陳寅恪，即誕生於是年的五月十七日，也許並非巧合也。斯六首《詠懷》，可作為陳寶箴一甲子的經歷、懷抱、際遇、感悟的詩史來看。其第一首，感慨四季遞嬗，流光易逝，通達富貴，過眼雲煙，人生短促，蹙蹙何求，是悟透人生的證道導引。其第二首，追溯自己「少壯迫寇難，窮走困饑寒」的身世，及為了濟世救世所走的艱難崎嶇之路，六十年過去，屢經挫折，仍未見用。其第三首，寫自己的萬丈豪氣，也曾在湘省在河北武陟一試牛刀，不無小小的懷抱舒展。其第四首，再寫人才跋涉之難，不管手中有多少濟世良方，反而可能受人訕笑，因為「豢龍人」太少了。本來浙江按察使一職應該是一試鋒芒的機緣，而且開局那樣成功，不料落得個連封賞的根基都失去了的下場。是非得失有何好說，還是守著妻小過在水上漂洗棉絮的日子罷。其第五首，追憶曾國藩出山與太平軍作戰的壯烈時刻，天下英才齊來曾幕，「湘鄉駕群才，采干岩林空」，「由來崑崙鳳，高棲擇梧桐」。如此人才鼎盛的局面，還有出現的可能嗎？其最後的第六首，索性連聲譽、功名、文章、載籍、是非、得失，一起掀開底蘊，寫道——

窮儒強解事，藉口後世名。

後世乃為誰？遽足為重輕。

古籍汗牛馬，糟粕非菁英。

何況挾愛憎，是非汩其情。

豐碑既多愧，薄俗尤相傾。

文字亦俳優，小技安足逞。

太元覆醬瓿，幸有侯芭生。

秦人吏為師，何者是六經。

更閱千萬歲，禽鳥亦雙聲。

人生本自得，吾心有虧成。

幽人蒢靈臺，清光耿霄雯。

但看天漢上，乃識嚴君平。[96]

我們的右銘看來是徹底看破世情了。不是嗎？所謂人要在乎身後的名聲，不過是儒者的說辭而已，「後世」是誰？「後世」在哪裡？誰來衡量孰輕孰重？中國的古代載籍當然很多，汗牛充棟不足以形容，但很多都是糟粕。何況那些載籍的作者把個人的愛憎摻雜其中，是非已經被情感所汩沒。因此稱為豐碑的，不見得無所愧，世俗的習慣遠比歷史真實大。而文章一途，不過是雕蟲小技，自然無所施其技。至於漢代揚雄的「玄之又玄」的《太玄經》，他的同時代大儒劉歆早就直言不諱地說了：「現在利祿在前，學者們尚且不明白《易經》，閣下的《玄》，誰能懂得？你不是白受苦嗎？我擔心後來的人會把它當作裝醬的瓦罐而已。」不過右銘說，揚雄也許不無幸運，畢竟有一位河北鉅鹿的後生名侯芭者，和他住在一起，喜歡聽他談玄。「六經」的重要不必說了，可是秦人「以吏為師」，「六經」還有地位嗎？「禽鳥」兩個字，「禽」的聲母是「其」，「鳥」的聲母是「尼」，不是雙聲，但過了千百年之後，也許會變成雙聲也說不定。看來人生最重要的，是在於「自得」，在於問心虧不虧。這一點只有靠天地神明來作證了。不妨看看天上的銀河，那是像自己的父母對待子女一樣公平的。

就要赴湖北按察使的重任了，然而陳寶箴回思一生經歷，並沒有感到些許歡欣，而是充滿空幻。本來嘛，這個職務，早在八年前他就得到了，僅三個月，就因「王樹汶案」蒙冤而「茅土裂」。這次是到湖廣總督張之洞的治下，結果如何亦甚難言也。我敢說，此《僑寓湘中六十初度避客入山詠懷》五古六首，置諸晚清詩壇，也是上乘之作。

另有五言古風《蠅》，三十四句，描摹群蠅成陣、染鼎逐臭的各種形態，並提出滅蠅的方法，期望能夠安枕酣眠，最後以「乃知天壤間，實繁蠅與蠹」為結，頗似一篇寓言。[97] 誠如范肯堂在陳寶箴《墓誌銘》中所說：「公於詩文果不多為，為則精粹有法。」[98] 這從他的詩學主張中也可以看出來，其《書塾侄詩卷》寫道：

詩言志，志超流俗，詩不求佳，然志高矣。又當俯仰古今，讀書尚友，涵養性情，有悠然自得之致。綿渺悱惻，不能自已，然後感於物而有言，言之又足以感人也。後世飾其鞶帨，類多無本之言，故曰雕蟲篆刻，壯夫不為。然即以詩論，亦必浸淫墳籍，含英咀華，以相輸灌。探源漢魏，涉獵唐宋人，於作者骨骼神韻，具有心得，然後執筆為之，不見陋於大雅之林矣。今侄且無肆力於詩，且先肆力於學。以侄之聰明才能，擺脫一切流俗之見，高著眼孔，拓開心胸，日為古人為徒，即以古人自待，毋自菲薄，毋或怠荒，他日德業事功，皆當卓有成就。以此發為詩文，如萬斛泉源，不擇地而湧矣。況不必以詞章小道，與專門名家者爭優劣耶。子夏曰：「雖小道，必有可觀者焉，致遠恐泥。」聞侄漸留意於書畫筆墨之間，而未知向學，故書此以廣所志，勉旃勉旃。[99]

這無疑是一篇完整的詩論，從中可以見出，高古尚實，脫卻流俗，感而後言，而又要以學問為基底，是右銘先生的詩歌主張，同時也是他本人辭章的特點。而「日為古人為徒，即以古人自待」的規鏡，與乃父陳琢如關於為學為人須「抗心古賢者，追而攝之」的知行觀，如出一轍。

明白了義寧之學的淵源與宗主，我們就不會奇怪陳氏父子何以能夠成為戊戌維新的主要角色，以及為造就日後的大史學家提供了怎樣合適的家族傳世之學的思想土壤。

2015 年 2 月 17 日全稿竟 2016 年 5 月 3 日改定稿

本章注腳

[1] 參見李鼎芳編著《曾國藩及其幕府人物》一書，岳麓書社 1985 年重刊。又陳三立《畸人傳》記李士棻曰：「未幾，寇大起，國藩督師東南，遂為江南總督，士棻至為客。當是時，海內碩儒奇士，輻湊幕府，言兵言經世大略，有李鴻章、彭玉麟、李元度；言性理政事，有涂宗瀛、楊德乾、方宗誠、汪翰；言黃老九流文學著述，則有張文虎、汪鐸、劉毓崧、戴望、莫友之、張裕釗、李鴻裔、曹耀湘之屬，士棻遨遊期間，無所不狎侮。」見《散原精舍詩文集》下冊，上海古籍出版社 2003 年版，第 814 頁。

[2] 陳三立：《湖南巡撫先府君行狀》，《散原精舍詩文集》（李開軍校點）下冊，上海古籍出版社 2003 年版，第 846 頁。

[3] 陳三立：《湖南巡撫先府君行狀》，《散原精舍詩文集》（李開軍校點）下冊，上海古籍出版社 2003 年版，第 846 頁。

[4] 陳三立：《湖南巡撫先府君行狀》，《散原精舍詩文集》（李開軍校點）下冊，上海古籍出版社 2003 年版，第 846 頁。

[5] 原載《修水縣誌》，轉引自張求會：《陳寅恪的家族史》，廣東教育

出版社 2007 年版，第 52 頁注一。

[6] 陳寶箴:《上江西沈中丞書》，汪叔子、張求會編:《陳寶箴集》下冊，中華書局 2005 年版，第 1790 頁。

[7] 陳寶箴:《上江西沈中丞書》，汪叔子、張求會編:《陳寶箴集》下冊，中華書局 2005 年版，第 1790 頁。

[8] 陳三立:《席公行狀》,《散原精舍詩文集》下冊，上海古籍出版社 2003 年版，第 796 頁、804 頁。

[9] 陳三立:《湖南巡撫先府君行狀》，李開軍校點:《散原精舍詩文集》下冊，上海古籍出版社 2003 年版，第 847 頁。

[10] 黃濬:《花隨人聖庵摭憶》，上海古籍書店 1983 年版，第 222 頁。又新印之《瞑庵雜識、瞑庵二識》，岳麓書社 1983 年版，第 62 頁。

[11] 胡思敬:《國聞備乘》，上海書店出版社 1997 年版，第 32 頁。

[12] 郭嵩燾光緒十五年八月初三《日記》載:「陳右銘自誦其臬署聯云:『執法在持平，只權衡輕重低昂，無所謂用寬用猛；問心期自慊，不計較毀譽得失，乃能求公是公非。』」載《郭嵩燾日記》第四冊，湖南人民出版社 1982 年版，第 870-871 頁。

[13] 陳寶箴:《致程恆生》,《陳寶箴集》下冊，中華書局 2005 年版，第 1628 頁。

[14] 郭嵩燾:《陳母李太夫人墓誌銘》,《郭嵩燾詩文集》，岳麓書社 1984 年版，第 492 頁。

[15] 郭嵩燾:《陳母李太夫人墓誌銘》,《郭嵩燾詩文集》，岳麓書社 1984 年版，第 72 頁。

[16] 郭嵩燾:《送陳右銘廉訪序》,《郭嵩燾詩文集》，岳麓書社 1984 年版，第 278、279 頁。

[17] 郭嵩燾：《送陳右銘廉訪序》，《郭嵩燾詩文集》，岳麓書社 1984 年版，第 278、279 頁。

[18] 陳三立：《湖南巡撫先府君行狀》，《散原精舍詩文集》下冊，上海古籍出版社 2003 年版，第 849 頁。

[19] 陳三立：《湖南巡撫先府君行狀》，《散原精舍詩文集》下冊，上海古籍出版社 2003 年版，第 851 頁。

[20] 陳三立：《湖南巡撫先府君行狀》，《散原精舍詩文集》下冊，上海古籍出版社 2003 年版，第 852 頁。

[21] 陳寅恪:《寒柳堂記夢未定稿》(六)〈戊戌政變與先祖先君之關係〉，《寒柳堂集》，三聯書店 2001 年版，第 199 頁。又《散原精舍詩文集》下冊，上海古籍出版社 2003 年版，第 855 頁。

[22] 《郭嵩燾日記》中提到陳寶箴、陳三立父子之處，計有光緒五年十月初六、初九、十二、二十一，十二月初四；光緒六年正月二十、二十一、二十六、二十八，三月十四、十六，四月十五、三十，五月初二、初五、初八、十五、二十三，六月初一、十一、十九、二十八，七月初十、十五、十九、二十、二十一、二十三；光緒八年正月十五，四月二十一，四月二十二，五月十九；光緒九年十二月初二、初四、初八、初十、十一、十五；光緒十年正月初五、初十、十一、十六，二月初六、十二、二十一、二十三，三月初一、初二、初三、十四、十八、二十一，閏五月初五、初九、十一、十八、二十一，六月十五、十六，九月初四、十二、十三、二十四，十月十一、十五，十一月初二；光緒十一年正月初三、十六，二月初十，三月十二、二十四，四月二十，五月初八，八月初一，九月初八，十月初四、初十、十三、十五、二十、二十八；光

緒十二年五月二十七、二十八，六月二十二、二十五，七月初三、初四、二十四，八月初三、初五、二十二、二十七，九月十五，十月二十八，十一月初十、十一，十二月初八、初九、十四；光緒十三年正月二十三，三月初二、初三，四月初七、二十七，閏四月初七、二十五，八月十六，九月二十九，十月初三、初六，十一月十二、十五、十六、十七；光緒十四年正月初六、二十一，三月初九、十四、二十五，七月初七、初八、十四、二十四，十二月初十、十二、十八、二十七；光緒十五年正月二十，二月初二、初三、十三、二十五、二十七、二十八，三月二十、二十一、二十二、二十三、二十四、二十五、二十六、三十，四月初一、初二、初三、初四、初五、初八、十四、十六，七月初二、初七、十九，八月初三、初四、二十六，九月二十八，十月初三、初十，十一月二十八；光緒十六年正月十八、二十五，二月十七、十八、二十三、二十四、二十五、二十九，閏二月初二、二十七，三月初二、初三、初六、十四、十九、二十八，四月初九、十七、十九，五月二十、二十四，六月十八、二十六，七月二十八，八月初一，十月初十，十一月十四、二十五、二十七，十二月初八、初十、十四；光緒十七年正月初五、初九、十六，三月十九，五月十六，六月初八。參見《郭嵩燾日記》第三冊，第947-973頁、第四冊第6-1010頁，湖南人民出版社1982年版。

[23]《郭嵩燾日記》第四冊，湖南人民出版社1982年版，第1010頁。

[24]《郭嵩燾日記》第四冊，湖南人民出版社1982年版，第12頁。

[25]《郭嵩燾日記》第四冊，湖南人民出版社1982年版，第44頁。

[26]《郭嵩燾日記》第四冊，湖南人民出版社1982年版，第49頁。

[27] 《郭嵩燾日記》第四冊，湖南人民出版社 1982 年版，第 59-60 頁。

[28] 《郭嵩燾日記》第四冊，湖南人民出版社 1982 年版，第 64 頁。

[29] 《郭嵩燾日記》第四冊，湖南人民出版社 1982 年版，第 74 頁。

[30] 《郭嵩燾日記》第四冊，湖南人民出版社 1982 年版，第 459 頁。

[31] 《郭嵩燾日記》第四冊，湖南人民出版社 1982 年版，第 851 頁。

[32] 《郭嵩燾日記》第四冊，湖南人民出版社 1982 年版，第 49 頁。

[33] 《郭嵩燾日記》第四冊，湖南人民出版社 1982 年版，第 254 頁。

[34] 《郭嵩燾日記》第四冊，湖南人民出版社 1982 年版，第 10 頁。

[35] 《郭嵩燾日記》第四冊，湖南人民出版社 1982 年版，第 71 頁。

[36] 《郭嵩燾日記》第四冊，湖南人民出版社 1982 年版，第 449 頁。

[37] 郭嵩燾：《喜雪和陳右銘》，《郭嵩燾詩文集》，岳麓書社 1984 年版，第 759-760 頁。

[38] 白居易：《西樓喜雪命宴》，《全唐詩》卷四百四十七、白居易二十四。

[39] 《郭嵩燾詩文集》，岳麓書社 1984 年版，第 757-759 頁。

[40] 《郭嵩燾詩文集》，岳麓書社 1984 年版，第 746、747、788 頁。

[41] 《郭嵩燾詩文集》，岳麓書社 1984 年版，第 757 頁。

[42] 《郭嵩燾詩文集》，岳麓書社 1984 年版，第 757 頁。

[43] 《郭嵩燾詩文集》，岳麓書社 1984 年版，第 759 頁。

[44] 《郭嵩燾詩文集》，岳麓書社 1984 年版，第 769、780、781 頁。

[45] 《郭嵩燾日記》，岳麓書社 1983 年版，第四冊，第 694 頁。

[46] 《郭嵩燾日記》，岳麓書社 1983 年版，第四冊，第 910 頁。

[47] 《郭嵩燾日記》，岳麓書社 1983 年版，第四冊，第 847 頁。

[48] 參見《郭嵩燾日記》，第四冊，第 847-849 頁。

[49]《郭嵩燾日記》，第四冊，第 849 頁。

[50]《陳府君墓碑銘》，《郭嵩燾詩文集》，岳麓書社 1984 年版，第 437-439 頁。

[51]《陳母太夫人墓誌銘》，《郭嵩燾詩文集》，岳麓書社 1984 年版，第 491-492 頁。

[52]《郭嵩燾日記》，第四冊，第 6 頁。

[53] 光緒十年閏五月十一日，郭嵩燾在日記中寫道：「瞿子玖見示陳右銘信，並寄其太夫人墓銘。」見《郭嵩燾日記》，第四冊，第 482 頁。

[54] 郭嵩燾：《送陳右銘赴任河北道序》，《郭嵩燾詩文集》，第 257-258 頁。

[55] 郭嵩燾：《奉送陳右銘之官河北》，《郭嵩燾詩文集》，第 747 頁。

[56] 郭嵩燾：《送陳右銘廉訪序》，《郭嵩燾詩文集》，第 278-279 頁。

[57] 陳寅恪：《讀吳其昌撰梁啟超傳書後》，《寒柳堂集》，上海古籍出版社 1980 年版，第 148-149 頁。

[58] 郭嵩燾：《陳府君墓碑銘》，《郭嵩燾詩文集》，岳麓書社 1984 年版，第 437 頁。

[59] 郭嵩燾：《陳府君墓碑銘》，《郭嵩燾詩文集》，岳麓書社 1984 年版，第 437 頁。

[60] 陳寅恪《寒柳堂記夢未定稿》第二節〈吾家先世中醫之學〉云：「先曾祖以醫術知名於鄉村間，先祖先君遂亦通醫學，為人療病。寅恪少時亦嘗瀏覽吾國醫學古籍，知中醫之理論方藥，頗有由外域傳入者。然不信中醫，以為中醫有見效之藥，無可通之理若格於時代及地區，不得已而用之，則可。若矜誇以為國粹，架於外國醫學之上，則昧於吾國醫學之歷史，殆可謂數典忘祖歟？曾撰《三國志》

中印度故事，《崔浩與寇謙之》及《元白詩箋證稿》第五章法曲篇等文，略申鄙見，茲不贅論。《小戴記·曲禮》曰：『醫不出三世，不服其藥。』先曾祖至先君，實為三世，然則寅恪不敢以中醫治人病，豈不異哉？孟子曰：『君子之澤，五世而斬。』長女流求，雖業醫，但所學者為西醫。是孟子之言信矣。」見《寒柳堂集》，上海古籍出版社 1980 年版，第 168 頁。

[61] 郭嵩燾：《陳府君墓碑銘》，《郭嵩燾詩文集》，岳麓書社 1984 年版，第 437-438 頁。

[62] 陳寶箴：《上沈中丞書》，《皇朝經世文編續編》卷十，臺北文海書局 1979 年印行。又《陳寶箴集》（汪叔子、張求會編）下冊，中華書局 2005 年版，第 1791、1792 頁。

[63] 陳寶箴：《致用精舍記》，《陳寶箴集》下冊，中華書局 2005 年版，第 1870-1872 頁。

[64] 《郭嵩燾日記》光緒八年正月十五日條記載：「又杜雲秋《雜著》，《河北精舍學規》亦雲秋所撰也。」見《郭嵩燾日記》，岳麓書社 1983 年版，第四冊，第 254 頁。

[65] 《致用精舍學規》，《陳寶箴集》下冊，中華書局 2005 年版，第 1872-1873 頁。

[66] 郭嵩燾：《陳府君墓碑銘》，《郭嵩燾詩文集》，岳麓書社 1984 年版，第 438 頁。

[67] 郭嵩燾：《陳府君墓碑銘》，《郭嵩燾詩文集》，岳麓書社 1984 年版，第 438 頁。

[68] 陳寶箴：《答易笏山書》，《陳寶箴集》下冊，中華書局 2005 年版，第 1818 頁。

[69] 陳寶箴：《說學》，《陳寶箴集》下冊，中華書局 2005 年版，第 1878 頁。

[70] 陳寶箴：《說學》，《陳寶箴集》下冊，中華書局 2005 年版，第 1880 頁。

[71] 陳寶箴：《說學》，《陳寶箴集》下冊，中華書局 2005 年版，第 1881 頁。

[72] 陳三立：《湖南巡撫先府君行狀》，《散原精舍詩文集》下冊，上海古籍出版社 2003 年版，第 855 頁。

[73] 陳三立：《清故護理陝甘總督甘肅布政使毛公墓誌銘》，《散原精舍詩文集》下冊，上海古籍出版社 2003 年版，第 1077 頁。

[74] 陳三立：《清故護理陝甘總督甘肅布政使毛公墓誌銘》，《散原精舍詩文集》下冊，上海古籍出版社 2003 年版，第 1075 頁。

[75] 郭嵩燾日記光緒六年五月初八日條，《郭嵩燾日記》，第四冊，岳麓書社 1983 年版，第 51 頁。

[76] 陳寶箴：《交卸浙臬篆並瀝陳愚悃摺》，汪叔子、張求會編：《陳寶箴集》上冊，中華書局 2005 年版，第 2-3 頁。

[77] 陳寶箴：《交卸浙臬篆並瀝陳愚悃摺》，汪叔子、張求會編：《陳寶箴集》上冊，中華書局 2005 年版，第 3 頁。

[78] 陳寶箴：《交卸浙臬篆並瀝陳愚悃摺》，汪叔子、張求會編：《陳寶箴集》上冊，中華書局 2005 年版，第 3-4 頁。

[79] 閻敬銘：《遵旨查明陳寶箴參款摺》，《陳寶箴集》上冊，中華書局 2005 年版，第 5-6 頁。

[80] 范伯子：《故湖南巡撫義寧陳公墓誌銘》，《范伯子詩文集》，上海古籍出版社 2003 年版，第 522 頁。

[81] 陳寶箴：《致歐陽潤生書（稿）》，《陳寶箴集》下冊，中華書局 2005 年版，第 1648 頁。

[82] 陳寶箴：《致歐陽潤生書（稿）》，《陳寶箴集》下冊，中華書局 2005 年版，第 1648 頁。

[83] 陳寶箴：《長沙秋興八首用杜韻》之五，《陳寶箴集》下冊，中華書局 2005 年版，第 1967 頁。

[84] 陳三立：《湖南巡撫先府君行狀》，《散原精舍詩文集》下冊，上海古籍出版社 2003 年版，第 852 頁。

[85] 陳三立：《湖南巡撫先府君行狀》，《散原精舍詩文集》下冊，上海古籍出版社 2003 年版，第 846 頁。

[86] 郭嵩燾：《送陳右銘廉訪序》，《郭嵩燾詩文集》，岳麓書社 1984 年版，第 278 頁。

[87] 陳三立：《湖南巡撫先府君行狀》，《散原精舍詩文集》下冊，上海古籍出版社 2003 年版，第 855 頁。

[88] 陳三立：《湖南巡撫先府君行狀》，《散原精舍詩文集》下冊，上海古籍出版社 2003 年版，第 855 頁。

[89] 馬敘倫：《石屋餘瀋》〈陳寶箴能舉其職〉條，上海書店 1984 年版，第 173 頁。

[90] 曾國藩：《復陳寶箴》，《曾國藩全集》第 29 冊「書信」第九，岳麓書社 1994 年版，第 6783 頁。

[91]《陳寶箴集》下冊，中華書局 2005 年版，第 1842 頁。

[92]《陳寶箴集》下冊，中華書局 2005 年版，第 1843 頁。

[93] 陳寶箴：《吳城舟中寄酬李芋仙》，《陳寶箴集》下冊，中華書局 2005 年版，第 1965 頁。

[94] 《陳寶箴集》下冊，中華書局 2005 年版，第 1964 頁。

[95] 陳寶箴：《長沙秋興八首用杜韻》，《陳寶箴集》下冊，中華書局 2005 年版，第 1966-1967 頁。

[96] 陳寶箴：《僑寓湘中六十初度避客入山詠懷》，《陳寶箴集》下冊，中華書局 2005 年版，第 1972 頁。

[97] 陳寶箴：《蠅》，《陳寶箴集》下冊，中華書局 2005 年版，第 1965-1966 頁。

[98] 范伯子：《故湖南巡撫義寧陳公墓誌銘》，《范伯子詩文集》，上海古籍出版社 2003 年版，第 524 頁。

[99] 陳寶箴：《書塾侄詩卷》，《陳寶箴集》下冊，中華書局 2005 年版，第 1841-1842 頁。

第七章

陳寅恪的「家國舊情」與「興亡遺恨」

1980 年上海古籍出版社出版的《陳寅恪文集》之第一種《寒柳堂集》，附有《寅恪先生詩存》，收詩 197 首，是為殘編。受寅恪先生委託負責整理文集的蔣天樞先生在識語中說：「寅恪先生逝世前，唐曉瑩師母曾手寫先生詩集三冊，1967 年後因故遺失。現就本人手邊所有叢殘舊稿，按時間先後，錄存若干篇，借見先生詩之梗概云爾。」[1]

關心陳寅恪先生學行志業的人，一直為不能窺見陳詩的全貌而深感遺憾。1993 年清華大學出版社出版的《陳寅恪詩集》，系寅恪先生的兩位女公子流求和美延所編定，共收詩 329 首[2]，比《詩存》多出 132 首，雖仍然不一定是陳詩的全部，主要的部分應該都包括在內了。因此蒐集得比較齊全，是這本詩集的第一個特點。其次，是編排順序大體上按照寅恪先生夫婦生前編定的詩稿目錄，除其中 13 首不能確定寫作時間，其餘 216 首都有具體署年。三是《詩集》後面附有唐曉瑩先生的詩作 64 首，為我們從另一個側面了解陳氏夫婦精神世界的全體，提供了極可寶貴的資料。至於流求、美延兩姐妹十幾年來為蒐集遺失的詩稿所做的努力，則是千難百折，委曲動人，編後記中所敘只不過是波濤中的一抹微沫，實更有文字難以言傳者。1961 年寅恪先生《贈吳雨僧》四首之三所說的「孫盛陽秋存異本，遼東江左費搜尋」[3]，可為蒐集過程之連類比照。

陳寅恪先生的詩篇和他的學術著作一樣，同是他生命的一部分，展讀之下有一股深淵磅礴之氣和沉鬱獨立的精神，充溢於字裡行間。《詩集》中最早一首寫於 1910 年，結束在 1966 年，時間跨度為半個多世紀，牽及百年中國眾多的時事、人物、事件、掌故，釋證起來，殆非易事。但《詩集》中有幾組再三吟詠、反覆出現、貫穿終始的題旨，這就是興亡之感、家國之思、身世之嘆和亂離之悲。下面讓我們依照寅恪先生倡導的「在史中求史識」[4] 的方法，具列出與此四重主題有直接關聯的詩句，以為驗證。詩句後面的數字，即為清華版《詩集》的頁碼，為節省篇幅，不以全稱注出。

甲、「興亡」

興亡今古鬱孤懷，一放悲歌仰天吼。3

西山亦有興亡恨，寫入新篇更見投。5

猶有宣南溫夢寐，不堪灞上共興亡。15

欲著辨亡還擱筆，眾生顛倒向誰陳。19

辨亡欲論何人會，此恨綿綿死未休。22

玉顏自古關興廢，金鈿何曾足重輕。34

歌舞又移三峽地，興亡誰酹六朝觴。40

別有宣和遺老恨，遼金興滅意難平。44

興亡總入連宵夢，衰廢難勝餞歲觥。53

興亡自古尋常事，如此興亡得幾回。58

審音知政關興廢，此是師涓枕上聲。60

同入興亡煩惱夢，霜紅一枕已滄桑。65

古今多少興亡恨，都付扶餘短夢中。77

紅杏青松畫已陳，興亡遺恨尚如新。85

白頭聽曲東華史，唱到興亡便掩巾。86

興亡江左自傷情，遠志終慚小草名。87

如花眷屬慚雙鬢，似水興亡送六朝。92

好影育長終脈脈，興亡遺恨向誰談。100

興亡遺事又重陳，北里南朝恨未申。110

病余皮骨寧多日，看飽興亡又一時。132

家國舊情迷紙上，興亡遺恨照燈前。141

乙、「家國」

一代儒宗宜上壽，七年家國付長吟。33

故國華胥猶記夢，舊時王謝早無家。48

兒郎涑水空文藻，家國沅湘總淚流。69

頻年家國損朱顏，鏡裡愁心鎖疊山。77

衰淚已因家國盡，人亡學廢更如何。97

死生家國休回首，淚與湘江一樣流。104

狂愚殘廢病如絲，家國艱辛費護持。129

家國舊情迷紙上，興亡遺恨照燈前。141

丙、「身世」

萬里乾坤孤注盡，百年身世短炊醒。25

萬里乾坤空莽蕩，百年身世任蹉跎。30

山河已入宜春檻，身世真同失水船。63

身世盲翁鼓，文章浪子書。98

文章豈入龔開錄，身世翻同范蠡船。116

山河來去移春檻，身世存亡下瀨船。120

石火乾坤重換劫，劍炊身世更傷神。122

年來身世兩茫茫，衣狗浮雲變白蒼。129

丁、「亂離」

莫寫浣花秦婦障，廣明離亂更年年。19

群心已慣經離亂，孤注方看博死休。21

殘剩河山行旅倦，亂離骨肉病愁多。26

人心已漸忘離亂，天意真難見太平。33

風騷薄命呼真宰，離亂餘年望太平。33

女痴妻病自堪憐，況更流離歷歲年。39

臨老三回值亂離，蔡威淚盡血猶垂。55

道窮文武欲何求，殘廢流離更自羞。61

七載流離目愈昏，當時微願了無存。69

《詩集》中寅恪先生詩作部分只有 130 頁，共 329 首詩，「興亡」、「家國」、「身世」、「亂離」四組詞語凡四十六見，重複率如此之高，超乎想像。而且這些詞語大都居於詩眼位置，反覆詠嘆，一往情深，實具有接通題旨的意義。就中緣由、委曲安在？茲可以斷言：這四組詞語背後，一定有寅恪先生內心深處幽憂牢結不得擺脫的什麼「情結」，以至於晝思夜想，縈迴不散，吟詠之間總要自覺不自覺地流露於筆端。

那麼埋藏在寅恪先生心底的「情結」究竟是什麼呢？

「亂離」之悲比較容易理解。寅恪先生於 1890 年農曆五月十七日出生於湖南長沙，正值近代中國大故迭起，社會發生劇烈變動時期。特別是中歲以後，1937 年盧溝橋事變，日人占領北京，北大、清華等高等院校南遷，寅恪先生挈妻攜女，下天津、奔青島、至濟南、轉鄭州、經長沙、繞桂林、過梧州、抵香港，一路上顛沛流離，飽嘗了逃難的苦痛。唐曉瑩先生寫有《避寇拾零》一文[5]，記此次逃難的前後經過甚詳。不久，太平洋戰爭爆發，寅恪先生又從香港往內地逃。好不容易盼到 1945 年抗戰勝利，以為可以安立講堂了，誰知國共兩黨內戰又起，結果 1948 年 12 月再一次離京南逃。所以寅恪先生才有「臨老三回值亂離」的感嘆。包括 1950 年 6 月發表於《嶺南學報》上的《秦婦吟校箋舊稿補正》，雖是嚴格的學術考證之作，透過避難秦婦由長安逃往洛陽一路所聞所見，對自己的亂離之思亦有所寄託。寅恪先生並且援引《北夢瑣言》〈李氏女條〉，認為該條所記的唐末「李將軍女」因避亂而失身，是「當日避難婦女普遍遭遇，匪獨限於李氏女一人也」[6]。因此完全可以說，寅恪先生在詩中發抒的亂離之悲，也不專屬於先生一人，而是當時特定時代的共同感嘆。

至於「身世」、「家國」、「興亡」這三組題旨語詞所包含的內容，釋證起來則需要稍多一些的筆墨。筆者因近年涉獵中國近現代學術史，頗讀寅恪先生之書，因而對先生的身世微有所知。現在一提起陳寅恪的名字，國內外學術界幾乎無人不曉。可是他的祖父陳寶箴和父尊陳三立，在晚清及近代中國實享有更高的知名度。陳寶箴字右銘，籍江西義寧州（民國以後改為修水），為咸豐元年辛亥恩科舉人，六年後，即 1856 年，會試不第，留京師三年，得交四方才俊之士。當時恰值英法聯軍火燒圓明園，右銘先生遙見火光，在酒樓捶案痛哭，四座為之震驚[7]。其吏能、治才、識見、心胸，為曾國藩、沈葆楨、席寶田等銘公鉅卿所推重，曾國藩嘗許其為「海內奇士」[8]。但陳寶箴負氣節，秉直道，仕途並不順暢。直到 1890 年，當他六十歲的時候，經湖南巡撫王文韶力薦，清廷授右銘以湖北按察使之職，不久又署理布政使。這一年，也就是寅恪先生出生那一年。甲午戰敗後的 1895 年，陳寶箴被任命為湖南巡撫，開始主持領導湖南新政，走在全國改革潮流的最前面。

而陳三立，是清末有名的「四公子」之一，另三位是湖北巡撫譚繼洵之子譚嗣同、廣東水師提督吳長慶之子吳保初、福建巡撫丁日昌之子丁惠康。「四公子」中，陳三立以生性淡泊、識見過人和詩學成就為世人矚目。他於光緒八年即 1882 年考中舉人，又於光緒十二年即 1886 年會試中式，此時他三十六歲。但未經殿試，還不能算作正式進士。至 1889 年（己丑）才正式成為進士，受命在吏部行走。《一士類稿》記載一則陳三立初到吏部所遭遇的故事：

> 時有吏部書吏某冠服來賀，散原誤以為縉紳一流，以賓禮接見，書吏亦昂然自居於敵體。繼知其為部胥，乃大怒，厲聲揮之出。書吏慚沮而去，猶以「不得庶常，何必怪我」為言，蓋強顏自飾之詞。散原豈以未入翰林而遷怒乎？[9]

陳三立字伯嚴，散原是他的號。《一士類稿》的作者徐一士寫道：「部吏弄權，勢成積重，吏部尤甚。茲竟貿然與本部司員抗禮，實大悖體制。散原折其僭妄，弗予假借，亦頗見風骨。」[10] 不知是不是與這次誤會有關係，不久陳三立便引去，長期侍親任所，從此再未接受任何官職。

1895 年值中國甲午戰敗，士論洶湧，中國社會到處一片變革之風。有識之士都意識到，不變革，中國便沒有出路。就中尤以陳寶箴、陳三立父子最能身體力行。張之洞以提倡新學聞名於世，當時督理湖廣，湖北新政亦甚見成效，但最見實績的還是湖南新政。為了董吏治、辟利源、開民智、變士習，湖南先有礦物局、官錢局、鑄洋圓局之設，後有湘報館、算學堂，武備學堂、南學會、保衛局和課吏館的開辦。特別是設在長沙的時務學堂，聘請梁啟超為主講，各方面人才奔競而至，實際上成了培養改革派人才的一所學校。但義寧父子是穩健的改革者，主張漸變，反對過激行動，尤其與康有為的思想異其趣，而與郭高燾相契善。他們希望穩健多識的張之洞出面主持全國的改革。所以然者，由於明了能否把改革推向全國，關鍵在握有實權的西太后的態度，沒有慈禧的首肯，什麼改革也辦不成。應該說，這是義寧父子的深識。

但這邊籌劃未定，那邊康有為已經說動光緒皇帝上演頒定國是詔的大戲，立即將慈禧與光緒母子的政爭引向激化，遂有戊戌政變發生。於是通緝康、梁，殺譚嗣同、楊銳、劉光第、林旭四章京和康廣仁、楊深秀，史稱「戊戌六君子」。剛剛起步的改革，竟以流血慘劇告終。而陳寶箴、陳三立父子，也因推行改革獲罪，被革職，永不敘用。陳寶箴的罪名是「濫保匪人」，因「六君子」中，譚嗣同來自湖南，而劉光第、楊銳都是陳寶箴所保薦。陳三立的罪名是「招引奸邪」，蓋由於聘請梁啟超主講時務學堂，系散原的主張。以是，義寧父子實難辭其「咎」了。不過我真佩服慈禧的情報，她對散原所起的為改革網羅人才的作用何以掌握得如此清楚？也有的說，先時已決定賜死義寧父子，後經榮祿等保奏，方改為永不敘用。不管是哪種情況，革職後遷居江西南昌的陳氏父子，實際上處於被圈禁的狀態，應無問題。而且在戊戌政變一年多以後，即 1900 年的 6 月 26 日，右銘先生突然逝去，享年七十整。而死因，如今有充分的材料證明，極有可能是被慈禧派專員赴南昌西山賜死 [11]。當時陳三立四十八歲，寅恪十一歲，寅恪長兄陳衡恪師曾二十四歲。

1898 至 1900 這兩年，對陳寅恪的家族來說，是非常不幸的年分。1898 年新正，散原先生的母親過世。10 月，陳寶箴、陳三立父子免歸南昌。這之前散原的一個堂姐竟然晝夜痛哭而死。隔年即為寶箴逝。寶箴逝前一個月，陳師曾的妻子、年僅二十五歲的范孝嫦（清末名詩人范肯堂之女）亦逝。而在由湖南扶母柩赴南昌的前後過程中，散原兩次臥病，第二次險些病死。可見戊戌慘劇給義寧陳氏一家帶來的打擊是何等沉重，真不啻浩天之劫。國家政局在戊戌政變後更是不可收拾。1900 年有義和團之變和八國聯軍攻入北京，兩宮皇太后因此倉促出逃。陳氏一家的「家國」陷入巨變奇劫之中。吳宗慈的《陳三立傳略》於此寫道：「先生既罷官，侍父歸南昌，築室西山下以居，益切憂時愛國之心，往往深夜孤燈，父子相對唏噓，不能自已。越一年，先生移家江寧，右銘中承暫留西山崝廬，旋以微疾逝。先生於此，家國之痛益深矣！」[12]

我們不妨看看陳三立為紀念尊人所撰寫的《崝廬記》，幾乎是泣血陳詞：

嗚呼！孰意天重罰其孤，不使吾父得少延旦暮之樂。葬母僅歲餘，又繼葬吾父於是邪。而崝廬者，蓋遂永永為不肖子煩冤茹憾、呼天泣血之所矣。嘗登樓跡吾父坐臥憑眺處，聳而向者，山邪？演迤而逝者，陂邪？疇邪？缭而幻者，煙雲邪？草樹之深，以蔚邪？牛之眠者、鬥者邪？犬之吠、雞之鳴、鵲鴝群雉之噪而啄、呴而飛邪？慘然滿目，淒然滿聽，長號而下。已而沉冥以思，今天下禍變既大矣，烈矣，海國兵猶據京師，兩宮久蒙塵，九州島四萬萬之人民皆危蹙，莫必其命，益慟彼，轉幸吾父之無所睹聞於茲世者也。其在《詩》曰：「誰生厲階，至今為梗。」又曰：「莫肯念亂，誰無父母。」曰：「哀今之人，胡憯莫懲。」然則不肖子即欲朝歌暮哭，憔悴枯槁，褐衣老死於茲廬，以與吾父母魂魄相依，其可得哉？其可得哉？廬後楹階下植二稚桂，今差與檐齊。二鶴死其一，吾父埋之廬前尋丈許，親題碣曰「鶴塚」。旁為長沙人陳玉田塚，陳蓋從營吾母墓工有勞，病終崝廬云。[13]

既奠祭尊人，又憂傷國事，「家國」之情融合為一，令人痛心裂肺，不忍卒讀。特別是他們父子的改革宏圖中途夭折，更使散原有攀天無梯、斫地無聲之感。他在《巡撫先府君行狀》中寫道：

蓋府君雖勇於任事，義不反顧，不擇毀譽禍福，然觀理審，而慮患深，務在救過持平，安生人之情，以消弭天下之患氣。嘗稱曰：「非常之原，黎民懼焉。造端圖大，自任怨始。要以止至善為歸，自然之勢也。」論者謂府君之於湖南，使得稍假歲月，勢完志通，事立效著，徐當自定時，即有老學拘生、怨家仇人，且無所置喙。而今為何世也？俯仰之間，君父家國，無可復問。此尤不孝所攀天斫地、椎心泣血者也。[14]

散原的「家國」之情、「家國」之痛如此深摯，豈能不感染正值少年時期的陳寅恪先生？如果當時的改革能夠按照陳寶箴、陳三立父子的主張，緩進漸變，不發生康有為等人的過激行動，清季的歷史就是另外一番景象了。

後來陳三立為陳夔龍（前直隸總督，號庸庵尚書）的奏議寫序，進一步申明他的漸變主張，寫道：「竊唯國家興廢存亡之數，有其漸焉，非一朝夕之故也。有其幾焉，謹而持之，審慎而操縱之，猶可轉危為安，消禍萌而維國是也。」[15] 也就是本著「守國使不亂之旨」。這個思想來源於郭嵩燾。陳三立說：「往者三立從湘陰郭筠仙侍郎游，侍郎以為中國侈行新政，尚非其人，非其時。輒引青城道人所稱『為國致太平與養生求不死，皆非常人所能。且當守國使不亂，以待奇才之出，衛生使不夭，以須異人之至』，鄭重低徊以寄其意。侍郎，世所目為通中外之略者也，其所守如此。」[16] 可是歷史沒有按照郭嵩燾、陳寶箴、陳三立的預設發展，相反走了一條從激進到激進的路，致使百年中國，內憂外患，變亂無窮。

當然歷史是已發生之事實，站在後來者的角度，只能總結歷史經驗，卻無法讓時光倒流，重走一遍。但事變的當事人不同，痛定思痛，愈覺自己主張正確可行，甚至有所怨尤，是可以理解的。何況漸變的主張常常兩面受敵：舊勢力固然視其為代表新派，激進者則目為保守，不屑與之為伍。散原老人的處境正是如此。戊戌政變後，有輕薄者寫了一副對聯：

徐氏父子，陳氏父子，陳陳相因

禮部侍郎，兵部侍郎，徐徐云爾 [17]

「徐氏父子」指禮部侍郎徐致靖，和他的在湖南任學政的公子徐研甫，都因參與變法遭遣。「陳氏父子」自然指的是陳寶箴和陳三立。「兵部侍郎」云云，是由於清廷規定，巡撫例加兵部侍郎銜。另外還有一副對聯，系王闓運《湘綺樓日記》所載，實專攻陳三立，曰：「不自隕滅，禍延顯考。」[18] 意謂陳寶箴的遭遣，是陳三立遺禍的結果。事實當然不是如此，若說推動湖南新政，陳寶箴的態度比陳三立還要堅決。只不過由此可見守舊勢力對持漸變主張的義寧父子嫉恨之深。而激進變革者如譚嗣同，當湖南新政行進中已流露出對陳三立的不滿。[19]

戊戌以後之近代中國歷史雖然沒有按散原預想的路線走，卻一再證明他的漸變主張不失為保存國脈的至理名言。歐陽竟無大師的《散原居士事略》，對 1922 年梁啟超與散原的一次會面有所記載，行文甚蘊藉有趣。這是戊戌之後兩位「湘事同志」的第一次會面，時間已過去了二十年，因而不免「唏噓長嘆」，「觸往事而淒倉傷懷」。這時的梁任公，與散原的思想已經相當靠近了。但彼此之間的話語似乎不多，只互相稱讚了一番蔡松坡。任公說：「蔡松坡以整個人格相呈，今不復得矣。」散原說：「蔡松坡考時務學堂，年十四，文不通，已斥，予以稚幼取之。以任公教力，一日千里，半年大成，今不可復得矣。」歐陽建議任公「放下野心，法門龍象」。散原說：「不能。」任公則默然。[20] 事隔二十年，散原仍洞察深微，知人見底，識見、境界終高人一籌。以散原的心胸，絕不是「封建遺老」四個字所能概括的。

事實上，1904 年西太后下詔赦免戊戌獲罪人員未久，便有疆吏薦請起用陳三立，但三立堅辭不就，寧願「韜晦不復出，但以文章自娛，以氣節自砥礪，其幽憂鬱憤，與激昂磊落慷慨之情，無所發洩，則悉寄之於詩」[21]。民國以後，很快就剪去辮子，「與當世英傑有為之士亦常相往還」，未嘗以遺老自居。他讚許蔡松坡，主要由於松坡反對袁世凱復辟帝制，豪俠肝膽，義動九州。今存《散原精舍詩》裡，明確透漏出反對袁世凱稱帝的詩就有多首，如《上賞》、《使者》、《雙魚》、《玉璽》、《舊題》、《史家》六絕句[22]，即是為嘲諷袁氏稱帝的鬧劇而作。緊接著寫於民國五年（1916年）年初的《丙辰元旦陰雨逢日食》，至有「蝕日愁雲裡，兒童莫仰天」[23]之句，其反對袁氏倒行逆施的態度甚明。而《雨夜寫懷》的結句則為：「祇對不臣木，青青牖下松。」[24]直是以窗前的青松自譬，無論如何堅決不買袁氏的帳了[25]。寫到這裡，不妨稍及一當時的時事掌故，即戊戌後諷刺散原「不自隕滅，禍延顯考」的王闓運，雖當時已逾八十高齡，卻扮演了支持「洪憲」的「耆碩」的角色。

蓋散原的「家國」之情，終其一生未嘗稍減。1931年日人占領東北，次年發動滬戰，寓居牯嶺的散原日夕不寧，一天晚上在夢中突然狂呼殺日本人，[26]全家驚醒。1937年盧溝橋事變，北京再次遭劫，散原憂憤益甚，終致病，拒絕服藥而死。而當生病的時候，聽到有人說中國打不過日本，散原立即予以駁斥：「中國人豈狗彘不若？將終帖然任人屠割也？」[27]再不與此種人交接一言。歐陽竟無大師對散原的評價是：「改革發源於湘，散原實主之。散原發憤不食死，倭虜實致之。得志則改革致太平，不得志則抑鬱發憤，而一寄於詩，乃至喪命。徹終徹始，純潔之質，古之性情肝膽中人。發於政，不得以政治稱；寓於詩，而亦不可以詩人概也。」[28]這是我所見到的對散原老人的最準確無誤的評價。可惜當時後世不理解散原的人多。這就是陳寅恪先生何以一而再，再而三地提到自己的「身世」，並要辨別清楚百年中國的「興亡遺恨」的原因。

職是之故，陳寅恪所說的「身世」，主要指義寧陳氏一家在近代中國的遭逢際遇，這裡面隱忍著他們祖孫三代的極為深摯的「家國」之情。所以寅恪的詩中，在提到「家國」的時候，常常與湖南連繫起來，如「家國沅湘總淚流」、「死生家國休回首，淚與湘江一樣流」等等。散原的詩，也每每「家國」並提，如「百憂千哀在家國，激盪騷雅思荒淫」[29]，「旋出涕淚說家國，倔強世間欲何待」[30]，「闔眼風濤移枕上，撫膺家國逼燈前」[31]，「滿眼人才投濁流，家國算餘談舌掉」[32]，「羈孤念家國，悲惱互奔湊」[33]，「茫茫家國夢痕存，片念已教干浪辭」[34]，「時危家國復安在，莫立斜陽留畫圖」[35]，「發為文章裨家國，衹供窮海拾斷夢」[36]，「家國忽忽同傳舍，不煩殘夢續南柯」[37]，「家國衹餘傷逝淚，烏號記墮小臣前」[38]，「收拾家國一團蒲，非懺非悟佛燈映」[39]，「十年家國傷心史，留證巫陽下視時」[40]，「淚邊家國誰能問，杯底乾坤且自多」[41]，等等。甚至在文章中，如《代李知縣湘鄉樂舞局記》一文，因講到歌詠舞蹈的功能，也說「其作用有潔治其身心，以備家國無窮之用」[42]。正如王逸塘氏所說：「散原集中，凡涉峙廬諸作，皆真摯沉痛，字字如進血淚，蒼茫家國之感，悉寓於詩，洵宇宙之至文也。」[43]

由茲可見散原老人的「家國之情」，與其子寅恪相比，不僅未遑稍讓，尚且有所過之。

實則義寧父子的「家國」之思如出一轍。如果說戊戌事敗之時，寅恪尚處稚齡，剛八九歲，對祖父與父親的主張不會有深的理解，後來長大成人，四海問學，歷經故國的種種變局，己身經驗逼使他不能不向陳寶箴、陳三立的思想認同。1945 年夏天，他在《讀吳其昌撰梁啟超傳書後》一文的結尾部分，說出了積鬱多年、「噤不得發」的思想。他寫道：

自戊戌政變後十餘年，而中國始開國會，其紛亂妄謬，為天下指笑，新會所嘗目睹，亦助當政者發令而解散之矣。自新會歿，又十餘年，中日戰起。九縣三精，飆回霧塞，而所謂民主政治之論，復甚囂塵上。余少喜臨川新法之新，而老同涑水迂叟之迂。蓋驗以人心之厚薄，民生之榮悴，則知五十年來，如車輪之逆轉，似有合於所謂退化論之說者。是以論學論治，迥異時流，而迫於時勢，噤不得發。因讀此傳，略書數語，付稚女美延藏之。美延當知乃翁此時悲往事，思來者，甚憂傷苦痛，不僅如陸務觀所云，以元祐黨家話貞元朝士之感已也。[44]

南宋大詩人陸游的祖父陸佃，是北宋改革家王安石的門人，少年時期曾跟隨王安石學經學，但在變革問題上與臨川的意見不盡相同，後來名列反王安石的元祐黨人碑。王安石死後，他又率諸生前往哭祭，而不怕當朝宰相司馬光的打擊。這種情況，和陳寶箴、陳三立在戊戌變法中的處境頗相類。所以寅恪經常以陸游自比。1927 年撰《王觀堂先生輓詞並序》，已有「元祐黨家慚陸子」[45] 的句子。1958 年寫康有為《百歲生日獻詞》，又哀嘆：「元祐黨家猶有種，平泉樹石已無根。」[46]1945 年寅恪先生臥病英倫醫院，聽讀熊式一的英文小說《天橋》（*The Bridge of Heaven*），因書中涉及戊戌年間李提摩太（Timothy Richard）傳教士上書一事，所以回憶起 1902 年隨長兄陳師曾赴日本留學，在上海遇到李提摩太，李曾用中文說過「君等世家子弟，能東遊甚善」的話。依此該詩中有句：「故國華胥猶記夢，舊時王謝早無家。」蓋雖為「世家子弟」，寅恪先生卻很謙遜，在此詩的題序中說明不過是偶涉舊事，「非敢以烏衣故事自況也」。[47]

話雖如此，寅恪先生對自己的家族世系，以及這個家族世系在近百年以來的中國的傳奇式的遭逢際遇，始終繫念於懷。他擔心後人由於不了解歷史真相，可能會誤解自己的先祖和先君，特別是他們在晚清維新變法潮流中所扮演的角色的性質，因此趁閱讀吳其昌氏《梁啟超傳》之便，特補敘陳寶箴、陳三立在戊戌變法中的真實思想走向。寅恪先生寫道：「當時之言變法者，蓋有不同之二源，未可混一論之也。咸豐之世，先祖亦應進士舉，居京師。親見圓明園干宵之火，痛哭南歸。其後治軍治民，益知中國舊法之不可不變。後交湘陰郭筠仙侍郎嵩燾，極相傾服，許為孤忠閎識。先君亦從郭公論文論學，而郭公者，亦頌美西法，當時士大夫目為漢奸國賊，群欲得殺之而甘心者也。至南海康先生治今文公羊之學，附會孔子改制以言變法。其與歷驗世務欲借鏡西國以變神州舊法者，本自不同。故先祖先君見義烏朱鼎甫先生一新《無邪堂答問》駁斥南海公羊春秋之說，深以為然。據是可知余家之主變法，其思想源流之所在矣。」[48] 他把嚴格區分戊戌變法中兩種不同的思想源流，劃清陳寶箴、陳三立與康有為的界限，當作一件隆儀無比的大事，鄭重付交稚女美延收藏，顯然有傳之後世之意。

這就是寅恪先生的「百年身世」，這就是寅恪先生的「家國舊情」。目睹戊戌以來變生不測的畸形世局，他已經不相信在他有生之年，還會有機緣打開近百年中國的歷史真相。他感到這是一盤永遠下不完的棋，而且是無法覆盤的棋。「百年誰覆爛柯棋」[49]「傷心難覆爛柯棋」[50]「一局棋枰還未定，百年世事欲如何」[51]，《詩集》中不乏這類感嘆。1923 年 6 月 29 日，寅恪先生正在德國柏林大學求學，母親余淑人病逝於南京，一個月後長兄師曾又病逝，年只四十八歲。1925 年，應清華國學研究院之聘（因母兄之喪請假一年，1926 年 7 月始到校），與王國維、梁啟超、趙元任並列為四大導師，在他個人應是很榮耀的事情，但他並無歡娛，寫於 1927 年春天的《春日獨遊玉泉靜明園》，仍然牢愁百結：「回首平生終負氣，此身未死已銷魂。人間不會孤游意，歸去含淒自閉門。」[52] 詩成不久，王國維就投昆明湖自殺了。隔年，即 1929 年，梁啟超病死，國學研究院難以為繼，只好關門。寅恪先生的《春日獨遊》詩「歸去含淒自閉門」句，不料竟成讖語。又過一年，「九一八」事變發生。儘管 1937 年之前的清華園生活，在寅老是相對平靜的，是他讀書治學的佳期，和唐曉瑩先生結縭就在此期，但未久盧溝橋事變，前面提到的抗戰時期的亂離人生就開始了。好不容易盼到抗戰勝利，寅恪先生的眼睛又失明了。[53]《乙酉八月十一日晨起聞日本乞降喜賦》是寅恪多年以來少有的流露出喜悅之情的一首詩，但結尾兩句「念往憂來無限感，喜心題句又成悲」[54]，本來是「喜賦」，卻又轉成悲歌。

儘管如此，1945 年抗戰勝利畢竟使寅恪先生的精神情緒為之一暢。這是他生平寫詩最多的一年，共 33 首 [55]。別人「大脯三日」[56]，他臥病不能出去共慶，但已經有興趣「自編平話」與小女兒相戲了。對日本人在東北導演的讓溥儀當皇帝的鬧劇，寅恪先生予以辛辣的嘲諷：「漫誇朔漠作神京，八寶樓臺一夕傾。延祚豈能同大石，附庸真是類梁明。收場傀儡牽絲戲，貽禍文殊建國名。別有宣和遺老恨，遼金興滅意難平。」[57] 首句下面有注：「《海藏樓詩》有句云，『欲回朔漠作神京』。」《海藏樓詩》的作者是鄭孝胥，因此這首詩嘲諷的主要對象，是策劃溥儀投降日本，後來任偽滿洲國總理大臣的鄭孝胥，並揭破鄭的野心在於希圖借助外力，反對民國，恢復清朝。這是寅恪《詩集》中非常值得注意的一首詩。詩中直稱鄭孝胥為「遺老」。「遼金」自是暗指清朝。「興滅」云云，當然說的是由後金發展而來的清朝的興起與覆亡。在寅恪先生看來，海藏樓主人的作為不過是扮演日本人牽線的一個傀儡，他的「欲回朔漠作神京」的舊夢，像「八寶樓臺」一樣，「一夕」之間就傾倒了。

寅恪先生在這首詩裡對鄭孝胥企圖恢復清朝的「遺老」舊夢，明顯地持否定態度。這一點很重要，因為這涉及寅恪《詩集》裡那些反覆詠嘆的「興亡」之感，到底該如何解釋的問題。如果不是有直接批評鄭孝胥這首詩，人們很容易心存疑問：已經進入民國，寅恪先生卻不斷地哀嘆「興亡」，莫非是留戀前朝，甚而希圖恢復舊儀？何況他還有祖父和父親那樣的家庭背景，更容易令人加深置疑的理由。可是讀了寫於 1945 年的《漫誇》詩，我看疑問可以取消了。

然則寅恪先生的「興亡」之感究竟緣何而發？

首先，在寅恪先生筆下，「興亡」二字不僅是歷史和政治的概念，主要是文化的概念。1927 年王國維自沉，寅恪先生的《挽王靜安先生》詩，有「文化神州喪一身」句，自是從文化的角度哀挽無疑。而《王觀堂先生輓詞》的序文更強調中國文化具有「抽象理想之通性」[58]。特別是後來寫的《清華大學王觀堂先生紀念碑銘》，明確提出：「先生以一死見其獨立自由之意志，非所論於一人之恩怨，一姓之興亡。」[59] 嚴駁所謂「殉清說」。王國維尚且如此，寅恪先生的興亡之感當然不是為一朝一姓所發。不僅如此，對黨派私見，寅恪先生也素所深惡，以此《詩集》中有「唯有義山超黨見」[60] 的句子。說來這也是義寧陳氏的家風。當年散原在回憶陳寶箴的治略時曾說過：「府君獨知時變所當為而已，不復較孰為新舊，尤無所謂新黨舊黨之見。」[61] 此其一。

其二，我們不要忘記寅恪先生是歷史學家，他的敏銳而深沉的興亡感，恰恰是他的史學天才的表現。因為歷史就是過程，發生發展的過程，興衰寂滅的過程。不只政權的更迭和社會制度的變遷，連人事、物態都有自己的興衰史。看不到興亡，不懂興亡，不辨興亡，不具有歷史學家的資格。其三，寅恪先生嘆興亡、辨興亡，是為了總結歷史的經驗教訓，即「審音知政關興廢」[62]，而不是充當一家一姓的歷史辯護人的角色。

散原老人涉「興亡」的詩句亦不在少數，茲作為案例特摘錄幾組如次:「我閱興亡話耆舊，競儕稷契歌唐虞」[63]，「倚欄眺茫茫，興亡到胸臆」[64]，「興亡閱石馬，舜跖亦何有」[65]，「此物配人豪，應痛興亡速」[66]，「興亡不關人，狂痴欲成德」[67]，「死生興亡無可語，喚人空落乳鴉聲」[68]，「俯閱幾興亡，有碑忍卒讀」[69]，「興亡細事耳，人氣延天命」[70]，「變亂散唐宮，歷歷興亡史」[71]，「了卻興亡駱馳坐，好依雙樹養風煙」[72]，「此才頗系興亡史，魂氣留痕泣送春」[73]，「頭白重來問興廢，江聲繞盡九迴腸」[74]，「樹底茶甌閱興廢，寄生枝又鵲巢成」。[75] 散原這些詩句，可為其子的歷史興亡感作注。因此，清朝的覆亡固然引發了寅恪先生的興亡之感，明亡清興他也曾感慨萬端，以至於在晚年雙目失明的情況下，以十年艱辛卓絕的努力，寫出了專門探討明清興亡歷史教訓的巨著《柳如是別傳》。這樣也就可以理解，為什麼 1948 至 1949 年國民黨政權的垮臺，也引起了寅恪先生的興亡感。寫於 1948 年 2 月的《丁亥除夕作》有句：「興亡總入連霄夢，衰廢難勝餞歲觥。」[76]1949 年的《青鳥》詩則說：「興亡自古尋常事，如此興亡得幾回。」[77] 如果不了解寅恪先生筆下的「興亡」一詞是一個文化 —— 歷史的概念，很容易把詩中的感嘆誤會為一種政治態度。但《詩集》中緊接《青鳥》一詩，是寫於 1949 年夏天的《哀金圓》，詩中對國民黨政權垮臺的原因作了富有說服力的闡述：「黨家專政二十載，大廈一旦梁棟摧。亂源雖多主因一，民怨所致非兵災。」[78] 力申天下興亡，繫乎民意旨歸。似乎並不認為這個政權的敗亡是值得詫異之事，只不過覺得如此「亡」法兒（幾百萬大軍如覆巢之卵）頗為少見，所以才有「如此興亡得幾回」之嘆。

中國歷史的特點，是王朝更迭頻繁，而且每次王朝更迭都伴以社會動亂，經濟遭受破壞，人民流離失所，統治集團的權力攘奪成為社會與文化的劫難。知識分子、文化人首當其衝，寅恪先生於此感受尤深。1950 年 5

月，他在寫給吳宓的信裡說：「吾輩之困苦，精神肉體兩方面有加無已，自不待言矣。」[79] 光是抗戰時期書籍的損失，在寅恪先生個人已屬浩劫。晚年當他回憶起這段往事時，曾寫道：

抗日戰爭開始時清華大學遷往長沙。我攜家也遷往長沙。當時曾將應用書籍包好託人寄往長沙。當時交通不便，我到長沙書尚未到。不久我又隨校遷雲南，書籍慢慢寄到長沙堆在親戚家中。後來親戚也逃難去了，長沙大火時，親戚的房子和我很多書一起燒光。書的冊數，比現在廣州的書還多。未寄出的書存在北京朋友家中。來嶺大時，我自己先來，將書籍寄存北京寡嫂及親戚家中。後某親戚家所存之書被人偷光。不得已將所餘書籍暫運上海托蔣天樞代管。賣書的錢陸續寄來貼補家用。[80]

對於以學術為托命根基的知識分子來說，書籍不啻自己生命的一部分。王國維 1927 年自沉前留下的只有一百一十六字的遺囑，特標出：「書籍可托陳、吳二先生處理。」吳是吳宓，陳即寅恪先生，這是王國維最信任的兩位國學研究院同事。可以想見書籍的損失對寅恪先生的精神打擊有多麼沉重。《詩集》中一詠三嘆的「劫灰遺恨話當時」[81]、「劫終殘帙幸余灰」[82]、「灰燼文章暗自傷」[83]、「劫灰滿眼堪愁絕，坐守寒灰更可哀」[84]，就中一定包含有丟失書籍的精神創痛。他向吳宓說的知識分子經歷的精神與肉體的雙重困苦，在他個人，精神苦痛是最主要的亦最不堪忍受。

職是之故，寅恪先生詩作中流露出來的「興亡」之感，實具有非常豐富的精神歷史的內容。而他使用的「家國」概念，亦超越了單一的政治內涵。傳統社會的一家一姓的王朝體系既不能與家國畫等號，那麼政權的更迭也並不意味著國家的滅亡。說到這裡，不妨用「以陳解陳」的方法，提供一條旁證。《柳如是別傳》第五章釋證錢牧齋《西湖雜詠》詩，因詩序中有「今此下民，甘忘桑椹。侮食相矜，左言若性」之語，寅恪先生考證出，牧齋此處是用《文選》王元長《三月三日曲水詩序》之典，目的是「用此典以罵當日降清之老漢奸輩，雖己身亦不免在其中，然尚肯明白言之，是天良猶存，殊可哀矣」[85]。這裡表現出寅恪先生對歷史人物一貫所持的「了解之同情」的態度。而《四庫全書總目提要》，卻借《愚庵小集》作者朱鶴齡讚揚元裕之對於元朝，「既足踐其土，口茹其毛」，就不「反詈」，以之為例證，指摘錢牧齋降清以後仍「訕辭詆語，曾不少避，若欲掩其失身之事」。[86] 對此，寅恪先生寫道：

> 牧齋之降清，乃其一生汙點。但亦由其素性怯懦，迫於事勢所使然。若謂其必須始終心悅誠服，則甚不近情理。夫牧齋所踐之土，乃禹貢九州相承之土，所茹之毛，非女真八部所種之毛。館臣阿媚世祖之言，抑何可笑。回憶五六十年前，清廷公文，往往有「食毛踐土，具有天良」之語。今讀提要，又不勝桑海之感也。[87]

寅恪先生對四庫「館臣」的反駁非常有力量。意思是說，中國這塊土地是自古以來就有的，並非為清朝統治者所專有；所種之稼穡，亦為全體人民所共享，而不應為清廷所獨據。即使對清朝統治者有所微詞，甚或「訕辭詆語」，也不牽及故國的「毛」和「土」的問題，因此與「天良」無涉。這一條旁證，足可幫助我們理解寅恪先生關於「家國」和國家概念的深層內涵。

那麼以此我們可以說，陳寅恪先生寫於 1965 年的《乙巳冬日讀清史后妃傳有感於珍妃事為賦一律》:「昔日曾傳班氏賢，如今滄海已桑田。傷心太液波翻句，回首甘陵黨錮年。家國舊情迷紙上，興亡遺恨照燈前。開元鶴髮凋零盡，誰補西京外戚篇。」[88] 詩中以「家國舊情」和「興亡遺恨」對舉，完全可以視作《陳寅恪詩集》的主題曲。而「傷心太液波翻句」下有小注寫道：「玉溪生詩悼文宗楊賢妃云：『金輿不城返傾色，下苑猶翻太液波。』雲起軒詞『聞說太液波翻』即用李句。」此注大可究詰。按歷史上的太液池有三個：一是漢太液池，漢武帝建於建章宮北面；二是唐太液池，位置在長安大明宮內；三是清太液池，原來叫西華潭，也就是現在北京的北海和中南海。不管是哪一個大液池，都是用來喻指宮廷無疑。因此詩中「太液波翻」四個字的確切所指，則是宮廷的政治爭鬥。首句「甘陵黨錮年」，指東漢的黨錮之禍。李商隱（玉溪生）的詩，則說的是唐文宗時期以牛李黨爭為背景的「甘露之變」。雲起軒即珍妃的老師文廷式，晚清清流的主要代表人物之一，戊戌政變前就被慈禧趕出了宮。引證古典的目的，是為「今典」鋪設背景。此詩作者寅恪先生的潛在題旨，無非是說 1898 年慈禧發動的戊戌政變，至今雖然已過去了一個多甲子，但想起當時那場株連不斷的「黨禍」，仍然感到「傷心」，因為自己家族的命運與之緊密相關，而百年中國的興衰際遇亦由此而植下根蒂。所以這首七律的頷聯「家國舊情迷紙上，興亡遺恨照燈前」，就不僅是該詩的題眼，同時也可以視作陳寅恪全部詩作的主題曲了。

然而「誰補西京外戚篇」？「斯人已逝，國寶云亡」，寅恪先生是不能來「補」寫這段歷史了。但他給我們留下了眾多的藏有妙語深識的學術著作，特別是撰寫了專門抉發明清興亡史事的巨著《柳如是別傳》，寅恪先生和我們都可以無憾了。何況寫作此詩的 1965 年，陳寅恪先生的《寒柳堂記夢未定稿》業已竣稿，其中特別設有「戊戌政變與先祖先君之關係」的專章，還有寫於 1945 年的《讀吳其昌撰梁啟超傳書後》，如果我們說關於那場「黨錮之禍」已經由大史學家陳寅恪先生「補寫」了，也許治義寧之學的諸君子不致存更多的異議。

1993 年 6 月寫就初稿 2014 年 1 月增補定稿

本章注腳

[1] 陳寅恪《寒柳堂集》所附之《寅恪先生詩存》，上海古籍出版社 1980 年版，第 3 頁。

[2] 陳美延、陳流求編：《陳寅恪詩集》，清華大學出版社，1993 年初版。此《詩集》包括寅老所撰之聯語，筆者統計時未包括在內。又同一首詩前後歧出者，以一首計算。依此《詩集》共收詩為 329 首。

[3] 陳寅恪：《贈吳雨僧》第三首：「圍城玉貌還家恨，桴鼓金山報國心。孫盛陽秋存異本，遼東江左費搜尋。」《陳寅恪詩集》，清華大學出版社 1993 年版，第 114 頁。

[4] 俞大維：《懷念陳寅恪先生》，臺北傳記文學出版社出版的「傳記文學叢書」之四十五，第 3 頁。

[5] 唐曉瑩：《避寇拾零》，陳流求、陳小彭、陳美延著：《也同歡樂也同愁》之附錄，三聯書店 2010 年版，第 287-295 頁。

[6] 陳寅恪：《韋莊秦婦吟校箋》，《寒柳堂集》，上海古籍出版社 1980 年版，第 124 頁。

[7] 陳三立：《湖南巡撫先府君行狀》，《散原精舍文集》卷五，《散原精舍詩文集》下冊，上海古籍出版社 2003 年版，第 846 頁。

[8] 陳三立：《湖南巡撫先府君行狀》，《散原精舍詩文集》下冊，上海古籍出版社 2003 年版，第 846 頁。

[9] 徐一士：《談陳三立》，《一士類稿》，見《近代稗海》第 2 冊，四川人民出版社 1985 年版，第 141 頁。

[10] 徐一士：《談陳三立》，《近代稗海》第 2 冊，四川人民出版社 1985 年版，第 141 頁。

[11] 參閱拙著《陳寶箴和湖南新政》之第九章「陳寶箴之死的謎團及求解」，故宮出版社 2012 年版，第 246-322 頁。

[12] 吳宗慈：《陳三立傳略》，參見李開軍校點之《散原精舍詩文集》下冊「附錄」，上海古籍出版社 2003 年版，第 1196 頁。

[13] 陳三立：《崝廬記》，《散原精舍詩文集》下冊，上海古籍出版社 2003 年版，第 859 頁。

[14] 陳三立：《湖南巡撫先府君行狀》，《散原精舍詩文集》下冊，上海古籍出版社 2003 年版，第 856 頁。

[15] 陳三立：《庸庵尚書奏議序》，《散原精舍詩文集》下冊，上海古籍出版社 2003 年版，第 885 頁。

[16] 陳三立：《庸庵尚書奏議序》，《散原精舍詩文集》下冊，上海古籍出版社 2003 年版。

[17] 徐一士：《談陳三立》，《近代稗海》第 2 冊，四川人民出版社 1985 年版，第 142 頁。

[18] 王闓運：《湘綺樓日記》光緒二十八年六月十日記載：「公卿會集，嚴介溪不至，客問東樓：『相國何遲？』謝曰：『昨傷風，不能來也。』王元美舉《琵琶記》曲文云：『爹居相位，怎說出這傷風的語言。』以此陷其父死罪。忍俊不禁，唯口興戎，不虛也。陳右銘革職，或為聯云：『不自隕滅，禍延顯考。』一若明以來四百年俗套訃文，專為此用，亦絕世佳文也。」見點校本《湘綺樓日記》第四卷，岳麓書社 1997 年版，第 2476 頁。

[19] 參閱拙著《陳寶箴和湖南新政》之第八章「戊戌政變和湖南新政的失敗」，故宮出版社 2012 年版，第 215 頁。

[20] 歐陽漸：《散原居士事略》，《歐陽竟無先生內外學》乙函「竟無詩文」，民國二十二年（1933）五月刊本。

[21] 吳宗慈：《陳三立傳略》，《散原精舍詩文集》下冊「附錄」，上海古籍出版社 2003 年版，第 1196 頁。

[22] 陳三立：《散原精舍詩文集》上冊，上海古籍出版社 2003 年版，第 504-505 頁。

[23] 陳三立：《丙辰元旦陰雨逢日食》，《散原精舍詩文集》上冊，上海古籍出版社 2003 年版，第 506 頁。

[24] 陳三立：《雨夜寫懷》，《散原精舍詩文集》上冊，上海古籍出版社 2003 年版，第 507 頁。

[25] 高陽撰《清末四公子》於此節考訂甚詳，可參見是書第 56-68 頁，臺北南京出版公司 1980 年版。

[26] 吳宗慈：《陳三立傳略》，《散原精舍詩文集》下冊「附錄」，上海古籍出版社 2003 年版，第 1197 頁。

[27] 吳宗慈：《陳三立傳略》，《散原精舍詩文集》下冊「附錄」，上海古籍出版社 2003 年版，第 1197 頁。

[28] 歐陽漸：《散原居士事略》，《歐陽竟無先生內外學》乙函「竟無詩文」，民國二十二年（1933）五月刊本。

[29] 陳三立：《上元夜次申招坐小艇泛秦淮觀游》，《散原精舍詩文集》上冊，上海古籍出版社 2003 年版，第 5 頁。

[30] 陳三立：《與純常相見之明日遂偕尋莫愁湖至則樓館蕩沒巨浸中僅存敗屋數椽而已悵然有作》，《散原精舍詩文集》上冊，上海古籍出版社 2003 年版，第 32 頁。

[31] 陳三立：《曉抵九江作》，《散原精舍詩文集》上冊，上海古籍出版社 2003 年版，第 41 頁。

[32] 陳三立：《黃小魯觀察游西湖歸過訪攜虎跑泉相餉賦此報謝》，《散原精舍詩文集》上冊，上海古籍出版社 2003 年版，第 47 頁。

[33] 陳三立：《雞籠山舟上寄謝熊六文叔惠南豐桔》，《散原精舍詩文集》上冊，上海古籍出版社 2003 年版，第 86 頁。

[34] 陳三立：《九日惠中番館五層樓登高》，《散原精舍詩文集》上冊，上海古籍出版社 2003 年版，第 420 頁

[35] 陳三立：《絜漪園為海觀尚書故居過游感賦》，《散原精舍詩文集》上冊，上海古籍出版社 2003 年版，第 440 頁。

[36] 陳三立：《乙卯花朝逸社第二集蒿庵中丞邀酌酒樓用杜句分韻得縱字》，《散原精舍詩文集》上冊，上海古籍出版社 2003 年版，第 449 頁。

[37] 陳三立：《過籀園舊居》，《散原精舍詩文集》上冊，上海古籍出版社 2003 年版，第 466 頁。

[38] 陳三立：《題趙芝山同年亡室紫瓊夫人梅花小影》，《散原精舍詩文集》上冊，上海古籍出版社 2003 年版，第 503 頁。

[39] 陳三立：《虞山紀勝三篇康更生王病山胡琴初陳仁先黃同武同遊》，《散原精舍詩文集》上冊，上海古籍出版社 2003 年版，第 567 頁。

[40] 陳三立：《病山成亡姬蘭嬰小傳題其後》，《散原精舍詩文集》上冊，上海古籍出版社 2003 年版，第 595 頁。

[41] 陳三立：《送梁節庵還焦山》，《散原精舍詩文集補編》（潘益民、李開軍輯注），江西人民出版社 2007 年版，第 70-71 頁。

[42] 陳三立：《代李知縣湘鄉樂舞局記》，《散原精舍詩文集補編》，江西人民出版社 2007 年版，第 70-71 頁。

[43] 王逸塘：《今傳是樓詩話》，《散原精舍詩文集》下冊附錄中，上海古籍出版社 2003 年版，第 1228 頁。

[44] 陳寅恪：《讀吳其昌撰梁啟超傳書後》，《寒柳堂集》，上海古籍出版社 1980 年版，第 149-150 頁。

[45] 陳寅恪：《王觀堂先生輓詞並序》，陳寅恪《詩集》，三聯書店 2001 年版，第 17 頁。

[46] 陳寅恪：《南海世丈百歲生日獻詞》，陳寅恪《詩集》，三聯書店 2001 年版，第 130 頁。按陸游《閒游》詩有句「五世業儒書有種」（《劍南詩稿》卷六十八），寅恪先生詩句疑本此。

[47] 陳寅恪：《詩集》，三聯書店 2001 年版，第 55 頁。

[48] 陳寅恪：《讀吳其昌撰梁啟超傳書後》，《寒柳堂集》，三聯書店 2001 年版，第 167 頁。

[49] 陳寅恪：《戲賦反落花詩一首次聽水齋落花詩原韻》：「嶺南不見落英時，四序皆春轉更悲。初意綠蔭多子早，豈期朱熟薦英遲。東皇西母羞相會，碧海青天悔可知。遙望長安花霧隔，百年誰覆爛柯棋。」《詩集》，三聯書店 2001 年版，第 155 頁。

[50] 陳寅恪：《十年詩用聽水齋韻》：「天回地動此何時，不獨悲今昔亦悲。與我傾談一夕後，恨君相見十年遲。舊聞柳氏誰能次，密記冬郎世未知。海水已枯桑已死，傷心難覆爛柯棋。」《詩集》，三聯書店 2001 年版，第 43 頁。

[51] 陳寅恪：《甲辰五月十七日七十五歲初度感賦》：「吾生七十愧蹉跎，況復今朝五歲過。一局棋枰還未定，百年世事欲如何。炎方春盡花

猶豔，瘴海雲騰雨更多。越鳥南枝無限感，唾壺敲碎獨悲歌。」《詩集》，三聯書店 2001 年版，第 154 頁。

[52] 陳寅恪：《春日獨遊玉泉靜明園》，《詩集》，三聯書店 2001 年版，第 11 頁。

[53] 陳寅恪先生右眼失明的時間很早，左目失明是在 1944 年底，時在四川成都，任教燕京大學。《雨僧日記》1944 年 12 月 12 日載：「訪寅恪於廣益學舍宅，始知寅恪左目今晨又不明」。三聯書店版《雨僧日記》第九冊，1999 年版，第 374 頁。同年 12 月 18 日遵醫囑手術，但效果不佳，實際上已失明。

[54] 陳寅恪：《詩集》，三聯書店 2001 年版，第 49 頁。

[55]《陳寅恪詩集》所收詩，起自 1910 年，至 1937 年共有詩 27 首，平均每年一首不到，最多的年分也只有 4 首。1938 年至 1949 年共 85 首，其中 1945 年 33 首，1949 年 10 首，餘者每年最多不超過 7 首。1950 年至 1966 年共 204 首，其中 1964 年最多，為 23 首。都沒有打破 1945 年 32 首的最高紀錄。

[56] 陳寅恪：《連日慶賀勝利，以病目不能出，女嬰美延亦病，相對成一絕》有句：「大脯三日樂無窮，獨臥文盲老病翁。」《詩集》，三聯書店 2001 年版，第 50 頁。

[57] 陳寅恪：《漫誇》，《詩集》，三聯書店 2001 年版，第 49 頁。

[58] 陳寅恪：《王觀堂先生輓詞並序》，《詩集》，三聯書店 2001 年版，第 12 頁。

[59] 陳寅恪：《清華大學王觀堂先生紀念碑銘》，《金明館叢稿二編》，三聯書店 2001 年版，第 246 頁。

[60] 陳寅恪：《題小忽雷傳奇舊刊本》，《詩集》，三聯書店 2001 年版，第 155 頁。

[61] 陳三立：《湖南巡撫先府君行狀》，《散原精舍詩文集》下冊，上海古籍出版社 2003 年版，第 855 頁。

[62] 陳寅恪：《歌舞》：「歌舞從來慶太平，而今戰鼓尚爭鳴。審音知政關興廢，此是師涓枕上聲。」《詩集》，三聯書店 2001 年版，第 69 頁。

[63] 陳三立：《黃忠端潑墨圖題應余與九》，《散原精舍詩文集》上冊，上海古籍出版社 2003 年版，第 343 頁。

[64] 陳三立：《除夕》，《散原精舍詩文集》上冊，上海古籍出版社 2003 年版，第 395 頁。

[65] 陳三立：《雨霽游孝陵》，《散原精舍詩文集》上冊，上海古籍出版社 2003 年版，第 403 頁。

[66] 陳三立：《藍石如同年所藏史忠正負笈硯》，《散原精舍詩文集》上冊，上海古籍出版社 2003 年版，第 414 頁。

[67] 陳三立：《五月二十九日子申酒集胡園分韻得德字》，《散原精舍詩文集》上冊，上海古籍出版社 2003 年版，第 473 頁。

[68] 陳三立：《出太平門視次申墓歸途望孝陵》，《散原精舍詩文集》上冊，上海古籍出版社 2003 年版，第 538 頁。

[69] 陳三立：《上巳後二日攜家至鍾山天保城下觀農會造林場憩茅亭賦紀十六韻》，《散原精舍詩文集》上冊，上海古籍出版社 2003 年版，第 562 頁。

[70] 陳三立：《王編修澤寰偕族人篤余明經自廬陵游江南攜示文信國畫像及手札墨跡謹題其後》，《散原精舍詩文集》上冊，上海古籍出版社

2003 年版，第 601 頁。

[71] 陳三立：《題劉聚卿枕雷圖》，《散原精舍詩文集》上冊，上海古籍出版社 2003 年版，第 625 頁。

[72] 陳三立：《為狄平子題蘗地大師喬木孤亭圖》，《散原精舍詩文集》上冊，上海古籍出版社 2003 年版，第 679 頁。

[73] 陳三立：《拔可寄示晚翠軒遺墨展誦黯然綴一絕歸之》，《散原精舍詩文集》上冊，上海古籍出版社 2003 年版，第 717 頁。

[74] 陳三立：《過黃州因憶癸巳歲與楊叔喬屠敬山汪穰卿社耆同遊》，《散原精舍詩文集》上冊，上海古籍出版社 2003 年版，第 162 頁。

[75] 陳三立：《攜家游孝陵》，《散原精舍詩文集》上冊，上海古籍出版社 2003 年版，第 541 頁。

[76] 陳寅恪：《丁亥除夕作》，《詩集》，三聯書店 2001 年版，第 61 頁。

[77] 陳寅恪：《青鳥》，《詩集》，三聯書店 2001 年版，第 67 頁。

[78] 陳寅恪：《哀金圓》，《詩集》，三聯書店 2001 年版，第 68 頁。

[79] 陳寅恪：《致吳宓》，《書信集》，三聯書店 2001 年版，第 268 頁。

[80] 轉引自蔣天樞：《陳寅恪先生編年事輯》（增訂本），上海古籍出版社 1997 年版，第 116 頁。

[81] 陳寅恪：《己丑夏日》，《詩集》，三聯書店 2001 年版，第 66 頁。

[82] 陳寅恪：《丁亥春日閱花隨人聖庵筆記深賞其游暘臺山看杏花詩因題一律》，《詩集》，三聯書店 2001 年版，第 59 頁。

[83] 陳寅恪：《己丑除夕題吳辛旨詩》，《詩集》，三聯書店 2001 年版，第 71 頁。

[84] 陳寅恪：《香港壬午元旦對盆花感賦》，《詩集》，三聯書店 2001 年版，第 32 頁。

[85] 陳寅恪：《柳如是別傳》下冊，三聯書店 2001 年版，第 1044-1045 頁。

[86] 陳寅恪：《柳如是別傳》下冊，三聯書店 2001 年版，第 1045 頁。

[87] 陳寅恪：《柳如是別傳》下冊，三聯書店 2001 年版，第 1045 頁。

[88] 陳寅恪：《詩集》，三聯書店 2001 年版，第 172 頁。

第八章
陳寅恪學術思想的精神義諦

我不認為現在已經有了什麼「陳寅恪熱」。但近年學術界、文化界越來越多的人開始注意到陳寅恪其人其學，這個特指名詞的報刊引用頻率日見增多，則是事實。不過迄今為止我們對這位大史學家的了解還有限得很，對他的學術創獲、學術貢獻和學術精神尚缺乏深在的研究。下面，以平日研習所得，對義寧之學的精神義諦稍作分疏。

一　陳寅恪是最具獨立精神最有現代意識的歷史學者

陳寅恪的學術精神的旨歸，就是他一生之中一再表述的「獨立之精神，自由之思想」。1929 年，他在《清華大學王觀堂先生紀念碑銘》中，最早提出這一思想。他在碑銘中寫道：「士之讀書治學，蓋將以脫心志於俗諦之桎梏，真理因得以發揚。思想而不自由，毋寧死耳。斯古今仁聖所同殉之精義，夫豈庸鄙之敢望。先生以一死見其獨立自由之意志，非所論於一人之恩怨，一姓之興亡。」[1] 王國維 1927 年 6 月 2 日自沉於頤和園之昆明湖魚藻軒，是二十世紀學術思想史上的大事，百年以降，異說異是，不勝紛紜。豈知寅恪先生在觀堂逝後的第二年，就以為追尋「獨立自由之意志」而「殉之精義」，對此一課題給以正解。事過二十四年，也就是 1953 年寅恪先生在撰寫《論再生緣》一書時，又提出：

撰述長篇之排律駢體，內容繁複，如彈詞之體者，苟無靈活自由之思想，以運用貫通於其間，則千言萬語，盡成堆砌之死句，即有真情實感，亦墮世俗之見矣。不獨梁氏如是，其他如邱心如輩，亦莫不如是。再生緣一書，在彈詞體中，所以獨勝者，實由於端生之自由活潑思想，能運用其對偶韻律之詞語，有以致之也。故無自由之思想，則無優美之文學，舉此一例，可概其餘。此易見之真理，世人竟不知之，可謂愚不可及矣。[2]

《再生緣》在彈詞體小說中所以一枝獨秀，寅恪先生認為原因非他，而是由於其作者陳端生具有自由活潑之思想，並引申為論，提出「無自由之思想，則無優美之文學」的絕大判斷。

而1954年透過《柳如是別傳》一書的撰寫，陳寅恪把「獨立之精神，自由之思想」昇華到吾民族精神元質的高度。也可以說《別傳》的歷史寫作的宗趣就在於此。所以他在《別傳》的《緣起》章裡鄭重寫道：「蓋牧齋博通文史，旁涉梵夾道藏，寅恪平生才識學問固遠不逮昔賢，而研治領域，則有約略近似之處。豈意匪獨牧翁之高文雅什，多不得其解，即河東君之清詞麗句，亦有瞠目結舌，不知所云者。始知稟魯鈍之資，挾鄙陋之學，而欲尚論女俠明姝文宗國士於三百年之前，誠太不自量矣。雖然，披尋錢柳之篇什於殘闕毀禁之餘，往往窺見其孤懷遺恨，有可以令人感泣不能自已者焉。夫三戶亡秦之志，九章哀郢之辭，即發自當日之士大夫，猶應珍惜引申，以表彰我民族獨立之精神，自由之思想。何況出於婉孌倚門之少女，綢繆鼓瑟之小婦，而又為當時迂腐者所深詆，後世輕薄者所厚誣之人哉！」[3] 則《柳如是別傳》一書的思想題旨，寅恪先生已秉筆直書，即欲「表彰我民族獨立之精神，自由之思想」。

特別是1953年與汪籛的談話，陳寅恪把「獨立之精神，自由之思想」的義諦，表述得更為直接，更加不容置疑。這就是有名的《對科學院的答覆》。他往昔的學生汪籛受命前來廣州，試圖說服老師不拒絕科學院的邀請，能夠北上就任歷史第二所所長之職。寅恪先生未能讓弟子如願，反而出了一個天大的「難題」——如果讓他屈就，他說需要有兩個條件：「第一條」是「允許中古史研究所不宗奉馬列主義，並不學習政治」；「第二條」是「請毛公或劉公給一允許證明書，以作擋箭牌」。而所以如此，他是覺得唯有這樣做，他的學術精神才能夠得以堅持。他說：

> 我認為研究學術，最主要的是要具有自由的意志和獨立的精神。所以我說「士之讀書治學，蓋將以脫心志於俗諦之桎梏。」「俗諦」在當時即指三民主義而言。必須脫掉「俗諦之桎梏」，真理才能發揮，受「俗諦之桎梏」，沒有自由思想，沒有獨立精神，即不能發揚真理，即不能研究學術。學說有無錯誤，這是可以商量的，我對於王國維即是如此。王國維的學說中，也有錯的，如關於蒙古史上的一些問題，我認為就可以商量。我的學說也有錯誤，也可以商量，個人之間的爭吵，不必芥蒂。我、你都應該如此。我寫王國維詩，中間罵了梁任公，給梁任公看，梁任公只笑了笑，不以為芥蒂。我對胡適也罵過。但對於獨立精神，自由思想，我認為是最重要的，所以我說「唯此獨立之精神，自由之思想，歷千萬祀，與天壤而同久，共三光而永光」。我認為王國維之死，不關與羅振玉之恩怨，不關滿清之滅亡，其一死乃以見其獨立自由之意志。獨立精神和自由意志是必須爭的，且須以生死力爭。正如碑文所示，「思想而不自由，毋寧死耳。斯古今仁賢所同殉之精義，其豈庸鄙之敢望」。一切都是小事，唯此是大事。碑文中所持之宗旨，至今並未改易。[4]

「沒有自由思想，沒有獨立精神，即不能發揚真理，即不能研究學術」，「一切都是小事，唯此是大事」，他說得再清楚不過了。通觀五十年代以後的中國思想學術界，在中國現代學人之中，沒有第二人，能夠像陳寅恪這樣，把為學的這種精神義諦保持到如此的強度和純度。

二　陳寅恪的基本文化態度是不忘記本來民族之地位

「自今日以後，即使能忠實輸入北美或東歐之思想，其結局當亦等於玄奘唯識之學，在吾國思想史上，既不能居最高之地位，且亦終歸於歇絕者。其真能於思想上自成系統，有所創獲者，必須一方面吸收輸入外來之學說，一方面不忘本來民族之地位。此二種相反而適相成之態度，乃道教之真精神，新儒家之舊途徑，而二千年吾民族與他民族思想接觸史之所昭示者也。」[5] 這是陳寅恪在深入研究幾千年中西文化交通之歷史之後，得出的不容移易的結論。

外來之學說，只有與本民族的思想文化傳統結合起來，才能更好地發用。佛教傳入中國的過程是其顯例。佛教一變而為禪宗，二變而實現宋代的思想大合流，經由本土儒學、道教的思想、佛教之禪宗三者化合而成為理學。宋之濂、洛、關、閩諸大儒，秉持的已不是先秦、兩漢之儒學，而是有佛、道參與其間的新的儒學。寅老所謂「新儒家之舊途徑」，即本此一義諦。而玄奘唯識之學的後不為繼，其主因就是沒有「經過國人吸收改造之過程」。因此寅恪先生頗懷疑輸入北美的思想或者東歐的思想，如果與「本來民族之地位」相游離，而不「經過國人吸收改造之過程」，即使是「忠實」地輸入，也未必獲致預期的效果。他甚至將此種情形與玄奘唯識之學在中國思想史上的處境加以比較，從而對其終局做出並不樂觀的估量。

1961 年 8 月 30 日吳宓赴廣州探望陳寅恪，兩位老友相見甚歡。據當天吳宓日記的記載，陳寅恪明確表示中國在國際關係上不應「一邊倒」。他說：「必須保有中華民族之獨立與自由，而後可言政治與文化。」[6] 則又與三十年前《審查報告》之所言如出一轍。寅老立此一義諦，如今距《審查報告》已過去七十餘年，距陳吳之會也有四十五年之遙，證驗與否，知者知之，不知者不知。

三　陳寅恪的主要文化理念是文化高於種族

陳寅恪是史學家，也是文化學者。種族與文化問題，是他向來所關注的學術大課題。1940 年撰寫的《隋唐制度淵源略論稿》和 1942 年撰寫的《唐代政治史述論稿》兩書，於此一義諦發揮最為詳盡。

隋唐直承魏晉南北朝，寅恪先生認為其制度之淵源有三：一為北魏、北齊，二為梁、陳，三為西魏和周。而北魏、北齊一源，直接涉及胡化和漢化問題。北魏是鮮卑族建立的政權，孝文帝拓跋宏銳意改革，語言、服飾、典制，一例以漢化為尚，雖遭鮮卑舊部反對，亦無退縮。其中尤以將首都自平城遷往洛陽一舉，最為關鍵。此一過程，種族之矛盾固有，文化之衝突更為激烈。曾參與孝文律令改革的源懷，本來是鮮卑禿髮人，但當其孫源師以看見龍星為理由，請為祭祀，當時的寵臣高阿那肱卻斥責他說：「漢兒多事，強知星宿，祭事不行。」對此一事件，《通鑑胡注》寫道：「諸源本出於鮮卑禿髮，高氏生長於鮮卑，未嘗以為諱，鮮卑遂自謂貴種，率謂華人為漢兒；率汙詬之。諸源世仕魏朝貴顯，習知典禮，遂有雩祭之請，冀以取重，乃以取詬。」寅恪先生詳引上述史料，得出結論說：

源氏雖出河西戎類，然其家族深染漢化，源懷之參議律令尤可注意，觀高阿那肱之斥源師為漢兒一事，可證北朝胡漢之分，不在種族，而在文化，其事彰彰甚明，實為論史之關要。[7]

此義經論述北魏洛陽新都的建築風格，及東魏鄴都南城和隋代的大興（即唐之長安）所受之文化影響，然後寅老復申前此關於種族與文化的義諦：「故修建鄴都南城之高隆之為漢種，計劃大興新都之宇文愷為胡族，種族縱殊，性質或別，但同為北魏洛都文化系統之繼承人及摹擬者，則無少異。總而言之，全部北朝史中凡關於胡漢之問題，實一胡化漢化之問題，而非胡種漢種之問題，當時之所謂胡人漢人，大抵以胡化漢化而不以胡種漢種為分別，即文化之關係較重而種族之關係較輕，所謂有教無類者是也。」[8] 而隨後在證論高隆之對營建鄴都所起的作用時，又續為申說：「觀於主持營構者高隆之一傳，即知東魏及高齊之鄴都之新構，乃全襲北魏太和洛陽之舊規，無復種族性質之問題，直是文化系統之關係，事實顯著，不待詳論也。」[9]

至於《唐代政治史述論稿》一書，開篇就援引朱子的言論：「唐源流出於夷狄，故閨門失禮之事不以為異。」據此則提出：「朱子之語頗為簡略，其意未能詳知。然即此簡略之語句亦含有種族及文化二問題。」[10] 而在論述唐中葉的安史之亂時，寅恪先生旋又以種族與文化的觀點來詮釋相關的人物，指出「唐代安史亂後之世局，凡河朔及其他藩鎮與中央政府之問題，其核心實屬種族文化之關係也」[11]。他頗懷疑神州東北一隅的河朔地區是「一混雜之胡化區域」，裡面漢化之胡人和胡化之漢人，同時並存。所以必拓羯與突厥合種之安祿山，始得為「此複雜胡族方隅之主將」。直到晚年撰寫《柳如是別傳》，寅恪先生還念念不忘他探究隋唐制度淵源得出的這一關乎種族與文化的結論。因探尋錢牧齋陷入黃毓琪逆案而得免其死的因由，涉及遼東佟氏一族之家世及所受滿漢文化的熏習影響，他重提舊案，再一次申論前說，認為在種族與文化的問題上，文化比種族要重要得多，並且對已往的研究作了一番梳理回顧：

寅恪嘗論北朝胡漢之分，在文化而不在種族。論江東少數民族，標舉聖人「有教無類」之義。論唐代帝系雖源出於北朝文化高門之趙郡李氏，但李虎李淵之先世，則為趙郡李氏中，偏於勇武，文化不深之一支。論唐代河北藩鎮，實是一胡化集團，所以長安政府始終不能收復。今論明清之際佟養性及卜年事，亦猶斯意。[12]

由此可見陳寅恪的文化高於種族的觀點，具有前後相通的一貫性，是深研中古史事的積年所得，而非披尋感發的偶然之見。他闡發的此一義諦，其要義是在於強調不同民族的同化與共存，主張文化可以超越種族，這在今天仍不失積極之義涵。

四　陳寅恪從根本上說是一位貴族史家

明乎此，我們方有可能對他的立身行事表一種了解之同情。誰能夠設想，一位大學問家由於未能看到一場崑劇演出就會大發雷霆呢？然而這樣的事情恰恰發生在陳寅恪身上。那是 1962 年，由俞振飛、言慧珠領班的上海京劇團赴香港演出，回程過廣州加演四場，其中一場是專為政要和名流獻藝。有陳寅恪的票，但當他拿到時，演出時間已過去好幾天。他憤怒了。沒有人描述過發怒的具體情形，但這個故事或者說事件，下至中山大學的教授和校方管理者，上至粵省最高領導，無不知悉，以至於後來國家動亂期間還有人以此搆陷陳寅恪。在物質和精神同陷貧瘠的六十年代初，能夠有意外的機緣觀賞崑劇名伶的演出，對一般的知識人士而言，也不啻幸運之星的降臨，何況一生苦嗜京昆的寅恪先生，為不該喪失而喪失的機緣而懊惱，自是情理之常。但懊惱和大發雷霆是不同的兩回事。不僅僅是對待學者的態度引起的反應，還有寅恪的世家子弟的身分賦予他與生俱來的對自我尊嚴的維護。

陳寅恪出身於晚清世家，他的祖父陳寶箴是 1895 至 1898 年的湖南巡撫，無論曾國藩、李鴻章，還是張之洞、郭嵩燾、王文韶等晚清大吏，無不對其投以青睞。而他的尊人陳三立，是同光詩壇的巨擘，襄助乃父推行湘省新政的翩翩佳公子。誠如吳宓所說：「先生一家三世，宓夙敬佩，尊之為中國近世之模範人家。蓋右銘公受知於曾文正，為維新事業之前導及中心人物，而又深湛中國禮教，德行具有根本；故謀國施政，忠而不私，知通知變而不誇誣矜噪，為晚清大吏中之麟鳳。先生父子，秉清純之門風，學問識解，唯取其上；而無錦衣紈褲之習，所謂『文化之貴族』。」[13]

正是這一特殊身分決定了陳寅恪的貴族史家的立場。

所以當 1902 年寅恪隨長兄陳師曾遊學東瀛路過上海時，遇到支持中國變法的李提摩太教士，李用華語對陳氏兄弟說：「君等世家子弟，能東遊甚善。」四十年後寅恪臥病英國倫敦醫院治眼疾，聽讀熊式一的英文小說，敘及李提摩太戊戌上書光緒皇帝事，不禁發為感慨，作七律一首：

沈沈夜漏絕塵嘩，聽讀佉盧百感加。

故國華胥猶記夢，舊時王謝早無家。

文章瀛海娛衰病，消息神州競鼓笳。

萬里乾坤迷去住，詞人終古泣天涯。

此詩的題目極長，為《乙酉冬夜臥病英倫醫院，聽人讀熊式一君著英文小說名〈天橋〉者，中述光緒戊戌李提摩太上書事。憶壬寅春隨先兄師曾等東遊日本，遇李教士於上海，教士作華語曰：「君等世家子弟，能東遊甚善。」故詩中及之，非敢以烏衣巷故事自況也》[14]。觀詩題引李提摩太「君等世家子弟」語及詩中「舊時王謝早無家」句，可以看出寅恪對自己家世的重視與懷戀。雖然，他從來不曾誇飾自己的世家身分，晚年撰寫《寒柳堂記夢未定稿》，特申此義於弁言之中：「寅恪幼時讀《中庸》至『衣錦尚絅，惡其文之著也』一節，即銘刻於胸臆。父執姻親多為當時勝流，但不甘冒昧謁見。偶以機緣，得接其風采，聆其言論，默而識之，但終有限度。」[15] 即《乙酉冬夜臥病英倫醫院》詩題裡面，也不忘聲明「非敢以烏衣巷故事自況也」。

然而他的特殊的家世身分給予他的影響，還是像烙印一樣反映在諸多方面。他看人論事，特別重視門第出身。不是蓄意了解選擇，而是不自覺地與出身高門者有一種文化上的親近感。最明顯的是他的擇偶。陳夫人唐篔，系故臺灣巡撫唐景崧的孫女，寅恪晚年對此一姻緣過程敘之甚詳。他寫道：

寅恪少時，自揣能力薄弱，復體孱多病，深恐累及他人，故遊學東西，年至壯歲，尚未婚娶。先君先母雖累加催促，然未敢承命也。後來由德還國，應清華大學之聘。其時先母已逝世。先君厲聲曰：「爾若不娶，吾即代爾聘定。」寅恪乃請稍緩。先君許之。乃至清華，同事中偶語及：見一女教師壁懸一詩幅，末署「南注生」。寅恪驚曰：「此人必灌陽唐公景崧之孫女也。」蓋寅恪曾讀唐公請纓日記。又親友當馬關中日和約割臺灣於日本時，多在臺佐唐公獨立，故其家世知之尤諗。因冒昧造訪。未幾，遂定偕老之約。[16]

寅恪先生擇偶的經過，充分說明家世的因素在他心目中占有何等分量。不是見婚姻對象而鍾情，而是因其家世而屬意；而且終生相濡以沫，白頭偕老，也算人生的異數了。而那軸署名「南注生」的詩幅，便成了他們定情的信物，伴隨他們度過一生。當 1966 年的端午節寅恪先生為紀念這段人生奇緣，對詩幅重新作了裝裱，並題絕句四首，其中第二首為：「當時詩幅偶然懸，因結同心悟夙緣。果剩一枝無用筆，飽濡鉛淚記桑田。」[17] 陳寅恪與唐篔 1928 年農曆七月十七在上海結縭，五十一年後的 1969 年農曆八月二十六寅恪先生逝世，四十六天後的同年農曆十月十二唐篔先生亦逝。我們晚生後學能不為他們因家世出身而偶然相遇並結同心的姻緣稱賀感嘆嗎？

陸鍵東先生的《陳寅恪的最後二十年》一書的一大貢獻，是他經過近乎人類學者進行田野調查般的取證，對陳寅恪晚年所處文化環境之真相作了一次歷史的重構。他復活了寅老身邊的一些不為人所知的人物。冼玉清、黃萱、高守真這三位曾經給晚年的陳寅恪以精神慰安的「奇女子」，她們的家世都不無來歷。黃萱為一華僑富商的女兒，冼玉清教授是被散原老人評為「澹雅疏朗，秀骨亭亭，不假雕飾，自饒機趣」[18] 的女詩人，有《碧琅玕館詩稿》之作，「碧琅玕館」的齋名就是陳三立所題，高守真的父親則是香港一位通曉近代掌故的名流。

前論寅老的文化高於種族的學說，多見於《隋唐制度淵源略論稿》和《唐代政治史述論稿》，其實此兩書的另一文化觀點，是強調地域和家世的作用。陳寅恪先生對中國學術史有一重要假設，即認為漢以後學校制度廢弛，學術中心逐漸轉移到家族。但「家族復限於地域」，所以他主張：「魏、晉、南北朝之學術、宗教皆與家族、地域兩點不可分離。」[19] 而家族所起的作用在於：「士族之特點既在其門風之優美，不同於凡庶，而優美之門風實基於學業之因襲。」[20] 換言之，中國傳統社會的文化傳承，家族是一重要渠道，其出自學養厚積的家族的人物，才性與德傳必有最大限度的融和，故寅恪先生與此一類人物有一種前緣夙契的親近感，就不是偶然之事了。

五　陳寅恪是學術奇蹟的創造者

1945 年下半年，他的雙目即已失明，此後三十餘年的著述，都是在目盲體衰的極端困難的情況下完成的。特別是《論再生緣》和《柳如是別傳》兩部傑構，總共近百萬言，全部都是經他口授而由助手黃萱筆錄而成。如果說世界上有什麼奇蹟的話，這應該是一個奇蹟。古希臘的詩人荷馬據說是位盲人，但詩歌創作不同於學術著作，即使是講述歷史故事的英雄史詩，與史學著作也迥然有別。太史公「左丘失明，厥有《國語》」之說，固然也，但史述與研究著作亦應有別。蓋撰寫以研究人物和歷史事變為主線的史學著作，必須憑藉經過甄別的歷史資料和考信為實的他者的敘述，來證實並復原當時當地的歷史文化結構。這方面，寅老典籍之熟、記誦之博，回觀二十世紀的文史學界，似少可並儔者。

1958 年郭沫若寫信給北京大學歷史系師生，提出：「就如我們今天在鋼鐵生產等方面十五年內要超過英國一樣，在史學研究方面，我們在不太長的時期內，就在資料占有上也要超過陳寅恪。」最早引用這條材料的是余英時先生，他詮釋為「是要用舉國之力來和陳先生一人在史料掌握方面作競賽」[21]。雖然英時先生提煉出來的這一歷史圖景，今天看來無疑是一幅深具諷刺意味的漫畫，但歷史圖景本身千真萬確是郭的原版，余先生並未對其做濃淡的皴染和增減的剪裁。

郭老是聲名顯赫的歷史學家，他當時口出此語，可見陳寅恪史學功底的超常和不可比並。郭老原本是要大家通力合作一起來創造學術奇蹟，結果卻反證陳寅恪是不可動搖的史學奇蹟創造者。

六　陳寅恪創立了獨特的解釋學

王國維逝世的第二年，有羅振玉編輯的《海寧王忠慤公遺書》付梓，五年後又有其胞弟王國華及弟子趙萬里等編印的《王靜安先生遺書》問世，陳寅恪先生在為第二《遺書》所撰之序言裡，把靜安之學的內容和治學方法概括為「三目」，一曰取地下之實物與紙上之異文互相釋證，二曰取異族之故書與吾國之舊籍互相補正，三曰取外來之觀念與固有之材料互相參證，並說：「吾國他日文史考據之學，範圍縱廣，途徑縱多，恐亦無以遠出三類之外。」[22] 寅恪先生的為學方法自然也未「遠出三類之外」，但他的獨特處在於對吾國傳統解釋學的豐富與發揮，也可以說他一手創立了中國近代的文本闡釋系統。不妨先看看他為文本闡釋設定的一種詮釋理論，這就是《馮友蘭中國哲學史上冊審查報告》提出的：

對於古人之學說，應具了解之同情，方可下筆。蓋古人著書立說，皆有所為而發。故其所處之環境，所受之背景，非完全明了，則其學說不易評論，而古代哲學家去今數千年，其時代之真相，極難推知。吾人今日可依據之材料，僅為當時所遺存最小之一部，欲藉此殘餘斷片，以窺測其全部結構，必須備藝術家欣賞古代繪畫雕刻之眼光及精神，然後古人立說之用意與對象，始可以真了解。所謂真了解者，必神遊冥想，與立說之古人，處於同一境界，而對於其持論所以不得不如是者之苦心孤詣，表一種之同情，始能批評其學說之是非得失，而無隔閡膚廓之論。否則數千年前之陳言舊說，與今日之情勢迥殊，何一不可以可笑可怪之目乎？[23]

這段文字中有三個關鍵語詞特別值得我們注意，一是「了解之同情」，二是「窺測其全部結構」，三是「真了解」。「了解之同情」是今人對古人和古人的學說的態度，也可以叫做闡釋的態度；「藉此殘餘斷片，以窺測其全部結構」，是闡釋的方法；「真了解」是闡釋的目的。我曾說陳寅恪先生遊學歐西有年，掌握多種西方文字，其受西學之影響自不待言；但其著述全然是中國作風，幾乎看不到西學的痕跡。但此處講闡釋學的理論，其第二項關於闡釋的方法，曰「藉此殘餘斷片，以窺測其全部結構」，卻無意中露出了西學的「馬腳」。因「結構」一詞，系出自西學原典，是西方解釋學的關鍵語詞，中國傳統載籍未之見也。那麼，怎樣才能「窺測其全部結構」呢？寅老提出一特異的觀點，即認為闡釋者必須具備「藝術家欣賞古代繪畫雕刻之眼光及精神」。這是我們在無論任何東西哲人的著作中都找不到的命題。

陳寅恪一生為學不離「釋史」兩個字，而「釋史」的途徑就是透過今天我們所能看到的歷史資料的「殘餘斷片」，來重建歷史事實真相的全部結構。他的《隋唐制度淵源略論稿》、《唐代政治史述論稿》、《元白詩箋證稿》、《論再生緣》、《柳如是別傳》等專著以及許多單篇考辨之文，無一不是如此這般「釋史」的典範，而實現了對歷史真相的「真了解」。時賢於寅老釋史過程所使用的「以詩證史」的方法著論較多，茲不贅論。僅就其「詩文證史」之「今典」和「古典」之學說，略陳鄙見。1939 年他在昆明西南聯大撰寫的《讀哀江南賦》一文，最早提出古典、今典的概念。他在該文的開頭寫道：

古今讀《哀江南賦》者眾矣，莫不為其所感，而所感之情，則有淺深之異焉。其所感較深者，其所通解亦必較多。蘭成作賦，用古典以述今事。古事今情，雖不同物，若於異中求同，同中見異，融會異同，混合古今，別造一同異俱冥，今古合流之幻覺，斯實文章之絕詣，而作者之能事也。自來解釋《哀江南賦》者，雖於古典極多詮說，時事亦有所徵引。然關於子山作賦之直接動機及篇中結語特所致意之點，止限於詮說古典，舉其詞語之所從出，而於當日之實事，即子山所用之今典，似猶有未能引證者。[24]

又說：

解釋詞句，徵引故實，必有時代限斷。然時代劃分，於古典甚易，於今典則難。蓋所謂今典者，即作者當日之時事也。[25]

寅恪先生把「古典」和「今典」的義涵界說得非常明確，即古典是詞句故實之所從出，今典是作者所經歷的當日之事實。庾信《哀江南賦》結尾四句：「豈知灞陵夜獵，猶是故時將軍；咸陽布衣，非獨思歸王子。」前兩句用漢李廣家居時夜獵灞陵的古典故實，後兩句用楚頃襄王太子完質於秦的故實，這對長期去國、羈留長安的庾子山來說自是貼切。但寅恪先生認為，此四句中尚有「作者當日之時事」即「今典」存焉。此即當後來周、陳交好之際，陳文帝之弟安成王頊得以還國，陳宣帝提出羈旅關中的庾信、王褒等「亦當有南枝之思」；而「子山既在關中，位望通顯，朝貴復多所交親，此類使臣語錄，其關切己身者，自必直接或間接得以聞見」，所以賦中「猶是故時將軍」，固然包含子山自己曾是故梁右衛將軍的「今典」，「布衣」、「王子」云云，也是對陳宣帝「欲以元定軍將士易王褒等」的回應。這樣，庾信在賦中就不僅表現出自己的鄉關之思，而且流露出歸心之疾了。陳寅恪就這樣透過對庾信《哀江南賦》的古典和今典的通解，重建了羈旅長安二十五年之久的庾信心理情境的歷史真相。

《柳如是別傳》對錢柳因緣詩所涉之古典和今典的辨認與疏解更具有系統性。寅恪先生在《別傳》〈緣起〉章提出：「自來詁釋詩章，可別為二。一為考證本事，一為解釋辭句。質言之，前者乃考今典，即當時之事實。後者乃釋古典，即舊籍之出處。」而「解釋古典故實，自當引用最初出處，然最初出處，實不足以盡之，更須引其他非最初而有關者，以補足之，始能通解作者遣辭用意之妙。」又說：「若錢柳因緣詩，則不僅有遠近出處之古典故實，更有兩人前後詩章之出處。若不能探河窮源，剝蕉至心，層次不紊，脈絡貫注，則兩人酬和諸作，其詞鋒針對，思旨印證之微妙，絕難通解也。」[26] 例如河東君《次韻答牧翁冬日泛舟》詩中，有「莫為盧家怨銀漢，年年河水向東流」句，應與《玉臺新詠》〈歌辭二首〉之二「河中之水向東流，洛陽女兒名莫愁」，及李義山「本來銀漢是紅牆，隔得盧家白玉堂，誰與王昌報消息，盡知三十六鴛鴦」有關，也與牧齋《次韻答柳如是過訪山堂贈詩》「但似王昌消息好，履箱擎了便相從」有關，又與牧齋《觀美人手跡戲題絕句七首》之三「蘭室桂為梁，蠶書學採桑。幾番雲母紙，都惹鬱金香」，以及錢氏《永遇樂》詞有關等等。只有「循次披尋，得其脈絡」，才能對錢柳因緣詩「真盡通解」。

特別明南都傾覆之後，錢柳的有關詩作不少都與反清復明活動有關聯，往往今典、古典交錯互用，給箋釋者造成一定困難。錢牧齋的《錢注杜詩》是一顯例。所以寅恪先生說：「細繹牧齋所作之長箋，皆借李唐時事，以暗指明代時事，並極其用心抒寫己身在明末政治蛻變中所處之環境。實為古典今典同用之妙文。」[27]《柳如是別傳》既是陳寅恪以詩證史的傑構，又是辨認和疏解古典和今典的文本闡釋範例。

七　《柳如是別傳》是陳寅恪一生最大著述

陳寅恪一生的最大著述是《柳如是別傳》，其歷史書寫的旨趣是「借傳修史」，即透過為一代奇女子立傳來撰寫明清文化痛史，如果易名為《明清易代史》也名副其實。當然寅老不會同意易名，他寧可叫做《別傳》，也不願意修一部類乎所謂「正史」的史著。論者多有為陳寅老未能寫出一部通史而遺憾者。可是這部七八十萬言的《柳如是別傳》，我敢說它的價值絕不在一部通史之下。雖然通史之作和斷代史之作，在書寫體例上宜有不同，但修史之功力和價值卻可以得到同樣的彰顯。

《別傳》是陳寅恪一生著述的集大成之作，他的史學理念、治史方法、學術精神，都在此書中得以集中突顯。《別傳》也是陳寅恪一生學問的結晶，此有第一章〈緣起〉所說，著書目的之一是「欲自驗所學之深淺」可證。雖然，《別傳》的資料排比和詮釋方法與已往著述一脈相承，但所涉內容的複雜以及歷史場景的範圍，前此任何一部陳著都不能與之並觀。《別傳》同時也是著者寄託遙深之書，這有〈緣起〉章自述撰著目的時所說之「溫舊夢，寄遐思」為證。

至於《柳如是別傳》的卷首和書寫行進之中，何以插入眾多著者的詩作，只要知道《別傳》不是尋常的史學著作，而是陳寅恪先生開創的一種史著新體例，就不會感到詫異了。關於此點，拙稿《陳寅恪與〈柳如是別傳〉的撰述旨趣》一文，對之析論甚詳，讀者便中不妨參看。而最早研究陳寅恪史學的余英時先生，不久前在《陳寅恪晚年詩文釋證》「增訂新版」的〈書成自述〉裡，寫下一段極富征驗的話：「更重要的是透過陳寅恪，我進入了古人思想、情感、價值、意欲等交織而成的精神世界，因而於中國文化傳統及其流變獲得了較親切的認識。這使我真正理解到歷史研究並不是從史料中搜尋字面的證據以證成一己的假說，而是運用一切可能的方式，在已凝固的文字中，窺測當時曾貫注於其間的生命躍動，包括個體的和集體的。」[28] 可謂知者之言。

詩無定式，史無定法。「運用一切可能的方式」，自然包括傳寫之不足，則論議之；論議之不足，則感嘆之；感嘆之不足，則歌之詩之等等。《別傳》卷前最後一首題詩的尾聯云：「明清痛史新兼舊，好事何人共討論。」則寅老為河東君作傳不僅有預期而且有預見也。

八　陳寅恪的「哀傷」與「記憶」

世間凡讀寅老之書者，知寅老其人者，無不感受到他內心深處蘊藏著一種揮之不去的哀傷和苦痛，而且哀傷的意味大於苦痛。按心理學家的觀點，「哀傷」和「記憶」是連在一起的，那麼都是一些什麼樣的「記憶」使得陳寅恪如此哀傷以至哀痛呢？說到底，實與百年中國的文化與社會變遷以及他的家族的命運遭際有直接關係。義寧陳氏一族的事功鼎盛時期，是 1895 至 1898 年陳寶箴任湖南巡撫時期，當時陳寶箴在其子陳三立的襄助下，湖南新政走在全國的最前面，梁啟超、黃遵憲、江標、徐仁鑄、譚嗣同、唐才常、鄒代鈞、熊希齡、皮錫瑞等變法人士，齊集右帥的麾下，以至於有天下人才都到了湖南的說法。改革措施不斷發表，董吏治、辟利源、變士習，成績斐然。更有時務學堂之設、湘報館之辦、南學會之開，一時名聲大震。義寧父子「營一隅為天下倡」的理想實現在即。

但百日變政、一日政變的戊戌之秋突然降臨，慈禧殺譚嗣同等「六君子」於京師菜市口，通緝康、梁，陳寶箴、陳三立則受到「革職，永不敘用」的處分。這一年的冬天，陳寶箴離開長沙撫院，攜全家老幼扶夫人的靈柩遷回江西南昌。當時陳三立大病，三立大姐痛哭而死，寅恪長兄師曾之妻范孝嫦（范伯子之女）不久亦逝。陳寅恪這一年九歲。而 1900 年農曆六月二十六日，剛住到南昌西山崝廬僅一年多的陳寶箴，「忽以微疾而終」（實為慈禧密旨賜死）[29]。突如其來的「重罰其孤」，致使陳三立斷魂剉骨，悲痛欲絕。如果不是「有所待」，他已經不想活在這個世界。此後每年春秋兩季他都到崝廬祭掃哭拜。眷屬和子女暫住南昌磨子巷，主要靠親友借貸維持生活。一個家族的盛衰榮悴之變如此之速，其所給予年幼成員的心理影響勢必至深且巨。

而國家在戊戌之變後大故迭起。1899 年，慈禧大規模清剿「康黨」，欲廢掉光緒未果，義和團開始變亂。1900 年，慈禧利用義和團，激化了與西方諸國的矛盾，致使八國聯軍攻陷北京，演出近代史上第二次洋人占領中國都城的悲劇。1901 年，清廷與十一國公使團簽訂「議和大綱」，首當其衝的重臣李鴻章病死。1902 年，倉皇出逃的兩宮還京。李鴻章後的另一個重要人物袁世凱登上歷史舞臺。1904 年，日俄戰爭在中國領土打起，結果日本占領更多中國領土。清廷在這一年開始赦免除康、梁之外的戊戌在案人員。1905年，廢科舉，設學部，孫中山領導的同盟會成立。1906年，宣示預備立憲。1907年，張之洞入軍機。1908年，慈禧和光緒均逝，宣統即位。慈禧死於農曆十月二十二日，光緒死於前一天的十月二十一日。1909年，張之洞病逝。1911年，辛亥首義成功。1912年，中華民國成立，清帝遜位。1915年，袁世凱稱帝。1917年，張勳復辟。爾後北洋政府，軍閥混戰，五四運動，溥儀出宮，國共合作，北伐戰爭。1931年，日本占據東北。1937年至1945年，全民抗戰。1945年至1949年，國共內戰。五十年代以後，則土改、鎮反肅反、三反五反、院系調整、抗美援朝、公私合營、合作化、科學進軍、大躍進、除四害、反右派、反右傾、三年困難反蘇修、城鄉四清、文藝整風，直至「文革」大劫。此百年中國之一系列大變故，均為陳寅恪所親歷，早為目睹，後則耳聞心感。

如果是普通細民或庸常之士，可能是身雖歷而心已麻木。但陳寅恪是歷史學家，而且是有特殊家世背景的極敏感的歷史學家，他對這些愈出愈奇的天人變故能不留下自己的記憶嗎？能不為之哀傷而三嘆息嗎？

抑又有可言者，同為哀傷，宜有深淺程度之分別。陳寅恪之哀乃是至痛深哀。其所著《王觀堂先生輓詞並序》有言：「其表現此文化之程量愈宏，則其所受之苦痛亦愈甚。」故此語雖為靜安而設，其普世價值與寅恪亦應若合符契。所以《陳寅恪詩集》中，直寫流淚吞聲的詩句就有二十六聯之多。茲將相關聯句依《詩集》所繫之時間順序摘錄如次，以見其至哀深痛之情狀。

殘域殘年原易感
又因觀畫淚汍瀾
1913

回思寒夜話明昌
相對南冠泣數行
1927
聞道通明同換劫
綠章誰省淚沾巾
1936
樓高雁斷懷人遠
國破花開濺淚流
1938
得讀新詩已淚零
不須借卉對新亭
1939
世上欲哭流淚眼
天涯寧有惜花人
1945
萬里乾坤迷去住
詞人終古泣天涯
1945
淚眼已枯心已碎
莫將文字誤他生
1945
去國欲枯雙目淚
浮家虛說五湖舟
1946

五十八年流涕盡

可能留命見昇平

1948

唯有沉湘哀郢淚

彌大梅雨卻相同

1951

兒郎涑水空文藻

家國沉湘總淚流

1951

趙佗猶自懷真定

漸痛孤兒淚不乾

1951

蔥蔥佳氣古幽州

隔世相望淚不收

1951

文章存佚關興廢

懷古傷今涕泗漣

1953

論詩我亦彈詞體

悵望千秋淚溼巾

1953

掩簾窗牖無光入

說餅年時有淚流

1954

獨醪有理心先醉

殘燭無聲淚暗流

1955

哀淚已因家國盡

人亡學廢更如何

1955

死生家國休回首

淚與湘江一樣流

1957

玉溪滿貯傷春淚

未肯明流且暗吞

1958

會盟長慶尋常事

誰為傷春淚溼衣

1959

鐵鎖長江東逝水

年年流淚送香塵

1959

問疾寧辭蜀道難

相逢握手淚汍瀾

1961

檀槽天壤無消息

淚灑千秋紙上塵

1964

開元全盛誰還憶
便憶貞元滿淚痕
1964

此二十六聯是三聯版《陳寅恪集》之《詩集》中直接關乎淚流的詩句，不一定很全，可能還有遺漏。[30]《柳如是別傳》〈稿竟說偈〉結尾四句「刻意傷春，貯淚盈把，痛哭古人，留贈來者」，就沒包括在內。陳寅恪不是一般的流淚，而是「淚汍瀾」、「濺淚流」、「淚不收」、「涕泗漣」、「淚溼巾」、「貯淚盈把」，可見悲傷之情狀和哀痛之深。這是很少能在另外的文史學者的文字中看到的。即使是現代的詩人、文學家，也不多見。南唐後主李煜有「以淚洗面」的傳說，但形諸文字中也沒有寫得如此泗淚滂沱。然則陳寅恪深度哀傷的緣由究竟為何？此無他，唯「家國」二字而已。故上引詩聯有「衰淚已因家國盡」的句子，他自己已講得非常清楚。

我十餘年前寫過一篇《陳寅恪的「家國舊情」與「興亡遺恨」》的文章，解析《陳寅恪詩集》裡所反映的他的家國情懷，曾舉出多組關於「家國」的詩句，如「家國艱辛費維持」、「死生家國休回首」、「頻年家國損朱顏」、「家國沅湘總淚流」等等。並且發現陳三立的詩裡面，也不乏類似的句子，如「羈孤念家國」、「旋出涕淚說家國」、「百憂千哀在家國」等，父子二人都在為家國的不幸遭遇而流淚。散原老人的詩句是「百憂千哀在家國」，陳寅恪的詩句是「衰淚已因家國盡」，其措意、遣詞、指歸，以及情感的發抒，完全一致，哀傷的程度似乎也大體相同。所以然者，則是與陳氏一家在戊戌之年的不幸遭遇直接有關。故陳寅恪的詩句反覆強調「家國沅湘總淚流」、「淚與湘江一樣流」，明確透露出與此哀此痛直接相關的湖南地域背景。

但陳氏家族的遭遇是與國家的命運連繫在一起的。慈禧政變對近代中國的影響難以言喻，包括八國聯軍攻入北京等許多傷害國族民命的後續事變，都是那拉氏的倒行逆施結出的果實。因此陳寅恪作為歷史學者，他不僅有「哀」，其實也有「恨」。所「恨」者，1898 年的變法，如果不採取激進的辦法，國家的局面就會是另外的樣子。他的祖父陳寶箴和父親陳三立就不贊成康有為的激進態度，而主張全國變法最好讓張之洞主持，以不引發慈禧和光緒的衝突為上策。這就是陳寅恪在《寒柳堂記夢未定稿》第六節〈戊戌政變與先祖先君之關係〉裡所說的：「蓋先祖以為中國之大，非一時能悉改變，故欲先以湘省為全國之模楷，至若全國改革，則必以中央政府為領導。當時中央政權實屬於那拉后，如那拉后不欲變更舊制，光緒帝既無權力，更激起母子間之衝突，大局遂不可收拾矣。」[31]

此亦即陳寅恪在《讀吳其昌撰梁啟超傳書後》一文裡所說的：

當時之言變法者，蓋有不同之二源，未可混一論之也。咸豐之世，先祖亦應進士舉，居京師。親見圓明園干霄之火，痛哭南歸。其後治軍治民，益知中國舊法之不可不變。後交湘陰郭筠仙侍郎嵩燾，極相傾服，許為孤忠閎識。先君亦從郭公論文論學，而郭公者，亦頌美西法，當時士大夫目為漢奸國賊，群欲得殺之而甘心者也。至南海康先生治今文公羊之學，附會孔子改制以言變法。其與歷驗世務欲借鏡西國以變神州舊法者，本自不同。故先祖先君見義烏朱鼎甫先生一新《無邪堂答問》駁斥南海公羊春秋之說，深以為然。據是可知余家之主變法，其思想源流之所在矣。[32]

陳寅恪對戊戌變法兩種不同的思想源流作了嚴格區分，以追尋使國家「大局遂不可收拾」的歷史原因。

1965年冬天，也就是陳寅恪先生逝世的前四年，他寫了一首總括自己一生的哀傷與記憶的詩篇，這就是《乙巳冬日讀清史后妃傳有感於珍妃事為賦一律》，茲抄錄如下與讀者共賞。

昔日曾傳班氏賢，如今滄海已桑田。

傷心太液波翻句，回首甘陵黨錮年。

家國舊情迷紙上，興亡遺恨照燈前。

開元鶴髮凋零盡，誰補西京外戚篇。[33]

這是一首直接抒寫戊戌政變對中國社會變遷以及對義寧陳氏一家的深遠影響的詩。首句之班氏即漢代的才女文學家兼歷史家的班昭，作者用以指代珍妃。珍妃是戊戌政變的直接犧牲品，慈禧因光緒而遷怒珍妃，故庚子西行先將珍妃處死。第二句說珍妃的故事已經很遙遠了，國家如今發生了天翻地覆的變化。三四兩句是關鍵，句後有注：「玉溪生詩悼文宗楊賢妃云：『金輿不返傾城色，玉殿猶分下苑波。』雲起軒詞『聞說太液波翻』即用李句。」玉溪生是李商隱的號，寅恪所引詩句見於其《曲江》一詩，全詩為：「望斷平時翠輦過，空聞子夜鬼悲歌。金輿不返傾城色，玉殿猶分下苑波。死憶華亭聞鶴唳，老憂王室泣銅駝。天荒地變心雖折，若比傷春意未多。」[34] 注家對此詩諷詠內容的考證結論不一，要以寫悲惋唐文宗甘露之變者為是，寅恪先生採用的即是此說。

不過這應該是「古典」，「今典」則是文廷式的《念奴嬌》詞中與珍妃之死有關的「聞說太液波翻」句。文廷式是珍妃的老師，慈禧因不喜珍妃而牽及其師，早在政變之前就把文廷式趕出宮，並於政變後連發多道旨意，勒令地方督撫捕後就地正法。但當時正在長沙的文廷式為陳寶箴、陳三立父子聯手所救免，以三百金作為路資，使其先走上海，爾後逃赴東瀛。珍妃遇難，文廷式異常悲痛，作《落花詩十二首》為悼。[35] 另《念奴嬌》兩首也都關乎珍妃事。第一首有「杜鵑啼後，問江花江草，有情何極。曾是燈前通一笑，淺鬢輕攏蟬翼。掩仰持觴，輕盈試翦，此意難忘得」[36] 句，自是回念珍妃無疑。後者即是寅恪先生所引錄者。[37] 至於「太液波翻」之典故義涵，只有用來比喻宮廷政爭一解。所以李商隱用此，指的是唐代與牛、李黨爭有關的文宗甘露之變。文廷式用此，指的是因帝、后黨爭引發的戊戌政變。那麼陳寅恪詩中所傷心者（「傷心太液波翻句」），實與文廷式同發一慨，正是戊戌慘劇而非其他。故第四句由戊戌之變想到了東漢的黨錮之禍，那次黨禍接連兩次，殺人無算。蓋義寧一家最惡黨爭，陳三立說：「故府君獨知事變所當為而已，不復較孰為新舊，尤無所謂新黨舊黨之見。」[38] 正是歷史上無窮無盡的黨爭給國家造成了無數災難，戊戌之年的所謂新黨和舊黨、帝黨和后黨之爭，則使中國失去最後一次漸變革新的好時機。陳寅恪所哀傷者在此，所長歌痛哭者亦在此。

所以《乙巳冬日讀清史后妃傳有感於珍妃事為賦一律》的第五六兩句尤堪注意：「家國舊情迷紙上，興亡遺恨照燈前。」此不僅是這首詩的點題之句，也可以看作是陳寅恪全部詩作的主題曲，同時也是我們開啟陳寅恪精神世界隱痛的一把鑰匙。明乎此，則晚年的大著述《柳如是別傳》有解矣，他的一生著述有解矣，他的哀傷與記憶有解矣。詩的最後一聯：「開元鶴髮凋零盡，誰補西京外戚篇。」蓋寅恪先生所慨嘆者，熟悉晚清掌故的老輩都已作古，誰還說得清楚當時宮掖政爭的歷史真相呢？當然我們的大史學家是洞悉當時歷史事變的底裡真相的，他晚年撰寫的《寒柳堂記夢未定稿》，就是試圖重建歷史結構的真相的重要著作，雖原稿多有散佚，但我們運用陳寅恪的方法，以陳解陳，應大體可以窺知。《寒柳堂記夢未定稿》寫於 1965 年夏至 1966 年春，《乙巳冬日讀清史后妃傳有感於珍妃事為賦一律》在時間上，相當於《記夢未定稿》竣事之時，故不妨看作是對《記夢》的題詩。因此補寫「西京外戚篇」的偉業，我們的寅恪先生事實上已經踐履了。

2006 年 7 月 30 日於中國文化研究所

本章注腳

[1] 陳寅恪：《清華大學王觀堂先生紀念碑銘》，《金明館叢稿二編》，三聯書店 2001 年版，第 246 頁。

[2] 陳寅恪：《論再生緣》，《寒柳堂集》，三聯書店 2001 年版，第 73 頁。

[3] 陳寅恪：《柳如是別傳》（上）第一章〈緣起〉，三聯書店 2001 年版，第 4-5 頁。

[4] 引自陸鍵東：《陳寅恪的最後 20 年》，三聯書店 1995 年版，第 111-112 頁。

[5] 陳寅恪：《金明館叢稿二編》，三聯書店 2001 年版，第 284 頁。

[6] 《吳宓日記續編》第五冊（1961-1962），三聯書店 2006 年版，第 160、163 頁。

[7] 陳寅恪：《隋唐制度淵源略論稿》，三聯書店 2001 年版，第 46 頁。

[8] 陳寅恪：《隋唐制度淵源略論稿》，三聯書店 2001 年版，第 79 頁。

[9] 陳寅恪：《隋唐制度淵源略論稿》，三聯書店 2001 年版，第 80 頁。

[10] 陳寅恪：《唐代政治史述論稿》，三聯書店 2001 年版，第 183 頁。

[11] 陳寅恪：《唐代政治史述論稿》，三聯書店 2001 年版，第 212 頁。

[12] 陳寅恪：《柳如是別傳》下冊，三聯書店 2001 年版，第 1002 頁。

[13] 吳宓：《讀散原精舍詩筆記》，北京大學中國傳統文化研究中心編：《國學研究》第 1 卷，第 550 頁。

[14] 陳寅恪：《詩集》，三聯書店 2001 年版，第 55 頁。

[15] 陳寅恪：《寒柳堂記夢未定稿》，《寒柳堂集》，三聯書店 2001 年版，第 187 頁。

[16] 陳寅恪：《寒柳堂記夢未定稿》，《寒柳堂集》，三聯書店 2001 年版，第 236 頁。

[17] 陳寅恪：《寒柳堂記夢未定稿》，《寒柳堂集》，三聯書店 2001 年版，第 237 頁。

[18] 轉引自陸鍵東：《陳寅恪的最後二十年》，三聯書店 1995 年版，第 43 頁。

[19] 陳寅恪：《隋唐制度淵源略論稿》，三聯書店 2001 年版，第 20 頁。

[20] 陳寅恪：《唐代政治史述論稿》，三聯書店 2001 年版，第 260 頁。

[21] 余英時：《陳寅恪晚年詩文釋證》增訂新版，臺北東大圖書公司 1998 年 1 月初版，第 5 頁。

[22] 陳寅恪：《王靜安先生遺書序》，《金明館叢稿二編》，三聯書店 2001 年版，第 247-248 頁。

[23] 陳寅恪：《馮友蘭中國哲學史上冊審查報告》，《金明館叢稿二編》，三聯書店 2001 年版，第 279 頁。

[24] 陳寅恪：《讀哀江南賦》，《金明館叢稿初編》，三聯書店 2001 年版，第 234 頁。

[25] 陳寅恪：《讀哀江南賦》，《金明館叢稿初編》，三聯書店 2001 年版，第 234 頁。

[26] 陳寅恪:《柳如是別傳》上冊，三聯書店2001年版，第7、11、12頁。

[27] 陳寅恪：《柳如是別傳》下冊，三聯書店 2001 年版，第 1021 頁。

[28] 余英時：《陳寅恪晚年詩文釋證》增訂新版，臺北東大圖書公司 1998 年版，第 15 頁。

[29] 我的《慈禧密旨賜死陳寶箴考實》一文對此一問題做了較詳盡的辨析考論，載《中國文化》2001 年第 17、18 期合刊，讀者可參閱。

[30] 所引詩聯見於《陳寅恪集》之《詩集》的頁碼恕不一一注出，依詩聯後面的署年自可找到。

[31] 陳寅恪：《寒柳堂記夢未定稿》第六節〈戊戌政變與先祖先君之關係〉，《寒柳堂集》，三聯書店 2001 年版，第 203 頁。

[32] 陳寅恪：《讀吳其昌撰梁啟超傳書後》，《寒柳堂集》，三聯書店 2001 年版，第 187 頁。

[33] 陳寅恪：《乙巳冬日讀清史后妃傳有感於珍妃事為賦一律》，《陳寅恪集》之《詩集》，三聯書店 2001 年版，第 172 頁。

[34]《李商隱詩歌集解》第一冊，中華書局 1988 年版，第 132 頁。

[35] 汪叔子編：《文廷式集》下冊，中華書局 1993 年版，第 1331 頁。

[36] 汪叔子編：《文廷式集》下冊，中華書局 1993 年版，第 1451 頁。

[37] 汪叔子編：《文廷式集》下冊，中華書局 1993 年版，第 1452 頁。

[38] 陳三立：《湖南巡撫先府君行狀》，《散原精舍詩文集》下冊，上海古籍出版社 2003 年版，第 855 頁。

第九章
陳寅恪的闡釋學

陳寅恪先生堅執中國文化本位的思想，以種族與文化的學說治史說詩，目的是在史中求史識，通解歷史上的文化中國。而實現此一學術目標的主要途徑，是在充分占有和甄別史料的基礎上，對攝取來作為研究對象的古代載籍和歷史人物，進行詮解和闡釋，以重建歷史的真實面貌和歷史人物的心理結構。在這點上所有歷史學者概莫能外。陳寅恪的貢獻，是在說詩治史的過程中，創立了一種獨特的具有現代精神的闡釋學，就中所包含的觀念與方法學的意義，足可啟示當代，並「示來者以軌則」[1]，使做中國學問的人文學者取徑有門而知其以古為新的前行之路。

陳寅恪先生的闡釋學，可約略概括為六目，即：第一，「了解之同情」：闡釋的先驗態度；第二，「釋證」、「補正」、「參證」：闡釋的多元途徑；第三，「既解釋文句又討論問題」：闡釋的思想向度；第四，比較闡釋和心理分析：闡釋的現代意味：第五，古典、今典雙重證發：闡釋的學問境界；第六，環境與家世信仰的熏習：闡釋的種子求證。姑名之為陳氏闡釋學，下面請分別試論之。

「了解之同情」：闡釋的先驗態度

面對歷史人物和古代的載籍，我們首先須假設一先驗的態度，即你準備怎樣來對待古人和古人的立說。這需要談到陳寅恪先生為馮友蘭《中國哲學史》上冊所寫的審查報告，他在這篇報告中說過一句很有名的話，就是「對於古人之學說，應具了解之同情，方可下筆」[2]。這句話可以看作是他對古代作者和古代典籍的基本態度。至於為什麼以及怎樣做才稱得上對古人的學說具有「了解之同情」，他解釋說：

> 蓋古人著書立說，皆有所為而發。故其所處之環境，所受之背景，非完全明了，則其學說不易評論，而古代哲學家去今數千年，其時代之真相，極難推知。吾人今日可依據之材料，僅為當時所遺存最小之一部，欲藉此殘餘斷片，以窺測其全部結構，必須備藝術家欣賞古代繪畫雕刻之眼光及精神，然後古人立說之用意與對象，始可以真了解。所謂真了解者，必神遊冥想，與立說之古人，處於同一境界，而對於其持論所以不得不如是之苦心孤詣，表一種之同情，始能批評其學說之是非得失，而無隔閡膚廓之論。否則數千年前之陳言舊說，與今日之情勢迥殊，何一不可以可笑可怪目之乎？[3]

這是說古人著書立說總有一定的環境與背景，經受特定物事的刺激和誘發之後，方產生形諸筆墨的衝動；但由於時代湮遠，可資依據的直接材料常常殘缺不全，要想窺知其時代真相，洞悉古人著作的運思過程和精神底裡，實在是一件至繁至難之事。在這種情況下，寅恪先生主張今之作者要具備藝術家的精神和眼光，對古人的學說採取如同對待藝術品般的欣賞態度，使自己神遊冥想，進入對象，設想與立說之古人處於同一境界，然後始能達成對古人立說之用意和對象的「真了解」。就是說，得先進入境界，具賞鑑之心，然後方能知得失。而「真了解」的關鍵，在於對古人立說「不得不如是之苦心孤詣」，能夠產生設身處地的同情之心。「不得不如是」一語，實際上是問題的關鍵。其隱含義，就是對古人不僅要了解，而且還要體諒。此義和章學誠《文史通義》〈文德〉篇同發一慨，章氏嘗謂：

> 凡為古文辭者，必敬以恕。臨文必敬，非修德之謂也。論古必恕，非寬容之謂也。敬非修德之謂者，氣攝而不縱，縱必不能中節也。恕非寬容之謂者，能為古人設身而處地也。[4]

寅老所陳述之闡釋態度，亦即章氏「論古必恕」的態度，妙在章氏不以「寬容」一詞與「恕」相混淆，而以「為古人設身而處地」給以說明，此與寅恪先生同曲同工矣。不同的是，寅老給出的總括概念為「了解之同情」，故引來「對待藝術品般的欣賞態度」一語，使得「恕」、「同情」、「設身處地」，均得入徑之著落。只有秉持這樣一種態度，才有條件批評古人學說的是非得失，而與任何一種超越時代環境和作者條件的苛求前賢的作風劃清界限。

但陳寅恪先生接著便指出：「此種同情之態度，最易流於穿鑿附會之惡習。因今日所得見之古代材料，或散佚而僅存，或晦澀而難解，非經過解釋及排比之程式，絕無哲學史之可言。然若加以連貫綜合之蒐集及統繫條理之整理，則著者有意無意之間，往往依其自身所遭際之時代、所居處之環境、所熏染之學說，以推測解釋古人之意志。」[5] 這是寅恪先生最不能容忍的「以今例古」，實即將古人的思想現代化，故以「惡習」稱之，然而這又是時人最易犯的毛病。其結果是：「今日之談中國古代哲學者，大抵即談其今日自身之哲學者也。所著之中國哲學史者，即其今日自身之哲學史者也。其言論愈有條理統系，則去古人學說之真相愈遠。」[6] 對馮友蘭所著之《中國哲學史》，他所以鄭重予以推薦，原因之一就是馮著劃開了古今的界限，沒有把古人現代化，對古人的立說大體採取了「了解之同情」的態度。他希望透過出版馮著，能夠矯正當時學界的令人「長嘆息」的「附會之惡習」，特別彼時的墨子研究，此種風氣顯現得尤為突出。可以認為，陳寅恪先生提出的「對於古人之學說，應具了解之同情」，是闡釋學的一絕大判斷，非常準確地概括出今之學人對古人著述所應採取的態度，此說在他的闡釋學的結構中起精神柱石的作用。

陳寅恪先生對待古代著作和古人著述立說的這種態度，貫穿於他的全部著述之中。《元白詩箋證稿》對元稹的評價是其顯例。由於元稹一生數娶，對青年時期的戀愛對象「崔鶯鶯」始亂終棄，自己非但不愧疚，反而寫成《傳奇》，以所謂「忍情」說為自己辯護，其為人巧宦熱中，無以復加。如果不了解唐代貞元以後的社會風俗，以「今」例「古」，或以「後」例「前」，對絕代才華之微之除了詬病已無所取長矣。

但由於寅恪先生對唐代仕宦制度和社會風俗文化有獨到的研究，為他衡人品文提供了可以取信的歷史依據。蓋唐代自高宗和武則天以後，世風實起一極大變化，即「此種社會階級重辭賦而不重經學，尚才華而不尚禮法」，乃至進士科亦為「浮薄放蕩之徒所歸聚，與倡伎文學殊有關聯」[7]。所以唐代倡伎文學發達，顯宦高官以及文人學士概莫能外，倘不擁伎自炫，便無社會地位，即以道學自命的韓愈亦在所不免。故杜牧的《感懷詩》有句：「至於貞元末，風流恣綺靡。」[8] 這種情況，不明唐代風俗者，無法與言。寅恪先生在大量引證有關唐代社會風俗的史料之後寫道：

蓋唐代社會承南北朝之舊俗，通以二事評量人品之高下。此二事，一曰婚，二曰宦。凡婚而不娶名家女，與仕而不由清望官，俱為社會所不齒。此類例證甚眾，且為治史者所習知，故茲不具論。但明乎此，則微之所以作《鶯鶯傳》，直敘其自身始亂終棄之事跡，絕不為之少慚，或略諱者，即職是故也。其友人楊巨源、李紳、白居易亦知之，而不以為非者，捨棄寒女，而別婚高門，當日社會所公認之正當行為也。[9]

這樣來看待元稹，即不以道德好惡代替歷史分析，才有可能做到對古人的「真了解」。雖然，寅恪先生並沒有扮演元稹辯護士的角色，他對其婚、宦的取徑亦曾深責痛詆，於《元白詩箋證稿》第四章論〈豔詩及悼亡詩〉之時，有如下的批評：「然則微之乘此社會不同之道德標準及習俗並存雜用之時，自私自利。綜其一生行跡，巧宦固不待言，而巧婚尤為可惡也。豈其多情哉？實多詐而已矣。」[10] 只不過是其社會風氣所致也，故友朋及社會輿論視之平常而又正常，並不以此為非者。當然亦不影響對其文筆才華之評價，所以寅恪先生又寫道：「微之絕世之才士也。人品雖不足取，而文采有足多者焉。」[11] 則士人之文采風流，微之盡占也夫。然回到陳氏闡釋學，此歷史的批評與道德的批評互不為掩而雙重取義，正所謂對古人的「同情」而又「了解」者也。

《柳如是別傳》對錢牧齋的評說也頗能說明問題。稍具明清史常識的人無不知曉錢氏的始附東林，後結馬（士英）、阮（大鋮），明朝南都傾覆時又率爾降清，名節有虧，殊不足取，以至於士林史乘有「自漢唐以來，文人之晚節莫蓋，無如謙益之甚者」的惡評。陳寅恪先生並不否認這一點，但他主張對錢牧齋的行事尚須作環境和自身性格的具體分析，即使成為「一生汙點」的降清一事，也需看到「亦由其素性怯懦，迫於事勢所使然，若謂其必須始終心悅誠服，則甚不近情理」[12]。因此他不贊成陳子龍的弟子王勝時「挾其師與河東君因緣不善終之私怨」，厚誣錢氏寓復明之旨的《列朝詩集小傳》之苦心孤詣，因此批評說：「勝時自命明之遺逸，應恕其前此失節之衍，而嘉其後來贖罪之意，始可稱為平心之論。」[13] 而對於錢牧齋和柳如是夫婦當南明小朝廷苟延殘喘之際，所謂「日逢馬阮意游宴」一節，寅恪先生說自然是極可鄙之事，但亦認為可增加一層分析，即不排除錢牧齋和阮大鋮都是文學天才，兩人也有「氣類相近」的一面；而柳如是與阮大鋮皆能度曲，就中或不無「賞音知己之意」[14]，不必只以「謙益覬相位」的潛在未顯之目的來加評。這些話，非寅老誰能說出。人物是立體的，歷史的動因是多重的，正不必把複雜的歷史現象簡單化。

不僅錢牧齋的降清「紆汙有因」，就是清初的許多志在復明之人，也不得不違心地去應鄉試，對此一現象也應明察其時代環境的因素，而後再作批評。寅恪先生考釋牧齋晚年從事復明活動，與當時許多同此胸懷之士有往還，故明大宗伯松江陸文定的曾孫陸子玄就是其中一個。但這位志在復明之士，卻在順治丁酉（公曆 1657 年）應鄉試，因涉及「權要賄賂」的科場案，被發往遼左。寅恪先生針對陸子玄一案，論之曰：「故子玄亦必是志在復明之人，但何以於次年即應鄉試？表面觀之，似頗相矛盾。前論李素臣事，謂其與侯朝宗之應舉，皆出於不得已。子玄之家世及聲望約略與侯李相等，故疑其應丁酉科鄉試，實出於不得已。蓋建州入關之初，凡世家子弟著聲庠序之人，若不應鄉舉，即為反清之一種表示，累及家族，或致身命之危險。」又說：「關於此點，足見清初士人處境之不易。後世未解當日情勢，往往作過酷之批評，殊非公允之論也。」[15] 這些地方都展現出寅恪先生對待古人的「了解之同情」的詮釋態度。

梁啟超在近現代思想文化史上一直是個有爭議的人物。戊戌變法前夕，陳寅恪先生的祖父陳寶箴和父尊陳三立曾聘請其主講於長沙時務學堂，後又與寅恪先生共同任導師於清華國學研究院，可以說與寅恪先生有三代之誼。儘管如此，當梁啟超脫離開具體的歷史環境，以自己的思想經歷來解釋古人的志尚行動，寅恪先生仍直率地給予批評。他在《陶淵明之思想與清談之關係》一文中，透過詳細探究陶淵明的家世和姻族連繫及宗教信仰，確認沈約《宋書》本傳所說的淵明的政治主張是，「自以曾祖晉世宰輔，恥復屈身異代，自［宋］高祖王業漸隆，不復肯仕」最為可信[16]，認為這與嵇康是曹魏國姻，因而反抗司馬氏政權正復相同。接著他把筆鋒一轉寫道：

近日梁啟超氏於其所撰《陶淵明之文藝及其品格》一文中謂：「其實淵明只是看不過當日仕途混濁，不屑與那些熱官為伍，倒不在乎劉裕的王業隆與不隆」、「若說所爭在什麼姓司馬的，未免把他看小了」，及「宋以後批評陶詩的人最恭維他恥事二姓，這種論調我們是最不贊成的」。斯則任公先生取己身之思想經歷，以解釋古人之志尚行動，故按諸淵明所生之時代、所出之家世、所遺傳之舊教、所發明之新說，皆所難通，自不足據之以疑沈休文之實錄也。[17]

「取己身之思想經歷，以解釋古人之志尚行動」，就是以今例古，很容易將古人的思想現代化，從而曲解古人，這與寅恪先生的闡釋學原理格格不入，即使面對有通世之誼的梁任公，也不能不辯駁清楚。但另一方面，如有人離開時代條件苛求新會其人，寅恪先生也當仁不讓，立即起而為之辯誣。

1945 年，他在《讀吳其昌撰梁啟超傳書後》一文中，寫有下面的話：

任公先生高文博學，近世所罕見。然論者每惜其與中國五十年腐惡之政治不能絕緣，以為先生之不幸。是說也，余竊疑之。嘗讀元明舊史，見劉藏春、姚逃虛皆以世外閒身而與人家國事。況先生少為儒家之學，本董生國身通一之旨，慕伊尹天民先覺之任，其不能與當時腐惡之政治絕緣，勢不得不然。憶洪憲稱帝之日，余適旅居舊都，其時頌美袁氏功德者，極醜怪之奇觀。深感廉恥道盡，至為痛心。至如國體之為君主抑或民主，則尚為其次者。迨先生《異哉所謂國體問題者》一文出，摧陷廓清，如撥雲霧而睹青天。然則先生不能與近世政治絕緣者，實有不獲已之故。此則中國之不幸，非獨先生之不幸也。[18]

由對梁任公的一駁一辯，我們可以看出，寅恪先生提出的對立說之古人要有「了解之同情」是何等重要。其實不只對古人，凡涉及己身以外的其他文字作者，均應採取此種態度。在寅恪先生看來，以今例古固然不對，以己例人同樣不足取。

「釋證」、「補正」、「參證」：闡釋的多元途徑

陳寅恪闡釋學的又一特點，是對材料的闡釋採取多種方法和多種途徑，一句話，屬於多元闡釋。1934 年，他在為王國維《遺書》撰寫的序言裡，用「釋證」、「補正」、「參證」三目，來概括王國維著述的學術內容和治學方法，這就是「取地下之實物與紙上之遺文互相釋證」、「取異族之故書與吾國之舊籍互相補正」、「取外來之觀念與固有之材料互相參證」[19]。此三目也是寅恪先生說詩治史經常使用的方法，成為陳氏闡釋學基本內涵構成的重要部件。我們看《金明館叢稿初編》、《金明館叢稿二編》、《寒柳堂集》所載諸文，以及《元白詩箋證稿》、《柳如是別傳》等專著，「釋證」、「補正」、「參證」字樣隨處可見。《柳如是別傳》的最初命名就是《錢柳因緣詩釋證稿》，而單篇論著之行文過程，也動輒直標「與舊史及他書之文互相釋證」、「取舊史及他書以為參證」[20]、「然於道教僅取以供史事之補證」[21] 等等，無須更多列舉，可以說寅恪先生的全部著作，使用的都是此種方法，組成「釋證」、「補正」、「參證」的和聲大曲，特以闡釋的多元途徑概括之。

需要指出的是，寅恪先生用以釋證材料的這三種方法，雖然與吾國傳統文史考據之學相重合，但統率此方法的證釋觀念和精神指歸卻不完全相同。就吸收傳統而言，寅恪先生讚許宋儒治史的方法，而不贊成清儒治經的方法。清代史學和經學並有樸學之目，但史學的地位遠不如經學。所以如此，愛新覺羅氏以外族入主中國，屢興文字之獄，株連慘酷，學者有所畏避，不敢致力於史事研究，固是一因，但寅恪先生認為還有史學與經學的釋證材料的方法不同途的因素在內。他說：

所差異者，史學之材料大都完整而較備具，其解釋亦有所限制，非可人執一說，無從判決其當否也。經學則不然，其材料往往殘闕而又寡少，其解釋尤不確定，以謹愿之人，而治經學，則但能依據文句各別解釋，而不能綜合貫通，成一有系統之論述。以誇誕之人，而治經學，則不甘以片段之論述為滿足。因其材料殘闕寡少及解釋無定之故，轉可利用一二細微疑似之單證，以附會其廣泛難征之結論。其論既出之後，固不能犁然有當於人心，而人亦不易標舉反證以相詰難。比諸圖畫鬼物，苟形態略具，則能事已畢，其真狀之果肖似與否，畫者與觀者兩皆不知也。往昔經學盛時，為其學者，可不讀唐以後書，以求速效。聲譽既易致，而利祿亦隨之。於是一世才智之士，能為考據之學者，群舍史學而趨於經學之一途。[22]

寅恪先生將清代史學與清代經學作如此區分，說明他的建立在傳統考據之學基礎上的闡釋學，與清代樸學是相合而不相同之物，尤其與清儒治經的方法迥不相侔。所以別者，在於他的名為《釋證》、《箋證》諸作，都是能夠「綜合貫通，成一有系統之論述」的學術典要之著述，不僅「誇誕之人」不足與論，即「謹愿之人」亦異途難並。

清儒治經經常犯的毛病，如「解釋無定」、「利用一二細微疑似之單證」、「不易標舉反證」及「以附會其廣泛難征之結論」等等，實為寅恪先生的闡釋學所深戒。他在釋證材料方面，可以說是在為清儒所不能為之事。因此當他看到楊樹達的《論語疏證》是用宋儒治史的方法來治經，不勝感慨，欣然為序，寫道：「夫聖人之言，必有為而發，若不取事實以證之，則成無的之矢矣。聖言簡奧，若不採意旨相同之語以參之，則為不解之謎矣。既廣搜群籍，以參證聖言，其言之矛盾疑滯者，若不考訂解釋，折衷一是，則聖人之言行，終不可明矣。今先生彙集古籍中事實語言之與《論語》有關者，並間下己意，考訂是非，解釋疑滯。此司馬君實李仁甫長編考異之法，乃自來詁釋《論語》者所未有，誠可為治經者闢一新途徑，樹一新楷模也。」[23] 其中，「取事實以證之」和「採意旨相同之語以參之」兩種解釋途徑，是陳寅恪先生經常使用的方法，也是陳氏闡釋學的要義所在。

這種方法運用的極致，是他對《樂毅報燕惠王書》中「薊丘之植，植於汶篁」句的獨特解釋。歷來解此句者，或如俞樾認為是倒句，實即汶篁之植，植於薊丘的意思；或如楊樹達以「於」、「以」同義為由，並引《韓非子·解老篇》「慈，於戰則勝，以守則固」及《老子》「以戰則勝，以守則固」作為參證，釋其意為「薊丘之植，植以汶篁」等等。寅恪先生避繁就簡，欣然論道，而提出此句按普通文義即可通解，而不必求諸「以」、「於」相通或「倒句」之妙等等。因為按照司馬遷《史記》文本所載：「樂毅留徇齊五歲，下齊七十餘城，皆為郡縣，以屬燕。」[24] 以此燕為戰勝國，大隊人馬在徇齊留五年之久，自然可以將薊丘之植移植於汶篁。寅恪先生於是寫道：

> 戰勝者收取戰敗者之珠玉財寶車甲珍器，送於戰勝者之本土。或又以兵卒屯駐於戰敗者之土地。戰勝者本土之蔬果，則以其為出征遠戍之兵卒夙所習用嗜好之故，輒相隨而移植於戰敗者之土地。以曾目睹者言之，太平天國金陵之敗，洪楊庫藏多輦致於衡湘諸將之家。而南京菜市冬莧紫菜等蔬，皆出自湘人之移種。清室圓明園之珍藏，陳列於歐西名都之博物館，而舊京西郊靜明園玉泉中所生水菜，據稱為外國聯軍破北京時所播種。此為古今中外戰勝者與戰敗者，其所有物產互相交換之通例。燕齊之勝敗，何獨不如是乎？[25]

寅恪先生的闡釋簡直妙絕，連生平聞見所經歷的知識掌故一併招引進來，讓大家一起來佐證，說明「薊丘之植，植於汶篁」，無非是燕國薊丘的植物，隨著留徇齊地的燕國軍隊，而移植於齊國的汶篁而已。汶即汶水，齊國的一條河流；篁是竹田的意思。

作為「參證」，寅恪先生又引《齊民要術》〈種棗〉條為例：「青州有樂氏棗，肌細核小，多膏肥美，為天下第一。父老相傳云:『樂毅破齊時，從燕齎來所種也。』」[26] 此條材料為寅恪先生所援引，進而證明其對「薊丘之植，植於汶篁」句的解釋妥帖無誤。而且在文法上，《樂毅報燕惠王書》此句的前面的文句為「珠玉財寶車甲珍器盡收於燕，齊器設於寧臺，大呂陳於元英，故鼎反乎磨室」[27]。「薊丘之植，植於汶篁」之句，正好與「故鼎反乎磨室」句是對文，因此寅老的解釋不僅於詞義，於文法句式也無減無增，恰到好處。為此寅恪先生進而申說道：

> 夫解釋古書，其謹嚴辦法，在不改原有之字，仍用習見之義。故解釋之愈簡易者，亦愈近真諦。並須旁採史實人情，以為參證。不可僅於文句之間，反覆研求，遂謂盡其涵義也。[28]

此一闡釋方法，雖曰「不改原有之字，仍用習見之義」，初看似不難掌握，但究其實卻並非易事。所難者，在「旁採」的兩目，就是「史實」與「人情」。「史實」易明，試想如果不引證《齊民要術》的〈種棗〉條，說服力顯然會有所減弱。而太平天國領袖們使用的轎子為湘軍將領所獲，南京的冬莧紫菜原系湘人所種，北京西郊圓明園的水菜竟是外國聯軍所植等等，這些「史實」都是作者所「目睹者」，一起拿來作為「參證」，立論便不容易被置疑了。

但何謂「人情」？考據學是需要汰除情感因素的干擾的，謹嚴如寅恪先生難道不在意此一學術紀律？寅恪先生說：「蓋昌國君（樂毅攻入齊之臨淄後，燕昭王親至濟上勞軍，封樂毅於昌國，遂為昌國君 —— 筆者注）意謂前日之鼎，由齊而反乎燕，後日之植，由燕而移於齊。故鼎新植一往一返之間，而家國之興亡勝敗，其變幻有如是之甚者。並列前後異同之跡象，所以光昭先王之偉烈。而己身之與有勛勞，亦因以附見焉。此二句情深而詞美，最易感人。」[29] 呵呵！陳寅恪先生所說的「人情」，原來是歷史敘述中的當事者的「人情」之常，亦即樂毅向燕王報告：「故鼎反乎磨室，薊丘之植植於汶篁，自五伯已來，功未有及先王者也。」正是以「前後異同之跡象」，頌先王之偉功及自己的勛勞，此即用來「參證」解釋文句的「人情」是也。

說到以「史實」與「人情」作參證，筆者想到了陳著中另外一個例證。《元白詩箋證稿》第四章釋證元稹〈豔詩及悼亡詩〉，發現元、白二人對《法句經》和《心王頭陀經》頗感興趣，比如白居易和元稹《夢遊春》詩的結句為：「法句與心王，期君日三復。」且自注云：「微之常以《法句》及《心王頭陀經》相示，故申言以卒其志也。」白氏自己的詩裡也有句：「心付《頭陀經》。」陳寅恪先生針對此點寫道：

> 寅恪少讀樂天此詩，遍檢佛藏，不見所謂《心王頭陀經》者，頗以為恨。近歲始見倫敦博物院藏斯坦因號貳肆柒肆，《佛為心王菩薩說頭陀經》卷上，五陰山室寺惠辨禪師注殘本（大正續藏貳捌捌陸號）乃一至淺俗之書，為中土所偽造者。至於《法句經》，亦非吾國古來相傳舊譯之本，乃別是一書，即倫敦博物院藏斯坦因號貳仟貳一《佛說法句經》（又中村不折藏敦煌寫本，大正續藏貳玖零一號），及巴黎國民圖書館藏伯希和號貳叁二伍《法句經疏》（大正續藏貳玖零貳號），此書亦是淺俗偽造之經。夫元白二公自許禪梵之學，叮嚀反覆於此二經。今日得見此二書，其淺陋鄙俚如此，則二公之佛學造詣，可以推知矣。[30]

此則寅恪先生以己身直接接觸到的佛教經卷，來反觀稱頌此經卷的古人之佛學造詣究竟是何種程度，應該是最可信賴的參證方法了。此是實物原存為證，又經對佛教經典研究有素的慧眼之審鑑，縱元白在世，亦瞠目無以為對了。當然這樣做的前提條件，是研究者本人必須對遺存原典有廣泛的了解和深入的研究，然後才勇於下判斷。

可以與此相連類的是，陳寅恪先生還發明一種以後世作者的成句，來解釋前人詩賦的方法。比如用杜甫來解釋庾信。庾信《哀江南賦》結尾處有句：「天地之大德曰生，聖人之大寶曰位。用無賴之子弟，舉江東而全棄。惜天下之一家，遭東南之反氣。以鶉首而賜秦，天何為而此醉。」其中「無賴子弟」是何所指？庾集倪璠注認為，係指代梁而建陳朝的陳霸先。曾國藩《經史百家雜鈔》認為是子山「追究武帝不能豫教子弟而亂生」。寅恪先生認為，兩者均非「真解」。他順手引來杜甫《詠懷古蹟》詩第一首的「羯胡事主終無賴」句，指出杜詩之「羯胡」係指安祿山，庾賦之「無賴之子弟」則是指侯景。前面所引庾賦的前四句的意思是，梁武帝以享國最久之帝王，而用無賴之侯景，卒致喪生失位，盡棄其江東之王業。寅恪先生歸結說：「《哀江南賦》必用《詠懷古蹟》詩之解，始可通。」他稱此種闡釋方法為「以杜解庾」[31]。

「既解釋文句又討論問題」：闡釋的思想向度

陳寅恪先生在為陳援庵先生的《元西域人華化考》所寫的序言裡，對清儒治經的方法所做的批評，前已引述。不過寅老在批評的同時，還提出了一項重要的闡釋學的學理問題，這就是解釋文句和討論問題兩者的關係為何。他說：

> 其謹願者，既止於解釋文句，而不能討論問題。其誇誕者，又流於奇詭悠謬，而不可究詰。雖有研治史學之人，大抵於官成以後休退之時，始以餘力肄及，殆視為文儒老病銷愁送日之具。當時史學地位之卑下若此，由今思之，誠可哀矣。此清代經學發展過甚，所以轉致史學不振也。[32]

清儒治經的「誇誕者」可無論，其「謹願者」也只是「止於解釋文句，而不能討論問題」。如此剛好和陳氏解釋學相反，寅恪先生的方法，是「既解釋文句，又討論問題」，而且主要是為了討論問題才去解釋文句，所以陳先生的學問是有文化生命的學問，他不是尋常的歷史學者，而是研究歷史的思想家。

茲舉一例。一為《元白詩箋證稿》第二章，寅恪先生針對洪邁《容齋五筆》卷七〈琵琶行海棠詩〉條所謂：「唐世法網雖於此為寬，然樂天嘗居禁密，且謫宦未久，必不肯乘夜入獨處婦人船中，相從飲酒，至於極絲彈之樂，中夕方去。豈不虞商人者，它日議其後乎？樂天之意，直欲攄寫天涯淪落之恨爾。」[33] 寅恪先生對洪氏此說深表置疑，認為洪說在兩個問題上存在顯誤，其一是對文字敘述的理解，其二則涉及唐代風俗問題。白詩《琵琶行》有句：「移船相近邀相見，添酒回燈重開宴。千呼萬喚始出來，猶抱琵琶半遮面。」洪邁據此認為白居易進入了「獨處婦人」的船，而且深夜（「中夕」）方離去，與樂天身分不符。寅恪先生據詩中敘述，裁定是江州司馬白居易邀請琵琶女來到自己送客的船中，「故能添酒重宴，否則江口茶商外婦之空船中，恐無如此預設之盛筵也。」[34] 此處我們須注意「茶商外婦」一語，因此語涉及這位琵琶女的特殊身分，而由此牽及唐代的社會風俗問題。

唐代的社會風俗，在男女問題上相對比較自由，甚至朱子也有「唐源流出於夷狄，故閨門失禮之事不以為異」的說法。故寅老解《琵琶行》相關語句，首先提出：「關於男女禮法等問題，唐宋兩代實有不同。」然後申而論之曰：「關於樂天此詩者有二事可以注意：一即此茶商之娶此長安故倡，特不過一尋常之外婦。其關係本在可離可合之間，以今日通行語言之，直『同居』而已。元微之於《鶯鶯傳》極誇其自身始亂終棄之事，而不以為慚疚。其友朋亦視其為當然，而不非議。此即唐代當時士大夫風習，極輕賤社會階級低下之女子。視其去留離合，所關至小之證。是知樂天之於此故倡，茶商之於此外婦，皆當日社會輿論所視為無足重輕，不必顧忌者也。」[35] 亦因此，詩前敘引寫琵琶女自道出身，坦承自己是「長安倡女」，即在女性一方同樣不以為異也。只有知曉唐代當時有如此這般的社會風俗，才能解江州司馬之所為作，以及琵琶女的不諱來歷，真實平靜地講述自己的前後身分變化。

而此義在《元白詩箋證稿》第四章附論《鶯鶯傳》中，寅恪先生亦有清晰論證，寫道：「蓋唐代社會承南北朝之舊俗，通以二事評量人品之高下。此二事，一曰婚，二曰宦。凡婚而不娶名家女，與仕而不由清望官，俱為社會所不齒。此類例證甚眾，且為治史者所習知，故茲不具論。但明乎此，則微之所以作《鶯鶯傳》，直敘其自身始亂終棄之事跡，絕不為之少慚，或略諱者，即職是故也。」[36] 由此可見寅恪先生的解《琵琶行》之詞句文義，是為討論唐代社會風習及當時士大夫生活道路的時代價值取向，為人物的行為言動尋找社會的文化依據，豈是尋常簒解文句之拘拘小儒所能比並哉。

而陳著《柳如是別傳》第三章在重構河東君與平生最喜歡的男性陳子龍的愛情生活時，考證出崇禎七年十二月至崇禎八年春季，兩人嘗同居於松江城南門內徐氏別墅之南樓。但河東君對陳子龍而言此時的身分，並不是如給河東君作傳的顧雲美所說，是「妾」，而是「目之為『外婦』，更較得其真相」[37]，陳寅老於此點特予辨明，可視為探討唐代社會風俗的歷史延續，其在明末之江南一帶亦復如是。至於徐氏別墅的主人徐致遠之兄長徐孚遠，乃是與陳子龍在「南園讀書樓」共同遊息之人，其對陳、柳同居事知之甚稔，故所著之《釣璜堂存稿》涉陳者甚多。就中《旅邸追懷臥子》一詩有句云：「牆內桐孫抽幾許，房中阿鶩屬誰家。」陳寅恪先生對詩句中之「阿鶩」一詞至為敏感，對之作了詳密考訂。蓋「阿鶩」典出《三國志》魏書之朱建平傳，係指家中之「妾」而言。然則徐詩「房中阿鶩屬誰家」之「鶩屬」，究系何指？是否指河東君？陳寅恪先生的考訂結論是否定的，寫道：「據此，阿鶩非目河東君，乃指臥子其他諸妾而言。蓋河東君已於崇禎十四年辛巳夏歸於牧齋，闇公豈有不知之理。」又說：「若就陳楊之關係嚴格言之，河東君實是臥子之外婦，而非其姬妾。」[38]

重要的是河東君本人的性格特徵，在於絕不情願作人姬妾。寅恪先生於此特為強調而言之曰：「職是之由，其擇婿之難，用心之苦，自可想見。但幾歷波折，流轉十年，卒歸於牧齋，殊非偶然。此點為今日吾人研考河東君之身世者，所應特加注意也。」[39] 故長途跋涉，解「外婦」典，解「阿鶩」典，闡釋的目標非徒為語詞文句本身，而是為了討論女主公的性格特徵和思想追求以及晚明江南的士風習俗。陳氏此種闡釋學的學理和方法的內涵，真令人絕倒而為後來者所不及也。

比較闡釋和心理分析：闡釋的現代意味

陳寅恪先生的闡釋學，還包括比較分析的方法和心理分析的方法，這使得他對材料的闡釋明顯帶有現代學術的意味。《元白詩箋證稿》對元稹和白居易詩作的釋證，集中使用的是比較分析的方法。

元、白二人詩歌創作的關係至為密切，依白居易《與元九書》所說，兩人「小通，則以詩相戒；小窮，則以詩相勉；索居，則以詩相慰；同處，則以詩相娛」[40]。詩緣如此，則同聲、同韻、同一主題各有所作的情形每每發生，就不足為奇了。對此，最適宜的闡釋方法是比較闡釋。例如白氏之《琵琶引》系元氏之《琵琶歌》的改進，題目和性質完全類同，孰高孰低，不能不求以比較研究之法。寅恪先生說：「今取兩詩比較分析，其因襲變革之詞句及意旨，固歷歷可睹也。後來作者能否超越，所不敢知，而樂天當日實已超越微之所作，要為無可疑者。至樂天詩中疑滯之字句，不易解釋，或莫知適從者，亦可因比較研究，而取決一是。斯又此種研究方法之副收穫品矣。」[41] 元白在當時唐代的文學環境中與眾多作者競求超勝，不自覺中已形成互相比較之趨勢，因此寅恪先生告語「今世之治文學史者，必就同一性質題目之作品，考定其作成之年代，於同中求異，異中見同，為一比較分析之研究，而後文學演化之跡象，與夫文人才學之高下，始得明了」[42]。

所謂「比較分析之研究」，就是比較闡釋的方法，寅恪先生在《支愍度學說考》一文中，正是以此種方法來釋證支愍度創立的「心無義」學說，並由此探討我國晉代僧徒研究佛典所使用的「格義」的方法和「合本子注」的方法。支愍度是東晉時的僧人，撰有《經綸都錄》（一卷），及《合維摩詰經》（五卷）、《合首楞嚴經》（八卷）等，據《世說新語》的記載，他與一傖道人過江時，創立了「心無義」學說。寅恪先生始引肇公《不真空論》的解釋，認為「心無」即「無心於萬物」，「此得在於神靜」[43]。然後引元康《肇論疏》所記之「心無義」說被「破」的經過——

心無者，破晉代支愍度心無義也。世說注云：「愍度欲過江，與一傖道人為侶云云。」（已見上，不重錄）從是以後此義大行。高僧傳云：「沙門道恆頗有才力，常執心無義，大行荊上。竺法汰曰：『此是邪說，應須破之。』乃大集名僧，令弟子曇一難之。據經引理，折駁紛紜。恆仗其口辯，不肯受屈。日色既暮，明旦更集。慧遠就席攻難數番，問責峰起，恆自覺義途差異，神色漸動，麈尾扣案，未即有答。遠曰：『不疾而速，杼柚何為？』坐者皆笑。心無之義於是而息。」今肇法師亦破此義。先敘其宗，然後破也。「無心萬物，萬物未嘗無」者，謂經中言空者，但於物上不起執心，故言其空。然物是有，不曾無也。「此得在與神靜，失在於物虛」者，正破也。能與法上無執，故名為「得」。不知物性是空，故名為「失」也。[44]

僧肇所破的「心無義」的持論者是道恆，已在支愍度立說之後了。日人安澄的《中論疏記》有「支愍度追學前義」的說法，寅恪先生特為之辯說，確認支氏是「心無義」的立說者。

問題是對「心無」二字如何尋得正解？陳寅恪先生說：「心無二字正確之解釋果如何乎？請以比較方法定之。」[45] 如何比較？寅恪先生一是遍引佛典的不同文本進行比較，包括西晉無羅叉共竺叔蘭譯《放光般若波羅蜜經》、東漢支婁迦讖譯《道行般若波羅蜜經》、竺法護譯《持心梵天所問經》，以及支謙譯《大明度無極經》、曇摩蜱共竺佛念譯《摩訶般若波羅蜜鈔經》、鳩摩羅什譯《小品般若波羅蜜經》、玄奘譯《大般若波羅蜜多經》、宋施護譯《佛母出生三法藏般若波羅蜜多經》，並藏、梵文《八千頌般若波羅蜜經》等佛藏典籍，證得「心無」兩字蓋出自《道行般若波羅蜜經》，但各家翻譯解釋紛紜歧出也甚，令人不知所從。所以然之故，則由於晉代以來的「以內典與外書互相比附」，也就是「格義」所生出的結果。

所謂「格義」，晉僧人竺法雅所說的「以經中事數擬配外書，為生解之例，謂之格義」[46]，是給「格義」下的最明確的定義。而所謂「事數」者，按劉孝標注《世說新語》的理解，應為佛教的「五陰，十二入，四諦，十二因緣，無根，五力，七覺之聲」，寅恪先生對劉注表示認同。「格義」作為早期佛典研究的一種比較方法，即外典與佛經「遞互講說」，包括支愍度等所做的對佛典同本異譯的比較，寅恪先生給予肯定評價，認為：「據愍度所言，即今日曆歷史語言學者之佛典比較研究方法，亦何以遠過。」[47] 這個評價可不低。事實上，佛典與外書的互闡，魏晉南北以降一度成為風氣，如同《顏氏家訓·歸心篇》所說：「內外兩教，本為一體，漸積為異， 深淺不同。內典初門，設五種禁；外典仁義禮智信，皆與之符。仁者，不殺之禁也；義者，不盜之禁也；禮者，不邪之禁也；智者，不酒之禁也；信者，不妄之禁也。至如畋狩軍旅，燕享刑罰，因民之性，不可卒除，就為之節，使不淫濫爾。歸周、孔而背釋宗，何其迷也。」[48]此種「格義」的方法，使佛典與外書、周孔釋宗，互相吸收而兩不相背，在中國文化背景下，對外來之佛教而言，無異為自己謀一合法生存的途徑，而中國文化本身亦因新資源的注入而獲得「生解」。前引竺法雅稱這種「以經中事數擬配外書」的「格義」的方法，為「生解之例」，此「生解」一詞，可謂不同文化比較研究闡釋的最生動的寫照。

職是之故，陳寅恪先生才以晉僧支愍度的「心無義」為案例專題探討此一問題，並在梳理畢「格義」的出典經過之後，歸結闡述道：

> 嘗謂自北宋以後援儒入釋之理學，皆「格義」之流也。佛藏之此方撰述中有所謂融通一類者，亦莫非「格義」之流也。即華嚴宗如圭峰大師宗密之盂蘭盆經疏，以闡揚行孝之義，作原人論而兼采儒道二家之說，恐又「格義」之變相也。然則「格義」之為物，其名雖罕見於舊籍，其實則盛行於後世，獨關於其原起及流別，就予所知，尚未有確切言之者。以其為我民族與他民族二種不同思想初次之混合品，在吾國哲學史上尤不可不紀。[49]

甚者為言，寅恪先生已把「格義」之說視為「我民族與他民族二種不同思想初次之混合品」來看待，足見其重要了。而宋儒的援釋入儒從而引起宋代思想的大匯流，寅恪先生認為也可以看作是「格義」的流風所及，自屬可理解。大而言之不同國家與民族的思想接觸史又何嘗不是吸收與合流的趨勢，其實這也就是寅老一生所標舉的「文化高於種族」的學說。

但由支愍度的「心無義」所引發的寅老對佛典與外書的「格義」的探

討，只是「佛典比較研究方法」的第一種形態。此外還有第二種形態，也和支愍度其人有關，這就是寅老極為重視的「合本子注」。魏晉南北朝時期佛教盛行，佛典翻譯名家輩出，往往同一經文有多種譯本問世，譯文歧出的現象多有發生。因此匯聚各家不同譯文的「合本」應運而生。這類書的刊行，經文一般用大字，各本的異文以小字列入夾注之中，故有「母本」、「子注」之稱。僧祐《出三藏記集》卷第二載：「《合維摩詰經》五卷，合支謙、竺法護、竺法蘭所出《維摩》三本合為一部；《合首楞嚴經》八卷，合支讖、支謙、竺法護、竺法蘭所出《首楞嚴》四本，合為一部。」[50] 此二種合本，均為支愍度所集。故寅恪先生以「合本之學者」稱許支愍度其人。

至於此兩種不同的比較方法，陳寅恪先生寫道：「『格義』之比較，乃以內典與外書相配擬。『合本』之比較，乃以同本異譯之經典相參校。其所用之方法似同，而其結果迥異。故一則成為附會中西之學說，如心無義即其一例，後世所有融通儒釋之理論，皆其支流演變之餘也。一則與今日語言學者之比較研究法暗合，如明代員珂之《楞伽經會譯》者，可稱獨得『合本』之遺意，大藏此方撰述中罕覯之作也。當日此二種似同而實異之方法及學派，支愍度俱足以代表之。」[51] 以此我們知道，寅恪先生撰此《支愍度學說考》一文的目的，實在於發掘佛教中國化過程中「融通儒釋之理論」的早期形態的存在及其意義，所以他說支愍度其人「於吾國中古思想史關係頗巨」。而作為陳寅恪先生闡釋學的比較闡釋的方法的重要性，由此也可以得到證實。

不過需要說明，陳寅恪先生雖然對比較闡釋的方法特為看重，但對比較語言學學科本身，尤其是對比較語言學的觀念和方法的要求，是極為嚴格的。他強調「治吾國語言之學，必研究與吾國語言同系之他種語言，以資比較解釋，此不易之道也」[52]，同時又說：「迄乎近世，比較語言之學興，舊日謬誤之觀念得以革除。因其能取同系語言，如梵語、波斯語等，互相比較研究，於是系內各個語言之特性逐漸發見。印歐系語言學，遂有今日之發達。故欲詳知確證一種語言之特殊現象及其性質如何，非綜合分析，互相比較，以研究之，不能為功。而所與互相比較者，又必須屬於同系中大同而小異之語言。蓋不如此，則不獨不能確定，且常錯認其特性之所在，而成一非驢非馬，穿鑿附會之混沌怪物。因同系之語言，必先假定其同出一源，以演繹遞變隔離分化之關係，乃各自成為大同而小異之言語。故分析之，綜合之，於縱貫之方面，剖別其源流，於橫通之方面，比較其差異。由是言之，從事比較語言之學，必具一歷史觀念，而具有歷史觀念者，必不能認賊作父，自亂其宗統也。」[53]

要之在比較語言學的觀念與方法的界定上，必須是屬於同一語系中大同而小異之語言方能互相比較，否則便有可能導致「認賊作父，自亂其宗統」。至於在三十年代已經流行的比較文學研究，寅恪先生認為，也必須「具有歷史演變及系統異同之觀念」，例如白居易在中國以及在日本的影響，或者佛教故事在印度和中國的影響與流變等，可以作為比較文學研究的課題（亦即比較文學的主題研究和影響研究）。如果反其是，「則古今中外，人天龍鬼，無一不可取以相與比較。荷馬可比屈原，孔子可比歌德，穿鑿附會，怪誕百出，莫可追詰，更無所謂研究之可言矣」[54]。可見寅恪先生對用比較研究的方法釋證材料和作為學科的比較語言學及比較文學研究，在認識上是嚴加區別的，這反映出陳氏闡釋學比較闡釋方法的嚴謹性。

把心理分析的方法引入闡釋學更是陳寅恪先生的發明。特別是《柳如是別傳》一書，由於作者旨在借為河東君等人物立傳，來修明清文化之史，因而在材料的釋證過程經常深入到人物的心理層面。明清易代所引發的知識人士的家國情懷及其在心理上的反應，是《別傳》揭櫫的重點。明崇禎十四年（1641年）夏天，錢謙益以「匹嫡之禮」與河東君在茸城舟中結縭，這在牧齋是平生最歡娛之事，前後有許多詩作記錄其情其事，而河東君也多有唱和之作。但柳氏對牧齋最重要的《合歡詩》和《催妝詞》共八首，卻渺無回應，就中原因何在？寅恪先生分析說，也許由於河東君平生作詩「語不驚人死不休」，倘不能勝人，寧可無作，所謂藏拙也。但如此解釋似不能完全得其真相，故寅恪先生進而分析道：

> 鄙意此說亦有部分理由，然尚未能完全窺見河東君當時之心境。河東君之決定捨去臥子，更與牧齋結縭，其間思想情感痛苦嬗蛻之痕跡，表現於篇什者，前已言之，茲可不論。所可論者，即不和《合歡詩》、《催妝詞》之問題。蓋若作歡娛之語，則有負於故友。若發悲苦之音，又無禮於新知。以前後一人之身，而和此啼笑而難之什，吮毫濡墨，實有不知從何說起之感。如僅以不和為藏拙，則於其用心之苦，處境之艱，似猶有未能盡悉者矣。由此言之，河東君之不合兩題，其故倘在斯歟？倘在斯歟？[55]

蓋柳如是的最愛是陳子龍，棄陳就錢實出於不得已，故與錢結合後柳如是有過一段情緒極低迷時期。以此可見，寅恪先生對河東君不和《合歡詩》、《催妝詞》的當時心理情境所做的分析，雖事過三百年之後，揆情度理，仍堪稱的論。

陳寅恪先生對錢柳結縭前後之千般曲折的事實經過，都是透過釋證兩人有關之詩作一一考論清楚，唯河東君不和《合歡》、《催妝》兩詩之因由，無詩作可資依憑，幸引來現代心理分析之方法，使得釋證錢柳因緣的絕妙好辭，不僅無空白留下[56]，且增添無限現代的意味。

古典、今典雙重證發：闡釋的學問境界

古典和今典的雙重證發，是陳氏闡釋學的核心內容。1939年他在昆明西南聯大所作《讀哀江南賦》一文中，最早提出古典、今典的概念。他在文章的開頭寫道：

古今讀哀江南賦者眾矣，莫不為其所感，而所感之情，則有淺深之異焉。其所感較深者，其所通解亦必較多。蘭成作賦，用古典以述今事。古事今情，雖不同物，若於異中求同，同中見異，融會異同，混合古今，別造一同異俱冥，今古合流之幻覺，斯實文章之絕詣，而作者之能事也。自來解釋哀江南賦者，雖於古典極多詮說，時事亦有所徵引。然關於子山作賦之直接動機及篇中結語特所致意之點，止限於詮說古典，舉其詞語之所從出，而於當日之實事，即子山所用之「今典」，似猶有未能引證者。[57]

又說：

解釋詞句，徵引故實，必有時代限斷。然時代劃分，於古典甚易，於「今典」則難。蓋所謂「今典」者，即作者當日之時事也。[58]

寅恪先生這裡把古典、今典的概念界說得非常明確，即古典是詞句故實之所從出，今典是作者所經歷的當日之事實，兩者在文章大家的筆下可以「融會異同，混合古今，別造一同異俱冥，今古合流之幻覺」，形成特有的一種藝術境界。而研究者的能事，則在於透過對作品中古典、今典的雙重釋證，以達到對作者和作品的世界的通解。

一般地說，釋古典較易，解今典更難。因為古典出自此作品之前的載籍，只要釋證者並非腹笥空空，而且畢竟有諸多工具書可依憑，解釋起來相對要容易或至少有線索可尋。但詮釋今典，則必須了解作者當時當地的處境和心境。具體說來，寅恪先生認為「今典」的詮釋宜有「二難」：一是「須考知此事發生必在作此文之前，始可引之，以為解釋。否則，雖似相合，而實不可能。此一難也」。二是「此事發生雖在作文以前，又須推得作者有聞見之可能。否則其時即已有此事，而作者無從取之以入其文。此二難也」[59]。比如庾信《哀江南賦》結尾四句：「豈知灞陵夜獵，猶是故時將軍；咸陽布衣，非獨思歸王子。」前兩句用漢李廣家居時夜獵灞陵的古典，後兩句用楚襄王太子完質於秦，遂有「去千乘之家國，作咸陽之布衣」的慨嘆的故實，對長期去國、羈留長安的庾子山來說自是貼切。但寅恪先生認為此四句中尚有「作者當日之時事」即「今典」在，指的是周、陳交好之後，陳文帝之弟安成王頊得以還國，陳宣王提出羈旅關中的庾信、王褒等「亦當有南枝之思」，而「子山既在關中，位望通顯，朝貴復多所交親，此類使臣語錄，其關切己身者，自必直接或間接得以聞見」[60]，所以賦中「猶是故時將軍」固然包含子山自己曾是故左衛將軍的「今典」，「布衣」、「王子」云云，也是對宣帝「欲以元定軍將士易王褒等」的回應。這樣，庾賦不僅表現己身的鄉關之思，而且流露出歸心之疾了。

《柳如是別傳》對錢柳因緣詩所涉及的古典和今典的辨認和疏解更具有系統性和典範性，可以說這是《別傳》撰著的基本義法。寅恪先生在《別傳》之〈緣起〉章裡提出：「自來詁釋詩章，可別為二。一為考證本事，一為解釋辭句。質言之，前者乃考今典，即當時之事實。後者乃釋古典，即舊籍之出處。」[61] 錢遵王注釋牧齋《初學》、《有學》兩集，闡證本事之處雖然不少，但因其深惡河東君，於錢柳關係多諱其出處，「在全部注本之中，究不以注釋當日本事為通則」[62]。鑑於此，寅恪先生在釋證錢、柳因緣詩之時，對每一首詩所涉及的有關時、地、人的各種錯綜複雜之情形，都力求「補遵王原注之缺」，使錢柳因緣詩中的僻奧故實、庾詞隱語，因發覆而有著落。當然這是一件極困難的工作，不用說辨疏今典，即釋證古典，亦非易事。故寅恪先生說：「解釋古典故實，自當引用最初出處，然最初出處，實不足以盡之，更須引其他非最初而有關者，以補足之，始能通解作者遣辭用意之妙。」[63]

陳先生又說：「若錢柳因緣詩，則不僅有遠近出處之古典故實，更有兩人前後詩章之出處。若不能探河窮源，剝蕉至心，層次不紊，脈絡貫注，則兩人酬和諸作，其詞鋒針對，思旨印證之微妙，絕難通解也。」[64] 例如河東君《次韻奉答錢牧齋冬日泛舟有贈》詩中，有「莫為盧家怨銀漢，年年河水向東流」的句子，其實此二句詩與《玉臺新詠》〈歌詞二首〉之二「河中之水向東流，洛陽女兒名莫愁」以及「平頭奴子擎履箱」、「恨不嫁與東家王」等句相關聯；也與李商隱詩《代（盧家堂內）應》「本來銀漢是紅牆，隔得盧家白玉堂，誰與王昌報消息，盡知三十六鴛鴦」有關；又與錢牧齋《次韻答柳如是過訪半野堂贈》詩裡面的詩句「但似王昌消息好，履箱擎了便相從」相關；還與牧齋《觀美人手跡戲題絕句七首》之三「蘭室桂為梁，蠶書學採桑。幾番雲母紙，都惹鬱金香」[65]，以及錢氏《移居詩集》之《永遇樂》詞「八月十六夜有感再次前韻」有關[66]。今典故實如此豐富繁複，如果對錢柳當時當地的身分處境和前後情感經過的曲折少有了解，絕難獲致通解。

特別是當明之南都傾覆之後，錢柳的有關詩作許多都與反清復明的主題有關，往往今典、古典交錯互用，給箋釋者造成的困難尤大，即使是影響後學的《錢注杜詩》，寅恪先生也認為：

細繹牧齋所作之長箋，皆借李唐時事，以暗指明代時事，並極其用心抒寫己身在明末政治蛻變中所處之環境。實為古典今典同用之妙文。[67]

《柳如是別傳》是陳寅恪先生平生最大著述，既是以詩文證史的傑構，又是辨認和疏解作品中的古典今典的典範。所以如是者，蓋由於寅恪先生堅信古人的撰著都是有所為而發，因而作品中「必更有實事實語，可資印證者在，惜後人不能盡知耳」[68]。此實又涉及他對古人作品的一種特殊的理解，他曾說：「詩若不是有兩個意思，便不是好詩。」[69] 所以，辨認和疏解古典和今典的工作，在陳寅恪先生的闡釋學中，宜占有核心之位置，可以看作是他學術建構的重要觀念和重大學術創獲。

環境與家世信仰的熏習：闡釋的種子求證

陳寅恪先生是歷史學家，他面對的是錯綜複雜的歷史事件和各式各樣的人物與思想學說。然則歷史人物的行動依據到底是什麼？都有哪些直接或間接的因素促使歷史人物做出這樣的而不是那樣的選擇。在此一問題上，寅恪先生特別重視人物的家世與信仰的影響作用。當然還有地域環境的因素，寅恪先生也很重視。不獨專門探討隋唐制度之文化淵源的《隋唐制度淵源略論稿》和《唐代政治史述論稿》直接涉及此一問題，《金明館叢稿初編》裡面的許多篇章，包括《天師道與濱海地域之關係》、《述東晉王導之功業》、《魏書司馬睿傳江東民族條釋證及推論》、《崔浩與寇謙之》、《陶淵明之思想與清談之關係》等，也都有關於此一問題的集中考論。

蓋依寅恪先生的釋史特見，環境、家世與信仰好比佛教唯識家所說的「種子」，亦即「阿賴耶識」，其對後世子孫的「熏習」，無代不存，無時不在。其他的歷史學家當然也重視家世與信仰對歷史人物的言動所起的作用，但都沒有像寅恪先生這樣，強調到如此的程度，而且可以作為他的闡釋學理論的「種子因緣」的求證部分。

這裡特別需要提到《天師道與濱海地域之關係》這篇文字，寫作時間為1933年任教清華時期，最初發表於中央研究院《歷史語言研究所集刊》1933年第三本第四分。此文之主旨如標題所示，乃在探討天師道的信仰與濱海地區實際存有的關係。天師道屬於道教的一支，又名正一道，因學道之人須奉獻五斗米，後人又稱為五斗米教。文章直接引入的話題固然是以漢末的黃巾起義、西晉趙王倫的廢立、東晉的孫恩之亂和南朝的劉劭弒逆，作為歷史的案例，來考證此四起變端和天師道之間如何相關聯；但學理層面則是為了釋證「家世遺傳」和「環境熏習」兩項內容，對一個人的信仰和行為會產生怎樣的影響。例如趙王倫之亂，謀主為孫秀，大將是張林。據《晉書》〈孫恩傳〉記載：「孫恩字靈秀，琅邪人，孫秀之族也。世奉五斗米教。」[70] 則孫秀必為天師道的信徒無疑。而張林其人，據寅恪先生考證，也是「黃巾同類黑山之苗裔，其家世傳統信仰當與黃巾相近」[71]。甚至趙王倫，由於是漢宣帝的第九子，先封為琅邪郡王（後改封於趙），而琅邪是天師道的發源地，手下又有他所賞識的天師道信徒孫秀，因此他本人也信奉天師道，並沒有什麼奇怪。故如寅恪先生所說：「感受環境風習之傳染，自不足異。」[72]

至於東晉的孫恩、盧循，他們的隊伍，系以水師為主，事敗後孫恩逃走海隅自沉，妓妾嬰兒從死者無算，謂之「水仙」。寅恪先生認為此種做法，實帶有海濱宗教的特徵，而且有家世門風的習慣影響。孫恩是孫秀的族孫，當年孫秀「欲乘船東走入海」，和「後來其族孫敗則入海」，同為「返其舊巢之慣技」。因此寅恪先生得出結論：「若明乎此，則知孫、盧之所以為海嶼妖賊者，蓋有環境之熏習，家世之遺傳，絕非一朝一夕偶然遭際所致。」[73] 盧循是孫恩的妹婿，變亂起義他們固然是同道，在信仰方面也互相冥契，都是天師道的信徒。恩死後循被推為首領，轉戰數年，終為劉裕所滅。盧循是盧諶的曾孫，史載「雙眸冏徹，瞳子四轉」，佛學大師慧遠相之為：「雖體涉風素，而志存不軌。」[74] 而盧循的中表兄弟崔浩，當其父病篤之時，嘗「剪爪截發，夜在庭中仰禱鬥極，為父請命」[75]，同時又與道士寇謙之往還頻密，其信仰天師道自無問題。《金明館叢稿初編》有寅恪先生撰寫的《崔浩與寇謙之》一文，析論此義甚詳，讀者不妨參看。

尤其引發我個人興趣的是，寅恪先生對天師道信徒取名常帶「之」字，雖祖孫父子有所不避的考證。《北史》卷二十七寇謙之兄長〈寇贊傳〉載：「寇贊字奉國，上谷人也，因難徙馮翊萬年。父修之，字延期，苻堅東萊太守。贊弟謙，有道術，太武敬重之。」[76] 此處的「贊弟謙」即指寇謙之，但卻少一「之」字，頗令清代史學巨擘錢大昕、王鳴盛、吳士鑑等深所置疑，認為寇傳有脫漏。寅恪先生對此一變徵情況，做出了獨到的解釋，他在《崔浩與寇謙之》一文中寫道：

> 蓋六朝天師道信徒之以「之」為名者頗多，「之」字在其名中，乃代表其宗教信仰之意，如佛教徒之以「曇」或「法」為名者相類。東漢及六朝人依公羊春秋譏二名之義，習用單名。故「之」字非特專之真名，可以不避諱，亦可省略。六朝禮法士族最重家諱，如琅邪王羲之、獻之父子同以「之」為名，而不以為嫌犯，是其最顯著之例證也。[77]

然後寅老又連舉《南齊書》卷三十七〈胡諧之傳〉，祖廉之、父翼之，《南史》卷六十二〈朱異傳〉，祖昭之、叔謙之、兄巽之等成例，進一步證實寇謙之「父子俱又以『之』字命名，是其家世遺傳，環境熏習，皆與天師道有關」[78]。

不僅此也，寅恪先生還拈出東西晉南北朝時期多個最具代表性的天師道世家，比如琅邪王氏、高平郗氏、會稽孔氏、義興周氏、陳郡殷氏、吳郡杜氏、吳興沈氏、丹陽葛氏許氏陶氏等等，說明「家世信仰之至深且固，不易剪除，有如是者」[79]。其論王氏曰：「特上溯其先世，至於西漢之王吉，拈出地域環境與學說思想關係之公案」[80]，以見其「地域熏習，家世遺傳，由來已久」[81]。其論殷氏曰：「殷仲堪為陳郡長平人……妻為琅邪王氏，本天師道世家，然疑仲堪之奉道，必已家世相傳，由來甚久」，「仲堪之精於醫術，亦當為家門風習漸染所致」[82]。其論沈氏曰：「則休文（指沈約）受其家傳統信仰之熏習，不言可知」[83]。他甚至歸結說：「明乎此義，始可與言吾國中古文化史也。」[84] 蓋魏晉南北朝時期，大族門第和宗教信仰，是兩大關鍵詞，寅老治中古文化之史，處處都是在關鍵問題上做文章，其史學的思想深度人所不及，殊不足怪。

《天師道與濱海地域之關係》的最後一節，又涉及天師道和書法藝術的關係，這是由於當時的書法世家同時也是天師道的世家。寅恪先生說：「東西晉南北朝之天師道為家世相傳之宗教，其書法亦往往為家世相傳之藝術，如北魏之崔、盧，東晉之王、郗，是其最著之例。舊史所載奉道世家與善書世家二者之符會，雖或為偶值之事，然藝術之發展多受宗教之影響。而宗教之傳播，亦多依藝術之資用。治吾國佛教美藝史者類能言佛陀之宗教與建築雕塑繪畫等藝術之關係，獨於天師道與書法二者互相利用之史實，似尚未有注意及之者。」[85] 所謂「北魏之崔、盧」，「崔」即崔浩及曾祖悅、祖父潛、父親玄伯，一門四代均擅書法，《魏書》〈玄伯傳〉對此記之鑿鑿；「盧」則指盧諶及子偃、孫邈，《魏書》〈玄伯傳〉亦有記載，稱「諶法鐘鍾繇，悅法衛瓘，而俱習索靖之草，皆盡其妙」[86]。而此兩家同為天師道世家，我們前面已經知道了。所謂「東晉之王、郗」，「王」自然是王羲之、王獻之父子，「郗」則是指郗愔、郗嘉父子，僧虔稱郗氏父子為「二王」之「亞」。問題是郗王兩家也都是天師道世家，既擅長書法，又信奉天師道，而且世代相傳，那麼天師道信仰和書法又是何種關係呢？這正是寅老要為我們解決的問題。

陳寅恪先生對這一問題的解釋頗為簡單，亦即天師道信徒需要抄寫符籙經典，且出於信仰的原因不能不抄得虔敬工整，日久天長，自必使書法的水準得以提升。雖然書法之成為藝術系由多種因素構成，其中天賦的成分亦無法排除，但寅恪先生以東晉之王、郗兩世家為例，把書法和宗教信仰連繫起來，不能不說是孤明先發之見。論者每將王羲之與山陰道士換鵝的故事，作為右軍學書的趣行軼事，但寅恪先生一反舊說，認為鵝有解五臟丹毒的功用，與服食丹鉛之人頗為相宜，這在陶隱居《名醫引錄》和唐孟詵《食療本草》中均有著錄。因此他寫道：

> 醫家與道家古代原不可分。故山險道士之養鵝，與右軍之好鵝，其旨趣實相契合，非右軍高逸，而道士鄙俗也。道士之請右軍書道經，及右軍之為之寫者，亦非道士僅為愛好書法，及右軍喜此鵝鵝之群有合於執筆之姿勢也，實以道經非倩能書者寫之不可。寫經又為宗教上之功德，故此段故事適足表示道士與右軍二人之行事皆有天師道信仰之關係存乎其間也。[87]

寅恪先生認為，王羲之換鵝的傳說故事，雖是一真偽莫辨的「末節」，但由於直接關係到藝術與宗教的關係，則又不能不辨別清楚。

寫到這裡，讀者也許會向筆者以及寅恪先生提出一個問題，即天師道的信仰既然如此家世相傳，那麼面對儒家思想取得統治地位之後的強勢，以及佛教的巨大衝擊，天師道信仰者如何應對呢？難道就沒有任何變化嗎？幸運的是，寅老在《陶淵明之思想與清談之關係》一文中，對此一問題做了詳盡的回答。他說兩晉南北朝的士大夫，「其家世素奉天師道者」，對佛教的態度可分為三派：一是保持「家傳之道法」，而排斥佛教，典型例證是寫《神滅論》的范縝；二是「捨棄家世相傳之天師道，而皈依佛法」，這可以梁武帝蕭衍為代表；三是「調停道佛二家之態度，即不盡棄家世遺傳之天師道，但亦兼采外來之釋迦教義」，南齊的孔稚珪是其顯例[88]。陶淵明和范縝一樣，屬於第一派。雖然五柳先生與佛學大師慧遠，身處同時同地，亦有過接觸，但終其一生與佛教教義絕緣。原因在於他的家世信仰牢固，且在學理上有發揮，故精神世界不必與釋氏合流，也可以自我安身立命。

所以寅恪先生在援引陶詩《形影神》三首之《神釋》之後寫道：

或疑淵明之專神至此，殆不免受佛教影響，然觀此首結語「應盡便須盡，無復獨多慮」之句，則淵明固亦與范縝同主神滅論者。縝本世奉天師道，而淵明於其家傳之教義尤有所創獲，此二人同主神滅之說，必非偶然也。[89]

又說：

子真所著《神滅論》云：「若知陶甄稟於自然，森羅均於獨化，忽焉自有，怳爾而無，來也不御，去也不追，乘乎天理，各安其性。」則與淵明《神釋詩》所謂「縱浪大化中，不喜亦不懼。應盡便須盡，無復獨多慮」，及《歸去來辭》所謂「聊乘化以歸盡，樂夫天命復奚疑」等語旨趣相符合。唯淵明生世在子真之前，可謂「孤明先發」（慧皎《高僧傳》讚美道生之語）耳。陶、范俱天師道世家，其思想冥會如此，故治魏晉南北朝思想史，而不究家世信仰問題，則其所言恐不免皮相。[90]

歷來研陶者多為淵明與慧遠之特殊關係所困，因而無法對五柳先生的《形影神》詩做出正解。寅恪先生則不存任何疑滯，結論明晰有斷 —— 此無他，無非是其家世的天師道信仰所使然，而且因為淵明是大思想家，他對道教的自然說有新的創闢勝解，無須為其他思想所左右。

茲還有一例，即武則天的篤信佛教，寅恪先生也與家世信仰有關。太宗李世民對釋迦的態度有些模模糊糊，雖優禮玄奘，但大半出於政治上的深謀遠慮，究其本心，則「非意所遵」也。武則天不然，其母楊氏系隋朝宗室觀王雄弟始安侯楊士達之女，史載為篤信佛教之人，唐龍朔二年（西元 662 年）西明寺僧人道宣等曾上書則天之母楊氏，請求沙門不合拜俗之事。因此寅恪先生在《武曌與佛教》一文中寫道：「隋文帝重興釋氏於周武滅法之後，隋煬帝又隆禮臺宗於智者闡教之時，其家世之宗教信仰，固可以推測得知。而武曌之母楊氏既為隋之宗室子孫，則其人之篤信佛教，亦不足為異矣。」[91] 又說：「至楊氏所以篤信佛教之由，今以史料缺乏，雖不能確言，但就南北朝人士其道教之信仰，多因於家世遺傳之事實推測之（參閱拙著《天師道與濱海地域之關係》），則榮國夫人之篤信佛教，亦必由楊隋宗室家世遺傳所致。榮國夫人既篤信佛教，武曌幼時受其家庭環境佛教之熏習，自不待言。」[92] 這些例證均見出，陳寅恪先生的闡釋學對歷史人物所受之家世信仰和環境熏習是何等重視。

最後，我想對環境熏習問題再附一言。

寅恪先生認為著立之人的環境熏習、家世遺傳和宗教信仰至關重要，研究者不能有所稍忽。例如四聲之說經寅恪先生考證，系當時文士模擬轉讀佛經之聲，除入聲外，其餘分別定為平、上、去三聲，合為四聲。但四聲之說何以出現在南齊永明之世，而不在其他時期？創說者為什麼是周顒、沈約，而不是另外其他的人？寅恪先生遍引慧皎《高僧傳》所載支曇籥、釋法平、釋僧饒、釋道慧、釋智宗、釋曇遷、釋曇智、釋僧辯、釋曇憑、釋慧忍諸傳，參證舊史及他書之文，得出了南朝政治文化中心建康當時是善聲沙門最集中之地，南齊初年即永明之世是善聲沙門最盛之時的結論。據史載，南齊武帝永明七年二月二十日，竟陵王子良曾大集善聲沙門於京邸，造經唄新聲，盛況空前。但此前早已形成審音文士與善聲沙門互相討論研求的風氣，實由於當時之建康「胡化之漸染」，「受此特殊環境之熏習」所致。而沈約與謝朓、王融、蕭琛、范雲、任昉、陸倕等文士，是竟陵王子良的座上客，經常聚集在雞籠山西邸，並稱「八友」。周顒則為文惠太子的東宮掾屬，兩人「皆在佛化文學環境陶冶之中，四聲說之創始於此二人者，誠非偶然也」[93]。

蓋依寅恪先生的特見，環境、家世、信仰此三因素，為歷史人物言動之所以不得不如是的「種子」熏習之因緣，我們詮釋歷史事件、研究歷史人物和重建歷史真相的結構，不能不視此為一條不宜或缺的求證途徑。

1991年初稿、2007年8月22日增補改訂竣稿於京東寓所

本章注腳

[1] 陳寅恪：《王靜安先生遺書序》，《金明館叢稿二編》，三聯書店2001年版，第247頁。

[2] 陳寅恪：《馮友蘭中國哲學史上冊審查報告》，《金明館叢稿二編》，

三聯書店 2001 年版，第 279 頁。

[3] 陳寅恪：《馮友蘭中國哲學史上冊審查報告》，《金明館叢稿二編》，三聯書店 2001 年版，第 279 頁。

[4] 章學誠：《文史通義·文德》，葉瑛校注，中華書局 1985 年版，上冊，第 278 頁。

[5] 陳寅恪：《馮友蘭中國哲學史上冊審查報告》，《金明館叢稿二編》，三聯書店 2001 年版，第 279-280 頁。

[6] 陳寅恪：《馮友蘭中國哲學史上冊審查報告》，《金明館叢稿二編》，三聯書店 2001 年版，第 280 頁。

[7] 陳寅恪：《元白詩箋證稿》，三聯書店 2001 年版，第 89 頁。

[8] 杜牧：《感懷詩》，《全唐詩》卷五百二十，中華書局標點本，第十六冊，第 5937 頁。

[9] 陳寅恪：《元白詩箋證稿》，三聯書店 2001 年版，第 116 頁。

[10] 陳寅恪：《元白詩箋證稿》，三聯書店 2001 年版，第 99 頁。

[11] 陳寅恪：《元白詩箋證稿》，三聯書店 2001 年版，第 93 頁。

[12] 陳寅恪：《柳如是別傳》下冊，三聯書店 2001 年版，第 1045 頁。

[13] 陳寅恪：《柳如是別傳》下冊，三聯書店 2001 年版，第 1005 頁。

[14] 陳寅恪：《柳如是別傳》下冊，三聯書店 2001 年版，第 867 頁。

[15] 陳寅恪：《柳如是別傳》下冊，三聯書店 2001 年版，第 1142 頁。

[16] 陳寅恪：《陶淵明之思想與清談之關係》，《金明館叢稿初編》，三聯書店 2001 年版，第 227 頁。

[17] 陳寅恪：《陶淵明之思想與清談之關係》，《金明館叢稿初編》，三聯書店 2001 年版，第 228 頁。

[18] 陳寅恪：《讀吳其昌撰梁啟超傳書後》，《寒柳堂集》，三聯書店 2001 年版，第 166 頁。

[19] 陳寅恪：《王靜安先生遺書序》，《金明館叢稿二編》，三聯書店 2001 年版，第 247 頁。

[20] 陳寅恪：《四聲三問》，《金明館叢稿初編》，三聯書店 2001 年版，第 369、373 頁。

[21] 陳寅恪：《論許地山先生宗教史之學》，《金明館叢稿二編》，三聯書店 2001 年版，第 360 頁。

[22] 陳寅恪：《陳垣元西域人華化考序》，《金明館叢稿二編》，三聯書店 2001 年版，第 269-270 頁。

[23] 陳寅恪：《楊樹達論語疏證序》，《金明館叢稿二編》，三聯書店 2001 年版，第 262 頁。

[24] 《史記》卷八十〈樂毅列傳〉，中華書局標點本，第七冊，第 2429 頁。

[25] 陳寅恪：《薊丘之植植於汶篁之最簡易解釋》，《金明館叢稿二編》，三聯書店 2001 年版，第 298 頁。

[26] 陳寅恪：《薊丘之植植於汶篁之最簡易解釋》，《金明館叢稿二編》，三聯書店 2001 年版。

[27] 《史記》卷八十〈樂毅列傳〉，中華書局標點本，第七冊，第 2431 頁。

[28] 陳寅恪：《薊丘之植植於汶篁之最簡易解釋》，《金明館叢稿二編》，三聯書店 2001 年版，第 299 頁。

[29] 陳寅恪：《薊丘之植植於汶篁之最簡易解釋》，《金明館叢稿二編》，三聯書店 2001 年版，第 299 頁。

[30] 陳寅恪：《元白詩箋證稿》，三聯書店 2001 年版，第 102-103 頁。

[31] 陳寅恪：《庾信哀江南賦與杜甫詠懷古蹟詩》，《金明館叢稿二編》，三聯書店 2001 年版，第 302-303 頁。

[32] 陳寅恪：《陳垣元西域人華化考序》，《金明館叢稿二編》，三聯書店 2001 年版，第 270 頁。

[33] ［宋］洪邁撰：《容齋隨筆》（孔凡禮點校）下冊，中華書局 2005 年版，第 911 頁。

[34] 陳寅恪：《元白詩箋證稿》，三聯書店 2001 年版，第 53 頁。

[35] 陳寅恪：《元白詩箋證稿》，三聯書店 2001 年版，第 53-54 頁。

[36] 陳寅恪：《元白詩箋證稿》，三聯書店 2001 年版，第 116 頁。

[37] 陳寅恪：《柳如是別傳》上冊，三聯書店 2001 年版，第 239 頁。

[38] 陳寅恪：《柳如是別傳》上冊，三聯書店 2001 年版，第 283 頁。

[39] 陳寅恪：《柳如是別傳》上冊，三聯書店 2001 年版，第 283 頁。

[40] 白居易：《與元九書》，《白居易集》第三冊，中華書局 1979 年版，第 965 頁。

[41] 陳寅恪：《元白詩箋證稿》，三聯書店 2001 年版，第 47 頁。

[42] 陳寅恪：《元白詩箋證稿》，三聯書店 2001 年版，第 46 頁。

[43] 陳寅恪：《支愍度學說考》，《金明館叢稿初編》，三聯書店 2001 年版，第 161 頁。

[44] 元康《肇論疏》所記之「心無義」被「破」經過，系陳寅恪先生文中所引錄，見《支愍度學說考》，《金明館叢稿初編》，三聯書店 2001 年版，第 162 頁。

[45] 陳寅恪：《支愍度學說考》，《金明館叢稿初編》，三聯書店 2001 年

版，第 165 頁。

[46] 陳寅恪：《支愍度學說考》，《金明館叢稿初編》，三聯書店 2001 年版，第 168 頁。

[47] 陳寅恪：《支愍度學說考》，《金明館叢稿初編》，三聯書店 2001 年版，第 185 頁。

[48] 《顏氏家訓集解》（王利器集解），上海古籍出版社 1980 年版，第 339 頁。

[49] 陳寅恪：《支愍度學說考》，《金明館叢稿初編》，三聯書店 2001 年版，第 173 頁。

[50] （梁）釋僧祐撰：《出三藏記集》，中華書局 1995 年點校本，第 45 頁。

[51] 陳寅恪：《支愍度學說考》，《金明館叢稿初編》，三聯書店 2001 年版，第 185 頁。

[52] 陳寅恪：《西夏文〈佛母大孔雀明王經〉夏梵藏漢合璧校釋序》，《金明館叢稿二編》，三聯書店 2001 年版，第 224 頁。

[53] 陳寅恪：《與劉叔雅論國文試題書》，《金明館叢稿二編》，三聯書店 2001 年版，第 251 頁。

[54] 陳寅恪：《與劉叔雅論國文試題書》，《金明館叢稿二編》，三聯書店 2001 年版，第 252 頁。

[55] 陳寅恪：《柳如是別傳》中冊，三聯書店 2001 年版，第 662 頁。

[56] 關於陳寅恪先生考證錢柳結縭前後之心理過程，拙稿《陳寅恪與〈柳如是別傳〉的撰述旨趣》，於此析論至詳，讀者可參看。文載萊頓漢學院主辦之《史學：東與西》。

[57] 陳寅恪：《讀哀江南賦》，《金明館叢稿初編》，三聯書店 2001 年版，

第 234 頁。

[58] 陳寅恪 :《讀哀江南賦》,《金明館叢稿初編》，三聯書店 2001 年版。

[59] 陳寅恪 :《讀哀江南賦》,《金明館叢稿初編》，三聯書店 2001 年版，第 234-235 頁。

[60] 陳寅恪 :《讀哀江南賦》,《金明館叢稿初編》，三聯書店 2001 年版，第 238-239 頁。

[61] 陳寅恪 :《柳如是別傳》上冊，三聯書店 2001 年版，第 7 頁。

[62] 陳寅恪 :《柳如是別傳》上冊，三聯書店 2001 年版，第 10 頁。

[63] 陳寅恪 :《柳如是別傳》上冊，三聯書店 2001 年版，第 11 頁。

[64] 陳寅恪 :《柳如是別傳》上冊，三聯書店 2001 年版，第 12 頁。

[65] 錢牧齋 :《初學記》卷十六,《錢牧齋全集》第一冊，上海古籍出版社 2003 年版，第 562 頁。

[66] 錢牧齋《永遇樂》詞〈十六夜有感再次前韻〉寫的是 :「銀漢紅牆，浮雲隔斷，玉簫吹裂。白玉堂前，鴛鴦六六，誰與王昌說？今宵二八，清輝吞霧，還憶破瓜時節。劇堪憐，明鏡青天，獨照長門鬢髮。莫愁未老，嫦娥孤零，相向共嗟圓闋。長嘆憑欄，低吟擁髻，暗與陰蛩切。單棲海燕，東流河水，十二金釵敲折。何日裡，並肩攜手，雙雙拜月。」《錢牧齋全集》第一冊，上海古籍出版社 2003 年版，第 609-610 頁。

[67] 陳寅恪 :《柳如是別傳》下冊，三聯書店 2001 年版，第 1021 頁。

[68] 陳寅恪 :《讀哀江南賦》,《金明館叢稿初編》，三聯書店 2001 年版，第 242 頁。

[69] 黃萱 :《懷念陳寅恪教授 —— 在十四年工作中的點滴回憶》,《紀念陳寅恪教授國際學術討論會文集》，中山大學出版社 1989 年版，第 71 頁。

[70] 《晉書》卷一百〈孫恩傳〉，中華書局標點本，第八冊，第 2631 頁。

[71] 陳寅恪：《天師道與濱海地域之關係》，《金明館叢稿初編》，三聯書店 2001 年版，第 4 頁。

[72] 陳寅恪：《天師道與濱海地域之關係》，《金明館叢稿初編》，三聯書店 2001 年版，第 4 頁。

[73] 陳寅恪：《天師道與濱海地域之關係》，《金明館叢稿初編》，三聯書店 2001 年版，第 7 頁。

[74] 《晉書》卷一百〈盧循傳〉，中華書局標點本，第八冊，第 2634 頁。

[75] 《魏書》卷三十五〈崔浩傳〉，中華書局標點本，第三冊，第 812 頁。

[76] 《北史》卷二十七〈寇贊傳〉，中華書局標點本，第四冊，第 990 頁。

[77] 陳寅恪：《崔浩與寇謙之》，《金明館叢稿初編》，三聯書店 2001 年版，第 121 頁。

[78] 陳寅恪：《天師道與濱海地域之關係》，《金明館叢稿初編》，三聯書店 2001 年版，第 15 頁。

[79] 陳寅恪：《天師道與濱海地域之關係》，《金明館叢稿初編》，三聯書店 2001 年版，第 38 頁。

[80] 陳寅恪：《天師道與濱海地域之關係》，《金明館叢稿初編》，三聯書店 2001 年版，第 18 頁。

[81] 陳寅恪：《天師道與濱海地域之關係》，《金明館叢稿初編》，三聯書店 2001 年版，第 21 頁。

[82] 陳寅恪：《天師道與濱海地域之關係》，《金明館叢稿初編》，三聯書店 2001 年版，第 30-31 頁。

[83] 陳寅恪：《天師道與濱海地域之關係》，《金明館叢稿初編》，三聯書店 2001 年版，第 37 頁。

[84] 陳寅恪：《天師道與濱海地域之關係》，《金明館叢稿初編》，三聯書店 2001 年版，第 38 頁。

[85] 陳寅恪：《天師道與濱海地域之關係》，《金明館叢稿初編》，三聯書店 2001 年版，第 39 頁。

[86] 《魏書》卷二十四〈崔玄伯傳〉，中華書局標點本，第二冊，第 623 頁。

[87] 陳寅恪：《天師道與濱海地域之關係》，《金明館叢稿初編》，三聯書店 2001 年版，第 43 頁。

[88] 陳寅恪：《陶淵明之思想與清談之關係》，《金明館叢稿初編》，三聯書店 2001 年版，第 218 頁。

[89] 陳寅恪：《陶淵明之思想與清談之關係》，《金明館叢稿初編》，三聯書店 2001 年版，第 223 頁。

[90] 陳寅恪：《陶淵明之思想與清談之關係》，《金明館叢稿初編》，三聯書店 2001 年版，第 223-224 頁。

[91] 陳寅恪：《武曌與佛教》，《金明館叢稿二編》，三聯書店 2001 年版，第 161 頁。

[92] 陳寅恪：《武曌與佛教》，《金明館叢稿二編》，三聯書店 2001 年版，第 163 頁。

[93] 陳寅恪：《四聲三問》，《金明館叢稿初編》，三聯書店 2001 年版，第 377 頁。

第十章
陳寅恪與《柳如是別傳》的撰述旨趣

一

《柳如是別傳》是陳寅恪先生留給我們的最後一部著作，也是他醞釀最久、寫作時間最長、篇幅最大、體例最完備的一部著作。雖然由於目盲體衰，整部書稿系經寅恪先生口授而由助手黃萱筆錄整理而成，細按無一字不是作者所釐定，無一句不經過作者學養的浸潤。可惜作者生前未能看到這部嘔心瀝血之作的出版，應了1962年先生說的「蓋棺有期，出版無日」那句極沉痛的話。

本文詳盡探討了此一大著述的學術精神、文化意蘊和文體意義，提出《別傳》既是箋詩證史的學術著作，又是為一代奇女子立傳的傳記文學，又是借傳修史的歷史著作。實際上是寅恪先生自創的一種新文體，特點是綜合運用傳、論、述、證的方法，熔史才、詩筆、議論於一爐，將家國興亡哀痛之情感融化貫徹全篇。如果說《論再生緣》是這種新文體的一種嘗試，《柳如是別傳》則是這種文備眾體的著述之典範。作者更輝煌的學術目標是透過立傳來修史，即撰寫一部色調全新的明清文化痛史。論者或謂《別傳》篇幅拉得太長，釋證詩文時而脫離本題，枝蔓為說；當我們知道寅恪先生的「主旨在修史」，便不會怪其釋證趨繁，只能訝其用筆之簡了。

二

《柳如是別傳》的撰寫，在陳寅恪先生可謂嘔心瀝血之作。1953年屬草，1963年告竣，然脂瞑寫前後達十年之久，都80餘萬言，在陳氏全部著述中固為篇幅之最，置諸史傳學術之林亦屬鉅制鴻篇。全書五章，篇次分明，體例貫一。第一章為撰著緣起；第二章考訂柳如是的姓氏名字及有關問題；第三章敘及柳如是與幾社勝流特別是與雲間孝廉陳子龍的關係；第四章寫柳如是擇婿經過和錢柳結縭；第五章是南都傾覆後錢柳的復明活動。卷前有作者附記，結尾有〈稿竟說偈〉。從內容到形式，都是一嚴謹完整的學術專著。而且醞釀撰寫此書不起於 1953 年，早在三十年代任教西南聯大之時，先生就有「箋釋錢柳因緣詩之意」[1]。至於讀錢遵王注本牧齋詩集而「大好之」[2]，更遠在少年時期，所謂「早歲偷窺禁錮編」[3]是也。《柳如是別傳》不只是寅恪先生的潛心之作，同時也是他的畢生之作，當無可疑。

然則作者到底因何而撰是書？

1963 年當《別傳》告竣之時，陳寅恪先生感賦二律，詩前小序寫道：「十年以來繼續草錢柳因緣詩釋證，至癸卯冬，粗告完畢。偶憶項蓮生〔鴻祚〕云：『不為無益之事，何以遣有涯之生。』傷哉此語，實為寅恪言之也。」[4] 以此，作者似又並不看重此書，只不過當作打發生涯的一種消遣手段。1961 年答吳雨僧詩中也有「著書唯剩頌紅妝」[5] 句，流露出同樣的心緒。但我們如這樣來看待《別傳》的寫作，就被作者的憤激之辭「瞞過」了。實際上，寅恪先生深知《別傳》乃一絕大之學術工程，運思操作難度極大，絕非其他著述所能比並。

要而言之，有以下五端，可以見出《別傳》寫作之難。一為「上距錢柳作詩時已三百年，典籍多已禁毀亡佚，雖欲詳究，恐終多訛脫」[6]。二是三百年來記載河東君事跡的文字甚眾，約可為分具同情和懷惡意兩大類，前者有隱諱，後者多誣枉，必須發隱辯誣始可得其真相。[7] 三是「明季士人門戶之見最深，不獨國政為然，即朋友往來，家庭瑣屑亦莫不劃一鴻溝，互相排擠，若水火之不相容。故今日吾人讀其著述，尤應博考而慎取者也」[8]。四是書中人物為東南勝流，處在明清鼎革之際，政治態度紛紜，如陳子龍殉明死節，錢牧齋降清後又進行復明活動，人際間頗多恩恩怨怨，不排除「有人故意撰造虛偽之材料」[9]之可能。五是「稽考勝國之遺聞，頗為新朝所忌惡」[10]，即使牧齋的詩文，在南都傾覆之後亦「多所避忌，故往往缺略，不易稽考」[11]。有此五端，則《別傳》之寫作可謂難上加難矣。

所以寅恪先生在寫作過程中感慨良多，往往因文生情，一再致意，特別是卷前和穿插於書中的題詩都是寄慨之作。卷前詩九題十一首，前面有一段話寫道：「寅恪以衰廢餘年，鉤索沈隱，延歷歲時，久未能就，觀下列諸詩，可以見暮齒著書之難有如此者。」[12]第四首的詩題是「箋釋錢柳因緣詩，完稿無期，黃毓祺案復有疑滯，感賦一詩」[13]。第六首的詩題更為具體：「丁酉陽曆七月三日六十八初度，適在病中，時撰錢柳因緣詩釋證尚未成書，更不知何日可以刊布也，感賦一律。」[14]試想，《別傳》如系尋常遣興消時之作，何必如此感慨至深、急切不已？第三章剖解柳如是所作之《男洛神賦》時寅恪先生提出：「男洛神一賦，實河東君自述其身世歸宿之微意，應視為誓願之文，傷心之語。當時後世，竟以佻達遊戲之作品目之，誠膚淺至極矣。」[15]同樣，「當時後世」如有人視《柳如是別傳》為等閒隨意消遣之作，必難逃寅恪先生預設的膚淺之譏。

寅恪先生自述《別傳》之撰寫緣由，一為三十年代旅居昆明之時，偶然從賣書人手中得常熟白茆港錢氏故園中紅豆一粒，自此遂重讀錢集，產生箋釋之意，以此來「溫舊夢，寄遐思」[16]；二是錢牧齋博通文史，旁涉梵夾道藏，寅恪先生的研治領域與之「有約略相似之處」，想透過箋釋錢柳因緣詩「自驗所學之深淺」[17]；三是「披尋錢柳之篇什於殘闕毀禁之餘，往往窺見其孤懷遺恨，有可以令人感泣不能自已者」，因而可藉以「表彰我民族獨立之精神，自由之思想」[18]；四是鑑於柳如是「為當時迂腐者所深詆，後世輕薄者所厚誣」[19]，欲為之洗冤辯誣；五是「世所傳河東君之事跡，多非真實，殊有待發之覆」[20]。應該說，此五項因由已足可引發史家立志撰著的興趣了。

問題是第一項因由，三十年代得之於昆明的常熟錢氏故園的那棵紅豆，應更有說。且看作者的敘述：「丁丑歲盧溝橋變起，隨校南遷昆明，大病幾死。稍愈之後，披覽報紙廣告，見有鬻舊書者，驅車往觀。鬻書主人出所藏書，實皆劣陋之本，無一可購者。當時主人接待殷勤，殊難酬其意，乃詢之日，此諸書外，尚有他物欲售否？主人躊躇良久，應日，曩歲旅居常熟白茆港錢氏舊園，拾得園中紅豆樹所結子一粒，常以自隨。今尚在囊中，願以此豆奉贈。寅恪聞之大喜，遂付重值，借塞其望。自得此豆後，至今歲忽忽二十年，雖藏置篋笥，亦若存若亡，不復省視。然自此遂重讀錢集，不僅藉以溫舊夢，寄遐思，亦欲自驗所學之深淺也。」[21] 熟悉藝術品類之規則者無不知道，結構戲劇藝術，是講究引線的。沒有想到撰寫學術著作，也這樣重視引線的作用。《別傳》第五章，全書即將結束之時，寅恪又拈出紅豆公案，寫道：

> 紅豆雖生南國，其開花之距離與氣候有關。寅恪昔年教學桂林良豐廣西大學，宿舍適在紅豆樹下。其開花之距離為七年，而所結之實，較第一章所言摘諸常熟紅豆莊者略小。今此虞山白茆港錢氏故園中之紅豆猶存舊篋，雖不足為植物分類學之標本，亦可視為文學上之珍品也。[22]

《別傳》之撰寫，追溯二十年前於昆明得錢氏故園之紅豆為起因，而又以此紅豆為全書結束之象徵物，且明白揭明，其作用為「文學上之珍品」，實際上已經點出這棵紅豆的結構引線之作用。只不過拈出紅豆公案的意涵尚不止此，更重要的是暗示《別傳》的寫作，有極為深摯的情感之所寄。作者似乎要透過這部著作的撰寫，來償還一筆無論如何不能不還的「文魔詩債」[23]。不妨再來看《別傳》卷首的第一首題詩《詠紅豆並序》：

東山蔥嶺意悠悠。誰訪甘陵第一流。

送客筵前花中酒。迎春湖上柳同舟。

縱回楊愛千金笑。終剩歸莊萬古愁。

灰劫昆明紅豆在。相思廿載待今酬。[24]

這首詩前面有一小序：「昔歲旅居昆明，偶購得常熟白茆港錢氏故園中紅豆一粒，因有箋釋錢柳因緣詩之意，迄今二十年，始克屬草。適發舊篋，此豆尚存，遂賦一詩詠之，並以略見及箋釋之旨趣所論之範圍云爾。」[25] 可見得之於昆明的錢氏故園中的那粒「紅豆」，是寅恪先生撰寫《柳如是別傳》的旨趣的象徵物，意在說明此一題材之研究，是他醞釀多年、夢繞魂牽、情感所繫的一樁夙願。他要透過此項研究來「溫舊夢，寄遐思」。那麼到底什麼是寅恪先生的「舊夢」？他的「遐思」為何？這些方面，下文將有所論列，這裡暫押下不表。

我想先探討一下，《柳如是別傳》的撰寫，其旨趣之所在，是否也有一定的現實寄託的意涵。我認為詩的第五、六句透露出了重要的消息。「縱回楊愛千金笑」容易理解。透過箋釋錢柳因緣詩，為一代奇女子洗卻煩冤，河東君地下有知，自然會高興。但歸莊之「愁」卻不能消卻。問題是歸莊所「愁」（作者且云「萬古愁」）者何？謎底就在卷前詩第二首《題牧齋初學集並序》的注文裡。寅恪先生是這樣寫的：

牧齋《有學集》一叄《東澗詩集》下「病榻消寒雜詠」四十六首之四十四「銀牓南山煩遠祝，長筵朋酒為君增」句下自注云：「歸玄恭送春（疑為『壽』字之誤 —— 筆者）聯云，居東海之濱，如南山之壽。」寅恪案，阮吾山葵生《茶餘客話》一貳〈錢謙益壽聯〉條記茲事，謂玄恭此聯，「無恥喪心，必蒙叟自為。」則殊未詳考錢歸之交誼，疑其所不當疑者矣。又鄙意恆軒此聯，固用《詩經》、《孟子》成語，但實從庾子山《哀江南賦》「畏南山之雨，忽踐秦庭。讓東海之濱，遂餐周粟」脫胎而來。其所注意在「秦庭」、「周粟」，暗寓惋惜之深旨，與牧齋降清，以著書修史自解之情事最為切合。吾山拘執《孟子》、《詩經》之典故，殊不悟其與《史記》、《列女傳》及《哀江南賦》有關也。[26]

關於歸玄恭給錢牧齋祝壽的歷史故實，《別傳》第五章〈錢氏家難〉節考訂甚詳[27]。歸固是氣節之士，所以給牧齋送壽聯，是因為晚年的牧齋與河東君一起參與了反清復明活動，可以引為同志。而壽聯的用典，是從庾子山《哀江南賦》而來，暗寓對牧齋降清的惋惜之意。「踐秦庭」和「餐周粟」是關鍵詞，這不僅指牧齋，送聯之人亦在所難免。因此可以說這是不解之痛。可是從「縱回楊愛千金笑，終剩歸莊萬古愁」的對句看，似乎「回笑」、「剩愁」的主詞都應該指的是這首詩的作者。以此，是不是《別傳》的作者寅恪先生也產生過與歸玄恭同樣的感受，即認為自己也是在不得已的情境下「踐秦庭」和「餐周粟」？而且和牧齋一樣，也是「以著書修史自解」？詞旨如此，由不得把詮釋的目光移到這個方向。如果斯解不無道理，我們只好說暗寓對自己處境的惋惜也是《別傳》撰寫的旨趣之一，哪怕是若隱若現的旨趣，也不能排除在外呵。

不過在這個問題上寅恪先生的心理活動似乎很矛盾，一方面表現為自我深惜，另一方面，如果有人以同樣的理由指責他，卻是他絕對不能接受的。錢牧齋晚年撰寫的《西湖雜感序》裡，有「今此下民，甘忘桑椹。侮食相矜，左言若性」[28]的句子。寅恪先生指出這是用王元長《三月三日曲水詩序》的典故，意在罵當日降清的老漢奸們，儘管自己也包括在內，也不迴避，說明錢的「天良猶存」[29]，很值得同情。而《四庫全書總目提要》〈朱鶴齡愚庵小集〉條，對朱所作《元裕之集後》下面一段話頗為讚賞：「裕之舉金進士，歷官左司員外郎，及金亡不仕，隱居秀容，詩文無一語指斥者。裕之於元，既足踐其土，口茹其毛，即無反詈之理。非獨免咎，亦誼當然。乃今之訕辭詆語，曾不少避，若欲掩其失身之事，以誑國人者，非徒悖也，其愚亦甚。」[30]這段話自然是針對錢牧齋而發的，所以《總目提要》稱讚朱「能知大義」[31]。但寅恪先生不能同意此種說法，他反駁道：「牧齋之降清，乃其一生汙點。但亦由其素性怯懦，迫於事勢所使然。若謂其必須始終心悅誠服，則甚不近情理。」[32]特別是對「既踐其土，口茹其毛，即無反詈之理」的說辭，寅老特別反感，他說：「夫牧齋所踐之土，乃禹貢九州相承之土，所茹之毛，非女真八部所種之毛。館臣阿媚世主之言，抑何可笑。」[33]把這裡的辯難和前面的「踐秦庭」、「餐周粟」連繫起來，詞旨之深含，已昭然若揭。

當然《別傳》的中心題旨是理出河東君的生平事跡，辨章學術，別白真偽，為一代奇女子立傳。所以寅恪先生在第一章敘及作書緣起時特地說明：「今撰此書，專考證河東君之本末，而取牧齋事跡之有關者附之，以免喧賓奪主之嫌。」[34]這也即是此書原題《錢柳因緣詩釋證稿》，後定名為《柳如是別傳》的客觀依據。而且作者在學術上懸置的目標極為嚴格，即要求對錢柳因緣詩的釋證達到通解；但錢柳因緣詩的特點，不僅涉及遠近出處之古典故實，更有兩人詩章出處之今典，在這種情況下，寅恪先生

數月間，兩人行事曲折之經過，推尋冥想於三百年史籍殘毀之後，謂可悉得其真相，不少差誤，則燭武壯不如人，師丹老而健忘，誠哉！僕病未能也。」[40] 加上錢集原注者遵王處於與河東君相反對之立場，縱對《有美詩》的作意有所知，亦因懷偏見而不肯闡明，增加了釋證此詩的難度。

然而《別傳》的作者在學術上的過人之處，恰恰在於能夠從一二痕跡入手，鉤沉索隱，參互推證，往往即可發數百年來未發之覆。《有美詩》題目已標出系「晦日鴛湖舟中作」[41]，即作於崇禎十四年正月廿九日，此時之柳子如是雖經汪然明等好友的介紹與勸說，同時亦為早日擺脫謝像三的無理糾纏，已擇定虞山錢氏為最後歸宿，但內心猶有矛盾，所以未踐與牧齋同遊西湖之約，只同舟至嘉興便飄然離去。明白了這一層，則詩中「未索梅花笑，徒聞火樹燃」兩句便有了著落。而此詩在錢柳因緣歷程中的作用也可想而知。難怪牧翁連類鋪比，使出渾身解數，甚至不惜撏扯老杜之《秋日夔府詠懷一百韻》，取資《玉臺新詠》徐陵之自序文，移情揚麗、興會淋漓地加以抒寫。對此，寅恪先生一一予以拈出，揭明牧齋之賦《有美詩》，「實取杜子美之詩為模楷，用徐孝穆之文供材料。融會貫通，靈活運用，殆兼採涪翁所謂『換骨』、『奪胎』兩法者」[42]。河東君本姓楊，牧齋《有美詩》卻云「河東論氏族」，直認其姓氏為柳；河東君為江蘇嘉興人，《有美詩》只用「鬱鬱崑山畔，青青谷水田耎」輕輕帶過，不欲顯著其本來籍貫。這與陳子龍序河東君《戊寅草》謂「柳子遂一起青瑣之中」，而諱言其出身青樓屬同一義，都是「為美者諱」[43]。不過牧齋取悅河東君的伎倆不止於此。詩中還進一步煞有介事地列舉柳家故實以為誇譽，甚至稱讚其擅長詩賦詞曲是源出於舊日之家學，故詩中有「文賦傳鄉國，詞章述祖先」句。寅恪先生說讀之雖令人失笑，但「文章遊戲，固無不可」[44]，只是「若讀者不姑妄聽之，則真天下之笨伯，必為牧齋河東君及顧雲美等通人所竊笑矣。」[45] 此處所以並提顧苓，殆因其所著之《河東君傳》也曾於柳子的籍貫和姓氏有所隱諱。

可見釋證《有美詩》，必須揭破牧翁此等狡獪伎倆；識破狡獪，方能洞悉牧齋之快意深情。當然全詩大體不脫寫實，如「軒車聞至止，雜佩意茫然，錯莫翻如許，追陪果有焉」一節，歷敘河東君初訪半野堂，泛舟湖上，入居我聞室及寒夕文讌等事，一絲不亂，栩栩如見。寅恪先生通釋道：「『意茫然』者，謂受寵若驚，不知所措。此語固是當日實情也。」[46] 又說：「『錯莫翻如許，追陪果有焉』一聯，恰能寫出河東君初至半野堂時，牧齋喜出望外，忙亂逢迎之景象。至於『追陪』則不僅限『吳郡陸機為地主』之牧齋，如松園詩老，亦有『熏爐茗碗得相從』之語」。[47] 兩老翁為一河東君追陪奔走，寅恪先生釋證至此，不禁為之感到「太可憐矣」[48]。

還有，《有美詩》描寫牧齋與河東君蜜月同居之生活，有「凝明嗔亦好，溶漾坐堪憐，薄病如中酒，輕寒未折綿，清愁長約略，微笑與遷延」的名句，向為世人所深賞。但中間一聯索解頗難，尤不知「溶漾」是何形態。寅恪先生不僅找到了此聯的最初出典，指明上句用沈約《六憶詩》中的「嗔時更可憐」，下句用柳如是《戊寅草》的擬休文之作：「憶坐時，溶漾自然生」句，而且通解意會，「謂河東君嗔怒時，目睛定注，如雪之凝明；靜坐時，眼波動盪，如水之溶漾」，實動靜咸宜，無不美好之意。[49] 這裡，《別傳》作者顯然已從箋釋辭章進入賞析之境。

《有美詩》最後一節：「攜手期弦望，沈吟念陌阡。暫游非契闊，小別正流連。即席留詩苦，當杯出涕泫。茸城車轣轆，鴛浦棹𩼝緣。去水回香篆，歸帆激矢弦。寄憂分悄悄，贈淚裹漣漣。迎汝雙安槳，愁予獨扣舷。從今吳榜夢，昔昔在君邊。」寅恪先生指出，此最後一節系敘河東君送牧齋至鴛湖，然後返棹歸松江，臨別時曾有詩贈牧齋，送其游黃山。[50] 贈詩以《鴛湖舟中送牧翁之新安》為題，寫道：「夢裡招招畫舫催。鴛湖鴛翼若為開。此時對月虛琴水，何處看雲過釣臺。惜別已同鶯久駐，銜書應有燕重來。只憐不得因風去，飄拂征衫比落梅。」袁瑛《我聞室剩稿》此詩題中之「牧齋」兩字為「聚沙老人」，寅恪認為河東君原題應如是，因為牧齋別號「聚沙居士」，取義於法華經〈方便品〉：「乃至童子戲，聚沙為佛塔。」正與錢柳初聚之時「其顛狂遊戲，與兒童幾無少異」相對景。[51] 由此可見河東君的放誕風流，善為雅謔，同時又淹通典籍。但她絕不會想到「聚沙老人」竟以千言長句作答。黃梨洲批評牧齋「不善學唐」，寅恪說：「讀者若觀此綺懷之千言排律，篇終辭意如此，可謂深得浣花律髓者，然則太沖之言，殊非公允之論矣。」[52]

《別傳》對錢柳因緣詩的釋證大率類此。所謂「探河窮源，剝蕉至心，層次不紊，脈絡貫注」，誠非虛語。雖然寅恪先生在著書〈緣起〉一章裡說的「豈意匪獨牧翁之高文雅什，多不得其解，即河東君之清詞麗句，亦有瞠目結舌，不知所云者」[53]，並不完全是自謙之詞，釋證中也每有未盡之嘆，不是所有涉及錢柳、陳柳之家國情愛之疑案全部都得到了解決。然終觀全書，則奏刀豁然，意暢詞通，人物之實心理、歷史之真情境，均躍然紙上。包括長期困擾寅恪先生的「惠香公案」和「黃毓祺之獄」[54]，在「疑滯」之後，也都有了著落。

四

釋證錢柳因緣詩作之難，不獨在求索古典，也在考釋今典，即參證本事，明了當時之事實。牧齋《東山酬和集》中，在《有美詩》前面有《河東君春日詩有夢裡愁端之句，憐其作憔悴之語，聊廣其意》一題[55]，是對河東君《春日我聞室作》的答覆。而河東之詩與陳子龍《夢中新柳》詩用同一韻，明顯地流露出對往昔情人的眷念，故詩中有「裁紅暈碧淚漫漫」之語。更嚴重的是頷聯：「此去柳花如夢裡，向來煙月是愁端」。寅恪先生考出，上句指陳子龍《滿庭芳》詞「無過是，怨花傷柳，一樣怕黃昏」之語，下句指宋轅文《秋塘曲》裡的「十二銀屏坐玉人，常將煙月號平津」句，涉及柳如是曾在雲間故相周道登家為妾這層關係，流露出「向來」既如是，「此去」從可知的頹唐情緒，懷疑牧齋也未必盡悉自身之苦情，從而成為真知己。所以尾聯「珍重君家蘭桂室，東風取次一憑闌」，實為感謝牧齋相待之厚，但己身卻未必久居之意[56]。牧齋自不能不特別敏感，故寫詩奉答，以「廣其意」，給予安慰。

寅恪先生進而析論道：「『東風取次一憑闌』，即用臥子夢中所作『大抵風流人倚欄』之句，並念臥子醒後補成『太覺多情身不定』之句，而自傷臥子當時所言，豈竟為今日身世之預讖也？夫河東君此詩雖止五十六字，其詞藻之佳，結構之密，讀者所盡見，不待贅論。至情感之豐富，思想之微婉，則不獨為《東山酬和集》中之上乘，即明末文士之詩，亦罕有其比。故特標出之，未知當世評泊韻語之耑家，究以鄙說為何如也。」[57]寅恪先生向來重視詩文寫作的用典確切和表達方式的自由靈活，河東此詩恰合於寅恪論詩衡文的標準，故給予極高的評價。接下去又說：

河東君此詩題，既特標「我聞室」三字，殊有深意。夫河東君脫離周文岸家後，至賦此詩之時，流轉吳越，將及十年。其間與諸文士相往還，其寓居之所，今可考知者，在松江，則為徐武靜之生生庵中南樓，或李舒章之橫雲山別墅。在嘉定，則為張魯生之薖園，或李長蘅家之檀園。在杭州，則為汪然明之橫山書屋，或謝像三之燕子莊。在嘉興，則為吳來之之勺園。在蘇州，或曾與卞玉京用寓臨頓裡之拙政園。凡此諸處，皆屬別墅性質。蓋就河東君當時之社會身分及諸名士家庭情況兩方面言之，自應暫寓於別墅，使能避免嫌疑，便利行動。但崇禎庚辰冬日至虞山訪牧齋，不寓拂水山莊，而逕由舟次直遷牧齋城內家中新建之我聞室，一破其前此與諸文士往來之慣例。由是推之，其具有決心歸牧齋無疑。遺囑中「我來汝家二十五年」之語，可以證知。然牧齋家中既有陳夫人及諸妾，又有其他如錢遵王輩，皆為已身之反對派，倘牧齋意志動搖，則既遷入我聞室，已成騎虎之勢。若終又舍牧齋他去，豈不貽笑諸女伴，而快宋轅文謝像三報復之心理耶？故「珍重君家蘭桂室」之句與「栽紅暈碧淚漫漫」之句互相關涉，誠韓退之所謂「刳肝以為紙，瀝血以書詞」者。吾人今日猶不忍卒讀也。[58]

面對柳如是的刳肝瀝血之詞，牧齋怎樣「廣其意」才能收到稍慰其心的效果？寅恪先生指出，牧齋此詩寬慰之詞旨，在最後四句：「早梅半面留殘臘，新柳全身耐曉寒。從此風光長九十，莫將花月等閒看。」因為陳子龍有《補成夢中新柳詩》之作，牧齋詩中之「新柳」當即指此。「早梅」一詞則來自臥子崇禎七年歲暮所作之《早梅》詩，所以「新柳」、「早梅」兩句都是今典，不僅寫景寫物，亦兼言情事。此即河東君既深存思念臥子之情，牧齋則以臥子之情以釋之，毫不吞吐迴避，自能使河東寬心。所以

四

寅恪先生釋證至此不能自已，遂發為論議：「此非高才，不能為之。即有高才，而不知實事者，復不能為之也。幸得高才，知實事而能賦詠之矣，然數百年之後，大九州之間，真能通解其旨意者，更復有幾人哉？更復有幾人哉？」[59] 不妨說，釋詩證史而把當事人「辭鋒針對，思旨印證之微妙」考析得如此清晰宛妙而又「通解其旨意者」，環顧我國當今文史一界，恐怕找不到寅恪以外的第二人了。

《別傳》在這些地方已不單純是箋注錢柳因緣詩，以詩證史，而是以史家幽眇深微的筆觸鉤沉三百年前國士名姝的情緣和心理，在鉤沉中為柳如是洗冤立傳，在傳寫中含蘊著三百年後史家的一顆詩心。所謂史筆詩心，應可以從一個側面來概括《柳如是別傳》的寫作與構意。這就是《別傳》的卷前和有關章節何以附載寅恪先生的詩作竟有二十六首之多的緣故。同時也即是以得自於錢氏故園的一棵紅豆作為全書結構引線的原由。須知，《別傳》也是在寫三百年前知識菁英的情史呵！附帶說明，論者或謂寅恪先生「乃卓絕之史家，然未必為優越之詩人；其論詩箋詩雖多勝義，然以較其在史學上之成就，則殊有遜色」[60]，筆者認為此論距真正理解陳氏之學養尚存疏隔，也許是不曾讀到《別傳》所致。現在《別傳》正式印行已經二十餘年，繼《寒柳堂集》附錄的《寅恪先生詩存》一百九十七首之後，收集最全的《陳寅恪詩集》已經出版，並在學林士子中廣為流布，寅恪先生具有超絕的詩筆、詩才、詩心，應該是不爭之論了。

五

需要指明的另一情況，是《柳如是別傳》在寫法上，大不同於寅恪早年的《元白詩箋證稿》一書，儘管都是以詩證史，而且關涉的同是才人名士的綺詩豔詞及其情感生活；但側重點有所區別，後者不僅僅為證史，同時也是在立傳。傳主柳如是的諸般個性特徵決定了《別傳》寫法上的獨特性。依據寅恪先生的考證，河東君是「美人而兼烈女」[61]、「儒士而兼俠女」[62]、「才女而兼神女」[63]，不僅為「當日所罕見」[64]，而且是「曠代難逢之奇女子」[65]。對河東君有過極大幫助的汪然明，在其所著的《春星堂詩集》中嘗自詡，凡平日到他的不繫園嘯詠駢集者均不得違背九忌十二宜之約，其中對人物品類的要求須是名流、高僧、知己、美人。寅恪先生說此四類人品，「河東君一人之身，實全足以當之而無愧」[66]。以柳、汪之間的關係，美人兼知己自屬固然，何以知又是名流、高僧？寅恪先生分析道：「『名流』雖指男性之士大夫言，然河東君感慨激昂，無閨房習氣，其與諸名士往來書札，皆自稱弟。」[67] 適牧齋後，戲稱為柳儒士，以此「實可與男性名流同科」。[68] 又說：「至若『高僧』一目，表面觀之，似與河東君絕無關係，但河東君在未適牧齋之前，即已研治內典。所作詩文，如與汪然明簡牘第貳柒、第貳玖兩通及《初訪半野堂贈牧翁》詩，即是例證。牧齋《有美詩》云：『閉門如入道，沉醉欲逃禪。』實非虛譽之語。後來因病入道，則別為一事。可不於此牽混論及。總而言之，河東君固不可謂之為『高僧』，但就其平日所為，超世俗，輕生死，兩端論之，亦未嘗不可以天竺維摩詰之月上，震旦龐居士之靈照目之。蓋與『高僧』亦相去無幾矣。」[69] 真真稱頌、讚美得無以復加了。

再看以下諸考語，更可印證《別傳》作者對傳主的態度：

不僅詩餘，河東君之書法，復非牧齋所能及。[70]

當日河東君在同輩諸名姝中，特以書法著稱。[71]

河東君不僅善飲，更復善釀。河東君之「有仙才」，自不待言。[72]

河東君往往於歌筵綺席，議論風生，四座驚嘆。[73]

蓋河東君能歌舞，善諧謔，況復豪於飲，酒酣之後，更可增益其風流放誕之致。[74]

鄙意河東君之為人，感慨爽直，談論敘述，不類閨房兒女。[75]

其平生與幾社勝流交好，精通選學。[76]

河東君殆亦於此時熟玩蘇詞，不僅熟精選理也。[77]

蓋河東君之博通群籍，實為當時諸名士所驚服惓戀者也。[78]

河東君淹通文史，兼善度曲，蔣防之傳，湯顯祖之記，當無不讀之理。[79]

後世論者，往往以此推河東君知人擇婿之卓識，而不知實由於河東君之風流文采，乃不世出之奇女子，有以致之也。[80]

《別傳》在箋注、釋證、傳寫的過程中，隨處都有作者對傳主的這類評贊之語，以上所舉只是其中一小部分。如果說《水滸》的作者是「無美不歸綠林」，《柳如是別傳》的作者則無美不歸河東。所謂「頌紅妝」，誠不虛也。

對柳如是的詩才，寅恪先生評價尤高。他認為「河東君不僅能混合古典今事，融洽無間。且擬人必於其倫，胸中忖度，毫釐不爽，上官婉兒玉尺之譽，可以當之無愧。」[81] 錢謙益在明清之際既是士林領袖又是詩壇泰斗，有當代李、杜之稱，但錢柳唱和之作，柳有時技高一籌，反而「非復牧齋所能企及」。[82]《神釋堂詩話》評河東君詩文有言：「最佳如《劍術行》、《懊儂詞》諸篇，不經翦截，初不易上口也；然每遇警策，輒有雷電砰燿，刀劍撞擊之勢，亦鬟笄之異致矣。尺牘含咀英華，有六朝江鮑遺風。」[83] 寅恪先生認為此評甚為允當。河東君詩文中用典偶有不合之處，寅恪先生亦為之回護，說「為行文用典之便利，亦可靈活運用，不必過於拘執也」[84]。

至於當時所傳河東君詩文系倩人代作，王勝時《輞川詩鈔》並載有《虞山柳枝詞》：「鄂君繡被狎同舟，並蒂芙蓉露未收。莫怪新詩刻燭敏，捉刀人已在床頭。」還特地註明代筆人是錢岱勛，[85] 言之鑿鑿，名姓俱在。但寅恪先生透過解析釋證錢柳詩文可以徹底推翻這種妄說。他寫道：「錢氏子或曾為河東君服役，亦未可知。但竟謂河東君之詩文，乃其所代作，似臥子牧齋亦皆不察其事，則殊不近情理。推求此類誣謗之所由，蓋當日社會，女子才學遠遜男子，忽睹河東君之拔萃出群，遂疑其作品皆倩人代替也。何況河東君又有仇人怨家，如宋王之流，造作蜚語，以隱密難辨之事，為中傷之計者乎？至若其詞旨之輕薄，伎倆之陰毒，深可鄙惡，更不必多論矣。」[86]《東山酬和集》中河東君作「誰家樂府唱無愁」一首，以及金明池《詠寒柳》，寅恪先生推為明末最佳之詩詞，提出這些作品即當日勝流亦不敢與抗手，何物「錢岱勛」或「錢青雨」竟能為之乎？他說「造此誣謗者，其妄謬可不必辯。然今日尚有疑河東君之詩詞，非其本人所作者，淺識陋學，亦可憫矣。」[87]

為進一步替河東君辯誣，寅恪先生極深細地分析了河東君學問的蛻變過程。柳如是致汪然明尺牘第二十八通，有「藥爐禪榻」一語，寅恪先生考出系出自蘇東坡《朝雲詩》，而不贊成「藥爐」是「藥鐺」之誤的說法，認為：「王胡本以『藥爐』為『藥鐺』，就文義言，原甚可通。然於河東君學問蛻變之過程，似尚未達一間也。」[88] 他解釋說：「河東君之涉獵教乘，本為遣愁解悶之計，但亦可作賦詩詞取材料之用。故所用佛經典故，自多出於《法苑珠林》等類書。若『遮須』一詞，乃用晉書一佰貳劉聰載記，實亦源於佛經，頗稱僻典。然則其記誦之博，實有超出同時諸名姝者。明末幾社勝流之詩文，以所學偏狹之故，其意境及材料殊有限制。河東君自與程孟陽一流人交好以後，其作品遣詞取材料之範圍，已漸脫除舊日陳宋諸人之習染，駸駸轉入錢程論學論詩之範圍。」[89] 寅恪先生所說幾社勝流的詩文有其偏狹的一面，是指陳子龍一干人鄙薄宋詩，而河東君則無此病，不僅後來的錢柳唱和之作，即《戊寅草》和《湖上草》兩編，亦有區別，從中可以見出河東君詩風的轉變和詩學的進益。

河東君能夠在才人薈萃的江南佳麗之地得以立足，並為當時的勝流所賞識、尊崇和引為知己，不只是因為其聰靈貌美，慧心多藝，以及詩學造詣的深淺，同時還由於她果敢有為、洞識大體、具有政治抱負。錢牧齋崇禎《壬午除夕》詩說的「閒房病婦能憂國，卻對辛盤嘆羽書」，及《後秋興》八首之四所云「閨閣心懸海宇棋，每於方罫系歡悲」[90]，是河東君政治胸襟的毫無誇飾的真實寫照。寅恪先生傾向認為，河東君政治胸襟的形成與在松江徐武靜南園和陳子龍同居有關。他說當時的南園是幾社名流讌集的場所，其所談論研討者，亦不止於紙上之空文，必更涉及當時政治實際之問題。因此：「幾社之組織，自可視為政治小集團。南園之讌集，復是時事之坐談會也。河東君之加入此集會，非如《儒林外史》之魯小組以酷好八股文之故，與待應鄉會試諸人共習制科之業者。其所參預之課業，當為飲酒賦詩。其所發表之議論，自是放言無羈。然則河東君此時之同居南樓及同遊南園，不僅為臥子之女膩友，亦應認為幾社之女社員也。」[91] 宋讓木《秋塘曲》序裡說的「坐有校書，新從吳江故相家，流落人間，凡所敘述，感慨激昂，絕不類閨房語」[92]，可以作為旁證。說明河東君在天性上有特異之質素，早在吳江故相周文岸家已見端倪。寅恪先生以此得出結論：「蓋河東君夙慧通文，周文岸身旁有關當時政治之聞見，自能窺知涯矣。繼經幾社名士政論之熏習，其平日天下興亡匹『婦』有責之觀念，因成熟於此時也。」[93] 明了這一層，河東君當明南都傾覆之後三年不言不笑，與牧齋一起在暗中從事復明活動，表現出悲壯的沉湘復楚之志，就不會感到突然了。

寅恪先生還以《東山酬和集》中河東君《次韻奉答牧齋冬日泛舟》詩為例，證明河東君的政治懷抱和政治見解不是東撏西扯以為應酬，而是滲入血液和脊髓的一種自覺精神，隨時都會流露出來。此奉答詩寫道：「誰家樂府唱無愁？望斷浮雲西北樓。漢珮敢同神女贈，越歌聊感鄂君舟。春前柳欲窺青眼，雪裡山應想白頭。莫為盧家怨銀漢，年年河水向東流。」[94] 詩中嵌有「河東君」三字自不待言。主要是開頭兩句的用典大可注意。《北齊書》之〈幼主紀〉載：「〔後主〕益驕縱，盛為無愁之曲，帝（指後主言）自彈胡琵琶而唱之。侍和之者以百數。人間謂之無愁天子。」又李善注《古詩十九首》「西北有高樓，上與浮雲齊」句云：「此篇明高才之人，仕宦未達，知之者稀也。西北乾位，君之位也。」六臣注也說：「此詩喻君暗，而賢臣之言不用也。」因此寅恪先生指出：「此兩句竟指當時之崇禎皇帝為亡國之暗主，而牧齋為高才之賢臣。顧雲美謂河東君『饒膽略』，觀此益信。若此詩作於清高宗之世，其罪固不容於死。即在北宋神宗之時，亦難逭貶謫之譴。牧齋見此兩句，自必驚賞，而引為知己。」[95] 豈止牧齋，三百年後《別傳》之作者、大史學家陳寅恪先生，也是懷著驚賞的心情為河東君立傳的。當然他的方法是箋詩證史，用史說詩，必須嚴格遵循考據學的原則，才能拂去塵垢，淨洗煩冤，把柳如是還給柳如是，把歷史還給歷史。

當《別傳》第三章經過長途跋涉終於考定河東君與陳子龍的確切關係，時間、地點、人物均無可置疑，寅恪先生興奮異常，情不能禁而又不能不自豪地寫道：

嗚呼！臥子與河東君之關係，其時間，其地點，既如上所考定。明顯確實，無可致疑矣。雖不敢謂有同於漢廷老吏之斷獄，然亦可謂發三百年未發之覆。一旦撥雲霧而見青天，誠一大快事。自牧齋遺事誣造臥子不肯接見河東君及河東君登門詈陳之記載以後，筆記小說剿襲流布，以訛傳訛，一似應聲蟲，至今未已，殊可憐也。讀者若詳審前所論證，則知虛構陳楊事實如王沄輩者，心勞計拙，竟亦何補？真理實事終不能磨滅，豈不幸哉？[96]

河東君的淹滯三百載的沉冤為之淨洗，端賴於寅恪先生箋詩證史的深厚功力和常人不可企及的通解通識，以及他的現代的史學觀念，這使得《別傳》具有同類著述不可比擬的學術價值，包括作者前此撰寫的《元白詩箋證稿》和《論再生緣》，都不能同日而語。

六

但不能不看到，由於陳寅恪先生帶著濃烈的情感色彩來釋證錢柳因緣詩，《別傳》已不單純是箋詩證史的學術著作，而且可以看作是一部建立在客觀史實基礎上的傳記文學作品。但它又迴然有別於通常的傳記文學，包括有別於《史記》人物列傳那樣的史傳文學，因為它的基本方法是考證，不是描寫敘述。一般的傳記文學作品沒有《別傳》這樣無一事無來歷、無一語無出處的嚴謹的寫作態度。另一方面，就作者的情感表達和滲透而言，通常的傳記文學作品也沒有《別傳》這樣強烈和直接。許多章節顯示，作者的夢魂情思似已飄入三百年前錢柳、陳柳的生活環境，有時並化作其中的一個角色，在一旁諦聽著、審視著東南一隅國士名姝的種種言動。當《別傳》第三章釋證河東君兩次游嘉定，引得程孟陽、唐叔達等練川諸老「顛狂真被尋花惱，出飲空床動涉旬」[97]，以及在杞園之宴上，幾位窮老山人，「對如花之美女，聽說劍之雄詞，心已醉而身欲死」[98]。此景此情此態，寅恪先生不僅聽到看到，而且在一旁掩口竊笑矣。而對程孟陽作《緪雲詩》，抒寫河東君離開嘉定之後的追懷與悵惘，甚至詩中有「一朵紅妝百謚爭」之句，寅恪先生又「不禁為之傷感」，頗能體會孟陽老人「下筆時之痛苦」。[99] 他說：「平心而論，河東君之為人，亦不僅具有黃金百鎰者，所能爭取。」[100] 可見程氏並不了解河東君，其不能為河東君所動，只能作單相思，乃屬必然。更可憫者，是在崇禎十三年冬河東君初訪半野堂之後，程孟陽循往例到牧齋家度歲，不意遇到了一向思之念之的河東君，這一驚非小，只好狼狽而返，從此便不再見老友牧齋。寅恪先生發為議論說：「以垂死之年，無端招此煩惱，實亦有自取之道也。」[101] 不禁責備孟陽謀身之拙並河東君害人之深。但察其語意，對孟陽的責備含著悲憫，對河東君更多的是愛憐。這些地方，如只知作者是生活於三百年之後，而不知還有一個躋身於三百年前對書中人物作全知全能觀察的作者的另一重身分，用寅恪先生喜愛的學術語言來說，還不能對《別傳》達到通解。

特別對傳主河東君，作者不只是讚美和欣賞，同時也懷有異代知己之感和恨不同時的愛戀之情。第一章關於撰著〈緣起〉裡所說的《別傳》的寫作目的之一，是為了「溫舊夢，寄遐思」。此「寄遐思」三字含義極為豐富，包含寅恪先生多方面的情感關切。1953 年題《再生緣》二律之一有句云：「高樓秋夜燈前淚，異代春閨夢裡詞。」[102] 自然是就《再生緣》的作者陳端生而言，但用在傾注全部感情撰寫《別傳》、為三百年前之奇女子河東君辯誣洗冤的寅恪先生身上，也若合符節。《論再生緣》寫於 1953 至 1954 年，與《柳如是別傳》開始寫作的時間約略相同，也可以說是《別傳》寫作的預演。因此思想內容、寫作動機、採用文體多有近似之處。寅恪先生在《論再生緣》一文中，充分肯定原作者陳端生的文字高於優於續作者梁楚生，並指出：「所以至此者，鄙意以為楚生之記誦廣博，雖或勝於端生，而端生之思想自由，則遠過於楚生。撰述長篇之排律駢體，內容繁複，如彈詞之體者，苟無靈活自由之思想，以運用貫通於其間，則千言萬語，盡成堆砌之死句，即有真實情感，亦墮世俗之見矣。不獨梁氏如是，其他如邱心如輩，亦莫不如是。《再生緣》一書，在彈詞體中，所以獨勝者，實由於端生之自由活潑思想，能運用其對偶韻律之詞語，有以致之也。故無自由之思想，則無優美之文學，舉此一例，可概其餘。」[103] 這與《別傳》大力表彰的河東君的獨立之精神、自由之思想如出一轍。陳端生在《再生緣》中描寫孟麗君的丈夫及丈夫的父親都曾向麗君屈膝跪拜，這種置傳統綱常於不顧的精神在當時及其後百餘年間，俱足驚世駭俗，寅恪先生給予高度評價。而河東君的獨立精神和自由思想又遠非陳端生所能比並，這與兩人所處的時代環境不同有關。前者生當明清之際思想相對比較寬鬆的時代，後者在思想箝制特別嚴酷的乾隆時期。同是「頌紅妝」，作者寄寓的感情和投射的精神思縷的濃度，因對象不同自然有所區別。如果說在寫法上，《論再生緣》尚處於由以詩證史到為人物立傳的過渡階段，那麼《別傳》已是這一過程的完成。因此《別傳》的文學色彩大大增加，尤其隨處可見的眾多的心理分析，已超越歷史家和學者的職司，不免與文學創作的特點相重合。學者治學一向追求出文入史，寅恪先生相反，從《元白詩箋證稿》到《論再生緣》到《柳如是別傳》，似乎取的是由史入文的路向。可是，如同把《別傳》當作單純的以詩證史的學術著作看待並不適切一樣，如竟直認為《別傳》只是一部為歷史人物立傳的文學作品或文學著作，就對寅恪先生晚年此一大著述的認識來說，似仍未達一間。

這裡不妨再舉一例。《別傳》第三章在談到河東君的天資和才藝以及為何能夠與吳越勝流相交往時，寅恪先生曾將河東君比作蒲留仙筆下的狐女，這種大膽設譬的做法，只有文學家做得出來，嚴謹如寅恪先生，何以下此險筆？請看他對此所做的說明：

> 寅恪嘗謂河東君及其同時名姝，多善吟詠，工書畫，與吳越黨社勝流交遊，以男女之情兼師友之誼，記載流傳，今古樂道。推原其故，雖由於諸人天資明慧，虛心向學所使然。但亦因其非閨房之閉處，無禮法之拘牽，遂得從容與一時名士往來，受其影響，有以致之也。清初淄川蒲留仙松齡《聊齋志異》所紀諸狐女，大都妍質清言，風流放誕，蓋留仙以齊魯之文士，不滿其社會環境之限制，遂發遐思，聊托靈怪以寫其理想中之女性耳。實則自明季吳越勝流觀之，此輩狐女，乃真實之人，且為籬壁間物，不待寓意遊戲之文，於夢寐中以求之也。若河東君者，工吟善謔，往來飄忽，尤與留仙所述之物語彷彿近似，雖可發笑，然亦足藉此窺見三百年前南北社會風氣歧異之點矣。[104]

這是對柳如是所處時代環境的文化氛圍的絕好描述，其中「非閨房之閉處，無禮法之拘牽」兩語尤堪注意。不能不承認明末和清中葉，是不同的文化時代。《聊齋》和《紅樓夢》同一背景，一寄之於狐鬼，一寄之於世間不會有的「大觀園」。而大觀園的設置，恰合於「非閨房之閉處，無禮法之拘牽」的規定情境。乾隆時期作者的理想人物與理想環境，實明末東南一隅所必有。因此《聊齋》或《紅樓夢》的研究者，如認為兩書中所寫有明末實在人物的影像，不應算作無稽之談。寅恪用此比較反證法，闡明河東君其人其事的歷史時代的意涵，最後歸結為南北社會風氣的不同，雖托之於文學形象，以狐女喻人，落腳點仍在社會歷史環境中，終不脫以詩文證史和反過來用歷史來釋證詩文的史家眼光。

七

既然如此，《柳如是別傳》到底是一部什麼性質的著作？或者回到開頭，寅恪先生究竟因何而撰是書？除了前面反覆論及的箋詩證史和為河東君立傳之外，筆者認為寅恪先生尚有更輝煌的學術目標在。這個目標也許不是作者事先所設定，但他達到了，完成了。這就是借立傳來修史。所修何史？說是明清之際的情愛史可也，明清之際的文人生活史可也，明清之際的政治史亦可也。同樣，也可以說是一部饒有特色的江南黨社史或抗清紀略，還可以說是明清史料史或從新的角度寫就的南明史，當然更準確而廣泛一點說，應該是用血淚寫成的色調全新的明清文化痛史。

筆者對《別傳》的這一認識來自《別傳》本身。

寅恪先生在《別傳》第五章論及牧齋所編《列朝詩集小傳》，即指出牧齋的目的是「借詩以存史」、「其主旨在修史」。他說：「列朝詩集諸集雖陸續刻成，但至順治十一年甲午，其書始全部流行於世。牧齋自序云『託始於丙戌』者，實因其平生志在修撰有明一代之國史，此點前已言及，茲不贅述。牧齋於丙戌由北京南還後，已知此志必不能遂，因繼續前此與孟陽商討有明一代之詩，仿元遺山《中州集》之例，借詩以存史」。[105] 筆者初讀《別傳》，多有粗心之處，似此重要關節，亦曾忽略。後來細按探求，眼前不覺一亮，知寅恪先生雖然談的是《列朝詩集小傳》的編纂經過，實際上也是自況。牧齋在《答吳江吳赤溟書》中稱自己三十年來一直留心史事，「言及於此，胸臆奕奕然，牙頰癢癢然」，[106] 史癖情態畢現。寅恪先生早年遊學歐美，研習各國文字，目的是治中亞史地和東西交通史；中年以後，專事隋唐史的研究，可以說終生不離史事，其史癖又遠非牧齋所能望及。如果承認牧齋輯《列朝詩集小傳》「主旨在修史」[107]，那麼提出《別傳》是借給人物立傳來修史，乃是順理成章之事，雖不能說是「發潛德之幽光」，套用寅恪先生的話，亦可以肯定如此提出問題是「雖不中，亦不遠矣」。

歷史無非是歷史人物的活動，人物活動構成事件就是歷史事件，人與事的衝突與交織形成歷史網絡。我們看《柳如是別傳》，既有人物又有事件又有衝突，而且是在歷史上聲名顯赫的人物、影響歷史進程的大事件和明清鼎革時期帶有本質性的衝突。傳主雖然是柳如是，但圍繞柳如是和錢柳因緣以及南都傾覆後錢柳所進行的反清復明活動，那一時期的許多歷史人物都發表了。陳子龍、李存我、宋轅文、冒辟疆、侯方域、龔芝麓、歸元恭、吳梅村、黃梨洲等文士通儒；溫體仁、周道登、王覺斯、曹能使、黃道周、劉良佐、劉澤清等文臣武將；馬士英、阮大鋮等權臣閹黨，以及洪承疇、李成棟、土國寶、佟國器、馬進寶、梁清標、楊廷麟、張天祿等清廷新貴和明朝降將；還有傑出的抗清英雄如史可法、鄭成功、張煌言、瞿式耜、函可和尚，和志在復明、威武不讓鬚眉的阮姑娘、戴夫人、黃婦人、鄭氏等等。這些人物《別傳》不僅提到，而且大都經過詳實的考證，以辨明他們在歷史事變中的態度及其所建立的事功。就是南國名姝，也不是只寫柳如是一個人，陳圓圓、董小宛、卞玉京、顧眉樓、黃皆令、林天素、王修微、楊宛叔、寇白門姐妹等側名青史、傳為美談的江南佳麗，大都寫到了，有的交代得相當詳盡。包括董小宛是否被清兵擄走燕京的歷史疑案，寅恪先生也做了精審的考證。

歷史事件更其不勝枚舉。大的如甲申三月之變、南明弘光朝的建立、清兵南下、史可法守揚州、南京陷落、嘉定慘案、鄭成功抗清、永歷朝廷的覆滅，小一些的如南國諸生具防亂揭貼驅逐阮大鋮、南明建立後立福王和潞王之爭、馬士英薦用阮圓海、清世祖征歌選色搜取南國名姝、莊廷瓏和明史案等，《別傳》或詳或略地都有介紹。因為這些人物和事件是作為錢柳因緣的廣闊社會背景展開的，有的則是錢柳因緣發展和復明活動的具體環節，作者沒法不寫到。還有東林、幾社、復社的黨社活動，南國名園如陸氏南園、杞園、三老園、不繫園的歸屬和使用；甚至由明太祖定式的可以作為明室標幟的結網巾[108]，永曆六年敕為「特敕。永字一萬一千十三號」[109]的官方文書，寅恪先生也順手標出，後者自可見出區區小朝廷官書文牘之繁。

此外足可構成明清史事契機的一些人和事，如南明立福王和潞王之爭，實源自明末李太后光宗之黨與鄭貴妃福王之黨的分野恩怨，李太后與東林一氣，牧齋不得為宰輔，蓋由於與東林即主張立潞王常芳有關，寅恪先生比之於佛教「中陰身錯投母胎」[110]，以揭明黨派爭鬥對個人以及家國命運的影響。順治二年授浙江嘉湖道的佟國器，很可能是使牧齋從黃毓祺案解脫出來的關鍵人物，而佟氏一族歷來是明清兩敵國的爭取對象。寅恪先生循自己一貫的治史思想，以整整二十頁的篇幅，用種族與文化的觀點對此做了探討。[111]不知者以為枝蔓，實則就《別傳》之寫作固屬重要（探考牧齋陷入黃毓祺案而得以赦免的因由），對作者學術思想的深化也不可或缺。陳子龍順治四年死節後，有五歲遺孤，幸得原登萊巡撫孫元化之子九野的保護，始免於遇難。寅恪先生詳考此事原委並追溯明清登萊之役，指出西洋火炮在明清戰局中所起的作用。他援引《嘉定縣誌》對孫元化的有關記載，其中趙俞曾說：「火攻之法，用有奇效，我之所長，轉為厲階。」寅恪於是指出：「此數語實為明清興亡之一大關鍵」[112]。又考證出滿語稱「漢軍」為「烏真超哈」而不作「尼堪超哈」，就是因為清初奪取明室守禦遼東邊城的仿製西洋火炮，叫降將管領使用，所以有此名號[113]。並連類取譬，寫道：「儻讀者復取《兒女英雄傳》第肆拾回中，安老爺以『烏真』之名命長姐兒之敘述互證之，則更於民族興亡之大事及家庭瑣屑之末節，皆能通解矣。」[114]這最後一句話，是站在史家立場的一絕大判斷，可以視做修史之通則，古今不變之定律。《別傳》的撰寫，就是此一史學思想的實踐。「家庭瑣屑」和「民族興亡」的結合，正是《別傳》撰寫的構意所在。論者或謂《別傳》篇幅拉得太長，釋證詩文時而脫離本題，枝蔓為說；可是，當我們知道寅恪先生的「主旨在修史」，而且是在兒女情事的家庭之私中復原民族興亡的歷史，便不會怪其釋證趨繁，只能訝其用筆之簡了。

八

《別傳》作為一部從文化史的角度撰寫的斷代明清史，涉及明清交替時期的經濟、政治、軍事、黨社、宗教、藝術、文學等各個方面。筆者上面所敘論，僅僅是圍繞主要人物和主要事件，稍作引發，以見出寅恪先生「借傳修史」的撰著構意。因為陳柳情緣、錢柳因緣的「兒女之私」，都是以明清鼎革為其大背景展開的；何況寅恪有意「存史」，旁涉諸多明清史事。因此內容宏博、史事紛繁，是《別傳》的一大特點。

第二個特點，是史心寬平，故每多恕詞。這集中表現在對亞傳主錢牧齋的評價上。牧齋博學多才，雅量通懷，言語妙絕天下，其在有明一代文壇之地位自無異議。但平生有兩大汙點：一為與閹黨阮大鋮的關係，始背後附；二為南都困厄之際以大臣身分降清而成為漢奸。有此兩端，名裂身敗實出必然，以至於有的說「蓋自漢唐以來，文人之晚節莫蓋，無如謙益之甚者」[115]。寅恪先生並不是作翻案文章，一再申明《小腆紀年》等書所載「痛詆牧齋之言，固是事實」[116]，只是他主張對歷史人物活動的規定情境以及心理原因，還應作更具體、更貼近人物本身的分析，從而給歷史人物以「了解之同情」。

《別傳》披露的南都傾覆後錢柳所進行的反清復明活動，為客觀地評價牧齋提供了事實依據，同時也反證其當時降清未必即心悅誠服。對此寅恪先生寫道：「牧齋之降清，乃其一生汙點。但亦由其素性怯懦，迫於事勢所使然。若謂其必須始終心悅誠服，則甚不近情理。」[117] 牧齋晚年作《西湖雜感》詩二十首，序中有「侮食相矜，左言若性」之句，典出《文選》王元長《曲水詩序》（前已略及）。[118] 寅恪先生說：「牧齋用此典以罵當日降清之老漢奸輩，雖己身亦不免在其中，然尚肯明白言之，是天良猶存，殊可哀矣。」[119] 對牧齋的矛盾心理表示同情。《列朝詩集小傳》的纂輯，在牧齋一為存史，二為復明，但《輞川詩鈔》的作者王勝時不理解，予以譏評，說「錢選列朝詩，首及御製，下注臣謙益曰云云」。[120] 實際上，這正是牧齋的不忘故國舊君，應予以肯定。寅恪先生說：「勝時自命明之遺逸，應恕其前此失節之愆，而嘉其後來贖罪之意，始可稱為平心之論，今則挾其師與河東君因緣不善終之私怨，而又偏袒於張孺人，遂妄肆譏彈，過矣！」[121] 勝時是陳子龍的弟子，故有此論。可見寅恪先生史心之寬平。章學誠在《文史通義》中曾提出「論古必恕」的觀點，同時說明恕並不是寬容，而是「能為古人設身而處地也」[122]。寅恪先生正是如此。

不僅對錢牧齋，舉凡清初的知識分子，包括一方面負復明之志，轉而又去應鄉試的士子如侯朝宗、李素臣、陸子玄等，寅恪都主張不必求之過苛，因而寫道：

> 子玄亦必是志在復明之人，但何以於次年即應鄉試？表面觀之，似頗相矛盾。前論李素臣事，謂其與侯朝宗之應舉，皆出於不得已。子玄之家世及聲望約略與侯李相等，故疑其應丁酉科鄉試，實出於不得已。蓋建州入關之初，凡世家子弟著聲庠序之人，若不應鄉舉，即為反清之一種表示，累及家族，或致身命之危險。否則陸氏雖在明南都傾覆以後，其舊傳田產，猶未盡失，自可生活，不必汲汲干進也。關於此點，足見清初士人處境之不易。後世未解當日情勢，往往作過酷之批評，殊非公允之論也。[123]

歷史人物的行動心理，是由歷史環境鑄成的。離開歷史條件苛求歷史人物，不是正確的史學態度。清初的政治環境極為嚴酷，士人噤若寒蟬。

對待是否應舉問題，也需顧及人物的處境。寅恪所論，心平詞恕，設身處地，真正大史家的風範。《別傳》對當時之人與事作如此評騭者例證甚多。即使對閹黨阮大鋮，寅恪先生也加以分析，在肯定其人品史有定評的同時，稱讚阮氏的《燕子箋》、《春燈謎》等戲劇與王鐸的書法一樣，可謂明季之絕藝。[124] 崇禎二年定閹黨逆案，阮大鋮遭廢斥，痛陳錯悔之後避居南京達十七年之久，自然不無韜晦以伺機再起之意；但顧杲、楊廷樞等復社中堅作《留都防亂揭》，欲加以驅逐，則加深了歷史遺留下來的人事恩怨。寅恪先生對此樁公案作了分析，指出阮大鋮「痛陳錯認之意，情辭可憫」，因而申論道：

此固文人文過飾非之伎倆，但東林少年似亦持之太急，杜絕其悔改自新之路，竟以「防亂」為言，遂釀成仇怨報復之舉動，國事大局，益不可收拾矣。夫天啟亂政，應以朱由校、魏忠賢為魁首，集之不過趨勢群小中之一人。揆以分別主附，輕重定罪之律，阮氏之罪，當從末減。黃梨洲乃明清之際博雅通儒之巨擘，然囿於傳統之教訓，不敢作怨懟司馬氏之王偉元，而斤斤計較，集矢於圓海，斯殆時代限人之一例歟？[125]

黃梨洲對牧齋詩持嚴厲的批評態度，常常有失公允，所以寅恪先生在《別傳》中不得不予以辯正，同時也不贊成其集矢於阮大鋮，而認為夏完淳在《南都雜誌》中說的「圓海原有小人之才，且阿瑺亦無實指，持論太苛，釀成奇禍，不可謂非君子之過」，是「頗為公允」的「存古之論」[126]。寅恪先生早在 1930 年為馮友蘭《中國哲學史》上冊所作審查報告中就提出：「對於古人之學說，應具了解之同情，方可下筆。」[127] 這一史學思想在晚年所著的《別傳》中得到了充分的實現。

第三個特點，《柳如是別傳》的字裡行間充滿了史家的興亡感。明清史是痛史，明清文化史更堪哀痛。1927年王國維自沉昆明湖，說者紛紜，對死因有種種猜測，獨寅恪先生在《王觀堂先生輓詞》的序中從文化興衰的角度加以解釋：「凡一種文化值衰落之時，為此文化所化之人，必感苦痛，其表現此文化之程量愈宏，則其所受之苦痛亦愈甚；迨既達極深之度，殆非出於自殺無以求一己之心安而義盡也。」[128]《挽王靜安先生》詩也有「文化神州喪一身」[129]之句。1927年清華大學為王國維立紀念碑，寅恪先生撰寫的銘文中也說：「先生以一死見其獨立自由之意志，非所論於一人之恩怨，一姓之興亡。」[130]這與《別傳》裡流露的、寄寓的文化哀痛之思，以及所表彰的傳主河東君的思想精神，完全吻合。

《別傳》第四章釋證河東君致汪然明尺牘，有一通涉及借舫遊湖一事，從中可以看出西湖之盛衰，如汪氏後來與周靖公書所說：「三十年前虎林王謝子弟多好夜遊看花，選妓征歌，集於六橋；一樹桃花一角燈，風來生動，如燭龍欲飛。較秦淮五日燈船，尤為曠麗。滄桑後，且變為飲馬之池。晝游者尚多蝟縮，欲不早歸不得矣。」[131]明清鼎革前後，西湖風景變化如此，能不令人感嘆歟？其中「滄桑後，且變為飲馬池」句，頗堪尋味。寅恪先生在敘及此種變遷後寫道：

> 蓋清兵入關，駐防杭州，西湖勝地亦變而為滿軍戎馬之區。迄今三百年，猶存「旗下」之名。然明身值此際，舉明末啟禎與清初順治兩時代之湖舫嬉遊相比論，其盛衰興亡之感，自較他人為獨深。籲！可哀也已。[132]

汪然明所感慨的，是西湖的盛衰和家國的興亡；寅恪先生所哀嘆的，主要是明清以來文化神州的淪喪，西湖不過是如汪氏的一葉「雨絲風片」小舟而已。《別傳》第二章敘論河東君與陳子龍的關係，考證出臥子因河東君而病過四次，每次都有詩作寄懷，有的正好作於七夕之日。明南都傾覆後牧齋降清北遷，滯留燕京，也寫有一首《丙戌七夕有懷》詩，同為懷念河東君，與臥子已有所不同。寅恪先生至為感慨，寫道：「噫！當崇禎八年乙亥七夕臥子之懷念河東君，尚不過世間兒女之情感。歷十二年至順治三年丙戌七夕，牧齋之懷念河東君，則兼具家國興亡之悲恨。同一織女，而牽牛有異，閱時幾何，國事家情，俱不堪回首矣。」[133]

特別是《別傳》卷前和穿插於具體篇章中的一些題詩，尤集中表現出寅恪先生的家國之思與興亡之感：

如花眷屬慚雙鬢，

似水興亡送六朝。[134]

紅豆有情春欲晚，

黃扉無命陸終沉。[135]

推尋衰柳枯蘭意，

刻劃殘山剩水痕。[136]

明清痛史新兼舊，

好事何人共討論。[137]

興亡江左自關情，

遠志休慚小草名。[138]

好影育長終脈脈，

興亡遺恨向誰談。[139]

佳人誰惜人難得，

故國還憐國早傾。[140]

興亡舊事又重陳，

北里南朝恨未申。[141]

這些一詠三嘆的詩句，一方面可見出《別傳》作者的史筆詩心，另一方面反映出寅恪先生的家國興亡哀痛之思是何等強烈。「辨興亡」[142]，是史家的職責；興亡感，是史家的良心。如果我們得出結論，說《柳如是別傳》一書，最集中地表現了中國大史家陳寅恪先生的史學責任、史學觀念、史學精神和治史方法，恐怕沒有詳讀過此書的同道會提出反證意見。

九

至於明清遞嬗、家國興亡的原因，寅恪先生無意在《別傳》中作刻板的探討，或用一個現成的公式給以抽象的說明，而是唯唯否否，把答案留給今天並後世的讀者。請看他的論述：

> 嗚呼！建州入關，明之忠臣烈士，殺身殉國者多矣。甚至北里名媛，南曲才娃，亦有心懸海外之雲（指延平王），目斷月中之樹（指永曆帝），預聞復楚亡秦之事者。然終無救於明室之覆滅，豈天意之難回，抑人謀之不臧耶？君子曰，非天也，人也！[143]

筆者認為寅恪先生只是循史家之慣例在「究天人之際」，並沒有對問題本身做出回答，他也不想做出明確回答。明清史事紛繁，黨派襄奪慘烈，門戶怨毒深重，內憂外患頻仍，各種矛盾交織，終釀成甲申之變與乙酉之變。歷史是已發生之事實，史家無須設想歷史上某人某事如不出現將如何。況且國事如同人事，偶然因素纏繞其中，利弊得失，簡錯百端，甚難言也。史識如寅恪先生，在縷陳史事的同時只嘆興衰，不作解人，正復情理之常。

不過，寅恪先生執著地認定，歷史上朝代的興衰、政權的更迭，是個歷史性的變化過程。後面的果，有前面的因。興亡之事，有以漸也。明之亡與清之亡，都是如此。可哀痛者，在於當世之人不明此義，常常杯酒歡歌中已釀成大禍。《別傳》第一章，自述著書緣起嘗言：「寅恪少時家居江寧頭條巷。是時海內尚稱乂安，而識者知其將變。寅恪雖年在童幼，然亦有所感觸，因欲縱觀所未見之書，以釋幽憂之思。」[144] 達世知變的歷史直覺，早在童幼時期，寅恪先生即已蓄萌而成。所謂史學天才之因子，固成因於前學問階段，應非虛言。以釋證陳柳、錢柳情愛因緣的有關詩作為撰述重點的《柳如是別傳》，徵引的南國勝流的作品，多到不知凡幾；但其中寅恪先生最重視的我以為是河東君的《金明池·詠寒柳》一詞，題旨需要，特全文引錄如下：

有悵寒潮，無情殘照，正是蕭蕭南浦。更吹起，霜條孤影；還記得，舊時飛絮。況晚來，煙浪斜陽，見行客，特地腰瘦如舞。總一種淒涼，十分憔悴，尚有燕臺佳句。春日釀成秋日雨，念疇昔風流，暗傷如許。縱饒有，繞堤畫舸，冷落盡，水雲猶故。憶從前，一點東風，幾隔著重簾，眉兒愁苦。待約個梅魂，黃昏月淡，與伊深憐低語。[145]

這首詞的關鍵詞是「春日釀成秋日雨，念疇昔風流，暗傷如許」。河東君之意，當然是從己身出發，遙憶當初與陳子龍等幾社勝流交好之時，陳、宋、李諸人為自己所作的有關春閨風雨的豔詞，遂成今日飄零秋雨之預兆。所以不免「暗傷如許」。這應該是「今典」的連接綰合之處。但寅恪的釋證沒有停留在此一層面，進而引發論之：「『釀成』者，事理所必致之意。實悲劇中主角結局之原則。古代希臘亞力斯多德（亞里斯多德——編者注）論悲劇，近年海寧王國維《紅樓夢》，皆略同此旨。然自河東君本身言之，一為前不知之古人，一為後不見之來者，竟相符會，可謂奇矣！至若瀛海之遠，鄉里之近，地域同異，又可不論矣。」[146] 河東君抒寫自身情懷的語詞，竟與東西哲人的悲劇學理念暗合無間，怎能不引起寅恪先生的特別重視呢？

但寅老看中此詞，似有更深層的原因。鄙意以為，他是用此關鍵詞，象徵明之滅亡和清之滅亡，也許還包括民國政權的覆亡。所以才有「明清痛史新兼舊」之說。當然也含有他自己家族戊戌之後慘遭不幸的悲劇感喟。「念疇昔風流，暗傷如許」。當然，當然。寅恪的祖父陳寶箴，被曾文正公嘆為「海內奇士」，一八九五至一八九八年主持湖南新政，走在晚清改革潮流的最前列。他的父親散原老人，是「清末四公子」之一，風骨嶙峋，名揚海宇。戊戌慘劇，陳氏父子先遭罷革，陳寶箴復被慈禧賜死。「家國舊情」與「興亡遺恨」交織在一起。《別傳》的興亡之感與興亡之嘆，其深層意涵，倘在斯歟！倘在斯歟！因此河東君的《金明池·詠寒柳》一詞，可以看作是《柳如是別傳》的主題曲。職是之故，寅恪先生才把他的著作，取名為《金明館叢稿》和《寒柳堂集》，可見其寄意寓懷之深。

再來看錢牧齋己身命運的順逆遭際。錢之為人熱中懦怯，仕途一再受挫，明萬曆三十八年二十九歲時，與韓敬爭狀元失敗，僅得探花；崇禎元年四十七歲與溫體仁、周延儒爭宰相又失敗，並因此獲譴。但崇禎十三年與陳子龍、謝像三爭河東君獲得成功。寅恪先生說牧齋「三十年間之積恨深怒，亦可以暫時泄息矣」[147]。但越三年即有甲申之變，清兵入關，崇禎帝縊死煤山，南明小朝廷於是建立，因馬士英的薦引，牧齋再次成為朝臣，使得河東君也感到頗為得意。可惜隨即又有乙酉之變，南都傾覆，牧齋降清，從此一生被打成兩撅，落得逢迎馬、阮奸黨，終成漢奸的罵名。

寅恪先生析論說：「瑤草之起廢，由於圓海，而牧齋之起廢又由於瑤草。瑤草既難不與圓海發生關係，牧齋自更不能不直接與瑤草，間接與圓海斷絕連繫。世情人事，如鐵鎖連環，密相銜接，唯有恬淡勇敢之人，始能衝破解脫，未可以是希望於熱中怯懦之牧齋也。」[148]

寅恪先生論錢柳因緣，有「三死」之說[149]，寓意頗深長。第一死為南都傾覆，河東君勸牧齋死，牧齋謝不能；第二死為牧齋遭黃毓祺案，幾瀕於死，而河東君使之脫死；第三死為牧齋既病死，而河東君不久即從之而死。如牧齋依河東君之勸，效陳子龍雙雙死節，則歷史上的錢牧齋就是另外一個人了。就河東君一方而言，真正傾心相愛的是陳臥子，但不得不捨棄，而於崇禎十三年庚辰之冬主動訪半野堂，當時牧齋五十九歲，臥子三十三歲，河東君二十三歲。順治二年乙酉南都傾覆，河東君二十八歲，三年丙戌臥子殉國死，年三十九歲，河東君二十九歲。順治五年戊子牧齋遭黃毓祺案，河東君年三十一歲。寅恪先生說：「由是言之，河東君適牧齋，可死於河東君年二十九，或三十一之時，然俱未得死。河東君若適臥子，則年二十九時，當與臥子俱死，或亦如救牧齋之例，能使臥子不死。但此為不可知者也。」[150]隨即進一步發為感慨：「嗚呼！因緣之離合，年命之修短，錯綜變化，匪可前料。屬得屬失，甚不易言。河東君之才學智俠既已卓越於當時，自可流傳於後世，至於修短離合，其得失之間，蓋亦末而無足論矣。」[151]寅老昔年撰《王觀堂先生輓詞》，結尾有句：「但就賢愚判死生，未應修短論優劣。」[152]意旨可與論河東君事相證發。人事無常，修短殊列，尚且不可逆料，況朝代遞變、家國之興廢乎？

十

陳寅恪先生昔年論韓愈的《石鼎聯句詩並序》和《毛穎傳》，嘗讚其文備眾體，史才、詩筆、議論並見。[153] 今觀《柳如是別傳》，可說是熔史才、詩筆、議論於一爐的文備眾體的典範。既是箋詩證史的學術著作，又是為人物立傳的傳記文學，又是借傳修史的歷史著作。實際上是寅恪先生自創的一種學術新文體。如果說《論再生緣》是這種文體的一種嘗試，《柳如是別傳》則是這種新文體的完成。《別傳》稿竟說偈曰：

> 刺刺不休，沾沾自喜。忽莊忽諧，亦文亦史。
> 述事言情，憫生悲死。繁瑣冗長，見笑君子。
> 失明臏足，尚未聾啞。得成此書，乃天所假。
> 臥榻沉思，然脂瞑寫。痛哭古人，留贈來者。[154]

可見寅恪先生對《別傳》的文體特徵早已瞭然於胸，綜合運用傳、論、述、證的方法進行撰寫帶有自覺性。值得注意的是，他的《論再生緣》一文，亦每每談到文章體例及思想與文章的關係。他稱讚庾信《哀江南賦》在六朝長篇駢儷文中為第一，汪彥章代皇太后告天下手書在趙宋四六文中為第一。所以如此，是因為：「庾汪兩文之詞藻固甚優美，其不可及之處，實在家國興亡哀痛之情感，於一篇之中，能融化貫徹，而其所以能運用此情感，融化貫通無所阻滯者，又繫乎思想之自由靈活。故此等之文，必思想自由靈活之人始得為之。非通常工於駢四儷六，而思想不離於方罫之間者，便能操筆成篇也。」[155] 妙哉「家國興亡哀痛之情感，於一篇之中，能融化貫徹」，這不是在自我概括《柳如是別傳》這部大著述的史學特徵嗎？而「必思想自由靈活之人始得為之」，不也是寅老學術理念和著述精神的真實寫照嗎？

庚午二月初一日於京華無夢齋初稿庚辰攝氏四十一度之初伏改潤竣事

本章注腳

[1] 陳寅恪《詠紅豆》詩序云：「昔歲旅居昆明，偶購得常熟白茆港錢氏故園中紅豆一粒，因有箋釋錢柳因緣詩之意，迄今二十年，始克屬草。」參見《柳如是別傳》上冊，三聯書店 2001 年版，第 1 頁。

[2] 《柳如是別傳》上冊，第 3 頁。

[3] 《柳如是別傳》第一章〈緣起〉之第二首題詩開首兩句：「早歲偷窺禁錮編，白首重讀倍淒然。」參見《別傳》上冊，第 2 頁。

[4] 《柳如是別傳》上冊，第 6 頁。

[5] 詩題為《辛丑七月雨僧老友自重慶來廣州承詢近況賦此答之》，全詩八句為：「五羊重見九迴腸，雖住羅浮別有鄉。留命任教加白眼，著書唯剩頌紅妝。（近八年來草論再生緣及錢柳因緣釋證等文凡數十萬言。）鐘君點鬼行將及，湯子拋人轉更忙。為口東坡休自笑，老來事業未荒唐。」見《陳寅恪集·詩集》，三聯書店 2001 年版，第 137 頁。

[6] 《別傳》上冊，第 10 頁。

[7] 《別傳》上冊，第 38 頁。

[8] 《別傳》上冊，第 44 頁。

[9] 《別傳》上冊，第 88 頁。

[10] 《別傳》上冊，第 89 頁。

[11] 《別傳》下冊，第 843 頁。

[12] 《別傳》上冊，第 4 頁。

[13] 《別傳》上冊，第 5 頁。

[14] 《別傳》上冊，第 6 頁。

[15] 《別傳》上冊，第 143 頁。

[16] 《別傳》上冊，第 3 頁。

[17] 《別傳》上冊，第 3 頁。

[18] 《別傳》上冊，第 4 頁。

[19] 《別傳》上冊，第 4 頁。

[20] 《別傳》上冊，第 4 頁。

[21] 《別傳》上冊，第 3 頁。

[22] 《別傳》下冊，第 1228 頁。

[23] 《別傳》第五章引牧齋楷書蘇眉山書金剛經跋橫幅墨跡云：「病榻婆娑，翻經禪退，杜門謝客已久。奈文魔詩債不肯舍我，友生故舊四方請告者繹絡何！」其「文魔詩債」四字可為寅恪撰寫《柳如是別傳》之因由寫照。參見《別傳》下冊，第 1228 頁。

[24] 《別傳》上冊，第 1 頁。

[25] 《別傳》上冊，第 1 頁。

[26] 《別傳》上冊，第 2 頁。

[27] 《別傳》下冊，第 1223-1250 頁。

[28] 《別傳》下冊，第 1044 頁。

[29] 《別傳》下冊，第 1045 頁。

[30] 《別傳》下冊，第 1045 頁。

[31] 《別傳》下冊，第 1045 頁。

[32] 《別傳》下冊，第 1045 頁。

[33] 《別傳》下冊，第 1045 頁。

[34] 《別傳》上冊，第 4 頁。

[35] 《別傳》上冊，第 12 頁。

[36] 《別傳》上冊，第 11 頁。

[37] 參見《牧齋初學記》卷十八，錢仲聯標校本上冊第 624-631 頁，上海古籍出版社 1985 年版。

[38] 《別傳》中冊，第 511-512 頁。

[39] 《別傳》中冊，第 591 頁。

[40] 《別傳》中冊，第 591-592 頁。

[41] 《有美詩》詩題全稱為《有美一百韻晦日鴛湖舟中作》，見《別傳》中冊，第 593 頁。

[42] 《別傳》中冊，第 610 頁。

[43] 《別傳》中冊，第 593、595、604 頁。

[44] 《別傳》中冊，第 599 頁。

[45] 《別傳》中冊，第 594 頁。

[46] 《別傳》中冊，第 606 頁。

[47] 《別傳》中冊，第 606 頁。

[48] 《別傳》中冊，第 606-607 頁。

[49] 《別傳》中冊，第 610-611 頁。

[50] 《別傳》中冊，第 616 頁。

[51] 《別傳》中冊，第 589、590 頁。

[52] 《別傳》中冊，第 617 頁。

[53] 《別傳》上冊，第 3 頁。

[54] 《別傳》下冊，第 899 頁。

[55] 《牧齋初學集》卷十八，錢仲聯標校本，上海古籍出版社 1985 年版，第 621 頁。

[56] 《別傳》中冊，第 568-570 頁。

[57] 《別傳》中冊，第 570-571 頁。

[58] 《別傳》中冊，第 571 頁。

[59] 《別傳》中冊，第 574 頁。

[60] 汪榮祖：《史家陳寅恪傳》之附錄：《蕭公權先生與作者論陳氏書》，香港波文書局 1976 年初版，第 134 頁。

[61] 《別傳》中冊，第 766 頁。

[62] 《別傳》上冊，第 145 頁。

[63] 《別傳》上冊，第 140 頁。

[64] 《別傳》上冊，第 188 頁。

[65] 《別傳》中冊，第 594 頁。

[66] 《別傳》中冊，第 382 頁。

[67] 《別傳》中冊，第 381-382 頁。

[68] 《別傳》中冊，第 382 頁。

[69] 《別傳》中冊，第 382 頁。

[70] 《別傳》上冊，第 14 頁。

[71] 《別傳》上冊，第 66 頁。

[72] 《別傳》上冊，第 104 頁。

[73] 《別傳》上冊，第 178 頁。

[74] 《別傳》上冊，第 268 頁。

[75] 《別傳》上冊，第 202 頁。

[76] 《別傳》上冊，第 181 頁。

[77] 《別傳》中冊，第 449 頁。

[78] 《別傳》中冊，第 425 頁。

[79] 《別傳》中冊，第 470 頁。

[80] 《別傳》上冊，第 347 頁。

[81] 《別傳》上冊，第 319 頁。

[82] 《別傳》中冊，第 569 頁。

[83] 《別傳》中冊，第 351-352 頁。

[84] 《別傳》中冊，第 437 頁。

[85] 《別傳》中冊，第 515 頁。

[86] 《別傳》中冊，第 516 頁。

[87] 《別傳》中冊，第 547 頁。

[88] 《別傳》中冊，第 447 頁。

[89] 《別傳》中冊，第 447-448 頁。

[90] 《別傳》上冊，第 288 頁。

[91] 《別傳》上冊，第 287 頁。

[92] 《別傳》上冊，第 287 頁。

[93] 《別傳》上冊，第 287-288 頁。

[94] 《牧齋初學集》卷十八，錢仲聯標校本，上海古籍出版社 1985 年版，第 617-618 頁。

[95] 《別傳》中冊，第 546 頁。

[96] 《別傳》上冊，第 288 頁。

[97] 《別傳》上冊，第 172 頁。

[98] 《別傳》上冊，第 178 頁。

[99] 《別傳》上冊，第 215 頁。

[100]《別傳》上冊，第 215 頁。

[101]《別傳》上冊，第 231 頁。

[102] 陳寅恪：《陳寅恪集·寒柳堂集》，三聯書店 2001 年版，第 86 頁。

[103] 陳寅恪：《論再生緣》，《陳寅恪集·寒柳堂集》，三聯書店 2001 年版。

[104]《別傳》上冊，第 75 頁。

[105]《別傳》下冊，第 1007 頁。

[106]《別傳》下冊，第 1031 頁。

[107]《別傳》下冊，第 1008 頁。

[108]《別傳》下冊，第 1170 頁。

[109]《別傳》下冊，第 1150 頁。

[110]《別傳》下冊，第 862 頁。

[111]《別傳》第五章論佟氏家族而涉及種族與文化的關係的問題，寅恪寫道：「夫遼東之地，自古以來，為夷漢雜居區域，佟氏最初本為夷族，後漸受漢化。家族既眾，其中自有受漢化深淺之分別。佟卜年一家能由科舉出身，必是漢化甚深之支派。佟養性、養真等為明邊將，當是偏於武勇，受漢化不深之房派。明萬曆天啟間，清人欲招致遼東諸族，以增大其勢力，故特尊寵佟氏。不僅因其為撫順之豪族，且利用其本為明邊將，能通曉西洋火器之故。然則當日明清東北一隅之競爭，不僅爭土地，並亦爭民眾。熊飛百欲借深受漢化之佟觀瀾，以挽回已失之遼東人心。清高祖太宗欲借佟養性兄弟，更招降其他未歸附之漢族。由是言之，佟氏一族，乃明清兩敵國爭取之對象。牧齋『佟氏憂憤錄序』所言，似涉誇大，若按諸當日情勢，亦是實錄也。寅恪嘗論北朝胡漢之分，在文化而不在種族。論江東少數民族，標舉聖人『有教無類』之義。論唐代帝系雖源出

北朝文化高門趙郡李氏，但李虎李淵之先世，則為趙郡李氏中，偏於武勇，文化不深之一支。論唐代河北藩鎮，實是一胡化集團，所以長安政府始終不能收復。今論明清之際佟養性及卜年事，亦猶斯意。」就陳之學術思想而言，這是一段極重要的文字，乃將自己的核心文化觀，宣之於世人。筆者對此有專門論述，此不多贅。參見《別傳》下冊，第 1001-1002 頁。

[112]《別傳》上冊，第 158 頁。

[113]《別傳》上冊，第 158 頁。

[114]《別傳》上冊，第 159 頁。

[115]《小腆紀年附考》〈順治元年甲申十月〉條載：「臣鼒曰，特書何？罪謙益之無恥也。謙益謬附東林，以為名高，既以患得患失之心，為倒行逆施之舉，勢利熏心，廉恥道喪，蓋自漢唐以來，文人之晚節莫蓋，無如謙益之甚者。純廟斥毀其書，謂不足齒於人類。蓋以為有文無行者戒哉！」參見《別傳》下冊，第 853-854 頁。

[116]《別傳》下冊，第 854 頁。

[117]《別傳》下冊，第 1045 頁。

[118]《西湖雜感》遵王注云：「王元長《三月三日曲水詩序》：『侮食來王，左言入侍。』李善曰：『《漢書匈奴傳》：壯者食肥美，老者食其餘，貴壯健，賤老弱也。』古本作晦食。《周書》曰：『東越侮食。』《揚雄蜀王本紀》：『蜀之先，人民椎髻左言。』」參見《牧齋有學集》上，上海古籍出版社 1996 年版，第 90 頁。

[119]《別傳》下冊，第 1045 頁。

[120]《別傳》下冊，第 1004 頁。

[121]《別傳》下冊，第 1005 頁。

[122] 章學誠：《文史通義》，葉瑛校注本，中華書局 1985 年版，第 278 頁。

[123]《別傳》下冊，第 1142 頁。

[124]《別傳》第四章論及阮大鋮時寫道：「圓海人品，史有定評，不待多論。往歲讀詠懷堂集，頗喜之，以為可與嚴唯中之鈐山，王修微之樾館兩集，同是有明一代詩什之佼佼者，至所著諸劇本中，《燕子箋》、《春燈謎》二曲，尤推佳作。」參閱《別傳》下冊，第 859-860 頁。

[125]《別傳》下冊，第 860 頁。

[126]《別傳》下冊，第 860、861 頁。

[127] 陳寅恪：《金明館叢稿二編》，三聯書店 2001 年版，第 279 頁。

[128]《陳寅恪集·詩集》，三聯書店 2001 年版，第 12 頁。

[129]《陳寅恪集·詩集》，三聯書店 2001 年版，第 11 頁。

[130] 陳寅恪：《金明館叢稿二編》，三聯書店 2001 年版，第 246 頁。

[131] 參見《別傳》中冊，第 384-385 頁。

[132] 參見《別傳》中冊，第 385 頁。

[133]《別傳》上冊，第 256 頁。

[134]《別傳》上冊，第 5 頁。

[135]《別傳》上冊，第 5 頁。

[136]《別傳》上冊，第 6 頁。

[137]《別傳》上冊，第 7 頁。

[138]《別傳》上冊，第 293 頁。

[139]《別傳》中冊，第 455 頁。

[140]《別傳》中冊，第 455 頁。

[141]《別傳》中冊，第 729 頁。

[142] 寅恪詩：「欲著辨亡還閣筆，眾生顛倒向誰陳」，「辨亡欲論何人會，此恨綿綿死未休」，都透漏出欲辨興亡的史家責任感。參見《陳寅恪集·詩集》，第 20、23 頁。

[143] 參見《別傳》下冊，第 1143 頁。

[144] 參見《別傳》上冊，第 2-3 頁。

[145]《別傳》上冊，第 342-343 頁。

[146]《別傳》上冊，第 347 頁。

[147]《別傳》中冊，第 439 頁。

[148]《別傳》下冊，第 852 頁。

[149]《別傳》下冊，第 899 頁。

[150]《別傳》中冊，第 574 頁。

[151]《別傳》中冊，第 574-575 頁。

[152]《陳寅恪集·詩集》，第 17 頁。

[153] 陳寅恪：《韓愈與唐代小說》，原載 1936 年 4 月出版之美國哈佛《亞細亞學報》（*Journal Asiatique*）（英文），程千帆 1947 年譯成中文，收入 1984 年齊魯書社版《閒堂文藪》第 20-23 頁。又陳寅恪《元白詩箋證稿》第一章論《長恨歌》文體兼及元稹《連昌宮詞》，也認為後者受《長恨歌》影響而「更進一步，脫離備具眾體詩文合併之當日小說體裁，而成一新體，俾史才、詩筆、議論諸體皆彙集融貫於一詩之中」，亦可參閱。見該書第 11 頁，三聯書店 2001 年版。

[154]《別傳》下冊，第 1250 頁。

[155] 陳寅恪：《寒柳堂集》，三聯書店 2001 年版，第 72、73 頁。

附錄一　王國維先生學術年表

1877 年 一歲 農曆十月二十九生於浙江海寧州城（今海寧市鹽官鎮）。

1880 年 四歲 生母凌氏病逝。由祖姑母及叔祖母撫養。

1883 年 七歲 入私塾讀書。

1887 年 十一歲 繼續就讀於私塾。泛覽家中藏書，習駢散文、古今體詩。

1892 年 十六歲 參加歲試，以第二十一名入「州學」。與同窗陳守謙、葉宜春、褚嘉猷並稱「海寧四才子」。讀「前四史」。

1893 年 十七歲 七月，赴杭州鄉試，不終場而歸。

1894 年 十八歲 四月，撰「條駁」，批評俞樾《群經平議》。值甲午戰敗，知有新學。

1896 年 二十歲 因家貧，無法遊學，而就任塾師。十月，與同邑商人莫寅生之孫女結婚。

1897 年 二十一歲 八月，再赴杭州應鄉試未中。與同鄉張英甫等謀創海寧師範學堂。

1898 年 二十二歲 一月，抵上海，在汪康年主持操辦之《時務報》擔任書記，並於每天下午就讀於東文學社，學習日文。《詠史二十首》約寫於本年。因為同學書寫扇面，有「千秋壯觀君知否，黑海西頭望大秦」句，得到上虞羅振玉氏的賞識，並與之訂交。八月，戊戌政變發生，《時務報》不久停刊。

1899 年 二十三歲 仍工讀於東文學社。除日文，又向田岡佐代治學習英文。開始接觸德國哲學。作《〈東洋史要〉序》，主張歷史應成為「科學」。

附錄一　王國維先生學術年表

1900 年 二十四歲 譯《勢力不滅論》。東文學社解散。十二月，受羅振玉資助赴日本留學，在東京物理學校習數理。

1901 年 二十五歲 夏初，自日本歸國，在上海協助羅振玉氏編《教育世界》雜誌。《教育世界》系羅氏在武昌創辦，上海出版。所譯《教育學》連載於《教育世界》雜誌。

1902 年 二十六歲 本年春，開始閱讀社會學、心理學、哲學方面的書籍，進入王氏所謂「獨學時代」。所譯《法學通論》出版。

1903 年 二十七歲 年初，任教於南通師範學院。讀康德，未幾而輟。讀叔本華之書而大好之。作《叔本華像贊》、《汗德像贊》（今譯作康德，下同）。日常並以詩詞自娛。

1904 年 二十八歲 在上海。《教育世界》本年之第一期始，由王國維代羅氏主編。原來《教育世界》只刊載有關教育學說和教育制度方面的譯文，王接手後改為以發表研究文字為主。王的《孔子之學說》、《論叔本華之哲學及其教育學說》、《汗德之哲學說》、《教育偶感二則》、《紅樓夢評論》等論文均發表於本年之《教育世界》雜誌。為先生文哲論文寫作最豐收的一年。本年九、十月，隨羅振玉赴蘇州，任教江蘇師範學堂。

1905 年 二十九歲 發表《論近年之學術界》、《論新學語之輸入》、《論哲學家與美術家之天職》等論文。出版《靜安文集》，是為先生第一本論文集。

1906 年 三十歲 駁張之洞的《奏定經學科大學文學科大學章程書後》在《教育世界》上發表。三月，與羅振玉一起辭去江蘇師範學堂教職。《人間詞甲稿》編定。四月，《靜安詩稿》亦刊載於《教育世界》。本年春夏之交，羅振玉入學部，先生隨往。寫於本年的重要論文，還有《文學小言》、《屈子之文學精神》等。

1907年 三十一歲 三月，受命清學部總務司行走，兼圖書編譯局編譯。《教育世界》本年底停刊。《人間詞乙稿》刊行。

1908年 三十二歲 年初，抵海寧奔繼母喪。娶繼室潘氏。三月，攜眷北上，仍任職於學部，住宣武門內新簾子胡同。《詞錄》、《曲錄》撰於是年。十月，《人間詞話》開始在《國粹學報》上連載。

1909年 三十三歲 寓京師。研究中國戲曲之成績日益豐碩，有《曲錄》、《優語錄》等多種戲曲著作出版。

1910年 三十四歲 美國祿爾克所著《教育心理學》一書，先生據日文轉譯出版。《古劇腳色考》或撰於本年。

1911年 三十五歲 作《國學叢刊序》，倡「為學問而學問」的純粹學術，提出「學無新舊、無中西、無有用無用」之說。本年八月（農曆），武昌起義爆發。十月，隨羅振玉東渡日本。

1912年 三十六歲 在日本，協助羅振玉整理大雲書庫藏書。不滿意已往的哲學文學研究，開始潛心於古文字和古史研究。學術路徑由熱衷新學轉變為潛心「舊學」。《宋元戲曲考》成書。《頤和園詞》作於本年。

1913年 三十七歲 在日本，專心治學。深研「三禮」及《說文解字》。《明堂廟寢通考》寫於本年。成《釋幣》二卷。著手整理《流沙墜簡》。

1914年 三十八歲 《流沙墜簡》及《考釋》竣稿，與羅振玉編撰部分合卷於本年出版。《國學叢刊》擬續出，代羅氏撰《國學叢刊序》。

1915年 三十九歲 四月，歸國掃墓，在上海與沈曾植相識，不久又赴日。《胡服考》、《生霸死霸考》、《古禮器略說》等重要著作寫於本年。

附錄一　王國維先生學術年表

1916 年 四十歲 二月，攜長子潛明回國。居上海，任職哈同花園之倉聖明智大學，主持《學術叢編》，此後先生之撰著多刊於此刊。《史籀篇疏證》、《殷禮徵文》、《魏石經考》、《毛公鼎考釋》等寫於本年。與張爾田、孫德謙訂交，被稱為「海上三子」。

1917 年 四十一歲 撰寫《殷卜辭中所見先公先王考》和《續考》，開啟甲骨斷代之學。《殷周制度論》亦成於本年。其研究甲骨文及殷商史的學術地位從此奠定。

1918 年 四十二歲 任倉聖明智大學經學教授。編定《經學概論講義》。得徐乃昌所贈彝器拓本。北京大學研究所國學門邀任通訊教授不就。

1919 年 四十三歲 撰寫《沈乙庵先生七十壽序》，梳理清學發展過程，高度評價沈氏之學。長子潛明與羅振玉第三女結婚。

1920 年 四十四歲 本年主要為烏程蔣氏（汝藻）編撰藏書志。受聘參與編纂《浙江通志》。

1921 年 四十五歲 五月，刊印《觀堂集林》二十卷，系烏程蔣氏出資，前有蔣、羅二序。九月，《亞洲學術》在上海創刊。「亞洲學術研究會」為沈曾植所提倡，王國維是刊物的主要撰稿人。

1922 年 四十六歲 應北京大學之聘允為研究所國學門導師，但拒收所贈之二百元脩金。為北大擬研究發題四項：（一）《詩》、《書》中成語之研究；（二）古字母研究；（三）古文學中聯綿字之研究；（四）共和以前年代之研究。《唐史考》寫於本年。十一月，沈曾植病逝於滬，靜安先生輓聯云：「是大詩人，是大學人，是更大哲人，四照炯心光，豈謂微言絕今日；為家孝子，為國純臣，為世界先覺，一哀感知己，要為天下哭先生。」十二月，建言北大開設滿蒙藏文講座。哈園之倉聖明智大學解散。王國維所任教授、編輯之職到此結束。

1923 年 四十七歲 四月，得溥儀「諭旨」，與楊鍾羲、景方昶、溫肅，同為南書房行走。六月，宮中失火，毀建福宮及中正殿佛樓百餘間。入值辦法遲遲不定。七月，「加恩賞給五品銜，並賞食五品俸」。每六日入內一次。為烏程蔣氏編校藏書於本年結束。經、史、子三部編校完成，集部至元末，明則略具草稿。

1924 年 四十八歲 《論政學疏》撰於本年。十月，馮玉祥「逼宮」，溥儀潛入日本使館。

1925 年 四十九歲 就任清華國學研究院導師。先是，胡適寫信相邀，答以考慮一週；後曹雲祥校長寫信給洋師傅莊士敦，得溥儀諭允，方應徵。四月，攜家室遷入清華園西院 18 號。同聘為國學研究院導師者有梁啟超、趙元任、陳寅恪，世稱「四大導師」。《最近二三十年中中國新發見之學問》刊於本年。又撰《西遼都城虎思斡耳朵考》、《韃靼考》、《遼金時蒙古考》等。蓋遷居清華後尤用心研治元史及西北地理。

1926 年 五十歲 二月，《人間詞話》首次由北京樸社印行。《克鼎銘考釋》、《盂鼎銘考釋》撰於本年。改訂《毛公鼎考釋》。《蒙古史料校注四種》印成。一次，對學生姚明達說：「大抵學問常不懸目的，而目的自生。有大志者，未必成功；而慢慢努力者，反有意外之創獲。」九月，長子潛明病逝於上海，嘗赴滬料理喪事。與羅振玉失和。

1927 年 五十一歲 四月，自日本《滿鮮歷史地理研究報告》中譯出津田左右吉（Tsuda Soukichi）所作《室韋考》、《遼代烏古敵烈考》等文。五月四日，與梁啟超、陳寅恪等出席姚名達創建之史學會成立會，「謂宜多開讀書會，先有根柢而後可言發展」。補作《蒙古考》序。六月二日上午十時許，自沉於昆明湖之魚藻軒。所留遺書云：「五十之年，只欠一死。經此世變，義無再辱。」先生逝後，北京大學《國學月報》、清華大學《國學論叢》等學術刊物出版紀念專號。楊鍾羲、孫雄、王力，及日人內藤虎次郎、狩野直喜等均有輓詩。而尤以陳寅恪先生的《王觀堂先生輓詞並序》為最上乘之作。「齊州禍亂何時歇，今日吾儕皆苟活。但就賢愚判死生，未應修短論優劣。風義生平師友間，招魂哀憤滿人寰。」輓詞中這些詩句哀感動人，雖三誦九復猶不能自已也。

附錄二　陳寅恪先生學術年表

1890 年 一歲 舊曆五月十七日生於湖南長沙市周南女中唐劉蛻故宅。

1895 年 六歲 與二兄隆恪一起在家塾中就讀。秋八月，清廷詔授先生祖父陳寶箴為湖南巡撫。

1898 年 九歲 十月，戊戌政變發生，陳寶箴、陳三立父子被革職，永不敘用。年底，寅恪隨家人遷回江西老家，寓居南昌。

1900 年 十一歲 四月，陳三立攜家眷移居江寧。六月，陳寶箴卒，終年七十歲。先生就讀於江寧家辦學堂，已有「欲縱觀所未見之書，以釋幽憂之思」的嚮往。

1902 年 十三歲 與長兄陳師曾一起赴日本，兩年後回國，又考取官費留日。

1904 年 十五歲 十月，與二兄隆恪乘船自上海赴日本留學。先入慶應大學，後轉到東京帝國大學財商系學習，一年後歸國。

1907 年 十八歲 插班考入上海復旦公學。

1909 年 二十歲 以第一名畢業於復旦公學。秋，赴德國柏林大學學習。

1913 年 二十四歲 求學於法國巴黎大學。先生大約於一九一四年歐戰爆發時回國，回國後居家上海。

1915 年 二十六歲 短期擔任世界局局長蔡鍔的祕書，及教育部歐文編審。

1916 年 二十七歲 先生應湖南聘，在湘省交涉署任職。

1919 年 三十歲 年初至美國，入哈佛大學，學習梵文、希臘文等。經俞大維介紹，結識吳宓。一九一九年三月二十六日《雨僧日記》寫道：「陳君學問淵博，識力精到，遠非儕輩所能及。又性氣和爽，志行高潔，深為傾倒。新得此友，殊自得也。」

1921 年 三十二歲 九月，離美赴德，在德國進柏林大學研究院，研究梵文、巴利文、藏文和其他東方語言文字。在歐洲大約四年。

1925 年 三十六歲 清華創辦國學研究院，經梁啟超、吳宓介紹，聘先生為導師。因母親俞淑人和長兄衡恪於前年病逝，散原老人亦病，先生回國後先向清華請假一學期。

1926 年 三十七歲 九月，任教清華國學研究院，與王國維、梁啟超、趙元任並列，被稱為「四大導師」。講授佛經翻譯文學等課程。

1927 年 三十八歲 六月二日，王國維自沉於頤和園之魚藻軒。先生輓聯為：「十七年家國久魂銷，猶餘剩水殘山，留與累臣供一死；五千卷牙籤新手觸，待檢玄文奇字，謬承遺命倍傷神。」另有輓詩和輓詞之作。

1928 年 三十九歲 國民黨教育部決定，清華學校更名為清華大學。中央研究院成立，先生後任院理事，兼歷史語言研究所第一組主任。同年 8 月 31 日，先生與唐曉瑩在上海結婚。

1929 年 四十歲 一月十九日，梁啟超病逝於北京協和醫院。六月三日，國學研究院同學為王國維立紀念碑，先生撰寫碑銘，力倡「獨立之精神，自由之思想」。下半年國學研究院停辦，先生改就清華大學中文歷史兩系合聘教授。

1930 年 四十一歲 《馮友蘭中國哲學史上冊審查報告》寫於本年。

1933 年 四十四歲 《馮友蘭中國哲學史下冊審查報告》，發表於本年。

1934 年 四十五歲 仍任教清華。開設課程有「佛經文學」、「世說新語研究」、「魏晉南北朝及隋唐五代史專題研究」等。趙萬里等編輯《王靜安先生遺書》，先生為之作序。《四聲三問》作於本年。

1937 年 四十八歲 七月七日，盧溝橋事變發生，先生結束了個人生活相對最穩定的清華任教十餘年。這一時期對佛教經典的研究，對隋唐制度與文化的淵源，以及唐代的種族與文化的研究，進一步確立了先生在文化史學領域的權威地位。九月，散原老人為抗議日寇入侵，病中拒絕服藥而逝，終年八十五歲。十一月，先生攜家眷離京南逃，歷盡千辛萬苦，始抵香港小住，然後返內地到長沙臨時大學報到。

1938 年 四十九歲 任教由北京大學、清華大學等校合併的戰時西南聯合大學。先在蒙自，後遷昆明。

1939 年 五十歲 英國牛津大學聘先生為漢學教授，並授予皇家學會研究員職稱。因歐戰爆發，候船時滯留香港。《隋唐制度淵源略論稿》始寫於本年。

1940 年 五十一歲 仍任教西南聯大。講授「隋唐史研究」、「白居易研究」。三月，赴重慶參加中央研究院第五屆評議會。作於此時的《庚辰暮春重慶夜歸作》有句：「食蛤那知天下事，看花愁近最高樓。」暑期後又至港，再候赴英國飛機，仍未成行。八月起，就任香港大學客座教授。

1941 年 五十二歲 《唐代政治史述論稿》成書。十二月八日，太平洋戰爭爆發，辭去港大職務，困居香港。

1942 年 五十三歲 離港赴桂林，任教廣西大學。《楊樹達積微居小學金石論叢續稿序》作於本年。

1943 年 五十四歲 十二月，由桂林抵成都，任教燕京大學。開始《元白詩箋證稿》的寫作。

1945 年 五十六歲 八月十日，日本投降。先生《乙酉八月十一日晨起聞日本乞降喜賦》云：「降書夕到醒方知，何幸今生見此時。聞訊杜陵歡至泣，還家賀監病彌衰。國仇已雪南遷恥，家祭難忘北定詩。念往憂來無限感，喜心題句又成悲。」秋間，應英國皇家學會之約，赴倫敦治療眼疾。

1946 年 五十七歲 清華復校，先生返回任教。後名其書齋為「不見為靜之室」。

1949 年 六十歲 在嶺南大學，任中文歷史兩系教授。《崔浩與寇謙之》寫於本年。本年暑假起，程曦開始擔任先生助教，兩年後程離開，由陳夫人自任助手。

1950 年 六十一歲 《元白詩箋證稿》整理完成，嶺南大學作為本校文化研究室叢書之一，線裝印行。

1951 年 六十二歲 專任嶺南大學歷史系教授。《論韓愈》竣稿。《論唐高祖稱臣於突厥事》寫於本年。

1952 年 六十三歲 院系調整後嶺南大學取消。先生改任中山大學歷史系教授。本年冬開始，助手由黃萱女士擔任，直至一九六六年被迫離開。

1954 年 六十五歲 春天，國務院派汪籛（曾做過先生助手）到廣州，迎請先生任中國科學院歷史第二所所長，不就。《論再生緣》竣稿。開始撰寫《錢柳因緣詩釋證稿》。

1956 年 六十七歲 春初，陳毅副總理攜夫人張茜訪先生於中山大學，談及《世說新語》。本年陶鑄出任中南局首腦，看望過先生。

1958 年 六十九歲 報刊公開發表文章批判先生學術思想。本年始不再講課。嘗謂：「是他們不要我的東西，不是我不教的。」

1961 年 七十二歲 八月三十日，吳宓自重慶來廣州探望先生，九月四日離去。《雨僧日記》一九六一年八月三十日寫道：「寅恪兄之思想及主張，毫未改變，即仍遵守昔年『中學為體，西學為用』之說（中國文化本位論）……但在我輩個人如寅恪者，則仍確信中國孔子儒道之正大，有裨於全世界，而佛教亦純正。我輩本此信仰，故雖危行言殆，但屹立不動，絕不從時俗為轉移。」

1962 年 七十三歲 春天，陶鑄陪同胡喬木看望先生，談起著作出版事，先生說：「蓋棺有期，出版無日。」胡喬木說：「出版有期，蓋棺尚遠。」七月，入浴時跌倒，右腿骨折斷。

1964 年 七十五歲 《錢柳因緣詩釋證稿》完成，後改名為《柳如是別傳》。全書八十萬言，全部由先生口授，黃萱筆錄。〈稿竟說偈〉云：「奇女氣銷，三百載下。孰發幽光，陳最良也。嗟陳教授，越教越啞。麗香鬧學，皋比決舍。無事轉忙，然脂瞑寫。成卌萬言，如瓶水瀉。怒罵嬉笑，亦俚亦雅。非舊非新，童牛角馬。刻意傷春，貯淚盈把。痛哭古人，留贈來者。」

1966 年 七十七歲 《寒柳堂記夢未定稿》寫成。對黃萱說：「此書將來作為我的自撰年譜。」「文革」起，先生遭圍攻，多次被抄家，心臟病日漸惡化。

1968 年 七十九歲 對黃萱說：「我的研究方法，是妳最熟識的。我死之後，妳可為我寫篇談談我是如何做科學研究的文章。」黃萱回答：「陳先生，真對不起，您的東西我實在沒學到手。」先生說：「沒有學到，那就好了，免得中我的毒。」

1969 年 八十歲 十月七日，晨五時半，先生逝世。十一月二十一日，陳夫人唐曉瑩亦逝，終年七十二歲。前此先生有預《挽曉瑩》一聯：「涕泣對牛衣，卌載都成斷腸史；廢殘難豹隱，九泉稍待眼枯人。」

王國維和陳寅恪：

為文化而殉，為家國而哀！劉夢溪剖析大文學史家

作　　者：劉夢溪

發 行 人：黃振庭

出 版 者：崧燁文化事業有限公司

發 行 者：崧燁文化事業有限公司

E-mail：sonbookservice@gmail.com

粉 絲 頁：https://www.facebook.com/sonbookss/

網　　址：https://sonbook.net/

地　　址：台北市中正區重慶南路一段六十一號八樓 815 室

Rm. 815, 8F., No.61, Sec. 1, Chongqing S. Rd., Zhongzheng Dist., Taipei City 100, Taiwan

電　　話：(02)2370-3310

傳　　真：(02)2388-1990

印　　刷：京峯數位服務有限公司

律師顧問：廣華律師事務所 張珮琦律師

定　　價：550 元

發行日期：2024 年 03 月第一版

◎本書以 POD 印製

Design Assets from Freepik.com

國家圖書館出版品預行編目資料

王國維和陳寅恪：為文化而殉，為家國而哀！劉夢溪剖析大文學史家 / 劉夢溪 著 . -- 第一版 . -- 臺北市：崧燁文化事業有限公司 , 2024.03

面；　公分

POD 版

ISBN 978-626-394-066-6(平裝)

1.CST: 王國維 2.CST: 陳寅恪 3.CST: 學術思想 4.CST: 傳記

782.18　113002125

電子書購買

臉書

爽讀 APP